中国法学会研究会支持计划
最高人民法院审判理论研究会主持

中国法院类案检索与
裁判规则专项研究

贪污贿赂案件裁判规则

唐亚南　主编

法律出版社
LAW PRESS·CHINA

最高人民法院审判理论研究会
类案同判专项研究首席专家组组长
曹士兵

首席专家组成员（以姓氏笔画为序）：
丁文严　王保森　王　锐　王毓莹　牛　凯　代秋影
包献荣　刘俊海　李玉萍　李　明　杨　奕　吴光荣
沈红雨　宋建宝　张勇健　陈　敏　范明志　胡田野
钟　莉　俞秋玮　姜俊禄　唐亚南　曹守晔　韩德强
黎章辉

贪污贿赂案件裁判规则

主　编：唐亚南
副主编：张国全
专家组（以姓氏笔画为序）：
孙　岩　刘亚楠　张　元　贾敏飞

中国法院类案检索与裁判规则专项研究说明

最高人民法院“五五改革纲要”提出“完善类案和新类型案件强制检索报告工作机制”，周强首席大法官提出法官办案应当进行案件检索。为配合司法体制综合配套改革，落实周强首席大法官的指示要求，循序推进人民法院类案同判工作，中国应用法学研究所组织了最高人民法院审判理论研究会及其下设18个专业委员会的力量，开展中国法院类案检索与裁判规则专项研究，并循序推出类案检索与裁判规则研究成果。

最高人民法院审判理论研究会及其分会的研究力量主要有最高人民法院法官和地方各级人民法院法官，国家法官学院和大专院校专家教授，国家部委与相关行业的专业人士，这些研究力量具有广泛的代表性，构成了专项研究力量的主体。与此同时，为体现法为公器，应当为全社会所认识，并利用优秀的社会专业人士贡献智慧力量，专项研究中也有律师、企业法务参加，为专项研究提供经验与智慧，并参与和见证法律适用的过程。以上研究力量按照专业特长组成若干研究团队开展专项研究，坚持同行同专业同平台研究的基本原则。

专项研究团队借助大数据检索平台，形成同类案件大数据报告，为使用者提供同类案件裁判全景；从检索到的海量类案中，挑选可索引的、优秀的例案，为使用者提供法律适用参考，增加裁判信心，提高裁判公信；从例案中提炼出同类案件的裁判规则，分析裁判规则提要，提供给使用者参考。从司法改革追求的目标看，此项工作能够帮助法官从浩如烟海的同类案件中便捷找到裁判思路清晰、裁判法理透彻的好判决（即例案），帮助法官直接参考从这些好判决中提炼、固化的裁判规则。如此，方能帮助法官在繁忙工作中实现类案类判。法院类案检索与裁判规则专项研究，致力于统一法律适用，实现法院依法独立行使审判权与法官依法独立行使裁判权的统一。这也正是应用法学研究的应有之义。

专项研究的成果体现为电子数据和出版物(每年视法律适用的发展增减),内容庞大,需要大量优秀专业人力长期投入。有关法院裁判案件与裁判内容检索的人工智能并不复杂,算法也比较简单,关键在于“人工”,在于要组织投入大量优秀的“人工”建设优质的检索内容。专项研究团队中的专家学者将自己宝贵的时间、智力投入到“人工”建设优质内容的工作中,不仅仅需要为统一我国法律适用、提升裁判公信力作出贡献的情怀,还需要强烈的历史感、责任感,具备科学的体系思维和强大的理性能力。此次专项研究持续得越久,越能向社会传达更加成熟的司法理性,社会也越能感受到蕴含在优质司法中的理性力量。

愿我们砥砺前行。

曹士兵

二〇一九年五月十六日

前　言

贪污贿赂犯罪是严重侵犯国家工作人员职务行为廉洁性的犯罪。作为权力型职务犯罪,越来越具有高智能性、高隐秘性的特点。随着当前反腐力度的不断加强,大批次腐败案件得到揭发和处理,贪污受贿犯罪案件对社会造成了严重的不良影响,带来了不可忽视的危害,司法机关在办理此类案件时面临越来越多的法律适用问题。本书选择了刑事司法实践中常见多发、法律适用分歧较大的有关贪污、受贿定性、数罪、犯罪数额认定等方面问题,围绕20条裁判规则,在大数据检索分析的基础上,遴选出了60个可供参考的例案,以期对依法惩治贪污、受贿犯罪,统一法律适用、促进司法公正有所裨益。

撰稿人(按撰稿顺序排列):

辽宁省辽河中级人民法院院长张国全,负责规则第1、2、4、7、10、11、13、17条的撰写;

人民法院新闻传媒总社编辑唐亚南,负责规则第5、12条的撰写;

辽宁省辽河中级人民法院刑一庭副庭长孙岩,负责规则第14、15、18、19条的撰写;

辽宁省沈阳市中级人民法院刑二庭副庭长贾敏飞,负责规则第8、16条的撰写;

辽宁省辽河中级人民法院法官助理张元,负责规则第6、9条的撰写;

辽宁省辽河中级人民法院法官助理刘亚楠,负责规则第3、20条的撰写;

全书由人民法院新闻传媒总社编辑唐亚南统稿。

凡　　例

一、法律法规

1.《中华人民共和国刑法》(1997 年 3 月 14 日修订,1997 年 7 月 1 日通过,1997 年 10 月 1 日起施行,1999 年 12 月 25 日《中华人民共和国刑法修正案》、2001 年 8 月 31 日《中华人民共和国刑法修正案(二)》、2001 年 12 月 29 日《中华人民共和国刑法修正案(三)》、2002 年 12 月 28 日《中华人民共和国刑法修正案(四)》、2005 年 2 月 28 日《中华人民共和国刑法修正案(五)》、2006 年 6 月 29 日《中华人民共和国刑法修正案(六)》、2009 年 2 月 28 日《中华人民共和国刑法修正案(七)》、2011 年 2 月 25 日《中华人民共和国刑法修正案(八)》、2015 年 8 月 29 日《中华人民共和国刑法修正案(九)》、2017 年 11 月 4 日《中华人民共和国刑法修正案(十)》、2020 年 12 月 26 日《中华人民共和国刑法修正案(十一)》修正),简称《刑法》

2.《中华人民共和国刑事诉讼法》(1979 年 7 月 1 日第五届全国人民代表大会第二次会议通过,根据 1996 年 3 月 17 日第八届全国人民代表大会第四次会议《关于修改〈中华人民共和国刑事诉讼法〉的决定》第一次修正、根据 2012 年 3 月 14 日第十一届全国人民代表大会第五次会议《关于修改〈中华人民共和国刑事诉讼法〉的决定》第二次修正、根据 2018 年 10 月 26 日第十三届全国人民代表大会常务委员会第六次会议《关于修改〈中华人民共和国刑事诉讼法〉的决定》第三次修正),简称《刑事诉讼法》

3.《中华人民共和国监察法》(2018 年 3 月 20 日公布,2018 年 3 月 20 日起施行),简称《监察法》

4.《中华人民共和国土地管理法》(1986 年 6 月 25 日通过,1987 年 1 月 1 日起施行,1988 年 12 月 29 日第一次修正、1998 年 8 月 29 日修订、2004 年 8 月 29 日第二次修正、2019 年 8 月 26 日第三次修正),简称《土地管理法》

5.《中华人民共和国农村土地承包法》(2002 年 8 月 29 日通过,2003 年 3 月 1 日起施行,2009 年 8 月 27 日第一次修正、2018 年 12 月 29 日第二次修正),以下简称《农村土地承包法》

6.《中华人民共和国村民委员会组织法》(1998 年 11 月 4 日通过,1998 年 11 月 4 日起施行,2010 年 10 月 28 日修订,2018 年 12 月 29 日修正),以下简称《村民委员会组织法》

7.《中华人民共和国企业国有资产法》(2008 年 10 月 29 日通过,2009 年 5 月 1 日起施行),以下简称《企业国有资产法》

二、司法解释及司法文件

1. 全国人民代表大会常务委员会《关于〈中华人民共和国刑法〉第九十三条第二款的解释》(2000 年 4 月 29 日公布,2000 年 4 月 29 日起施行),以下简称《关于刑法第九十三条第二款的解释》

2. 全国人民代表大会常务委员会《关于批准〈联合国反腐败公约〉的决定》(2005 年 10 月 27 日公布,2005 年 10 月 27 日起施行)

3. 最高人民法院、最高人民检察院《关于办理贪污贿赂刑事案件适用法律若干问题的解释》(法释〔2016〕9 号,2016 年 4 月 18 日公布,2016 年 4 月 18 日起施行),简称《贪污贿赂案件解释》

4. 最高人民法院《关于如何认定国有控股、参股股份有限公司中的国有公司、企业人员的解释》(法释〔2005〕10 号,2005 年 8 月 1 日公布,2005 年 8 月 11 日起施行),简称《国有控股、参股股份有限公司中的国有公司、企业人员的解释》

5. 最高人民法院、最高人民检察院《关于办理受贿刑事案件适用法律若干问题的意见》(法发〔2007〕22 号,2007 年 7 月 8 日公布,2007 年 7 月 8 日起施行),简称《受贿案件适用法律的意见》

6. 最高人民法院、最高人民检察院《关于办理商业贿赂刑事案件适用法律若干问题的意见》(法发〔2008〕33 号,2008 年 11 月 20 日公布,2008 年 11 月 20 日起施行),简称《商业贿赂案件适用法律的意见》

7. 最高人民法院《关于在国有资本控股、参股的股份有限公司中从事管理工作的人员利用职务便利非法占有本公司财物如何定罪问题的批复》(法释〔2001〕17 号,2001 年 5 月 23 日公布,2001 年 5 月 26 日起施行),简称《国有资本控股、参股公司中从事管理工作的人员定罪的批复》

8. 最高人民法院、最高人民检察院《关于办理国家出资企业中职务犯罪案件具体应用法律若干问题的意见》(法发〔2010〕49 号,2010 年 12 月 2 日公布,2010 年 12 月 2 日起施行),简称《国家出资企业中职务犯罪应用法律的意见》

9. 最高人民法院《关于审理挪用公款案件具体应用法律若干问题的解释》(法释〔1998〕9 号,1998 年 4 月 29 日,1998 年 5 月 9 日起施行),简称《挪用公款案件解释》

10. 最高人民法院《关于处理自首和立功若干具体问题的意见》(法发〔2010〕60 号,2010 年 12 月 22 日公布,2010 年 12 月 22 日起施行),简称《自首和立功问题的意见》

11. 最高人民法院、最高人民检察院《关于办理职务犯罪案件认定自首、立功等量刑情节若干问题的意见》(法发〔2009〕13 号,2009 年 3 月 12 日公布,2009 年 3 月 12 日起施行),简称《职务犯罪自首立功的意见》

12. 最高人民法院《关于处理自首和立功具体应用法律若干问题的解释》(法释〔1998〕8 号,1998 年 5 月 9 日公布,1998 年 5 月 9 日起施行),简称《自首和立功的解释》

目　录

贪污贿赂案件裁判规则第 1 条：

经国家出资企业中负有管理、监督国有资产职责的组织研究决定，并从事组织、领导等工作的，应当认定为国家工作人员

〔**规则描述**〕：在国家出资企业中担任高层管理人员，所任职务系经国家出资企业中负有管理、监督国有资产职责的组织研究决定，从事组织、领导、监督、经营、管理的工作，应当认定为国家工作人员。

一、类案检索大数据报告

时间：2020 年 11 月 27 日之前，案例来源：Alpha 案例库，案件数量：138 件，数据采集时间：2020 年 11 月 27 日。本次检索共获取 2020 年 11 月 27 日前认定国家出资企业中国家工作人员的范围的裁判文书 138 篇，整体情况如图 1－1 所示，从案件年份分布可以看到当前条件下案例数量的变化趋势。

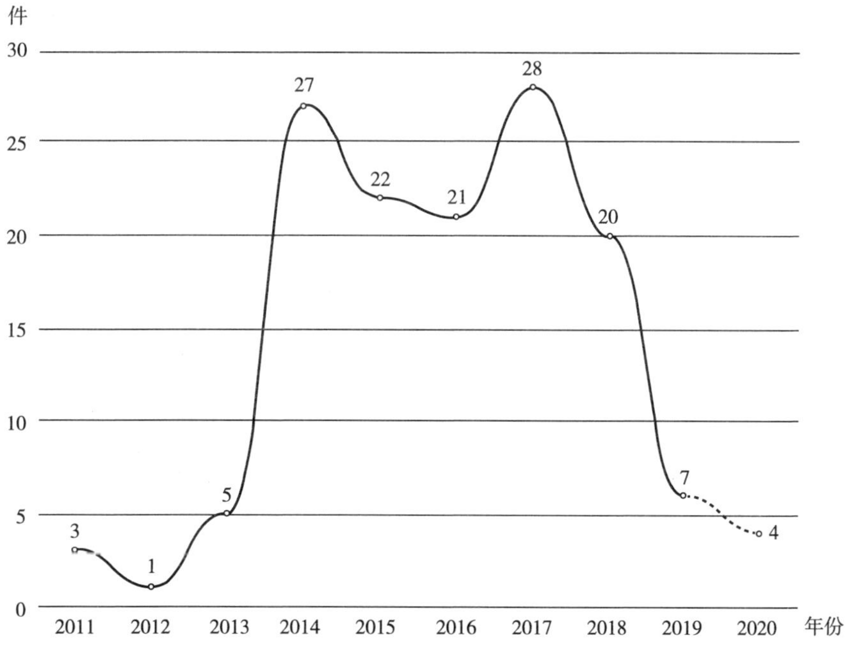

图 1－1　案件年份分布情况

如图 1－2 所示，从案件地域分布来看，当前案例主要集中在内蒙古自治区、安徽省、四川省，分别占比 11.59%、10.87%、9.42%。其中内蒙古自治区的案件量最多，达到 16 件。（注：此处显示该条件下案例数量排名前五的省份。）

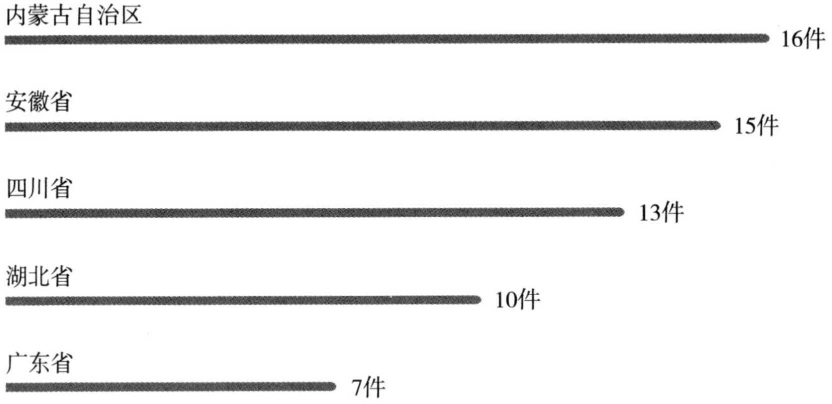

图 1－2 案件地域分布情况

如图 1－3 所示，从案由分类情况可以看到，当前最主要的案由是贪污贿赂罪，有 107 件，占一半以上；其次是破坏社会主义市场经济秩序罪、侵犯财产罪。

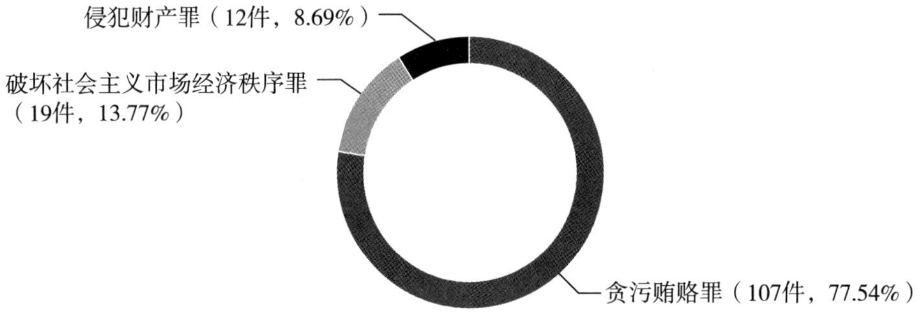

图 1－3 案件案由分类情况

如图 1－4 所示，从案件程序分类统计可以看到当前的审理程序分布状况。其中，一审案件有 96 件，二审案件有 30 件，再审案件有 10 件。

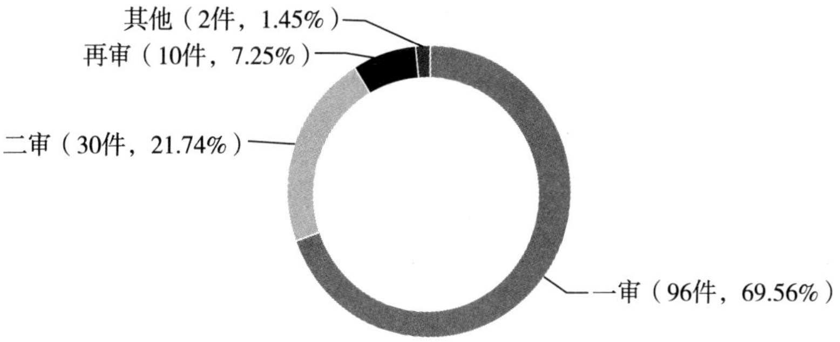

图1-4　案件程序分类情况

如图1-5所示，通过对主刑的可视化可以看到，当前条件下包含有期徒刑的案件有97件，包含无期徒刑的案件有1件。其中，包含缓刑的案件有42件，免予刑事处罚的案件有7件。

图1-5　案件判决主刑情况

二、可供参考的例案

例案一｜丁某贪污案

【法院】

云南省高级人民法院

【案号】

(2018)云刑终411号

【诉讼主体】

原公诉机关：云南省文山壮族苗族自治州人民检察院

上诉人(原审被告人)：丁某

【基本案情】

2011年至2014年，被告人丁某利用担任富某银行文某分行行长的职务便利，在审批贷款和租房过程中为相关企业提供帮助，先后多次收受企业相关人员送给的现金共计人民币91万元。具体如下：

(1)2013年9月至2014年3月，被告人丁某利用担任富某银行文某分行行长的职务便利，在审批贷款过程中为丘北富亿木业有限公司提供帮助，分别在其文某租住房家中、丘北富亿木业有限公司、文某州交警支队后面公路上先后五次收受公司总经理熊某1送给的现金共计人民币70万元。2014年春节后被告人丁某将前四次收受的人民币50万元退还熊某1。

(2)2014年春节前，被告人丁某利用担任富某银行文某分行行长的职务便利，在审批贷款过程中为文某紫文生物技术有限公司提供帮助，后丁某在文某七花广场建设家园附近的一条街上收受公司法人代表赵某送给的现金人民币10万元。

(3)2014年4月，被告人丁某利用担任富某银行文某分行行长的职务便利，在审批贷款过程中为文某宏建建设工程有限公司提供帮助，后其在文某的租住房院子里收受公司董事长黄某送给的现金人民币5万元。

(4)2011年、2012年春节前，被告人丁某利用担任富某银行文某分行行长的职务便利，在文某分行租用文某丽源国际酒店有限责任公司房屋过程中，在其办公室先后两次收受文某丽源国际酒店法人代表陈某送给的现金共计人民币3万元。

(5)2014年春节前，被告人丁某利用担任富某银行文某分行行长的职务便利，在审批贷款过程中为云南金昆房地产有限公司提供帮助，后在文某福园餐厅收受公司董事长李某送给的现金人民币2万元。

(6)2014年春节前，被告人丁某利用担任富某银行文某分行行长的职务便利，在审批贷款过程中为文某州礼光道路桥梁工程有限公司提供帮助，后在张某的公司收受张某送给的现金人民币1万元。

【案件争点】

经国有资本控投股公司党委研究决定，分支机构任免的领导是否属于国家机关工作人员。

【裁判要旨】

一审法院根据上述事实，依照《刑法》第385条第1款、第386条、第383条第1款第2项、第64条及《贪污贿赂案件解释》第2条第1款、第19条第1款之规定，认定被告人丁某犯受贿罪，判处有期徒刑4年6个月，并处罚金人民币30万元。对被告人丁某所退缴的赃款人民币30万元依法没收上缴国库；继续追缴被告人丁某未退缴的赃款人民币11万元。

宣判后，被告人丁某上诉及其辩护人辩护提出，一审判决认定丁某属于国家工作人员缺乏事实和法律依据，丁某属非国家工作人员。

二审法院认为：上诉人丁某无视国家法律，身为国家工作人员，在 2011 年至 2014 年担任富某银行文某分行行长期间，利用职务便利为他人谋取利益，收受他人现金 91 万元的行为已触犯刑律，构成受贿罪，应依法惩处。

关于上诉人丁某及其辩护人提出，一审判决认定丁某属于国家工作人员缺乏事实和法律依据，丁某属非国家工作人员。经查，首先，根据《国家出资企业中职务犯罪应用法律的意见》规定，“国家出资企业”，包括国家出资的国有独资公司、国有独资企业，以及国有资本控股公司、国有资本参股公司。本案中，有富某银行的营业执照、企业国有资产产权登记证、出资人情况表、出资人变动情况表、企业国有资产产权变动情况表、内资企业登记基本情况等证据证实富某银行是云南投资集团管理有限公司（国有公司）的控股公司，属于国有资本控股公司，文某分行系富某银行分支机构，也属于国有资本控股公司，符合《国家出资企业中职务犯罪应用法律的意见》所称的国有出资企业。

其次，根据《国家出资企业中职务犯罪应用法律的意见》关于国家出资企业中国家工作人员认定的规定，“经国家出资企业中负有管理、监督国有资产的组织批准或者研究决定，代表其在国有控股、参股公司及其分支机构中从事组织、领导、监督、经营、管理工作的人员，应当认定为国家工作人员”。本案中，有中共富某银行委员会《关于丁某等同志任免的决定》《关于何某等同志职务任免的决定》的文件及干部任免审批表等证据证实丁某的任免均由富某银行总行党委研究决定，委派主体符合《国家出资企业中职务犯罪应用法律的意见》的规定。

2003 年《全国法院审理经济犯罪案件工作座谈会纪要》规定：“从事公务，是指代表国家机关、国有公司、企业事业单位、人民团体等履行组织、领导、监督、管理等职务。公务主要表现为与职权相联系的公共事务以及监督、管理国有财产的职务活动。”在本案中，富某银行《省内分行岗位说明书》、富某银行行长授权书证实丁某作为文某分行行长，主要职责有：全面负责分行及所管辖支行的经营管理，负责贯彻落实总行对分行的相关政策和规定，负责按总行统一的操作流程开展各项业务，组织协调工作资源配置和关系管理等，且具有授信贷款业务的审批权限。其对银行授信贷款业务具有审查和监督的工作职责，以确保国有资产的保值增值，属于对国有资产的管理、监督，属于“从事公务”。

综上，丁某系经国有控股公司富某银行党委研究决定任命为富某银行文某分行党委书记、行长，负责文某分行党委、行政的全面工作，符合《国家出资企业中职务犯罪应用法律的意见》的规定,其具备国家工作人员的身份,符合受贿罪的主体身份。故丁某及其辩护人的上诉理由及辩护意见不能成立,法院不予采纳。

上诉人丁某身为国家工作人员,受贿91万元人民币,数额巨大,一审根据丁某的犯罪事实、犯罪的性质、情节,结合其归案后退赃的情况,认罪、悔罪的态度,对其所作量刑并无不当。丁某及其辩护人请求对丁某免予刑事处罚或判处缓刑的上诉理由及辩护意见于法无据。其上诉理由及其辩护人提出的辩护意见法院均不予采纳。原判定罪准确,量刑适当,审判程序合法。裁定:驳回上诉,维持原判。

例案二 | 胡某、周某贪污案

【法院】

山西省晋城市中级人民法院

【案号】

(2017)晋05刑终54号

【诉讼主体】

抗诉机关:陵川县人民检察院

上诉人:胡某

上诉人:周某

【基本案情】

××十九局集团有限公司第二工程有限公司(以下简称××十九局二公司)系××十九局集团有限公司独家出资设立,股东为××十九局集团有限公司,企业类型为有限责任公司(法人独资),系××十九局集团有限公司的全资子公司、中国××股份有限公司(上市公司)的三级全资子公司,属于国家出资企业。被告人胡某、周某系××十九局二公司的劳动合同制员工,胡某的职务工种为项目经理,周某的职务工种为财务主管。

2009年5月,经招投标程序,××十九局二公司对招标人山西××高速公路有限公司招标的××至××高速公路××段路基、桥梁、隧道工程项目第十三合同段,以126,264,017元中标。根据××十九局二公司授权,时任二公司副总经理的司某以公司代理人的身份,于同年5月6日与山西××高速公路有限公司签订施工合同,约定了工程建设工期,2009年5月8日开工,2010年9月30日交工。2009年7月2日,司某以上述工程项目经理的身份,向××十九局二公司签订生产经营目标责任状，责任目标项目合同投资12,626万元，利润650万元，成本降低率5.18%，上缴款650万元。

2009年8月，××十九局二公司设立××高速项目部（以下简称××高速项目部），司某（兼）任项目经理、党工委副书记，周某任财务部部长；8月28日，中共×× 十九局二公司委员会、××十九局二公司联合下发了公司联〔2009〕32号《关于××项目部机构编制及主要管理人员任职的通知》。

××高速项目部设立之初，因基础资料尚不完善，不具备在银行开设单位账户条件，周某向司某请示后，经××十九局二公司财务部门同意，××高速项目部以周某的名义于2009年8月25日在××银行陵川支行办理了卡号为××2090的储蓄卡，用于项目部财务管理。2009年11月2日，××高速项目部对公账户开设后，以周某名义开设尾号2090的储蓄卡停止了办理对公业务。

2009年10月，山西××高速公路有限公司组织修建××高速的各个路标段进行劳动竞赛，××高速项目部获劳动竞赛奖200,000元。2009年10月19日，山西×× 高速公路有限公司将税后奖金196,331.45元转至××高速项目部。周某将该款列入××高速项目部应付职工薪酬/工资、奖金、津贴及补贴/奖金科目作入账处理。2010年，此款项列付公司评先奖金等支出950元，剩余195,381.45元仍挂账该科目。

2009年10月，司某调离××高速项目部。××十九局二公司研究决定，成立×× 十九局二公司××高速项目部，下发公司人〔2009〕55号文件，聘用公司职工胡某为项目部经理。

被告人胡某任××高速项目部经理后，未就该工程向××十九局二公司重新签订生产经营目标责任状，××高速项目的生产经营目标责任状、责任目标项目合同投资、利润、成本降低率、上缴款额仍沿袭司某所签的目标责任状。

被告人胡某任××高速项目部经理期间，在不同场合、不同地点向职工承诺，如果工程赢利，将为职工增加补助、发放奖金。为节约成本，增加利润，××高速项目部决定变市场购进石料、沙料为自行加工，解决施工所需，由此节约成本产生利润580万余元。

2011年7月，××高速项目工程主体完工，胡某被调往××十九局二公司××管道工程项目部（以下简称××管道工程项目部）任项目经理，××高速项目后期收尾工作由项目部其他人员留守负责，周某作为财务人员留守××高速项目部。胡某调离之前，交代时任××高速项目部物质部的部长张某甲，言明有一部分材料需要处理,让张某甲听周某的安排处置。之后,被告人周某安排张某甲以购买施工所需物质材料的货物开具发票,让张某甲按其提供的5,839,136.01元数额,从2011年2月至10月,分月分笔开具发票、填制物质验收单。周某根据张某甲提交的供货单位太原市××贸易有限公司(以下简称太原市××公司)的发票和物质验收单,在单位三栏账做了账务处理,形成5,839,136.01元的应付挂账。

胡某在调任××管道工程项目部后,向同时调往该项目部的原××高速项目部的同事,提及××高速项目有赢利,择机将发放奖金补助。2013年春节前,胡某回××高速项目部办事时,问询周某得知工程赢利,便让周某将其承诺给××高速项目部职工所发放的奖金补助款,按人头估算提款150万元至160万元。2013年10月25日,周某填制相关凭证,以支付太原市××公司材料款的名义,从上述5,839,136.01元的应付挂账虚付款1,597,600元,将该款转账至以职工王某丙名义开户的建设银行××卡号。同日,周某又将该款从王某丙××卡号转到项目部成立之初时以本人开户的建设银行卡号××2090内。10月31日,周某在未告知胡某的情况下,擅自从该尾号2090的银行卡内转出300,000元,转至周某本人所开户××建设银行信用卡内,于11月12日取现。检察机关侦查期间,周某供述该300,000元系借与亲戚用于养猪经营。周某对该1,597,600元另有记账,账面显示至2014年9月11日,在该1,597,600元中列支××高速项目部留守人员及项目部其他事项的开支计款176,571.70元,其中包括有胡某代表公司投标其他项目借款50,000元,记账明细为50,015元,含手续费15元。

经对与上述5,839,136.01元的账目进行查询,截至2013年5月1日列调整各队自购材料款(决算),贷方-1,471,347.18元,余额(贷)4,367,788.83元,2013年列付材料款累计借方2,319,202.42元(包括以支付太原市××公司材料款的名义虚付款1,597,600元),贷方-1,471,347.18元,余额(贷)2,048,586.41元继续挂账。

2013年年底(2014年春节前),胡某在××管道工程项目部驻地附近的××酒店召集原××高速项目部的部分员工开会,讲到××高速项目已结束,通过验收,项目有赢利,要给原××高速项目部职工补发部分工资奖金,具体到人头上,项目经理7万元,项目总工财务6.5万元,其他部室主管6万元,员工5万元到6万元,包括调往其他工程的职工,补发工资等钱到位后发放,让大家等通知,择机给发放奖金补助。

2013年12月前后,××高速项目向二公司移交账目前,周某电话联系在××

管道工程项目部的胡某，告诉胡某项目部账户有两笔款项，一笔为给施工队计量多出的33万元，另一笔为2009年10月所获劳动竞赛奖挂账的195,381.45元，问询胡某如何处理。胡某回复把劳动竞赛奖195,381.45元造表发放给××高速项目部职工，33万元放作以后投标或其他用处。周某填制账务凭证，将195,381.45元以列退安全质量抵押金给孙某的名义虚支，将333,154.94元以列付孙某、杨某、武某劳务费分别虚支495.69元、250,000元、82,659.25元。2013年12月16日，周某将该195,381.45元、333,154.94元从项目部账户转账至周某本人建设银行××2090卡户。

至此，从××高速项目部提取的三笔款1,597,600元、195,381.45元、333,154.94元共计2,126,136.39元均转至项目部成立之初未开公户时暂以周某名义开设的建设银行××2090卡户。

2013年12月23日，××高速项目部向十九局二公司进行了财务移交，就××项目工程概况、责任目标、建设工期、效益情况、上缴款情况、债权债务情况进行说明。其中，项目责任目标：项目合同投资12,626万元，评估利润650万元，成本降低率5.18%，上缴款650万元；项目效益情况：××高速项目部开累实现净利润810万元，比评估利润650万元净增160万元，产值利润率5.99%。开累上缴款合计514万元。债权合计应收工程质量保证金款10,256,432.85元，债权单位山西××高速公路有限公司。债务合计5,861,138.7元，包括应付劳务费3,812,552.29元、虚付太原市××公司购货款2,048,586.41元。在向××十九局二公司移交账务时，周某隐瞒了以上虚支转入其本人银行卡户的三笔款共计2,126,136.39元的事实。

2014年春节期间，胡某在放假后回到辽阳家中，周某持上述虚退安全质量抵押金和虚支劳务费款项的相关手续，让胡某补签了名字，告知胡某所虚列项目的款已转到周某名义的卡里。2014年3月4日，周某在未告知胡某的情况下，从上述卡号××2090转出228,000元，存入自己在××银行辽阳东青年街支行现开账户×× 定期二年存单，以获取存款利息。2014年4月24日，周某同样在未告知胡某的情况下，擅自从上述卡号××2090转账215,500元，存入自己建设银行××卡号。

另查，2008年2月29日，××十九局二公司以公司经管〔2008〕12号文，发出《关于印发工程公司〈评估工作管理办法〉和〈效益管理奖惩办法〉的通知》。其中《效益管理奖惩办法》规定："根据工程公司的评估情况，确定项目利润、上缴款及成本降低率，工程公司与各项目签订实现效益责任状，奖惩以责任状为依据。奖惩原则实行以评估定效益，以效益定奖励，以上交定兑现。奖惩标准，评估盈利项目，完成工程公司下达的利润指标，按项目当期上缴款的10%进行奖励，超额完成利润指标的奖励标准，以超额部分的上缴款为奖励基数，按不同的工程类别和比例计算奖励额度。按照所附奖励比例分配表，对于公路工程超额完成部分的奖励，按评估盈利项目的28%进行奖励。”根据《效益管理奖惩办法》的规定，按照××高速项目部向××十九局二公司的财务移交，××高速项目应得的奖金数额为650万元×10%+(810-650)万元×28%=109.8万元；加上上述超额的利润(20,485,86.41+1,597,600)×28%=1,020,932.19元，××高速项目应得奖金数额应为2,118,932.19元。

2014年10月21日、23日，被告人胡某、周某接到陵川县人民检察院通知接受询问时，陈述了上述涉案事实。10月24日，检察机关以胡某、周某涉嫌贪污罪决定立案侦查，同日对胡某、周某刑事拘留。检察机关侦查期间，周某退款至陵川县人民检察院1,950,931.69(1,422,345.30+50+20,000+119,755.75+228,000+160,780.64)元，胡某退款至陵川县人民检察院50,000元。

【案件争点】

被告人胡某、周某是否属于国家出资企业中的国家工作人员。

【裁判要旨】

一审法院认为，

一、关于被告人胡某、周某所在单位××十九局二公司性质的问题

在案证据表明：

1.××十九局集团有限公司前身为××(番号××部队)。1984年1月，铁道兵集体转业并入铁道部，××随铁道兵整体建制并入铁道部，××改称“××第二工程处”。2000年，铁路非运输企业实行政企分开，名称中不再冠有“铁道部”，“铁道部第十九工程局”名称变更为“××第十九工程局”。2001年12月，铁路企业经营机制发生变化，“××第十九工程局”改制为“××十九局集团有限公司”，股东为中国××总公司和××十九局职工持股会。中国××总公司作为××第十九工程局国有资产投资主体，以××第十九工程局经资产评估后的经营性净资产和按照总公司《关于印发〈中国××总公司动用历年百含结余的实施办法〉的通知》(××建财〔2000〕127号)规定，将作为国家资本金的百含结余部分，计27,685万元(占总股本的55.8%)，与××十九局集团有限公司职工持股会出资的21,888

万元（职工集体股权），共 49,546 万元，组建××十九局集团有限公司，并以该公司为母公司组建××十九局集团。2003 年 8 月，公司将全部职工个人股转让公司，公司不再设立股东会，一个法人股东为××十九局集团有限公司，企业注册类型（登记）系有限责任公司（法人独资）。

2. ××十九局二公司前身为××团，随着××身份的转变，于 2001 年 12 月改制为"××十九局集团有限公司第二工程有限公司"，企业注册类型（登记）系有限责任公司（法人独资），系××十九局集团有限公司的全资子公司。

3. 2007 年，中国××总公司（国有独资公司）经主管机构国务院国有资产监督管理委员会批准，独家发起设立中国××股份有限公司，企业注册类型（登记）系其他股份有限公司（上市），××十九局集团有限公司成为中国××股份有限公司的全资子公司，××十九局二公司成为中国××股份有限公司的三级全资子公司。中国××股份有限公司上市后，股本结构为：中国××总公司持股占 63.31%，全国社会保障基金理事会持股占 1.53%，内资股公众股东持股占 19.86%，境外上市外资股股东持股占 15.30%。

4.《企业国有资产法》第 2 条规定："本法所称企业国有资产，是指国家对企业各种形式的出资所形成的权益。"第 3 条规定："国有资产属于国家所有即全民所有。国务院代表国家行使国有资产所有权。"第 5 条规定："本法所称国家出资企业，是指国家出资的国有独资企业、国有独资公司，以及国有资本控股公司、国有资本参股公司。"《国家出资企业中职务犯罪应用法律的意见》第 7 条关于国家出资企业的界定与此有相同的规定："本意见所称'国家出资企业'，包括国家出资的国有独资公司、国有独资企业以及国有资本控股公司、国有资本参股公司。"国家统计局、国家工商行政管理总局 2011 年 9 月 30 日联合颁布《关于划分企业登记注册类型的规定调整的通知》（国统〔2011〕86 号）第 3 条规定："国有企业是指企业全部资产归国家所有，并按《中华人民共和国企业法人登记管理条例》规定登记注册的非公司制的经济组织。不包括有限责任公司中的国有独资公司。"

综上，根据中国××股份有限公司的持股比例、企业登记注册类型，该公司系国有资本参股公司，性质上属于国家出资企业，并非国有公司。因中国××股份有限公司已经上市，该公司性质上属于国家出资企业，并非国有公司，被告人胡某、周某所在××十九局二公司作为中国××股份有限公司的三级全资子公司，也非国有公司。同时，从企业登记注册类型，也不属于国有企业。

二、关于被告人胡某、周某的主体身份问题

《国家出资企业中职务犯罪应用法律的意见》第6条第1款规定:“经国家机关、国有公司、企业、事业单位提名、推荐、任命、批准等,在国有控股、参股公司及其分支机构中从事公务的人员,应当认定为国家工作人员。具体的任命机构和程序,不影响国家工作人员的认定。”第6条第2款规定:“经国家出资企业中负有管理、监督国有资产职责的组织批准或者研究决定,代表其在国有控股、参股公司及其分支机构中从事组织、领导、监督、经营、管理工作的人员,应当认定为国家工作人员。”对于国家出资企业中国家工作人员认定,须同时具备以下要件:

1.必须同时具备“经国家机关、国有公司、企业、事业单位提名、推荐、任命、批准等”以及“在国有控股、参股公司及其分支机构中从事公务的人员”的条件。

根据庭审举证质证的证据,××十九局集团有限公司随企业经营改制,实行公司化管理与行政级别脱钩,与全体员工签订劳动合同。2006年1月,××十九局二公司和被告人胡某、周某签订劳动合同,胡某、周某成为无固定期限的劳动合同制员工,胡某岗位系项目经理,周某岗位系财务主管,其工作调动程序由公司人力资源部根据项目设置和项目需要进行人员调配。经庭审查明,胡某担任××高速L13项目部经理一职,是经××十九局二公司研究决定聘用,并经2009年10月14日公司人〔2009〕55号文件发文;周某担任××高速L13项目部财务部部长,是经××十九局二公司委员会、××十九局二公司研究决定,并经2009年8月28日公司联〔2009〕32号发文。此任职文件,没有证明被告人胡某、周某系经国家机关、国有公司、企业、事业单位提名、推荐、任命、批准等的证据。中国××总公司作为××十九局二公司的国有资产投资主体,也没有对胡某、周某任职××高速相关职务有过提名、推荐、任命、批准的形式要件。综合案情和各种证据分析,难以认定被告人胡某、周某系“在国有控股、参股公司及其分支机构中从事公务”的实质要件。据此,不能证明被告人胡某、周某具有国家出资企业中国家工作人员的身份。

2.或必须同时具备“经国家出资企业中负有管理、监督国有资产职责的组织批准或者研究决定”以及“代表其(负有管理、监督国有资产职责的组织)在国有控股、参股公司及其分支机构中从事组织、领导、监督、经营、管理工作的人员”的条件。

根据庭审举证质证的证据,作为对××十九局二公司中负管理、监督国有资产职责的国务院国有资产监督管理委员会,也没有对胡某、周某任职××高速项目部相关职务进行批准或者研究决定。从此层面分析,也没有证据能够证明被告人胡某、周某符合国家出资企业中国家工作人员认定标准的形式要件。同理,综合案情和各种证据分析，也难以认定被告人胡某、周某系"代表其（负有管理、监督国有资产职责的组织）在国有控股、参股公司及其分支机构中从事组织、领导、监督、经营、管理工作的人员"的实质要件。据此，现有证据不能证明被告人胡某、周某具有国家出资企业中国家工作人员的身份。

3.《国家出资企业中职务犯罪应用法律的意见》第6条第1款同时规定："具体的任命机构和程序，不影响国家工作人员的认定。"

对于该任命机构和程序的前提，须是"经国家机关、国有公司、企业、事业单位提名、推荐、任命、批准"。根据本案查证的事实，被告人胡某、周某担任××高速项目部的职务，并非出自国家机关、国有公司、企业、事业单位的提名、推荐、任命、批准，而是××十九局二公司的公司化聘用。

综上，无论从形式还是实质要件，本案被告人胡某、周某不符合国家出资企业中国家工作人员身份的认定要件，也不是国有公司、企业、事业单位、人民团体中从事公务的人员，不属于法律规定的国家机关中从事公务的人员，也不是法律规定的其他依照法律从事公务的人员。据此，被告人胡某、周某不符合法律规定的贪污犯罪的主体要件。

被告人胡某、周某利用担任××十九局二公司××高速项目部的职务便利，将公司财物1,949,564.69元提取侵占，数额巨大，其行为构成了职务侵占罪。陵川县人民检察院起诉指控事实清楚，证据确实充分，予以确认，但起诉指控罪名不当，予以变更。被告人胡某、周某系共同犯罪。被告人胡某、周某在检察机关立案前，未被采取强制措施的情况下接到通知后到检察机关，系自动投案，此间接受询问时陈述了上述犯罪事实，构成自首，依法可以从轻或者减轻处罚。检察机关侦查期间，二被告人主动退缴赃款，可从轻处罚。本案审理期间，《刑法修正案（九）》于2015年11月1日施行，最高人民法院、最高人民检察院于2016年4月18日公布《贪污贿赂案件解释》并实施，本案量刑事实发生变化。据此，根据本案犯罪的事实、犯罪的性质、情节和对于社会的危害程度以及被告人的认罪悔罪表现，可对被告人胡某、周某减轻处罚。未随案移送的涉案款项，由扣押机关陵川县人民检察院依法负责处理。据此，判决如下：一、被告人胡某犯职务侵占罪，判处有期徒刑二年六个月；二、被告人周某犯职务侵占罪，判处有期徒刑二年六个月。

检察机关提出抗诉，认为：该判决定性错误，适用法律不当。(1)案卷材料中相关证据证实，被告人胡某、周某所在单位××十九局二公司实际控制人为国务院国有资产监督管理委员会授权中国××总公司发起设立的中国××股份有限公司的全资三级子公司，其企业性质为国家出资企业，更是国有控股企业。(2)××十九局二公司的所有资产属于国有资产登记管理的范围，该公司具有监督管理国有资产的职能，其派出的人员同时具有监督管理国有资产的职能。(3)被告人胡某、周某系××十九局二公司无固定期限的劳动合同制员工，××十九局二公司2009年10月14日公司人〔2009〕55号《关于成立××十九局集团第二工程有限公司××高速L13经理部的通知》文件，证明胡某系经公司研究决定，聘用为项目部经理；××十九局二公司委员会、××十九局二公司2009年8月28日联合发文公司联〔2009〕32号《关于××项目部机构编制及主要管理人员任职的通知》文件载明，经研究决定，对项目部的机构编制及主要管理人员任职通知如下：党工委副书记、项目经理司某；财务部长周某。相关证人证言及书证证实，公司党委及行政领导经研究决定任命胡某为××高速项目部经理，其任职性质与工作职责与任命司某的程序是一样的，即经公司党委及经理办公会议研究后任命，承继履行司某的工作职责，系经国家出资企业中负有管理监督国有资产职责的组织研究决定任命的人员，属于国家工作人员。根据相关司法解释的规定，被告人胡某、周某应当为国家出资企业中的国家工作人员，完全符合贪污罪的主体构成要件。其利用职务便利，非法占有公共财产2,126,136.39元，应当以贪污罪追究二被告人的刑事责任。

胡某、周某上诉理由：现有证据不能证明其有非法占有涉案财产的故意，却可以证明涉案三笔财产是要用于职工发放奖金、招投标和劳动竞赛奖励；以周某的名义开立的尾号为2090的银行卡用于××高速项目部，工程结束销户并账后由于项目部的债权债务、缺陷维修、留守人员吃住等工作还没有结束，属于重新再次使用该银行卡，涉案款项存放在该卡上，处于单位的监管之下；其主观方面没有非法占有公共财物的目的，客观上没有利用职务上的便利，且没有侵吞、窃取、骗取或者以其他手段非法占有公共财物的行为，不具有危害后果，其无罪。

二审法院认为，2006年1月，上诉人胡某、周某与××十九局二公司签订劳动合同，为无固定期限劳动合同制员工，胡某职务工种为项目经理，周某职务工种为财务主管。2007年，中国××总公司（国有独资公司）独家发起设立中国××股份有限公司（上市），××十九局二公司成为中国××股份有限公司的三级全资子公司，为国家出资企业。

2009年8月28日经中共××十九局二公司委员会、××十九局二公司研究决定，以公司联〔2009〕32号《关于××项目部机构编制及主要管理人员任职的通知》，任命周某担任××高速项目部财务部部长；2009年10月，××十九局二公司下发公司人〔2009〕55号文件，聘用公司职工胡某为××高速项目部经理，××十九局二公司人事部部长赵某证明胡某任职是公司单位负责人及行政领导以及党委干部部和行政办公室负责人参加研究任免的。

在国家出资企业中，上级或者本级企业内部的党委、党政联席会负有管理、监督国有资产的职责，中共××十九局二公司委员会、××十九局二公司是国家出资企业中负有管理、监督国有资产职责的组织，研究决定胡某、周某分别担任××高速项目部经理、财务部部长，代表××十九局二公司党委、××十九局二公司在××高速项目部从事组织、领导、监督、经营、管理工作，依照《国家出资企业中职务犯罪应用法律的意见》第6条第2款（国家出资企业中负有管理、监督国有资产职责的组织批准或者研究决定，代表其在国有控股、参股公司及其分支机构中从事组织、领导、监督、经营、管理工作的人员，应当认定为国家工作人员）的规定，应当认定为国家工作人员。

上诉人胡某、周某利用职务便利，虚列支出，非法占有公共款项1,949,564.69元，其行为构成贪污罪，数额巨大，系共同犯罪。胡某、周某具有自首情节，依法可以从轻或者减轻处罚；主动退缴赃款，可以酌情从轻处罚。胡某、周某的犯罪行为发生于《刑法修正案（九）》《贪污贿赂案件解释》实行之前，但《刑法修正案（九）》《贪污贿赂案件解释》规定贪污罪处刑较轻，依据《刑法》第12条的规定，应适用《刑法修正案（九）》修正后《刑法》、《贪污贿赂案件解释》的规定对胡某、周某量刑。根据本案的犯罪性质、事实、情节和对于社会的危害程度以及胡某、周某的认罪悔罪表现，可对胡某、周某宣告缓刑。胡某、周某犯罪所得1,949,564.69元予以没收，上缴国库。

对于抗诉、上诉意见，二审法院认为：对于抗诉意见所提××十九局二公司企业性质为国家出资企业，胡某、周某系经国家出资企业中负有管理国有资产职责的组织研究决定任命的人员，符合贪污罪的主体构成要件，其利用职务便利非法占有公共财物，应当以贪污罪追究刑事责任的意见正确，予以支持。

原判认定胡某、周某犯罪事实清楚，但认定罪名错误，应予以纠正。改判上诉人（原审被告人）胡某犯贪污罪，判处有期徒刑三年，缓刑四年，并处罚金25万元。上诉人周某犯贪污罪，判处有期徒刑三年，缓刑四年，并处罚金25万元。

例案三 | 李某光职务侵占案

【法院】

广西壮族自治区高级人民法院

【案号】

(2011)桂刑经终字第30号

【诉讼主体】

原公诉机关:广西壮族自治区人民检察院南宁铁路运输分院

上诉人(原审被告人):李某光

【基本案情】

1.贪污事实

2009年5月至9月,被告人李某光利用担任中铁三局四公司南广铁路NGZQ-4项目部一分部(以下简称一分部)财务主任的职务便利,多次到贵港市港北区国家税务局虚开收款人为林某顺、谢某全,总金额为人民币(以下币种同)1,247,040元的发票4张,在单位报账后将1,247,040元据为己有。具体事实如下:

(1)2009年5月8日,李某光虚设西江农场林某顺财务科目,以林某顺名义在贵港市的工商银行开立了账号为××8478银行账户,制作了科目为"应付账款—应付货款—贵港市西江农场林某顺"、总金额为561,060元的转账凭证,并于5月11日到贵港市港北区国家税务局开具收款人为林某顺、金额为561,060元的发票在其单位一分部报账,一分部财务分别于5月12日、6月26日、7月27日开具转账支票361,060元、102,000元、98,000元付款至工商银行账号为××8478的林某顺账户,李某光将虚报所得561,060元据为己有。

(2)2009年7月至9月,李某光在其单位与谢某全发生业务后,以谢某全名义在贵港市的工商银行开立了××4128银行账户,随后三次到贵港市港北区国家税务局开具收款人为谢某全,金额分别为98,400元、96,180元和491,400元的发票三张,列入其所在单位一分部虚设的"港城镇谢某全"财务科目中报账。2009年8月18日、9月14日、9月17日,一分部财务分别先后三次转款98,400元、300,000元、287,580元至工商银行账号为××4128的谢某全账户,李某光将虚报所得685,980元据为己有。

李某光将虚报所得款项中的825,000元用于购买国债和银行定期存款,370,000元取现后交由一分部食堂职工高某庆藏入一分部食堂的库房里。2010年

8月25日李某光因挪用公款事实被检察机关立案侦查。8月31日，李某光主动向检察机关交代了检察机关未掌握的自己以林某顺、谢某全名义到税务局代开发票报销所得款1,247,040元并据为己有的事实，还向南宁铁路运输检察院供述了其用虚报所得款购买国债和定期存单的藏匿地点及370,000元现金藏匿处。检察机关根据其供述，在其一分部宿舍及一分部食堂的库房里查获了825,000元国债凭证、银行定期存单及现金370,000元。至此，李某光共退出贪污所得1,216,855.96元。

2. 挪用公款事实

2010年3月间，被告人李某光利用担任一分部财务主任的职务便利，挪用公款共计860,000元归个人使用，进行营利活动。具体事实如下：

2009年10月至2010年5月，一分部在无真实业务发生的情况下，在贵港市港北区国家税务局港城镇分局虚开"贵港市港北区宝(伟)锋建材经营部"片石销售发票16张，总金额6,354,208.30元，套出现金5,896,042元。李某光利用保管上述套现款，一分部在出售商品灰、废旧材料、赔偿、罚款等收入，报销后未归还垫付人刘某球的购车款以及其他账外现金的便利，先后三次将其保管的账外资金860,000元挪用，存入账号为××4804、户名为李某光的贵港市邮政储蓄银行个人账户，用于购买银行理财产品。其中，2010年1月28日存入300,000元，2月10日将该款全部用于购买名称为"财富日日升"的银行理财产品；2月24日存入350,000元，2月28日将该款全部用于购买名称为"财富月月升"的银行理财产品；3月5日存入210,000元，3月8日将该款全部用于购买名称为"财富日日升"的银行理财产品。2010年5月，国家审计部门对一分部财务部门进行经济审计后，李某光于5月21日赎回两笔"财富日日升"的银行理财产品，共计510,000元归还单位。案发后，尚有350,000元"财富月月升"的银行理财产品没有赎回。

2011年9月20日，南宁铁路运输中级法院依法冻结了该350,000元"财富月月升"的银行理财产品。

另查明李某光在被司法机关调查期间，提供了贵港市港北区国家税务局工作人员廖某丽涉嫌职务犯罪的重要线索，并经查证属实。

【案件争点】

上诉人李某光是否属于国家工作人员

【裁判要旨】

南宁铁路运输中级法院认为，被告人李某光身为国家出资企业中从事公务的人员,利用职务上的便利,以虚开发票在单位报账的方式,侵吞公款1,247,040元,其行为侵犯了公共财产的所有权和国家工作人员职务行为的廉洁性,已构成贪污罪。同时,李某光利用职务上的便利,以营利为目的,在任职期间擅自决定挪用本单位公款860,000元归个人使用,其行为构成挪用公款罪。公诉机关指控的罪名成立。

李某光所犯贪污罪和挪用公款罪依法应当并罚。李某光挪用公款860,000元,数额巨大,情节严重;其在司法机关立案调查其挪用公款犯罪事实期间,主动向司法机关交代了司法机关尚未掌握的其贪污犯罪事实,属于自首,依法可以减轻处罚;其在被办案机关调查期间,提供侦破其他案件的重要线索,并查证属实,具有立功表现,依法可以从轻处罚;其在案发前退出挪用的大部分公款,依法可以从轻处罚;其归案后主动供述了赃款去向,退出了绝大部分贪污的赃款,可以酌情从轻处罚。据此,根据李某光犯罪的事实、性质、情节和对社会的危害程度,判决被告人李某光犯贪污罪,判处有期徒刑七年,并处没收财产人民币20万元;犯挪用公款罪,判处有期徒刑五年;数罪并罚,决定执行有期徒刑十年六个月,并处没收财产人民币20万元。

一审宣判后,被告人李某光提出上诉。被告人李某光上诉提出:

(1)其所在公司是原国有企业改制后的有限公司,已不属于国有企业。其仅是该公司聘请的工作人员,不属于受委派从事公务的人员,其不具备贪污罪、挪用公款罪的主体要件。(2)其主观上无贪污故意,客观上并未利用职务之便实施贪污的行为,侦查机关收集证据的过程不合法,其供述不能作为证据使用,其行为不构成贪污罪。

广西壮族自治区高级人民法院经审理认为,上诉人李某光所在中铁三局四公司系国有资本控股公司中铁三局的全资子公司,属于国家出资企业,李某光系该公司合同制员工,只有技术职称,没有行政级别,其担任一分部财务主任是经过公司人力资源部提名,主管总会计师同意报公司总经理聘任的,未经公司党委或者党政联席会讨论、批准或者任命,故其不具有国家工作人员身份。上诉人李某光身为国家出资企业中的工作人员,利用职务上的便利,以虚开发票在单位报账的方式,将本单位资金1,247,040元非法占为己有,数额巨大,其行为构成职务侵占罪;同时其利用职务上的便利,挪用本单位资金86万元归个人使用,进行营利活动,数额巨大,其行为构成挪用资金罪,依法应当惩处。一审判决定性不准,应予纠正。改判上诉人李某光犯职务侵占罪,判处有期徒刑四年;犯挪用资金罪,判处有期徒刑三年；数罪并罚，决定执行有期徒刑六年。

三、裁判规则提要

所谓“国家工作人员”，是在我国刑法特有的一个概念。在我国刑法中包括严格意义上的国家工作人员和法律拟定的“准国家工作人员”两种类型，前一种直接从事公务于国家机关，后一种是从事公务于法律规定的特定机构。具有“国家工作人员”这一主体身份，是当前构成职务犯罪（贪污、受贿罪）的前提条件，不仅影响到犯罪的成立与否，还关系到此罪与彼罪的区分，以及行为人刑事责任的承担与刑罚的轻重。

（一）国家出资企业中国家工作人员的界定

长期以来，国有企业是国家经济的主要表现形式，国有企业资产也是国有经济的主要财富。随着国企改革的开展和深入，国有企业由绝对独资走向控股、参股，国有控股、参股企业成为参与市场经济的主体之一，而这些公司、企业开始被称为国有资本控股、参股的公司、企业，其中从事管理活动的人员如何认定国家工作人员，刑法并没有规定。对此，相关司法解释作了规定：(1)根据《国有资本控股、参股公司中从事管理工作的人员定罪的批复》规定：“在国有资本控股、参股的股份有限公司中从事管理工作的人员，除受国家机关、国有公司、企业、事业单位委派从事公务的以外，不属于国家工作人员。”是否受委派是认定国有资本控股、参股的股份有限公司中国家工作人员的标准。(2)《全国法院审理经济犯罪案件工作座谈会纪要》对国家机关、国有公司、企业、事业单位委派到非国有公司、企业、事业单位、社会团体从事公务的人员的认定问题作了以下规定：“所谓委派，即委任、派遣，其形式多种多样，如任命、指派、提名、批准等。不论被委派的人身份如何，只要接受国家机关、国有公司、企业、事业单位委派，代表国家机关、国有公司、企业、事业单位在非国有公司、企业、事业单位、社会团体中从事组织、领导、监督、管理等工作，都可以认定为国家机关、国有公司、企业、事业单位委派到非国有公司、企业、事业单位、社会团体从事公务的人员。如国家机关、国有公司、企业、事业单位委派在国有控股、或者参股的股份有限公司从事组织、领导、监督、管理等工作的人员，应当以国家工作人员论。”上述纪要明确地界定了委派的概念，即委派是指委任和派遣。无论是委任还是派遣，都是从国有单位委派到包括国有控股、或者参股的股份有限公司的非国有公司。(3)根据《国有控股、参股股份有限公司中的国有公司、企业人员的解释》规定:“国有公司、企业委派到国有控股、参股公司从事公务的人员,以国有公司、企业人员论。”这一规定与《全国法院审理经济犯罪案件工作座谈会纪要》是完全一致的。根据以上三个司法解释或文件的规定,国有控股、参股的公司属于非国有公司、企业,只有受委派从事公务的人员是国家工作人员,其他人员均属非国家工作人员,即公司、企业工作人员。

《企业国有资产法》规定:“本法所称国有资产是指国家对这种形式的出资所形成的权益。本法所称国家出资企业,是指国家出资的国有独资企业、国有独资公司,以及国家资本控股公司、国有资本参股公司。”同时,还对履行出资人职责的机构、部门作了专门的规定,“是指代表各级人民政府履行出资人职责的机构、部门,主要是指国家资产监督机构。”《企业国有资产法》颁布以后,最高人民法院、最高人民检察院颁布了《国家出资企业中职务犯罪应用法律的意见》,进一步对国家出资企业国家工作人员职务犯罪的法律适用问题加以规定。其中,《国家出资企业中职务犯罪应用法律的意见》所涉及的国家出资企业国家工作人员的规定,主要有以下两项:一是,经国家机关、国有公司、企业、事业单位提名、推荐、任命、批准等,在国有控股、参股公司及其分支机构中从事公务的人员,应当认定为国家工作人员。具体的任命机构和程序,不影响国家工作人员的认定。二是,经国家出资企业中负有管理、监督国有资产职责的组织批准或者研究决定,代表其在国有控股、参股公司及其分支机构中从事组织、领导、监督、经营、管理工作的人员,应当认定为国家工作人员。

从《国家出资企业中职务犯罪应用法律的意见》中可以看出,国家出资企业中负有管理、监督国有资产职责的组织批准或者研究决定的人员,只要代表其在国有控股、参股公司及其分支机构中从事组织、领导、监督、经营、管理工作,就应当认定为国家工作人员。这种人员并非受国家机关、国有公司、企业、事业单位的委派,而是由国家出资企业中负有管理、监督国有资产职责的组织批准或者研究决定。因此,这种人员并不是国家公司委派到非国有公司从事公务的人员。所以《国家出资企业中职务犯罪应用法律的意见》将国家出资企业中从事管理活动的人员分为两部分:一部分是国家出资企业中负有管理、监督国有资产职责的组织批准或者研究决定的人员,另一部分是国家出资企业其他机构任命的人员,前者属于国家工作人员,后者属于非国家工作人员。例案一丁某贪污案中,富某银行是云南投资集团管理有限公司(国有公司)的控股公司,属于国有资本控股公司,文某分行系富某银行分支机构,也属于国有资本控股公司,符合《国家出资企业中职务犯罪应用法律的意见》所称的国有出资企业。丁某的任免由富某银行总行党委研究决定，委派主体符合《国家出资企业中职务犯罪应用法律的意见》的规定，同时丁某作为文某分行行长对银行授信贷款业务具有审查和监督的工作职责，以确保国有资产的保值增值，属于对国有资产的管理、监督，属于“从事公务”。所以丁某符合《国家出资企业中职务犯罪应用法律的意见》的规定，其具备国家工作人员的身份。

（二）国家出资企业中负有管理、监督国家资产职责的组织的认定

国家为了更好地保护国有资产，在国家出资的公司中一般设有管理、监督国有资产的组织，根据《国家出资企业中职务犯罪应用法律的意见》第 6 条的规定，国家出资企业中负有管理、监督国家资产职责的组织也可以成为委派的主体。也就是说，经国家出资企业中负产管理、监督国有资产职责的组织批准或者研究决定，就可以成为国家工作人员。关于负有管理、监督国家资产职责的组织，一种意见认为，负责管理、监督国家资产的组织指国有资产监督管理机构、国家出资的党委和党政联席会；另一种意见认为，负有管理、监督国家资产职责的组织不仅包括党委和党政联席会，而且包括公司股东会、董事会、监督会。在司法实践中，一般认为国家出资企业中负责管理、监督国家资产的组织，除国家资产监督管理机构，国家公司、企业、事业单位外，主要是指上级或者本级国家出资企业党委、党政联席会。国家出资企业中的董事会、监事会不是适格的委派主体。主要理由是：第一，董事会、监事会为公司的执行部门和监督部门，其职责在于对公司全部资产的增值保值的监督、管理，而非对国家资产进行监督、管理；第二，公司董事会、监督会组成人员的来源的多元性，是为了给公司创造更大的经济效益，经营公司资产，更多是着眼于公司整体财产效益，而非着眼于国家资产的保护；第三，尽管许多国有企业改制为股份制企业，但监督、管理人员变化不大，除了国家资产监督管理机构对国家出资企业的国有资产负责专门的监督职责，根据党管干部的原则，改制后的国家出资企业一般设有党委，并由本级或者上级党委决定人事的任免。因此，党委和党政联席会在我国也被认为是代表国家在国家出资企业中行使管理、监督的职责，很大程度上也是由我国目前国家出资企业实际情况所决定的。因此，是否经党委或党政联席会批准或研究决定，就成为认定国家出资企业国家工作人员的形式要件。但这并不意味着经国家出资企业中董事会、监事会委派的管理人员一律不是国家工作人员，比如实践中大量存在的由党委提名后经董事会选举的情况，由于该人员的任职与党委的提名有必然联系，实质上是受党委的委派，仍代表党委从事公务活动，

此种情形下依然可认定行为人为国家工作人员。例案三李某光职务侵占案中,中国中铁股份有限公司上市后,成为国有控股公司,亦即国家出资企业。中铁三局成为中国中铁股份有限公司的全资子公司,中铁三局四公司系中铁三局的全资子公司,该公司性质上属于国家出资企业,并非国有公司。李某光在实施相关犯罪行为时,虽直接负责经手、管理所在单位财务,从其岗位职责来讲是具有"从事监督、经营、管理工作"的特点。但他只是一名普通工作人员,担任一分部财务主任一职,是经过公司人力资源部提名、主管领导总会计师同意,报公司总经理任命。因为财务人员不是领导班子成员,故一般无须公司领导层或党政联席会讨论、批准、任命,事实上也没有经过有关会议讨论、批准、任命。因此,李某光担任该职务并非属于"经国家出资企业中负有管理、监督国有资产职责的组织批准或者研究决定"。关于李某光的任命,时任中铁三局四公司总经理蔡某某证言并未明确提及李某光的任命已经向公司党委书记汇报过;且即使汇报过,依据中铁三局四公司有关制度规定和操作惯例,党委书记同意只是"走形式",并无实质意义,不能将之简单视为"国家出资企业中负有管理、监督国有资产职责的组织批准或者研究决定"的表现形式,否则将会造成实践中对此类国家出资企业中国家工作人员范围认定的不当扩大。本案中,无证据证实被告人李某光属于"受国家机关、国有公司、企业、事业单位委派从事公务"的情形,难以认定其代表国有投资主体行使监督、管理国有资产的职权,因此,从实质层面分析,不应认定李某光具有国家工作人员的身份。

(三)代表其在国家控股、参股公司及其分支机构中从事组织、领导、监督、经营、管理工作的认定

在国有控股、参股公司国家工作人员身份的认定中,除了需要审查行为人的任命程序,还需要审查其是否"代表负有管理、监督国有资产职责的组织",从事"组织、领导、监督、经营、管理工作"。这一审查主要围绕以下三个特征进行:(1)代表性。作为授权方负有管理、监督国有资产职责的组织,与作为被授权方的国家工作人员,通过批准、研究决定等政治授权行为方式,产生一种法律关系,并将这种法律关系最终归属于国家。即在国有出资企业中,国家工作人员系代表国有资产的监督、管理组织从事工作,这种代表性是认定国家工作人员身份的首要特征。如果该任职与委派组织没有必然的联系,行为人对委派组织亦无职责义务关系,则不应认定为国家工作人员。(2)公务性。关于"从事公务"的理解,《全国法院审理经济犯

罪案件工作座谈会纪要》明确规定："从事公务，是指代表国家机关、国有公司、企业事业单位、人民团体等履行组织、领导、监督、管理等职责。公务主要表现为与职权相联系的公共事务以及监督、管理国有财产的职务活动。如国家机关工作人员依法履行职责，国有公司的董事、经理、监事、会计、出纳人员等管理、监督国有财产等活动，属于从事公务。那些不具备职权内容的劳务活动、技术服务工作，如售货员、售票员等所从事的工作，一般不认为是公务"。该规定将公务与劳务区别开来，更加有针对性地强调公务与职权的关联性，突出公务的管理性特征。一般认为，在国家出资企业中，中层以上的管理人员可以被视为代表管理、监督国有资产职责的组织从事公务，中层以下的管理人员如果主要从事事务性、技术性、业务性等方面的工作，则一般不宜认定为从事公务。(3)与国有资产的紧密关联性。因为党委对国家出资企业中国家资产进行管理、监督，使之增值、保值，所以对于国家出资企业中经党委和党政联席会等研究决定或者批准担任某项职务的，一般都会认为国家出资企业中国家工作人员。但对于未经党政联席会等形式批准、任命的人员，还要区分是公司整体的公务，还是代表国有资产管理、监督部门从事公务，只有代表国有投资主体行使监督、管理国有资产的职权，才能认定为国家工作人员。

例案二胡某、周某贪污案中，××十九局二公司委员会、××十九局二公司是国家出资企业中负有管理、监督国有资产职责的组织，研究决定胡某、周某分别担任××高速项目部经理、财务部部长，代表××十九局二公司党委、××十九局二公司在××高速项目部从事组织、领导、监督、经营、管理工作，根据《国家出资企业中职务犯罪应用法律的意见》第6条的规定，应当认定为国家工作人员。

四、辅助信息

高频词条：

《刑法》

第93条　本法所称国家工作人员，是指国家机关中从事公务的人员。

国有公司、企业、事业单位、人民团体中从事公务的人员和国家机关、国有公司、企业、事业单位委派到非国有公司、企业、事业单位、社会团体从事公务的人员，以及其他依照法律从事公务的人员，以国家工作人员论。

第382条　国家工作人员利用职务上的便利，侵吞、窃取、骗取或者以其他手段非法占有公共财物的，是贪污罪。

受国家机关、国有公司、企业、事业单位、人民团体委托管理、经营国有财产的人员，利用职务上的便利，侵吞、窃取、骗取或者以其他手段非法占有国有财物的，以贪污论。

与前两款所列人员勾结，伙同贪污的，以共犯论处。

第383条 对犯贪污罪的，根据情节轻重，分别依照下列规定处罚：

（一）贪污数额较大或者有其他较重情节的，处三年以下有期徒刑或者拘役，并处罚金。

（二）贪污数额巨大或者有其他严重情节的，处三年以上十年以下有期徒刑，并处罚金或者没收财产。

（三）贪污数额特别巨大或者有其他特别严重情节的，处十年以上有期徒刑或者无期徒刑，并处罚金或者没收财产；数额特别巨大，并使国家和人民利益遭受特别重大损失的，处无期徒刑或者死刑，并处没收财产。

对多次贪污未经处理的，按照累计贪污数额处罚。

犯第一款罪，在提起公诉前如实供述自己罪行、真诚悔罪、积极退赃，避免、减少损害结果的发生，有第一项规定情形的，可以从轻、减轻或者免除处罚；有第二项、第三项规定情形的，可以从轻处罚。

犯第一款罪，有第三项规定情形被判处死刑缓期执行的，人民法院根据犯罪情节等情况可以同时决定在其死刑缓期执行二年期满依法减为无期徒刑后，终身监禁，不得减刑、假释。

《国有资本控股、参股公司中从事管理工作的人员定罪的批复》

重庆市高级人民法院：

你院渝高法明传〔2000〕38号《关于在股份有限公司中从事管理工作的人员侵占本公司财物如何定性的请示》收悉。经研究，答复如下：

在国有资本控股、参股的股份有限公司中从事管理工作的人员，除受国家机关、国有公司、企业、事业单位委派从事公务的以外，不属于国家工作人员。对其利用职务上的便利，将本单位财物非法占为己有，数额较大的，应当依照刑法第二百七十一条第一款的规定，以职务侵占罪定罪处罚。

《全国法院审理经济犯罪案件工作座谈会纪要》

关于贪污贿赂犯罪和渎职犯罪的主体

（一）国家机关工作人员的认定

刑法中所称的国家机关工作人员，是指在国家机关中从事公务的人员，包括在各级国家权力机关、行政机关、司法机关和军事机关中从事公务的人员。

根据有关立法解释的规定，在依照法律、法规规定行使国家行政管理职权的组织中从事公务的人员，或者在受国家机关委托代表国家行使职权的组织中从事公务的人员，或者虽未列入国家机关人员编制但在国家机关中从事公务的人员，视为国家机关工作人员。在乡(镇)以上中国共产党机关、人民政协机关中从事公务的人员，司法实践中也应当视为国家机关工作人员。

(二)国家机关、国有公司、企业、事业单位委派到非国有公司、企业、事业单位、社会团体从事公务的人员的认定

所谓委派，即委任、派遣，其形式多种多样，如任命、指派、提名、批准等。不论被委派的人身份如何，只要是接受国家机关、国有公司、企业、事业单位委派，代表国家机关、国有公司、企业、事业单位在非国有公司、企业、事业单位、社会团体中从事组织、领导、监督、管理等工作，都可以认定为国家机关、国有公司、企业、事业单位委派到非国有公司、企业、事业单位、社会团体从事公务的人员。如国家机关、国有公司、企业、事业单位委派在国有控股或者参股的股份有限公司从事组织、领导、监督、管理等工作的人员，应当以国家工作人员论。国有公司、企业改制为股份有限公司后，原国有公司、企业的工作人员和股份有限公司新任命的人员中，除代表国有投资主体行使监督、管理职权的人外，不以国家工作人员论。

(三)“其他依照法律从事公务的人员”的认定

刑法第九十三条第二款规定的“其他依照法律从事公务的人员”应当具有两个特征：一是在特定条件下行使国家管理职能；二是依照法律规定从事公务。具体包括：

(1)依法履行职责的各级人民代表大会代表；

(2)依法履行审判职责的人民陪审员；

(3)协助乡镇人民政府、街道办事处从事行政管理工作的村民委员会、居民委员会等农村和城市基层组织人员；

(4)其他由法律授权从事公务的人员。

(四)关于“从事公务”的理解

从事公务，是指代表国家机关、国有公司、企业、事业单位、人民团体等履行组织、领导、监督、管理等职责。公务主要表现为与职权相联系的公共事务以及监督、管理国有财产的职务活动。如国家机关工作人员依法履行职责，国有公司的董事、经理、监事、会计、出纳人员等管理、监督国有财产等活动，属于从事公务。那些不

具备职权内容的劳务活动、技术服务工作，如售货员、售票员等所从事的工作，一般不认为是公务。

《国有控股、参股股份有限公司中的国有公司、企业人员的解释》

为准确认定刑法分则第三章第三节中的国有公司、企业人员，现对国有控股、参股的股份有限公司中的国有公司、企业人员解释如下：

国有公司、企业委派到国有控股、参股公司从事公务的人员，以国有公司、企业人员论。

《国家出资企业中职务犯罪应用法律的意见》

六、关于国家出资企业中国家工作人员的认定

经国家机关、国有公司、企业、事业单位提名、推荐、任命、批准等，在国有控股、参股公司及其分支机构中从事公务的人员，应当认定为国家工作人员。具体的任命机构和程序，不影响国家工作人员的认定。

经国家出资企业中负有管理、监督国有资产职责的组织批准或者研究决定，代表其在国有控股、参股公司及其分支机构中从事组织、领导、监督、经营、管理工作的人员，应当认定为国家工作人员。

国家出资企业中的国家工作人员，在国家出资企业中持有个人股份或者同时接受非国有股东委托的，不影响其国家工作人员身份的认定。

七、关于国家出资企业的界定

本意见所称“国家出资企业”，包括国家出资的国有独资公司、国有独资企业，以及国有资本控股公司、国有资本参股公司。

是否属于国家出资企业不清楚的，应遵循“谁投资、谁拥有产权”的原则进行界定。企业注册登记中的资金来源与实际出资不符的，应根据实际出资情况确定企业的性质。企业实际出资情况不清楚的，可以综合工商注册、分配形式、经营管理等因素确定企业的性质。

贪污贿赂案件裁判规则第 2 条:

不动产,能成为贪污罪的犯罪对象。国家工作人员利用职务之便,采用欺骗手段非法占有公有房屋的行为,应以贪污罪定罪处罚

〔**规则描述**〕:不动产,能成为贪污罪的犯罪对象。贪污罪的对象不应仅限于动产,国家工作人员利用职务上的便利,采用欺骗手段非法占有公有房屋的行为,应以贪污罪定罪处罚。

一、类案检索大数据报告

时间:2020 年 11 月 27 日之前,案例来源:Alpha 案例库,案件数量:629 件,数据采集时间:2020 年 11 月 27 日。本次检索共获取 2020 年 11 月 27 日前采用欺骗手段非法占有不动产的行为的裁判文书 629 篇,整体情况如图 2 -1 所示,从案件年份分布可以看到当前条件下案例数量的变化趋势。

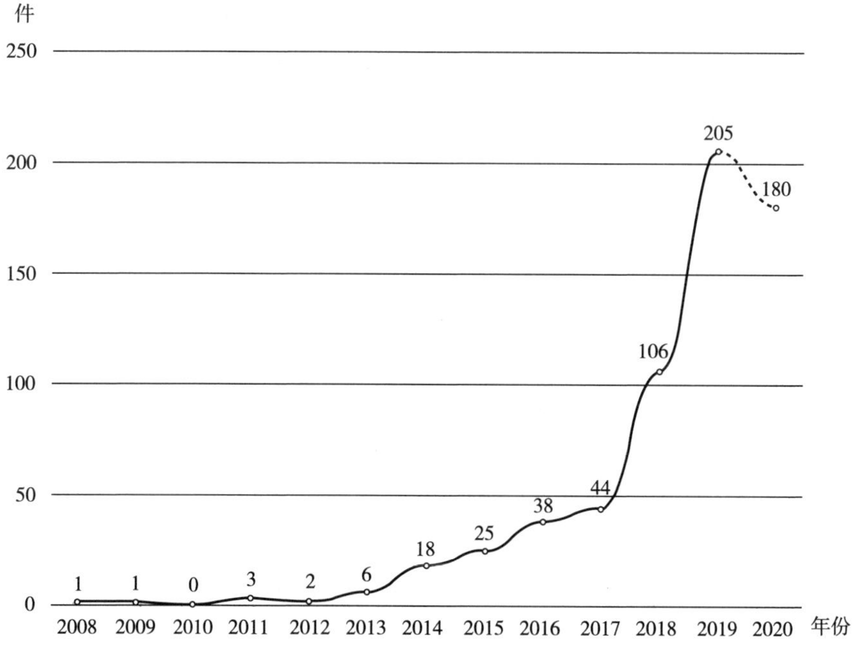

图 2 -1　案件年份分布情况

如图 2－2 所示，从案件地域分布来看，当前案例主要集中在浙江省、广东省、安徽省，分别占比 13.99%、12.24%、7.79%。其中，浙江省的案件量最多，达到 88 件。（注：此处显示该条件下案例数量排名前五的省份。）

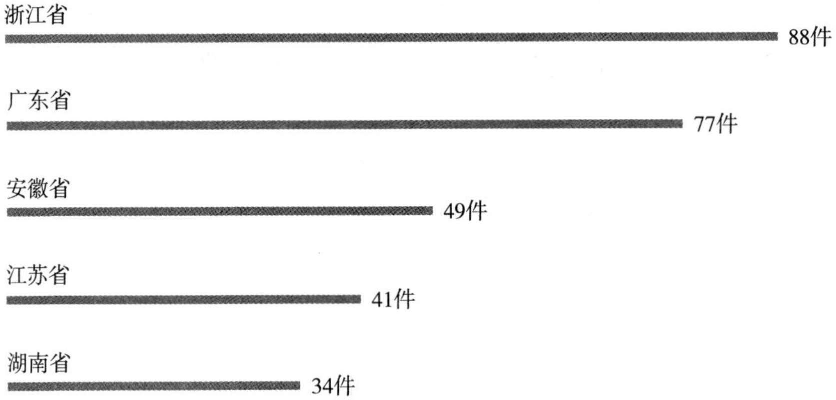

图 2－2　案件地域分布情况

如图 2－3 所示，从案由分类情况可以看到，当前最主要的案由是刑事，有 474 件，占一半以上；其次是民事，行政，执行。

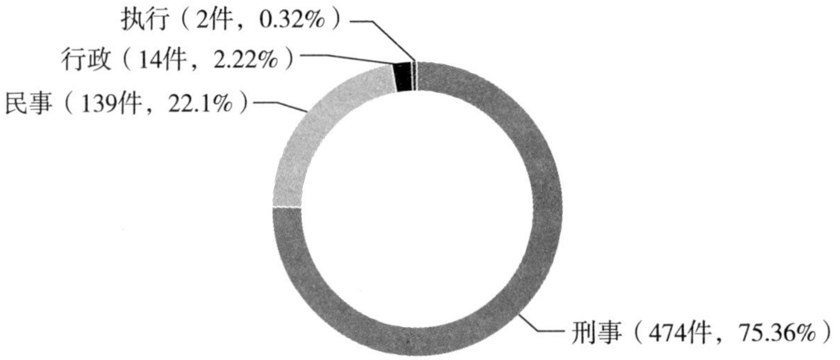

图 2－3　案件案由分类情况

如图 2－4 所示，从案件程序分类统计可以看到当前的审理程序分布状况。其中，一审案件有 408 件，二审案件有 201 件，再审案件有 17 件，执行案件有 3 件。

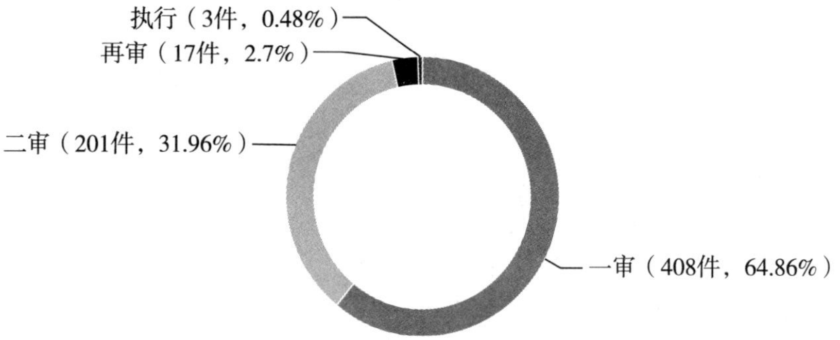

图 2－4　案件程序分类情况

如图 2－5 所示，通过对主刑的可视化可以看到，当前条件下包含有期徒刑的案件有 281 件，包含无期徒刑的案件有 20 件，包含拘役的案件有 12 件。其中，包含缓刑的案件有 52 件，免予刑事处罚的案件有 7 件。

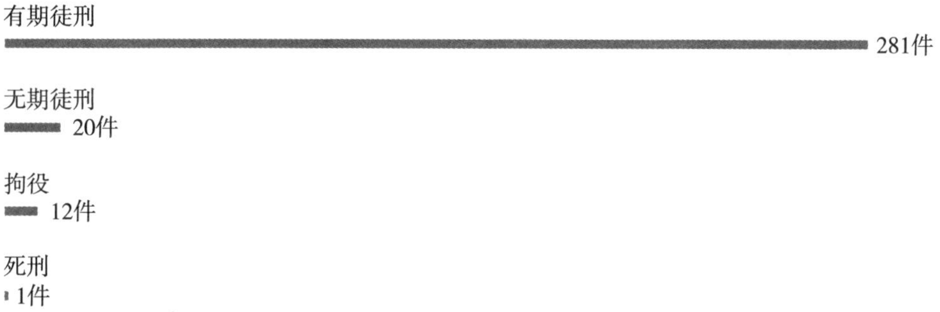

图 2－5　案件判决主刑情况

二、可供参考的例案

例案一 | 于某红贪污案

【法院】

吉林省高级人民法院

【案号】

(2001)吉高法刑经终字第 11 号

【诉讼主体】

原公诉机关：吉林省白山市人民检察院

上诉人(原审被告人):于某红

【基本案情】

1992年年底,白山市建设银行房地产综合开发公司(以下简称开发公司)归还因开发建银小区而占用八道江房产管理所(以下简称房管所)商企房面积321.52平方米(5户),被告人于某红利用负责房管所回迁工作之机,于1993年12月18日在给财务科填报经租房产增加、减少通知单时,将开发公司归还的面积填报为305.75平方米,并将其中4户面积加大,从中套取商企房1户,面积为52.03平方米,价值人民币93,133.70元,用于个人出租牟利。

1993年,开发公司开发建银小区时,被告人于某红利用负责因开发建银小区拆迁房产管理所管理的房屋工作之机,在其母亲孙某某购买拆迁户房屋面积时,虚添拆迁面积17平方米,价值人民币16,320元,并将开发公司还房管所面积顶交其母所购买房屋取暖费、热水费2669.55元。

综上,被告人于某红利用职务上的便利,非法占有公共财物计价值人民币112,123.25元。

【案件争点】

被告人于某红利用职务之便套取商企房并占有使用,以及虚增拆迁面积并占为己有的行为是否构成贪污罪,是贪污既遂还是未遂。

【裁判要旨】

一审法院审理认为,被告人于某红关于商企房是房管所所长苏某奖励给其的辩解意见,因证人苏某多次证言证实,房管所没有奖励给于某红房屋,是于某红到开发公司算好账,开发公司还了4户商企房;于某红填报的租金面积统计表汇总台账证实,于某红将还迁面积321.52平方米记为305.75平方米,少下并虚增了其他4户商企房面积,从中套取了52.03平方米住房一处,故该辩解意见不予采纳。关于84.48平方米住宅房是其母购买拆迁户的,并在房管所房改的辩解意见,因公诉机关指控其虚添拆迁面积和虚添住户,套取84.48平方米住宅房1户,有一拆迁户主不清,尚不能排除有魏某某住户,故指控被告人于某红虚添住户的证据不足,但该拆迁户建筑面积为23平方米,而于某红在此房动迁时让动迁员填写面积为40平方米,据此,被告人于某红利用职务之便,虚增拆迁面积17平方米,占为己有的事实清楚,证据充分,应予认定,故该辩解意见部分采纳。其辩护人关于被告人主体身份不明的辩护意见,因被告人所在单位房管所任命书及转干表证实,于某红为房管所房管科副科长,系国家机关工作人员,故不予采纳。被告人于某红身为国家工作人员，利用职务便利，非法占有公共财物，数额在 10 万元以上，其行为已构成贪污罪。吉林省白山市人民检察院指控被告人于某红犯贪污罪罪名成立。根据被告人于某红犯罪的事实、犯罪的性质、情节和对社会的危害程度，判决被告人于某红犯贪污罪，判处有期徒刑十年，并处没收个人财产人民币 3 万元，追缴 52.03 平方米商企房一户，赃款 18,989.55 元（含 17 平方米面积折价）。

一审宣判后，于某红不服，提出上诉称，未实施利用职务之便非法占有国家资产的行为；购买的商企房及孙某某购买的住房是房管所的法定代表人苏某某同意在动迁之前购买的。辩护人提出，因房屋所有权并没有发生转移，故一审法院认定于某红套取 52.03 平方米商企房一户的事实不清，证据不足；于某红之母孙某某购买魏某某的拆迁房的房屋面积是 36.5 平方米，而不是 23 平方米或 40 平方米。

二审法院审理认为，上诉人于某红利用职务之便，非法占有公共财物的行为已构成贪污罪。其提出不具有利用职务之便非法占有国有资产行为及其母买房是经所长苏某同意在动迁之前购买的上诉理由，经查，房管所任命书及转干表，证实于某红为房管所房管科副科长，负责房管所拆迁工作，套取商企房并占有使用的行为，已构成贪污犯罪；其母买房是经所长苏某同意在动迁之前购买的上诉理由没有证据证实，不予支持。其辩护人提出认定于某红贪污 52.03 平方米房屋的所有权未发生转移，原审判决事实不清，证据不足的辩护意见，因上诉人利用职务上的便利，骗取公有房屋并实际占有使用，故虽未办理私有产权证，仍应构成贪污既遂，该笔犯罪事实清楚，证据充分，辩护意见不予采纳。其母孙某某购买拆迁户魏某某的房屋面积是 36.5 平方米，不是 23 平方米或者 40 平方米的辩护意见，因房管所 1986 年出售老房名单证实此户面积为 23 平方米，于某红向动迁员提供面积是 40 平方米，故原审认定虚增面积 17 平方米正确，辩护人的辩护意见不成立，不予采纳。原审法院根据上诉人于某红犯罪的事实和情节，依照有关法律对本案作出的判决事实清楚，证据确实、充分，对被告人定罪准确，量刑适当，审判程序合法，上诉人的上诉理由及其辩护人的辩护意见均不予采纳。据此裁定驳回上诉，维持原判。

例案二 | 吴某莉贪污案

【法院】

上海市高级人民法院

【案号】

(2012)沪高刑终字第123号

【诉讼主体】

抗诉机关:上海市人民检察院第二分院

上诉人(原审被告人):吴某莉

【基本案情】

1994年4月,上海市公用事业管理局出资100万元成立上海公欣工程建设监理公司(下称公欣监理),被告人吴某莉担任公司法定代表人、经理,全面负责公司经营管理工作。2008年10月,公欣监理转入国有上海交通建设管理有限公司(下称交建公司)管理,并于同年12月更名为公欣公司,由徐某某担任法定代表人、董事长,吴某莉继续全面负责经营管理公司。

一、被告人吴某莉贪污4012万余元的事实

2009年11月底,公欣公司经上级主管单位交建公司同意开始转制评估。其间,吴某莉利用职务便利,将公欣公司与上海市自来水市南有限公司等多家单位之间产生的项目监理费用应收款4012万余元,隐匿于账外,不纳入评估范围,并向上级主管单位及审计、评估单位提供虚假的企业经营损益报表,致使公欣公司的价值被严重低估。2010年5月21日,公欣公司仅以143万余元的价格被整体转让给非国有的上海住远建设工程监理有限公司(下称住远公司)。吴某莉和公欣公司副总经理汪某某以个人名义持有转制后公司49%的股权并经住远公司授权,由吴某莉自主经营、独立核算、自负盈亏。

二、被告人吴某莉贪污231万余元的事实

2008年9月至2009年2月,被告人吴某莉利用职务便利,指使公司员工崔某、蒋某某、姚某将公司监理费收入通过与第三方签订虚假劳务合同的方式,转至普陀区以劳养武民兵服务部,形成账外资金,并从中取现132万元分别以个人名义存入银行。2007年年初至2009年12月,被告人吴某莉指使姚某虚列职工工资,从公司账内套现60.56万元,以姚某个人名义开立定期存单。在公欣公司转制过程中,吴某莉故意将上述132万元、60.56万元以及另一张以蒋某某个人名义开设的,亦为账外资金形成的金额为108,362.85元的活期存折隐匿账外不纳入评估。2010年八九月,上海市审计局对公欣公司进行审计,吴某莉指使崔某等人将上述存单带回家中藏匿。其间,上述公款产生的利息共计66,024.99元亦被吴某莉等人共同私分。2010年8月,公欣公司转制后,吴某莉还以预发奖金的名义,伙同汪某某、崔某

等人从以劳养武账外资金中提现21.84万元予以私分，吴某莉分得8.4万元。

三、被告人吴某莉贪污公欣公司房屋价值414万余元的事实

1998年经上海市公用事业管理局同意将煤气公司营业所站点用房使用权无偿调拨给公欣监理使用，并更名至该公司名下。2003年7月16日，公欣监理通过与上海永理置业有限公司（以下简称永理公司）签订退租协议，退租上述房屋，由此获得2,471,430元的补偿款。同年8月6日，该笔补偿款由永理公司直接打入上海伟华房地产咨询有限公司，未入公欣监理账内。2004年2月19日，公欣监理用上述补偿款中的2,160,000元购买了位于上海市西康路×号×层×室的房屋（面积254.82平方米、权利人为公欣监理）。该房产权证由公欣监理副总经理童某某保管，2007年童某某去世后，吴某莉等人将产证取回由自己保管至案发。2009年因公欣监理更名为公欣公司，吴某莉遂指使汪某某将产证权利人变更为公欣公司。2009年11月底至2010年5月，在公欣公司转制过程中，该套商品房被吴某莉隐匿于账外未纳入评估。在公司转制前后，该房历年来所产生的房租收益共计145,481.6元亦被吴某莉实际控制。经评估，在公欣公司转制评估基准日时，上述房屋价值为4,140,500元。

【案件争点】

国有公司转制过程中，隐匿公司名下房产并实际控制，但未办理产权转移登记行为如何认定。

【裁判要旨】

一审法院审理认为：被告人吴某莉在国有企业转制过程中，贪污国有资产4200余万元，但贪污公欣公司名下房产证据不足。被告人吴某莉犯贪污罪，判处无期徒刑，剥夺政治权利终身，并处没收个人财产人民币50万元；违法所得予以追缴。

宣判后，上海市人民检察院第二分院提出抗诉称原审判决认定被告人吴某莉贪污公欣公司名下房产证据不足，缺乏事实和法律依据，应将该行为认定为贪污。

被告人吴某莉及其辩护人提出上诉称，将4012万元"应收监理费"全部认定为吴某莉的贪污数额错误，且部分系未遂。

二审法院审理认为：关于被告人吴某莉是否贪污涉案房产的问题。根据《国家出资企业中职务犯罪应用法律的意见》有关规定，受国有企业委托管理、经营国有财产的人员利用职务上的便利，在国家出资企业改制过程中故意隐匿公司、企业财产为行为人所实际控制，或者国家出资企业改制已经完成的，以贪污犯罪既遂处理。经查，涉案房产产权证上的权利人为公欣监理或更名后的公欣公司，但在公欣

公司转制前，用于购买涉案房产的资金始终隐于公欣公司账外，使涉案房产无须登记，事实上也未经登记，在账上无法显示出该房产；转制时，被告人吴某莉未就涉案房产向上级单位或评估单位进行说明，上级单位以及转制后的公欣公司法人代表均不知有该套房产，足以证明被告人吴某莉出于非法占有的目的，积极实施隐匿行为，使涉案房产成功脱离了国有资产权利人的控制。现有证据又证实被告人吴某莉实际掌控着公欣公司的公章、转制前的营业执照复印件、原法定代表人徐某某的私印及身份证复印件等。在此种情况下，凭借上述材料被告人吴某莉完全有条件自行实现对涉案房产的过户更名，其在事实上已经能够独立地行使房屋产权人的处分权。公欣公司转制前后，涉案房产历年来所产生的房租收益亦被吴某莉控制，其又实际享有了房屋产权人的收益权。因此，被告人吴某莉除了在权利文书的形式上并非涉案房产的产权人外，其在事实上已经行使了产权人所有权的全部权能，符合刑法上非法占有要求的实际控制标准。故，被告人吴某莉在国有公司转制过程中，隐匿公司名下房产，虽未办理产权转移登记，但实际控制的行为，仍应当认定为贪污既遂。

关于被告人吴某莉及其辩护人提出，将4012万元“应收监理费”全部认定为吴某莉的贪污数额错误，且部分系未遂的辩护意见。根据刑法对贪污罪的规定，公共财物的所有权遭受侵害是贪污犯罪的本质特征。“应收监理费”作为转制前公司确定享有的债权，是预期可实现的利益，在转制过程中，理应作为企业财产权纳入资产评估范围。经查，吴某莉在公欣公司转制过程中未将归属于该企业的4012万余元应收债权纳入资产评估范围，而是隐匿于账外，导致国有资产价值被低估，这部分债权所对应的财产性利益随着公欣公司出售工作的完成而流失，吴某莉对国有资产所造成的侵害在转制完成时即已实现，属于贪污犯罪既遂。对于吴某莉贪污具体数额的认定，《国家出资企业中职务犯罪应用法律的意见》第1条规定，贪污数额一般应当以所隐匿财产全额计算；改制后公司、企业仍有国有股份的，按股份比例扣除归于国有的部分。公欣公司转制后，被整体出售给非国有单位住远公司，原来的国有出资人退出，改制前的企业被改制后企业所取代，隐匿的4012万余元债权被改制后的非国有企业全部继承。虽然被告人吴某莉等人在改制后的公欣公司中持有的股份仅为49%，但非法占有的形式不仅仅是行为人个人占有，也可以是公司占有，或者由他人代为占有。故，被改制后公欣公司占有的债权4012万余元，应全额认定为被告人吴某莉的贪污数额。

综上所述，被告人吴某莉作为公欣公司的主管人员，利用职务便利，伙同他人在经营、管理国有企业及改制过程中实施隐匿国有财产，使之脱离国有资产权利人的控制，并由自己实际控制的行为，已构成贪污既遂。原判认定被告人吴某莉利用管理国有资产的职务便利，在国有企业经营管理及转制过程中贪污4200余万元的事实清楚，证据确实、充分，应予确认。同时，上诉人吴某莉，在国有企业转制过程中隐匿涉案房产的行为，依法应当一并以贪污罪论处。原判认为涉案房产权属仍归公欣公司，在案证据尚不足以认定该房屋被吴某莉非法占有，系认定事实有误，应予纠正。据此，判决维持原判决的第（一）项，即"被告人吴某莉犯贪污罪，判处无期徒刑，剥夺政治权利终身，并处没收个人财产人民币50万元"；撤销第二项，即"违法所得予以追缴"，改判为贪污犯罪违法所得钱款、房产等国有资产予以追缴，并发还国有资产权利人。

例案三 | 王某杰贪污案

【法院】

江苏省吴江市人民法院

【案号】

（2011）吴江刑二初字第0154号

【诉讼主体】

公诉机关：江苏省吴江市人民检察院

被告人：王某杰

【基本案情】

吴江市医药总公司及吴江市医药总公司盛泽医药公司（以下简称盛泽医药公司）系全民所有制企业。1999年，被告人王某杰任吴江市医药总公司总经理并兼任盛泽医药公司经理，负责包括盛泽医药公司在内的吴江市医药公司改制工作。1999年8月，被告人王某杰利用其担任上述职务，在负责盛泽医药公司改制评估过程中，采用隐匿、瞒报等手段，侵吞位于盛泽镇太平街后街25号的a-02、a-04、a-06房产3套，共计价值人民币553，056元。2000年6月27日，吴江市国医药业有限公司设立，注册资本1043.8万元，其中国有股占667.79万元，被告人王某杰任总经理。2001年1月10日，涉案房产登记至吴江市国医药业有限公司盛泽分公司（以下简称盛泽分公司）名下。2003年4月，吴江市国医药业有限公司变更为自然人投资企业。2010年6月，被告人王某杰交出上述房产所有权证。2010年10

月12日,涉案房产所有权人变更为吴江市商业资产经营有限公司。

此外,2005年3月1日至2008年2月29日,被告人王某杰利用担任全民所有制企业吴江东方大厦的法定代表人、总经理的职务之便,在接受吴江市商业资产经营有限公司委托,负责租赁经营吴江东方大厦过程中,采取收入不入账等手段,侵吞公款共计人民币417万余元。

【案件争点】

被告人王某杰在国有公司改制过程中隐匿国有房产的行为是否构成贪污罪。

【裁判要旨】

法院审理认为,被告人王某杰身为国有公司中从事公务的人员,其利用职务上的便利,非法侵吞公共财物,其行为构成贪污罪。理由如下:第一,被告人王某杰具有非法占有公共财产的目的。贪污罪中的非法占有,不应狭隘地理解为非法据为已有,只要未经所有权人同意而非法处置,永久排除所有权人对财物享有的所有权,即构成非法占有。被告人王某杰在国有公司改制过程中将国有房产隐匿,当时便取得该房产的实际控制。即便他之后又将房产登记至改制后企业的名下,该房产也为改制后企业所使用,但这只是对赃物的具体处置,不影响行为性质的认定。综上,被告人王某杰的行为应当认定为刑法中的非法占有。第二,被告人王某杰的行为依法认定为贪污罪具有充分的法律依据。《国家出资企业中职务犯罪应用法律的意见》第1条规定,"国家工作人员或者受国家机关、国有公司、企业、事业单位、人民团体委托管理、经营国有财产的人员利用职务上的便利,在国家出资企业改制过程中故意通过低估资产、隐瞒债权、虚设债务、虚构产权交易等隐匿公司、企业财产,转为本人持有股份的改制后公司、企业所有,应当依法追究刑事责任,依照刑法第三百八十二条、第三百八十三条的规定,以贪污罪定罪处罚"。关于辩护人提出的房产数额认定问题,经查,在吴江医药公司的改制过程中,被告人王某杰明知国有股将会全部退出,为了减轻改制后的企业负担,个人决定将属于全民所有制企业的房产全部隐匿。在吴江市国医药业有限公司成立后,涉案房产虽然登记在盛泽分公司的名下,但仍未纳入该公司及其盛泽分公司的固定资产账目中,而当国有股先后三次从该公司退出时,涉案房产也未纳入该公司的资产进行评估,这实际上造成了涉案房产即国有资产的全部流失。故辩护人的相关辩护意见不能成立。据此判决:被告人王某杰犯贪污罪,判处有期徒刑十二年,并处没收财产人民币300万元;贪污的赃款予以发还。

三、裁判规则提要

（一）不动产可以成为贪污罪犯罪对象的法律依据

根据我国《刑法》第 382 条第 1 款、第 2 款规定，“国家工作人员利用职务上的便利，侵吞、窃取、骗取或者以其他手段非法占有公共财物的，是贪污罪。受国家机关、国有公司、企业、事业单位、人民团体委托管理、经营国有财产的人员，利用职务上的便利，侵吞、窃取、骗取或者以其他手段非法占有国有财物的，以贪污论”。对于“公共财物”的具体理解，参照《刑法》第 91 条第 1 款、第 2 款关于公共财产的解释规定，指的是以下四类财物：国有财物、劳动群众集体所有的财物、用于扶贫和其他公益事业的社会捐助或者专项基金，以及在国家机关、国有公司、企业、事业单位和人民团体管理、使用或者运输中的私人财物。可见，不动产并未被排除在公共财产或者公共财物之外，公共财物应包括不动产、动产、有价证券等。

从上述三个例案中我们可以看出，法院认定被告人侵犯“国有房屋”的行为是贪污行为，如例案一中被告人于某红非法占有并使用的商企房，例案二中被告人吴某莉隐匿的房产以及例案三中被告人王某杰占有的房产等，这充分体现了不动产可以成为贪污罪的犯罪对象。

（二）不动产成为贪污罪犯罪对象的法理分析

在刑法理论中，动产可以成为贪污罪的对象已成为共识，而对不动产能否成为贪污罪的犯罪对象，理论界却有三种不同的看法：肯定说认为，不动产与动产的客观表现形态虽有不同，但本质上都是财物，其所有权同样应受到法律的保护，应当把属于公共财物的不动产纳入贪污犯罪对象的范畴。否定说认为，不动产不像动产那样可以移动，可以被行为人所占有支配，其转移必须经过法定的登记手续才能对第三方发生法律效力。因此，不动产无法达到非法占有的目的，不能成为贪污罪的对象。犹豫说认为，肯定说与否定说均有一定的道理，故对不动产能否成为贪污罪的犯罪对象不作明确的结论，因为确实有些对不动产的侵权行为似乎可以按照贪污罪处理。在司法实践中应将不动产认定为贪污罪的犯罪对象，其具体理由如下：

1.《刑法》关于贪污罪对象“公共财物”的性质并没有“动产”的限定，这意味着在逻辑上可以将不动产置于贪污罪的对象中去理解

《刑法》第 382 条规定的“公共财物”与《刑法》第 91 条规定的“公共财产”的内

涵和外延均未将不动产排除在外。在司法实践中,诈骗罪、侵占罪等的犯罪对象都包括不动产。同样地,贪污罪,究其犯罪行为,除利用职务上的便利外,与诈骗犯罪等一般财产犯罪是同样的,而且因为其有着职务便利可以利用,通常情况下其犯罪更容易得逞,因而像例案一中被告人于某红占有使用的"公有房屋"就可以成为贪污罪的犯罪对象。

2. 国家工作人员或者受委托管理、经营国有财产的人员,利用职务便利非法侵占不动产,存在现实可能性

利用职务便利非法侵占公有不动产,具有现实可能性,运用刑法对公有不动产进行保护是必要的。不动产也是一种财产,可以是公共财产,或者是共有财产或者其他情况,但是国家工作人员利用职务之便对其进行非法占有,实际上也已经侵犯了国家工作人员职务的廉洁性,同时又构成了对财产所有权的侵犯,完全符合贪污罪的构成要件。贪污罪在客观上是利用职务便利、通过"侵吞、窃取、骗取"等非法手段侵占财物的行为,就其中的"窃取""骗取"行为方式而言,与普通盗窃、普通诈骗中行为人事先并不持有所要秘密窃取或者骗取的财物不同,贪污罪中的行为人实际上一般都因为其职务、职责而对公共财物拥有支配权、调拨权、管理权,如对公有房屋行使实际控制权,行为人完全可以在支配管理的情况下,将不动产的所有权转归己有;就其中的"侵吞"行为方式而言,则和普通侵占、职务侵占一样,行为人始终拥有着主管、管理、经手单位不动产的职权。因此,公有房屋可以成为贪污犯罪的对象,不应以房屋属于不动产为由,而将公有房屋排除在贪污罪的犯罪对象之外。

(三)对不动产"非法占有"的理解

在贪污罪中,非法占有的客观行为是通过犯罪的手段在事实上占有了公共财物;非法占有的主观目的是永久地剥夺他人的财产,并遵从财物的经济用途加以利用。具体而言,贪污罪中非法占有的成立应具备以下要素:

1. 占有的非法性

非法性是指,依不合法手段即犯罪构成客观方面所要求的手段取得财物。其引申出的含义为,非法占有取得财物无合法依据,这是认定非法性的必要非充分条件。也即,仅仅是无合法依据而取得财物(如违背所有权人的意愿),而不以犯罪手段取得,属民法等法律调整的对象,不成立刑法上的非法占有。

2. 占有的事实性

事实性是由占有的一般特性所决定的,刑法上的占有排除观念上的占有,强调

对财物的事实支配状态。事实性一般还有现实性的含义，后者主要从时间条件上规定占有的形态，指的是既非过去的，也非将来可能发生的情形。事实上的占有包括法律上的占有，源于后者在本质上仍属事实上的占有。

3. 占有的永久性

占有作为一种对财物的控制状态，以持续稳定地控制财物为特征，在持续性上较接触性的控制或虽持续但仍具有暂时性的持有程度更深。此种持续性以其无时间的限制，可称为永久性。永久性并非针对客观现实而言，占有后对财物的处分并不影响永久性的成立。

4. 占有的排他性

占有者对财物事实上的支配、管理，就意味着他人不能支配控制财物，也就是排除了公共财物权利人对财物的支配或控制。但是，占有具有排他性并不代表占有等同于所有，不能进而导出“非法占有”等于“非法所有”的逻辑推论，从而否定二者在形式上的差异。

非法占有是贪污罪成立的必要条件，那么上述三个例案中提到的以不动产为对象的贪污罪在什么情况下构成非法占有，也就是贪污罪既遂、未遂的认定问题，在理论和司法实务中均有争议。其中，较为典型的意见有以下两种：一是，认为只有当不动产所有权转移登记结束之后，才构成贪污既遂；二是，认为实际控制或非法占有了不动产，即可认定为贪污既遂。《全国法院审理经济犯罪案件工作座谈会纪要》采纳了控制说的观点，明确指出，作为一种以非法占有为目的的财产犯罪，与盗窃、诈骗、抢夺等侵犯财产罪一样，应当以行为人是否实际控制财物作为区分贪污罪既遂与未遂的标准。行为人控制公共财物后，是否将财物据为己有，不影响贪污既遂的认定。《国家出资企业中职务犯罪应用法律的意见》规定，受国有企业委托管理、经营国有财产的人员利用职务上的便利，在国家出资企业改制过程中故意隐匿公司、企业财产为行为人所实际控制，或者国家出资企业改制已经完成的，以贪污犯罪既遂处理。据此，虽然不动产的移转以登记为其成立要件，未经登记即意味着所有权并未受到侵害，但是刑法的占有不等同于民法上的所有，非法占有目的的实现并不以得到法律上的确认为充足，是否在法律上取得了对物的所有权，并不能对事实上非法占有某物的认定构成障碍。因此，不动产贪污罪既遂、未遂的判断标准，与盗窃、诈骗、抢夺等财产犯罪一样，应当视行为人是否实际取得财物而定。具体到贪污不动产犯罪，只要现实地占有控制了房屋，或者已经就房屋所有权的取得进行了变更登记，即可认定为贪污罪的既遂，而且，在办理不动产转移登记之后，即使不动产尚未实现事实上的转移,也不影响贪污罪既遂的成立。

例案二、例案三中,被告人虽未就其所截留的公有房屋进行私有产权登记,但因该行为系在房屋移交过程中、房屋的所有权人不知情的情况下实施的,房屋所有权人在一般情况下是不可能对该房屋主张权利的,被告人弄虚作假、欺瞒单位截留公房的行为本身即意味着实现了对该公房事实上的占有。由于该公房已经实际脱离了实际所有人的控制,因此,被告人是否进行私有产权登记,并不影响对其已经将该公房据为己有事实的认定。

四、辅助信息

高频词条:

《刑法》

第382条 国家工作人员利用职务上的便利,侵吞、窃取、骗取或者以其他手段非法占有公共财物的,是贪污罪。

受国家机关、国有公司、企业、事业单位、人民团体委托管理、经营国有财产的人员,利用职务上的便利,侵吞、窃取、骗取或者以其他手段非法占有国有财物的,以贪污论。

与前两款所列人员勾结,伙同贪污的,以共犯论处。

第383条 对犯贪污罪的,根据情节轻重,分别依照下列规定处罚:

(一)贪污数额较大或者有其他较重情节的,处三年以下有期徒刑或者拘役,并处罚金。

(二)贪污数额巨大或者有其他严重情节的,处三年以上十年以下有期徒刑,并处罚金或者没收财产。

(三)贪污数额特别巨大或者有其他特别严重情节的,处十年以上有期徒刑或者无期徒刑,并处罚金或者没收财产;数额特别巨大,并使国家和人民利益遭受特别重大损失的,处无期徒刑或者死刑,并处没收财产。

对多次贪污未经处理的,按照累计贪污数额处罚。

犯第一款罪,在提起公诉前如实供述自己罪行、真诚悔罪、积极退赃,避免、减少损害结果的发生,有第一项规定情形的,可以从轻、减轻或者免除处罚;有第二项、第三项规定情形的,可以从轻处罚。

犯第一款罪,有第三项规定情形被判处死刑缓期执行的,人民法院根据犯罪情节等情况可以同时决定在其死刑缓期执行二年期满依法减为无期徒刑后,终身监禁，不得减刑、假释。

《国家出资企业中职务犯罪应用法律的意见》

一、关于国家出资企业工作人员在改制过程中隐匿公司、企业财产归个人持股的改制后公司、企业所有的行为的处理

国家工作人员或者受国家机关、国有公司、企业、事业单位、人民团体委托管理、经营国有财产的人员利用职务上的便利，在国家出资企业改制过程中故意通过低估资产、隐瞒债权、虚设债务、虚构产权交易等方式隐匿公司、企业财产，转为本人持有股份的改制后公司、企业所有，应当依法追究刑事责任的，依照刑法第三百八十二条、第三百八十三条的规定，以贪污罪定罪处罚。贪污数额一般应当以所隐匿财产全额计算；改制后公司、企业仍有国有股份的，按股份比例扣除归于国有的部分。

所隐匿财产在改制过程中已为行为人实际控制，或者国家出资企业改制已经完成的，以犯罪既遂处理。

第一款规定以外的人员实施该款行为的，依照刑法第二百七十一条的规定，以职务侵占罪定罪处罚；第一款规定以外的人员与第一款规定的人员共同实施该款行为的，以贪污罪的共犯论处。

在企业改制过程中未采取低估资产、隐瞒债权、虚设债务、虚构产权交易等方式故意隐匿公司、企业财产的，一般不应当认定为贪污；造成国有资产重大损失，依法构成刑法第一百六十八条或者第一百六十九条规定的犯罪的，依照该规定定罪处罚。

《全国法院审理经济犯罪案件工作座谈会纪要》

二、关于贪污罪

（一）贪污罪既遂与未遂的认定

贪污罪是一种以非法占有为目的的财产性职务犯罪，与盗窃、诈骗、抢夺等侵犯财产罪一样，应当以行为人是否实际控制财物作为区分贪污罪既遂与未遂的标准。对于行为人利用职务上的便利，实施了虚假平帐等贪污行为，但公共财物尚未实际转移，或者尚未被行为人控制就被查获的，应当认定为贪污未遂。行为人控制公共财物后，是否将财物据为自有，不影响贪污既遂的认定。

贪污贿赂案件裁判规则第 3 条：

公共财产的认定，关键不在于某一财产在法律上的最终所有权属关系，而是行为当时该财产的占有、持有及与之相对应的责任关系

〔**规则描述**〕：在公共财产认定上，关键不在于某一财产在法律上的最终所有权属关系，而是行为当时该财产的占有、持有及与之相对应的责任关系。如违规收取的“点招费”、高于优惠标准收取的“审图费”和虚构事实截留的“执行申请费”，这些都是本该单位收取的费用均应认定为公共财产。

一、类案检索大数据报告

时间：2020 年 11 月 27 日之前，案例来源：Alpha 案例库，案件数量：72 件，数据采集时间：2020 年 11 月 27 日。本次检索共获取 2020 年 11 月 27 日前认定公共财产的范围的裁判文书 72 篇，整体情况如图 3－1 所示，从案件年份分布可以看到当前条件下案例数量的变化趋势。

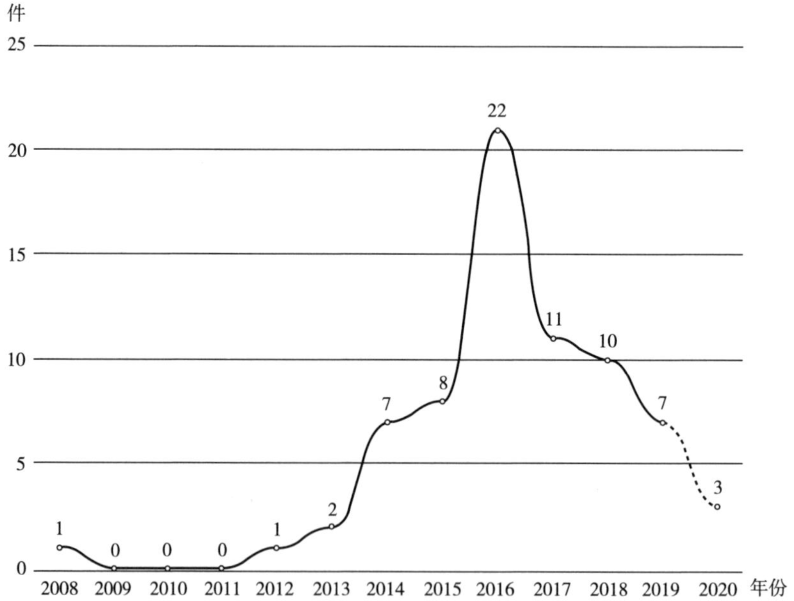

图 3－1　案件年份分布情况

如图3－2所示，从案件地域分布来看，当前案例主要集中在新疆维吾尔自治区、四川省、山东省，分别占比20.83%、15.28%、6.94%。其中，新疆维吾尔自治区的案件量最多，达到15件。（注：此处显示该条件下案例数量排名前五的省份。）

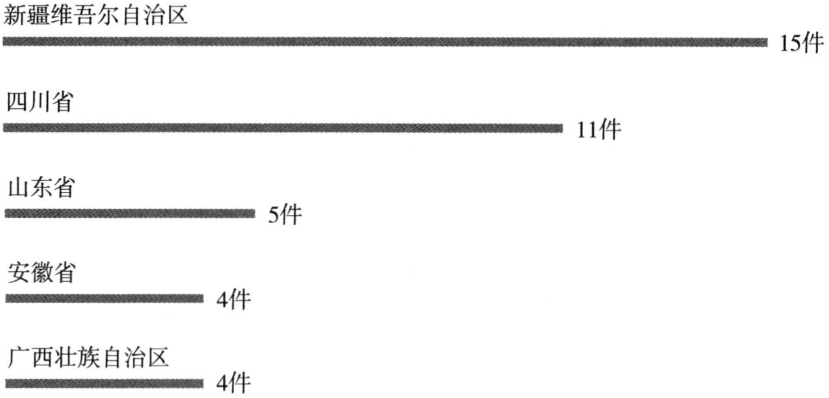

图3－2　案件地域分布情况

如图3－3所示，从案由分类情况可以看到，当前最主要的案由是贪污贿赂罪，有67件，占一半以上；其次是侵犯财产罪，破坏社会主义市场经济秩序罪，侵犯公民人身权利、民主权利罪。

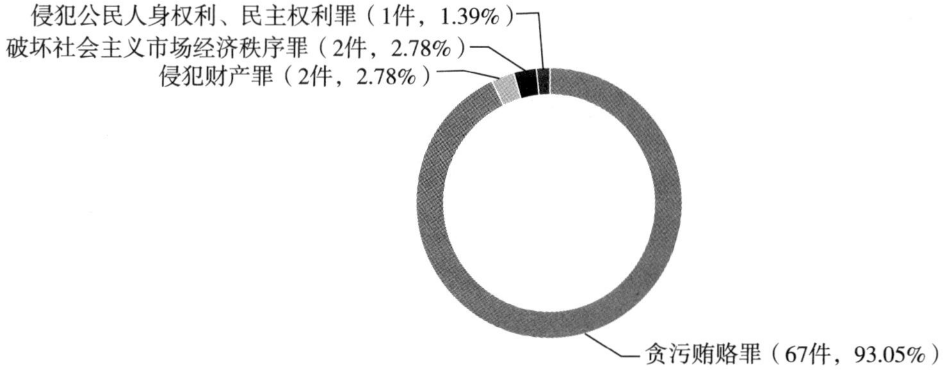

图3－3　案件案由分类情况

如图3－4所示，从案件程序分类统计可以得出当前的审理程序分布状况。其中，一审案件有57件，二审案件有12件，再审案件有2件。对此，能够推算出一审上诉率约为21.05%。

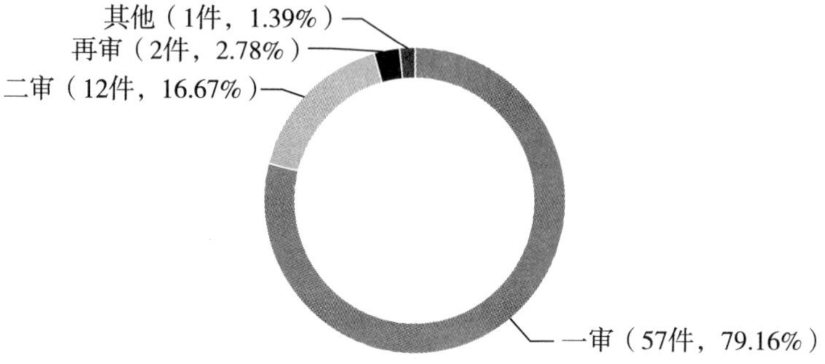

图3－4　案件程序分类情况

如图3－5所示，通过对主刑的可视化可以看到，当前条件下包含有期徒刑的案件有48件，包含拘役的案件有3件。其中，包含缓刑的案件有23件，免予刑事处罚的案件有9件。

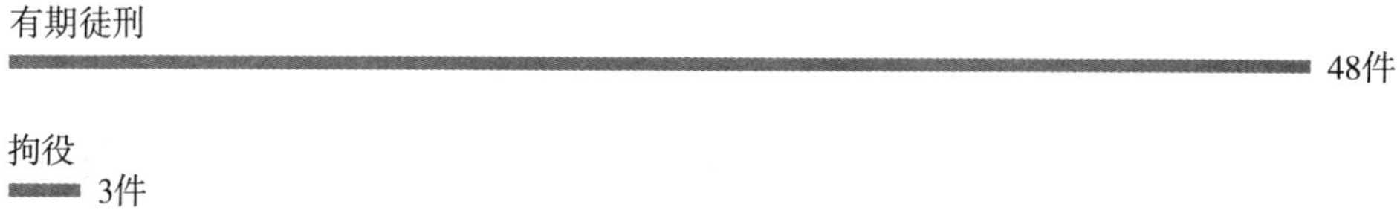

图3－5　案件判决主刑情况

二、可供参考的例案

例案一｜金某某堆贪污、挪用公款案

【法院】

西藏自治区高级人民法院

【案号】

(2020)藏刑终28号

【诉讼主体】

原公诉机关：西藏自治区昌都市人民检察院

被告人(原上诉人)：金某某堆

【基本案情】

2016年9月22日，被告人金某某堆经察雅县人大常委会任命为察雅县人民法院执行局局长；2017年12月29日，金某某堆被任命为察雅县人民法院党组成员，

负责察雅县人民法院执行局工作。

2017年12月20日，金某某堆收取了被执行人杨某某案的执行款13万元，收款后向交款人梁某出具了一张在空白纸上手写的收条，同日将该款存入其个人银行账户，之后金某某堆将该款全部用于网络赌博及个人消费。

当事人路某某的系列民事纠纷，经察雅县人民法院审结并进入执行程序。根据相关法律文书，2018年1月11日，察雅县人民法院从察雅县发改委划拨路某某案工程款103.721203万元，经时任察雅县人民法院院长丹某某某（另案处理）同意，该款分别存入丹某某某、金某某堆、确某、向某、达某某某5人的农业银行个人账户中，上述5人的银行卡均由金某某堆保管。2018年5月14日，察雅县人民法院冻结并划拨了与路某某有关联的四川荣慧建设集团有限公司在中国建设银行昌都分行账户中的资金47.995956万元；2018年10月19日该款通过昌都市卡若区人民法院转存至察雅县人民法院基本账户；2018年10月26日，金某某堆从该账户中取款47万元。2018年10月10日，察雅县人民法院从察雅县住房和城乡建设局划拨路某某的工程款61.87601万元，该笔资金以现金形式存放在金某某堆家中。金某某堆先后从上述执行款中向申请执行人吴某某、贺某某、毛某某等12人兑付执行款共计80.0934万元。在兑付执行款过程中，金某某堆收取吴某某执行申请费1041元，收取贺某某执行申请费1400元。另外，丹某某某以单位开支等理由从上述执行款中陆续借支共计47.7万元。剩余执行款绝大部分被金某某堆用于网络赌博。

2019年1月10日至2019年4月8日，金某某堆从察雅县人民法院执行专户中分35次向网络赌博平台（比特棋牌）客服人员提供的11个银行账户共计转款571万元。因察雅县人民法院院长丹某某某催金某某堆归还挪用的执行款，2019年4月2日、4月3日金某某堆从网络赌博平台（比特棋牌）账户提现20万元，存入其个人银行账户，后把此款转入丹某某某个人银行账户，目前该资金暂扣于昌都市纪律检查委员会。

2019年4月9日，金某某堆以生病为由请假前往昌都，在滞留昌都期间，金某某堆于2019年4月12日、4月19日、4月29日潜回察雅县，从察雅县人民法院基本账户及执行专户中向网络赌博平台（比特棋牌）提供的3个银行账户转款共计12.19万元。

【案件争点】

虚构事实截留本该单位收取的执行申请费、执行款，执行申请费、执行款是否属于公共财物。

【裁判要旨】

一审法院认为,金某某堆身为国家工作人员,利用职务上的便利,多次挪用公款642.559713万元,数额巨大,且绝大部分用于非法活动,导致622.559713万元无法退还;贪污25.4341万元,数额巨大,情节严重。被告人的犯罪给国家造成了严重的经济损失,应依法予以严惩。判决金某某堆犯挪用公款罪,判处有期徒刑十三年;犯贪污罪,判处有期徒刑三年六个月,并处罚金20万元。数罪并罚,决定执行有期徒刑十四年六个月,并处罚金20万元。

金某某堆不服一审判决,提出上诉称,(1)2017年11月20日收取被执行人执行款13万元时,已向被执行人出具了收据,因为需要垫付差旅费,未及时交付财物入账,不应当认定贪污。(2)上诉人收取的执行申请费2441元,该款项不符合"公共财物"的客体要求,不应当认定为贪污。

二审法院审理认为,关于上诉人金某某堆所提,2017年11月20日收取被执行人执行款13万元时,已向被执行人出具了收据,因为需要垫付执行差旅费,未及时交付财物入账,不应当认定贪污的上诉理由。经查,根据证人何某2、梁某的证言及上诉人的供述证实,金某某堆在明知收取的款项系察雅县执行款的情况下,未将该款项存入单位账户也未在执行卷宗中有所记载,而是利用职务便利,将其管理的执行款以存入个人银行账户的方式侵吞并用于赌博,该行为属于贪污行为。故对金某某堆的上诉理由,不予采纳。关于上诉人金某某堆所提,金某某堆收取的执行申请费2441元,该款项不符合"公共财物"的客体要求,不应当认定为贪污的上诉理由。经查,根据察雅县人民法院出具的案件申请人兑付执行款的相关证据和证人证言证实,金某某堆将本应由单位管理并从单位执行账款中发放的执行款项以察雅县人民法院需要交纳"申请执行费"的名义从应付执行款中截留,并在收取后用于网络赌博及个人消费,实际是以欺骗的方式变相占有单位的执行款项,该款项属于"公共财物",金某某堆私自将该款项占为已有,应当认定为贪污,且根据国务院《诉讼费用交纳办法》、最高人民法院《关于适用〈诉讼费用交纳办法〉的通知》(法发〔2007〕16号)的规定,申请执行人民法院发生法律效力的判决、裁定、调解书,申请费不由申请人预交,执行申请费由人民法院在执行生效法律文书确定的内容之外直接向被执行人收取。故对金某某堆的上诉理由不予采纳。裁定驳回上诉,维持原判。

例案二 | 赵某明贪污案

【法院】

江苏省无锡市中级人民法院

【案号】

(2010)锡刑二终字第0061号

【诉讼主体】

原公诉机关：无锡市滨湖区人民检察院

上诉人(原审被告人)：赵某明

【基本案情】

被告人赵某明于2004年9月被无锡市建设工程设计审查中心任命为无锡市建设工程设计审查中心滨湖区审查部主任，2007年1月被无锡市滨湖区建设局任命为无锡市滨湖区建设局安置管理科科长。2005年9月至2008年2月，被告人赵某明利用职务之便，侵吞公款人民币计2,347,752元。具体事实如下：

一、2005年9月至2006年6月，被告人赵某明在担任无锡市建设工程设计审查中心滨湖区审查部主任期间，利用负责受理审图业务的职务之便，在受理审图业务中，在明知送审单位已缴纳审图费的情况下，以需要再缴纳审图费为名，要求送审单位无锡市东力电器制造有限公司、无锡市锡井汽车配件有限公司等5家单位，将支付上述审图费计人民币44,510元的支票开具至无锡市九三学社科技咨询服务部。被告人赵某明在收到上述支票后，指使其妻肖某化名"沈萍"将上述支票送至无锡市九三学社科技咨询服务部，支付该服务部票面金额10%的手续费后，从该服务部提取现金人民币40,061元予以侵吞。

二、2005年9月至2007年3月，被告人赵某明在担任无锡市建设工程设计审查中心滨湖区审查部主任、无锡市滨湖区建设局安置管理科科长期间，利用负责和受无锡市滨湖区建设局领导授权受理审图业务的职务之便，在办理审图业务过程中，在取得本单位领导或无锡市建设工程设计审查中心领导同意对送审单位审图费予以优惠后，为侵吞部分审图费，向送审单位隐瞒了上述事实，而与送审单位商定收取高于优惠标准的审图费；并要求送审单位将商定的审图费分两部分支付，其中一部分为按优惠收费标准收取的审图费，该部分用支票交至无锡市滨湖区建设局账户或无锡市建设工程设计审查中心账户入账；剩余部分则要求送审单位开具收款单位为无锡市九三学社科技咨询服务部的转账支票。被告人赵某明在收到该支票后,指使其妻肖某化名"沈萍"将支票送至无锡市九三学社科技咨询服务部,支付该服务部票面金额10%的手续费后,从该服务部提取现金予以侵吞。被告人赵某明采用上述手段,先后侵吞默洛尼卫生洁具(中国)有限公司、无锡市华普科技发展有限公司、无锡鸿意地产发展有限公司等12家送审单位支付的审图费计440,581.2元,从无锡市九三学社科技咨询服务部提现人民币396,523.2元予以侵吞。

三、2007年1月,被告人赵某明由无锡市建设工程设计审查中心滨湖区审查部主任改任无锡市滨湖区建设局安置管理科科长后,无锡市滨湖区建设局、无锡市建设工程设计审查中心仍授权被告人赵某明受理审图业务。2007年3月至2008年2月,被告人赵某明在办理无锡市新区硕放街道办事处开发办、无锡市鸿山经济园开发公司、无锡市万达广场投资有限公司、无锡马山灵圣置业有限公司、江苏尤渡村集团有限公司5家单位的审图业务过程中,仍采用向送审单位隐瞒审图费优惠收取的事实而与送审单位商定高于优惠标准的审图费,并要求送审单位将商定的审图费用两张转账支票支付,将开具至无锡市九三学社科技咨询服务部的上述单位缴纳的审图费计人民币1,556,460元予以侵吞,从无锡市九三学社科技咨询服务部提现1,400,814元。

四、被告人赵某明在担任无锡市建设工程设计审查中心滨湖区审查部主任、无锡市滨湖区建设局安置管理科科长期间,办理了滨湖区辖区以外建设工程图纸审查业务。无锡市滨湖区建设局规定对引进上述项目的人员可给予按审图费10%计算的劳务费予以奖励。被告人赵某明利用其负责编制"外区审图项目引进人员劳务费"名单、发放上述劳务费的职务之便,于2006年3月至2007年8月,虚构外区审图项目引进人员名单并冒签上述人员签名,先后九次从无锡市滨湖区建设局财务科领取外区审图项目引进人员劳务费计人民币306,200元予以侵吞。

【案件争点】

行为人利用职务之便,向送审单位隐瞒优惠事实而收取高于优惠标准的审图费,截留多收审的图费是否应认定为公共财产。

【裁判要旨】

一审法院经审理认为,被告人赵某明身为国家机关工作人员,利用职务上的便利侵吞公共财物,其行为已构成贪污罪。案发后,被告人赵某明的家属配合检察机关退出部分赃款,对被告人赵某明可予酌情从轻处罚。以贪污罪,判处被告人赵某明有期徒刑十三年,并处没收财产人民币20万元,剥夺政治权利四年。

一审宣判后，被告人赵某明不服，向二审法院提出上诉。被告人赵某明及其辩护人上诉称：(1)截留的审图费属个人技术咨询服务费，没有利用职务之便侵吞公共财物，不应认定为贪污；(2)外区审图项目引进人员劳务费名单的部分签名不是自己冒签的，绝大部分劳务费已发放给有关人员，许某牛等人领到了劳务费，原审事实认定不清，不应认定为贪污。被告人赵某明的辩护人还提出，本案所指控的款项不能界定为公共财物，隐瞒优惠事实索取费用应当认定为诈骗罪。

二审法院经审理认为，关于上诉人赵某明提出的上诉理由及其辩护人提出的辩护意见，综合评判如下：(1)上诉人赵某明担任无锡市建设工程设计审查中心滨湖区审查部主任、无锡市滨湖区建设局安置管理科科长期间，利用经手洽谈及收取审图费的职务便利，重复收取或隐瞒优惠事实并侵吞送审单位支付给单位的审图费的事实，有证人范某军、沈某宇、纪某、肖某、李某、胡某、黄某、彭某麟等人的证言，有记账凭证、发票、银行转账支票，无锡市九三学社科技咨询服务部的发票、记账单、进账单、费用结算表等书证证实，其辩称在审查过程中向送审单位提供审图方面的技术咨询服务的辩解经查无证据可以证实，与事实不符。赵某明截留的审图费是利用职务之便以单位名义收取，性质上应认定为公共财物，而非个人技术咨询服务费，其行为确已构成贪污罪。(2)关于外区审图项目引进人员劳务费的问题。经查，该劳务费是滨湖区建设局为鼓励部门创收而设置的用于奖励相关外区项目介绍人的费用，该奖励是对建设局外部人员的奖励，内部人员无权领取后占为己有。该部分奖励属滨湖区建设局的专项拨款，应属公共财物。赵某明将该部分款项占为己有的行为，应认定为贪污，其辩称部分签名并非自己所签不影响贪污罪的成立。但其已支付给许某牛36,000元劳务费的情况属实，应当予以采纳。赵某明贪污公款达人民币230万余元，依法应当判处十年以上有期徒刑或无期徒刑，可并处没收财产。原审法院根据赵某明贪污犯罪的数额及危害结果，并充分考虑其退赃情节，对其从轻处罚后判处的刑罚并无不当。综上，原审判决认定的基本事实清楚，证据确凿充分，适用法律正确，量刑适当，诉讼程序合法，应予维持。裁定驳回上诉，维持原判。

例案三 | 满某凤贪污案

【法院】

广西壮族自治区北海市中级人民法院

【案号】

(2020)桂05刑终87号

【诉讼主体】

原公诉机关:广西壮族自治区北海市银海区人民检察院

上诉人(原审被告人):满某凤

【基本案情】

北海市经协实业开发总公司(以下简称经协总公司)是全民所有制企业,主管部门是北海市经济技术协作委员会。该公司于1993年4月2日成立,1998年8月21日因其他违法行为被吊销。经协总公司下辖有三个全资子公司,分别为北海市经济技术协作公司、北海市经协工贸公司、北海市经协工贸投资服务公司,均为全民所有制企业。

2001年至2010年,被告人满某凤利用其作为经协总公司下辖子公司北海市经济技术协作公司的会计,以及其在经协总公司解散后保管有该公司的公章和作为留守人员的便利,擅自以经协总公司的名义与他人及其本人签订买卖合同,将该公司与北海新世纪高科技产业有限责任公司(以下简称新世纪公司)合作开发,并由经协总公司管理的位于北海市银海区新世纪大道新世纪小区内尚未处理的33块宅基地出售,侵吞经协总公司的宅基地、购地款。其中,被告人满某凤将15块宅基地卖给黄某1等8人,收取了购地款共人民币113.4万元(收取黄某1 18.4万元、梁某2 18万元、梁某1 20万元、于某10万元、李某1 22万元、刘某1 10万元、王某1 10万元、黄某2 5万元,共113.4万元)据为己有;将8块宅基地卖给李某2、赵某和何某1,约定待办完证件后再付购地款112万元;以自己或借用他人名义购买的形式直接占有10块宅基地。

上述行为完成后,被告人满某凤为办理土地过户手续,于2009年3月间,通过让买主倒签合同时间的方式,伪造了所有的交易材料,以买主的名义委托律师向法院起诉经协总公司和新世纪公司,要求两公司继续履行合同和协助原告(各购地人员)办理房地产权证等事宜。在法院审理期间,为使新世纪公司同意调解,满某凤从33块宅基地中调整了11块宅基地以每块25万元共计275万元的价格转让给林某及其指定的人,由林某帮经协总公司代支付220万元欠款给新世纪公司。2009年12月22日,北海市中级人民法院出具了包含由经协总公司于2010年1月22日前向新世纪公司支付220万元土地转让款余款及相应利息后,新世纪公司同意免除经协总公司的其他合同违约责任,有义务协助上诉人(各购地人员)、经协总公司办理涉案土地的相关权属证书等内容的调解书。2010年1月22日，林某代支付220万元给新世纪公司。随后满某凤在收到林某尚欠余款55万元中的33万元后据为己有。涉案33块宅基地中A型1、2、3、4、6、7、8、9、14、15、16、17、18号以及C8号宅基地已办理过户登记手续。

另认定，位于规划为通道、停车场的A型5号、10号、11号、22号共4块地，因擅自改为宅基地不能办理规划许可手续。

公诉机关分别于2017年7月11日、2019年12月5日依法委托广西公大房地产土地资产评估有限公司对涉案33块宅基地的价值进行评估，评估的价值时点原为2009年12月22日，后调整为2010年2月8日，评估总价人民币1138.59万元，其中不能办理规划许可手续的4块地评估价值为人民币139.81万元。

案发后，被告人满其凤的家属代其退出赃款80万元。北海市中级人民法院于2019年5月30日作出裁定，撤销北海市中级人民法院2009年12月22日作出的上述涉案土地的民事调解书。

【案件争点】

宅基地土地在国有企业管理、控制下，该宅基地土地使用权是否属于公共财产。

【裁判要旨】

一审法院认为，被告人满某凤作为国家工作人员，利用职务上的便利，侵吞经协总公司开发、管理的位于北海市银海区新世纪小区内的评估价为1138.59万元的33块宅基地，扣除支付给经协总公司债务人的220万元及规划为通道、停车场不能办理过户登记的4块土地的评估价139.81万元后，其侵吞公共财物价值达778.78万元，数额特别巨大，其行为已构成贪污罪。被告人满某凤经侦查人员通知后原地等待，配合调查，在办案机关谈话伊始便如实供述其罪行，符合自首的法定要件，具有自首情节，依法可以从轻处罚。被告人满某凤家属代其退赃80万元，在量刑时酌情予以考虑。涉案33块宅基地均是被告人满某凤贪污的对象，依法应追缴返还给经协总公司。被告人满某凤侵吞的购地人员支付给经协总公司的购地款，系贪污所得的款项，依法应返还给经协总公司。其中被告人满某凤退出的赃款80万元，未随案移送，应由扣押机关依法返还给经协总公司，其余66.4万元依法责令被告人满某凤退赔给经协总公司。鉴于购地人员林某已支付款项共计253万元，购地人员黄某1、梁某2、梁某1、于某、李某1、刘某1、王某1、黄某2也相应支付了5万元至22万元不等的购地款，由于购地人员的过错责任各有不同，诉求亦不尽相同,故若购地人员对经协总公司、被告人满某凤或是新世纪公司有返还购地款或其他诉求,可以通过法律途径解决纷争。判决:(1)被告人满某凤犯贪污罪,判处有期徒刑十年,并处罚金人民币100万元;(2)被告人满某凤退出的赃款人民币80万元,未随案移送,由扣押机关依法返还给被害单位经协总公司;(3)责令被告人满某凤退赔给被害单位经协总公司人民币66.4万元;(4)继续追缴位于北海市银海区宅基地返还给被害单位经协总公司。

一审判决后,被告人满某凤提出上诉。被告人满某凤及辩护人共同提出:(1)经协总公司与新世纪公司于1993年8月28日签订的《土地开发合作开发合同》明确了两家是合作开发土地的关系而非买卖土地使用权关系,新世纪公司收到经协总公司240万元开发基金后出具的收据载明为土地合作开发款而非购地款,此后新世纪公司发给经协总公司的催款函中催要的也是开发款;1994年2月2日新世纪公司向北海市计委出具的请示报告中明确是授权给经协总公司开发、全面管理,并得到计委批准;北海市中级人民法院2009年12月22日出具的民事调解书确认新世纪公司与经协总公司须按上述合作开发合同履行,未改变土地权属;2016年北海市国土资源局与新世纪公司签署了《国有建设用地使用权出让合同》(GF-2008-2601),证明涉案33块宅基地一直属于新世纪公司所有,经协总公司和满某凤均不可能通过上述北海市中级人民法院的民事调解书来实际拥有涉案宅基地;2016年北海市土地整理储备中心收回经协总公司与新世纪公司合作土地中的1485.02平方米时,补偿款也是给新世纪公司的。无论是经协总公司还是国资委对涉案土地和补偿款都没有主张过权利。综上可证明涉案的33块宅基地使用权属于新世纪公司,并非公共财产,不能认定为贪污罪的犯罪对象。(2)满某凤是经协总公司全体职工大会选出并得到北海市国资委同意的留守负责人,合法持有公司印章,实际上得到了北海市国资委和经协总公司的授权,有权以公司名义对外从事民事活动,有权利、有责任、有义务继续履行上述与新世纪公司的合作开发合同;另外,公司被吊销营业执照后尚有退休、下岗职工的养老保险金发放等遗留工作,其以该公司名义代理新世纪公司出卖宅基地的本意是为了盘活公司资产、维持公司正常运转,其处置代理新世纪公司买卖33块宅基地是正常的企业经营行为,北海市银海区人民检察院也认可其中的11块宅基地是正常买卖。辩护人另提出,涉案宅基地买卖事前向政府相关部门多方请示汇报过,并经单位留守人员集体通过,合同以单位名义签订,所得收益基本用于公司的支出,故应认定出售宅基地行为是单位行为。

二审法院经审理后，对上诉人满某凤及其辩护人提出的上诉意见和辩护意见综合评判如下：(1)关于涉案的33块宅基地使用权是否属于公共财产的问题。经查，经协总公司工商登记资料、关于新世纪高科技产业城开发用地的请示报告、土地开发合作开发合同、北海市人民政府国有资产监督管理委员会的复函、证人刘某3的证言、上诉人满某凤的供述等证据一致证实，经协总公司是全民所有制企业，其与新世纪公司于1993年签订了名为合作开发合同实为购地合同，合同签订后经协总公司向新世纪公司支付了部分购地款240万元，虽因还有部分款项未付清而未能办理过户手续，但合同已生效，且新世纪公司授权并一直认可经协总公司对涉案的33块宅基地进行全面管理、控制和投资使用。依照《刑法》第91条规定，“公共财产”的范围除了国有财产、劳动群众集体所有的财产、用于扶贫和其他公益事业的社会捐助或者专项基金的财产外，在国家机关、国有公司、企业、集体企业和人民团体管理、使用或者运输中的私人财产，亦以公共财产论。涉案的33块宅基地使用权不仅包含了经协总公司先期投入的国企资金240万元，还直接处于经协总公司的管理、控制之下，完全符合上述法律对“公共财产”的界定。故上诉人满某凤及其辩护人提出该33块宅基地使用权属新世纪公司所有，并非公共财物，不能认定为贪污罪的犯罪对象的意见，不予采纳。(2)关于上诉人满某凤是否有权对涉案的33块宅基地进行处置，以及该处置行为是否属于单位的正常经营行为的问题。经查，企业职工升级花名册、工资套改花名册、北海市人民政府国有资产监督管理委员会的复函、宅基地买卖合同等书证，留守人员莫某、潘某1以及于某等多名购地人员的证言，上诉人满某凤的供述等证据一致证实，满某凤原系经协总公司下辖全资子公司北海市经济技术协作公司的会计，经协总公司被吊销营业执照后，满某凤于2006年被选任为经协总公司的留守人员，仅负责办理公司职工退休等遗留问题，并无政府主管部门明文授予其对公司财产进行处置的权利。满某凤利用其保管经协总公司公章的便利条件私自出售涉案的33块宅基地，未向市国有资产监督管理机构报告，更未得到许可，并且为了让其卖地的行为具有表面上的合法性，将部分购地合同的签订时间倒签至经协总公司被注销营业执照之前，伪造材料进行虚假诉讼，充分反映出满某凤深知其没有权利处置涉案宅基地、其卖地行为不属于单位的正常经营行为的主观认知。因此，对上诉人满某凤及其辩护人的该项意见不予采纳。裁定驳回上诉，维持原判。

三、裁判规则提要

(一)公共财产的界定

在我国“公共财物”是贪污罪和职务侵占罪共同的犯罪对象。《刑法》第91条规定:“本法所称公共财产,是指下列财产:(一)国有财产;(二)劳动群众集体所有的财产;(三)用于扶贫和其他公益事业的社会捐助或者专项基金的财产。在国家机关、国有公司、企业、集体企业和人民团体管理、使用或者运输中的私人财产,以公共财产论。”该条对“公共财产”作出了解释。

1. 国有财产包括:(1)矿藏、水流、森林、荒地和其他海陆资源;(2)国有公司、企业(国有工厂、农场、商店、农工商联合经济组织)以及铁路、交通、邮电、银行等企业的生产资料、资金、产品及其他财产;(3)合资、合营企业中属于国有公司、企业投资和应得部分的财产;(4)一切国家机关、事业单位、人民团体的财产。

2. 劳动群众集体所有的财产,是指农村中的乡、镇、村办企业、城镇集体企业以及其他集体所有的企、事业单位的财产。供销合作社、信用社、生产合作社等各种形式的合作经济也是集体所有制经济的形式,其资产也是劳动群众集体所有的财产。

3. 用于扶贫和其他公益事业的社会捐助或者专项基金的财产。扶贫,是指扶助贫困地区的群众脱贫致富的事业。其他公益事业,是指扶贫以外的,有关公共利益的事业,如希望工程、爱国卫生、扶危救困以及其他群众福利事业等。社会捐助,是指社会公众(单位或个人)为扶贫或其他公益事业捐献的财物。专项基金,是指国家设立的专门用于扶贫或者其他公益事业的款项。

4. 在国家机关、国有公司、企业、集体企业和人民团体管理、使用或者运输中的私人财产。虽然其实际所有权属于私人,但在未归还该私人占有之前,国家机关、国有公司、企业、集体企业和人民团体是该财产的管理者、使用者或者运输者,应对该财产负责。对于该财产的任何丢失、灭失、损坏,财产所有人都有权向该财产的管理者、使用者或者运输者请求赔偿。侵占、破坏此类财产,直接受害的不是财产的所有人,而是国家或集体,因此,当以侵占、破坏公共财产论。

(二)对于公共财产认定的理解

我国《刑法》第382条第1款规定,国家工作人员利用职务上的便利,侵吞、窃取、骗取或者以其他手段非法占有公共财物的,是贪污罪。贪污罪侵害的法益是双重的:一方面是国家工作人员职务行为的廉洁性;另一方面是公共财物的所有权。对于我国贪污罪而言,贪污罪所规制的行为主体是国家工作人员,其保护的对象局限于公共财物。因此,我国公共财物的认定对行为人是否构成贪污罪至关重要。

1. 行为人利用职务之便,隐瞒事实而截留的执行申请费、审图费应当认定为公共财产

根据最高人民法院《关于适用〈诉讼费用交纳办法〉的通知》(法发〔2007〕16号)规定,申请执行人民法院发生法律效力的判决、裁定、调解书,执行申请费不由申请人预交,执行申请费执行后交纳,执行申请费由人民法院在执行生效法律文书确定的内容之外直接向被执行人收取。例案一中,被告人金某某堆将本应由单位管理并从单位执行账款中发放的执行款项,以需要交纳"申请执行费"的名义从应付执行款中截留,其本质上是以欺骗的方式变相占有单位的执行款项,该款项属于公共财物,行为人私自将该款项占为己有,应当认定为贪污。

例案二中,被告人赵某明在办理审图业务过程中,隐瞒可以优惠审图费的事实而与送审单位商定收取高于优惠标准的审图费,侵吞了部分审图费。表面上看,单位按照优惠标准收取审图费,对单位而言似乎并未少收审图费;从送审单位角度看,被收取的审图费虽然高于优惠标准,但实际交付的审图费仍然在国家规定的审图费收取范围内,因此送审单位也认为并未多交审图费。但被告人赵某明正是通过欺瞒的手段侵吞部分审图费,实际上看,被告人赵某明截留的审图费属单位的应得收入。单位作出优惠收取审图费的决定,目的在于吸引更多的送审单位前来办理审图业务。虽然单位同意以优惠标准收取审图费,但也不排斥送审单位交纳高于优惠标准的审图费,且送审单位认为自己所交纳的费用就是审图费,而不是其他费用,因此赵某明所截留的审图费的性质属于单位的应得收入,即属于国家的应得收入,理应认定为公共财产。

2. 土地使用权具有财产性利益,属于公共财物,可以成为贪污的对象

根据《贪污贿赂案件解释》第 12 条规定,贿赂犯罪中的"财物",包括货币、物品和财产性利益。财产性利益包括可以折算为货币的物质利益如房屋装修、债务免除等,以及需要支付货币的其他利益如会员服务、旅游等。由此可见,土地所有权、使用权均具有财产性利益,可以认定为公共财物。例案三中,被告人满某凤将国有控制的 33 块宅基地私自进行了处置,由于涉案的 33 块宅基地使用权不仅包含了经协总公司先期投入的国企资金 240 万元,还直接处于经协总公司的管理、控制之下,属于国有资产,其土地使用权具有财产性利益,完全符合法律对公共财产

界定，被告人满某凤私自处置的行为构成了犯罪。

3. 混合经济体中公共财产的认定

随着我国社会主义经济快速发展，现代企业制度也进一步完善，随之资本参与方式多样化，国有企业参股公司大量出现，如何识别混合所有制经济中公共财产也成为一个难题。下面分情况讨论贪污罪中公共财产的认定：第一类财物是国有公司、企业或者其他国有单位中从事公务的人员，利用职务上的便利，非法占为己有的、属于该国有公司、企业或者其他国有单位中从事公务的人员单位的财物。该类财物应该属于国有财物，是贪污罪的一种典型情形。但也应该注意，根据我国《审计法》第 21 条规定，对国有资本占控股地位或者主导地位的企业的审计监督纳入与其他国有公司、企业、事业单位相同的审计体制，采取与对国有公司、企业相同的审计监督管理，也就是将他们视为国有公司、企业。因此，笔者认为，国家绝对控股甚至国家控股在事实上改变了公司的性质，将其纳入了国有公司、企业的行列，将国有控股公司、企业的法人财产应该视为公共财产。第二类财物是国有公司、企业或者其他国有单位委派到非国有公司、企业以及其他单位从事公务的人员，利用职务上的便利，非法占为己有的、原本属于其被委派到的非国有公司、企业以及其他单位的财物。这种情形中的财产成分是多元化的，它可能含有国有、集体、个人等多种所有制经济成分。这时的混合体财产按法律规定，不能全部认为是国有或集体所有财产，这些投入公司中的不同所有制财产的所有权转变为价值形态是无差别所有权即股权。笔者认为，这样的混合体公司的财产同样应视为公共财产，因为侵犯混合体公司财产的，他们不仅侵害了公司的法人财产所有权，同时也侵犯了国家的公共财产所有权，所以说不同所有制经济混合而成的公司财产可以成为贪污罪的对象。

在例案三中，经协总公司是全民所有制企业，主管部门是北海市经济技术协作委员会，其下辖有三个全资子公司为北海市经济技术协作公司、北海市经协工贸公司、北海市经协工贸投资服务公司，均为全民所有制企业。被告人满某凤作为北海市经济技术协作公司会计、经协总公司及其下辖子公司留守人员，侵吞经协总公司开发、管理的 33 块宅基地行为，即侵犯了国家的公共财产，属于贪污行为。

（三）在我国的贪污对象仅限于公共财产，一般不包括私人财产

根据《联合国反腐败公约》第 17 条的规定，公职人员贪污罪的犯罪对象为“因职务而受委托的任何财产、公共资金、私人资金、公共证券、私人证券或者其他任何

贵重物品”。同时，根据《联合国反腐败公约》第 2 条第 4 款的规定，“财产”系指“各种资产，不论其为物质的或非物质的、动产或不动产、有形或无形的，以及证明这些资产的产权或者权益的法律文件或者文书”。可见，《联合国反腐败公约》规定贪污罪犯罪对象的范围几乎涵盖了现实生活中的所有利益形态，既包括公共财产，又包括私人财产。

我国刑法只规定了国有公司、企业、集体企业和人民团体管理、使用或运输中的私人财产，按公共财产论。这些“公共财产”的所有权实际上是属于公民个人，只有在它们处于国有公司、企业、集体企业和人民团体管理、使用或运输中时，才对其应以公共财产论。马克昌教授对这种“公共财产”进行了完美阐释，其认为“在国家机关、国有公司、企业、集体企业和人民团体管理、使用或者运输中的私人财产，虽然所有权实际上仍然属于个人，但实际上形成了民事上的委托保管关系，如果被他人非法侵占的，以上单位要承担相应的赔偿责任，因此刑法将其拟制为公共财产”。但是，我们认定此类财物时应当注意，只有基于合法有效的民事关系而处于国有、集体单位或人民团体管理、使用或运输中的私人财物，才能以公共财物论。如果是由于当事人的欺诈、隐瞒而形成的管理、使用、运输关系，因为这类关系本身是非法的，就不能以公共财物论。

四、辅助信息

高频词条：

《刑法》

第 382 条　国家工作人员利用职务上的便利，侵吞、窃取、骗取或者以其他手段非法占有公共财物的，是贪污罪。

受国家机关、国有公司、企业、事业单位、人民团体委托管理、经营国有财产的人员，利用职务上的便利，侵吞、窃取、骗取或者以其他手段非法占有国有财物的，以贪污论。

与前两款所列人员勾结，伙同贪污的，以共犯论处。

《贪污贿赂案件解释》

第 12 条　贿赂犯罪中的“财物”，包括货币、物品和财产性利益。财产性利益包括可以折算为货币的物质利益如房屋装修、债务免除等，以及需要支付货币的其他利益如会员服务、旅游等。后者的犯罪数额，以实际支付或者应当支付的数额计算。

《联合国反腐败公约》

第1条　宗旨声明

本公约的宗旨是：

一、促进和加强各项措施，以便更加高效而有力地预防和打击腐败；

二、促进、便利和支持预防和打击腐败方面的国际合作和技术援助，包括在资产追回方面；

三、提倡廉正、问责制和对公共事务和公共财产的妥善管理。

第2条　术语的使用

在本公约中：

四、"财产"系指各种资产，不论是物质的还是非物质的、动产还是不动产、有形的还是无形的，以及证明对这种资产的产权或者权益的法律文件或者文书。

第17条　公职人员贪污、挪用或者以其他类似方式侵犯财产

各缔约国均应当采取必要的立法和其他措施，将下述故意实施的行为规定为犯罪：公职人员为其本人的利益或者其他人员或实体的利益，贪污、挪用或者以其他类似方式侵犯其因职务而受托的任何财产、公共资金、私人资金、公共证券、私人证券或者其他任何贵重物品。

贪污贿赂案件裁判规则第 4 条：
村民委员会等村基层组织成员在协助人民政府从事行政管理工作时，以国家工作人员论。在此过程中利用职务上的便利非法占有公共财物，构成贪污罪

〔**规则描述**〕：村民委员会等村基层组织成员在协助人民政府从事行政管理工作时，以国家工作人员论，但村民委员会等基层自治组织成员利用职务上的便利非法占有的财物，既包括国有财产也包括村集体财产，因村集体财产的管理和处分属村民自治范围，不是依法从事公务行为，应以贪污罪和职务侵占罪分别定罪处罚。

一、类案检索大数据报告

时间：2020 年 11 月 27 日之前，案例来源：Alpha 案例库，案件数量：832 件，数据采集时间：2020 年 11 月 27 日。本次检索共获取 2020 年 11 月 27 日前认定村民委员会等村基层组织成员利用职务之便的行为的裁判文书 832 篇，整体情况如图 4－1 所示，从案件年份分布可以看到当前条件下案例数量的变化趋势。

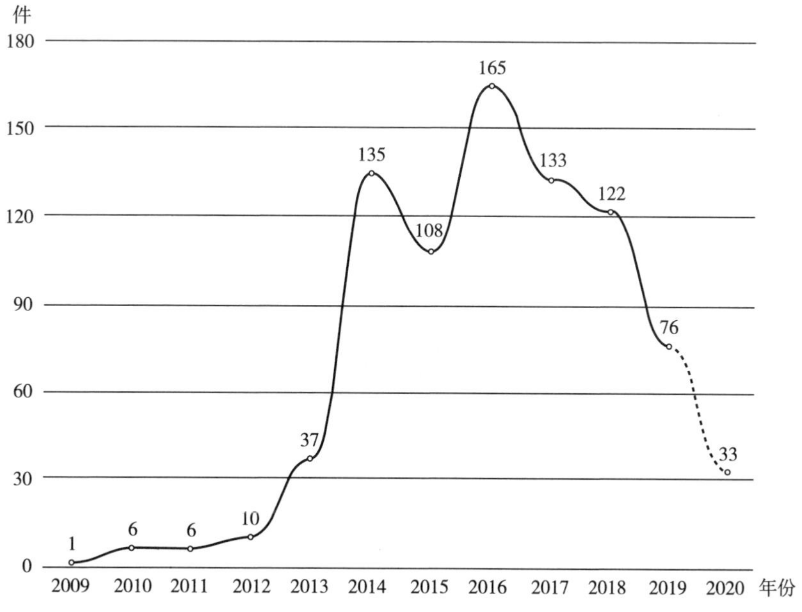

图 4－1　案件年份分布情况

如图4－2所示，从案件地域分布来看，当前案例主要集中在安徽省、山东省、广东省，分别占比15.14%、7.69%、7.45%。其中，安徽省的案件量最多，达到126件。（注：此处显示该条件下案例数量排名前五的省份。）

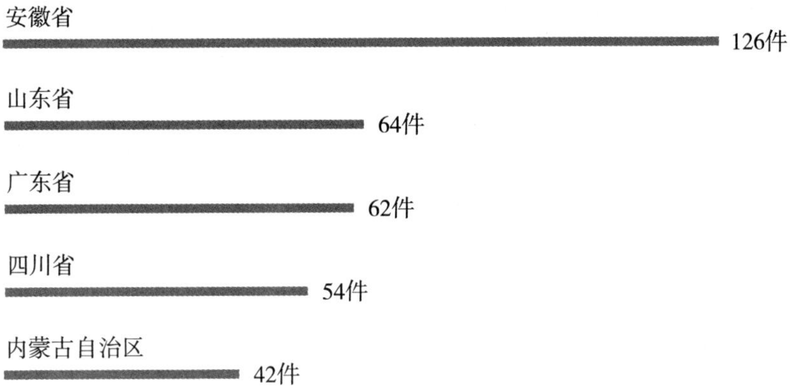

图4－2 案件地域分布情况

如图4－3所示，从案由分类情况可以看到，当前的案由分布由多至少分别是刑事，民事。

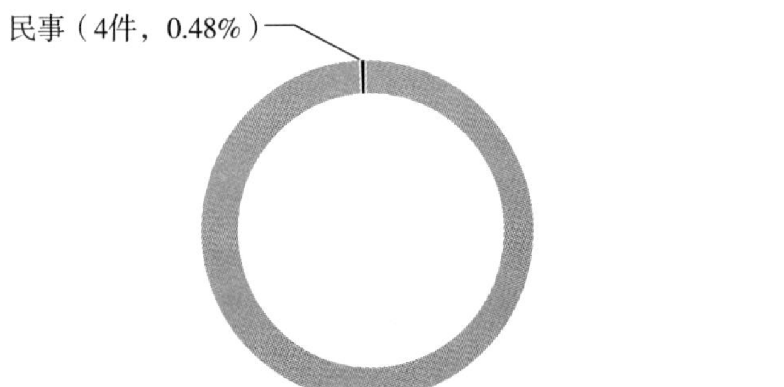

图4－3 案件案由分类情况

如图4－4所示，从程序分类统计可以看到当前的审理程序分布状况。其中，一审案件有615件，二审案件有206件，再审案件有10件。

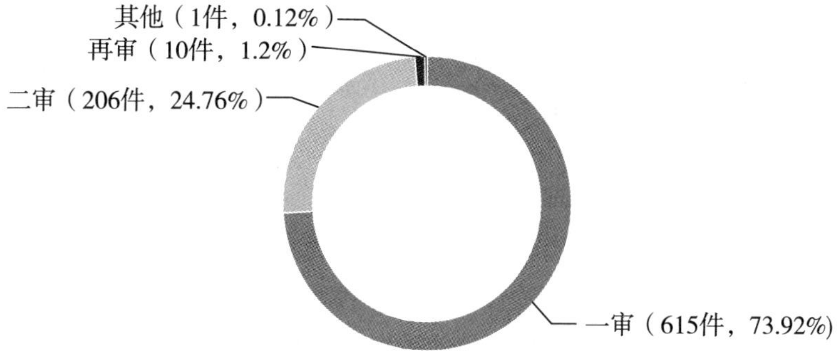

图 4－4　案件程序分类情况

如图 4－5 所示，通过对主刑的可视化可以看到，当前条件下包含有期徒刑的案件有 582 件，包含拘役的案件有 73 件，包含无期徒刑的案件有 1 件。其中，包含缓刑的案件有 288 件，免予刑事处罚的案件有 83 件。

图 4－5　案件判决主刑情况

二、可供参考的例案

例案一　赵某生、张某安等贪污案

【法院】

河南省郑州市中级人民法院

【案号】

(2014)郑刑二终字第 259 号

【诉讼主体】

原公诉机关：河南省新郑市人民检察院

被告人(原上诉人)：赵某生、张某安

【基本案情】

2011年以来,被告人赵某生利用其担任新郑市城关乡沟张村二组组长的职务便利与该村文书、四组组员被告人张某安商议后,在协助乡政府发放新郑市城关乡沟张村二组村民南水北调工程永久用地补偿费的过程中,使用张某安身份证,先后两次以张某安的名义将沟张庄村二组南水北调永久性用地补偿费169,120元予以套取。得款后,赵某生将该款转入其妻子高某某账户,后按照约定将其中30,000元分给张某安,剩下余款项赵某生据为已有。

另认定,被告人张某安家属代为退赃30,000元。

【案件争点】

村民小组组长利用职务上的便利,在发放村民小组集体土地征用补偿费过程中,将其中部分财产非法占为已有,该行为应当认定为贪污罪还是职务侵占罪。

【裁判要旨】

一审法院认为,被告人赵某生、张某安在分别担任河南省新郑市城关乡沟张村二组组长和支部委员、村委委员、文书期间,利用协助政府发放该组南水北调永久用地补偿费的职务便利,骗取、侵吞补偿费169,120元,其行为均已构成贪污罪。分别判处赵某生有期徒刑十年零六个月,张某安有期徒刑五年,违法所得予以追缴,上缴国库。

宣判后,被告人赵某生、张某安不服,分别提出上诉。上诉人赵某生及其辩护人提出南水北调工程永久用地补偿费是针对新郑市城关乡沟张村的集体补偿款,赵某生从新郑市城关乡“三资”委托代理服务中心套取的涉案款项系乡政府代为管理的村组集体财产,赵某生的行为发生在村民集体财产的管理过程中,非协助人民政府从事公务,其行为构成挪用资金罪,而不构成贪污罪。

上诉人张某安及其辩护人提出张某安从赵某生处获取30,000元的事实不清,证据不足;南水北调工程永久用地补偿费进入“三资”委托代理服务中心时,政府土地征用补偿费用的管理工作已经完成,二上诉人非协助人民政府从事公务,其行为构成职务侵占罪,而不构成贪污罪,且张某安系从犯。

二审法院经审理认为,关于二上诉人及其辩护人提出的原判认定二上诉人犯贪污罪不当,应认定为挪用资金罪的上诉理由和辩护意见。经查,新郑市城关乡沟张村的南水北调工程永久用地补偿费下拨至新郑市城关乡“三资”委托代理服务中心后,该村二组制定出本组的款项具体发放标准,上诉人赵某生利用其担任该村二组组长的职务便利与该村文书、四组组员张某安商议,以在该村二组南水北调永久性占地赔偿款分配表中添加张某安身份的方式，先后两次以张某安的名义套取169,120 元，张某安分得 30,000 元，余款赵某生据为已有。南水北调工程永久用地补偿费系因新郑市城关乡沟张村集体土地被国家征用而支付的补偿费用，该款进入新郑市城关乡“三资”委托代理服务中心账户后即为该中心代为管理的村组财产，赵某生、张某安在分配该财产的过程中，私自将本组扣发的集体财产以张某安的名义套取后并私分，其行为符合职务侵占罪的构成要件。故上诉人的相应上诉理由和辩护意见成立，予以采纳。关于上诉人张某安及其辩护人提出张某安从赵某生处获取 30,000 元的事实不清，证据不足的意见。经查，张某安、赵某生在侦查阶段的供述，破案经过，新郑市人民检察院扣押物品、文件清单等，足以认定赵某生将 30,000 元土地补偿款交给张某安。故该上诉理由和辩护意见不能成立，不予采纳。上诉人赵某生身为村民小组组长，利用职务便利，伙同上诉人张某安将村民小组集体财产非法占为已有，数额巨大，其行为已构成职务侵占罪，原判认定事实清楚，证据确实充分，但定性不当，应予纠正。在共同犯罪中，赵某生起主要作用，系主犯，张某安起辅助作用，系从犯，应减轻处罚，其亲属代为退赃，可酌情从轻处罚。判决如下：一、撤销河南省新郑市人民法院（2014）新刑初字第 338 号刑事判决。二、上诉人赵某生犯职务侵占罪，判处有期徒刑六年。三、上诉人张某安犯职务侵占罪，判处有期徒刑三年。四、赃款予以追缴，返还被害单位。

例案二 | 何某秀贪污、挪用资金、职务侵占、挪用特定款物案

【法院】

江西省九江市中级人民法院

【案号】

（2018）赣 04 刑终 73 号

【诉讼主体】

原公诉机关：瑞昌市人民检察院

上诉人（原审被告人）：何某秀

【基本案情】

一审法院经审理查明，被告人何某秀在担任瑞昌市武蛟乡上湖村党支部书记、村委会主任期间，利用职务上的便利，伙同他人共同贪污农业救灾资金 40,000 元；通过虚假项目和虚假发票方式侵吞集体资金 118,191.62 元；挪用村集体资金

300,000元用于个人使用和营利活动;另外还将六十多万元国家扶贫政策资金挪用于村级其他公用支出。具体为:

一、贪污罪

2013年7月左右,原审被告人何某秀通过虚开化肥发票将上湖村的45,000元(其中40,000元为国家下拨的农业救灾资金,5000元为村集体资金)资金套取出来,并伙同武蛟乡其他村支书以考察项目为名予以私分。其中,何某秀、李某旺、梁某1、蔡某、刘某贵、杜某树、梁某2、柯某每人分得4500元,梁某造分得4000元,送给梁某先(武蛟乡财政所原所长)1800元,剩余3200元用于开虚假发票税额(900元)和买礼物送人。

二、职务侵占罪

1. 2014年1月29日,原审被告人何某秀因其个人要归还廖某50,000元欠款,于是安排熊某(时任上湖村干部,当时管理养老中心部分资金支出)从上湖村集体资金中拿出50,000元给廖某,并通过虚增养老中心工程款方式来冲抵该笔钱。

2. 2014年年底,瑞昌市洪下乡政府拨付了21,009.12元帮扶资金给上湖村,该笔资金是以征地补偿费的名义拨到原审被告人何某秀的父亲何某才账户里,之后该笔钱被何某秀取出用于个人支出。

3. 2014年上半年,瑞昌市扶贫办给上湖村安排了20,000元的扶贫项目奖励资金,该笔资金到了村级账户后,原审被告人何某秀以该笔20,000元是扶贫办过路钱为由,让王某1(上湖村报账员)从村里小金库拿出20,000元给她,其中用于支付扶贫办杂费9231元,剩余的10,769元被其用于个人开支。

4. 2013年,瑞昌市财政局原局长陈某尧以三金村八一小学校舍维修名义安排了40,000元资金给上湖村,这笔钱到账后,原审被告人何某秀未交到村财务,而是用于集体开支13,000元,剩余27,000元被其用于个人开支。

5. 2015年,原审被告人何某秀安排王某1从村小金库中违规造表发放上湖村干部补助,其中何某秀个人发放9413.5元。

三、挪用资金罪

1. 2014年7月16日,原审被告人何某秀因其同学徐某找其借钱周转,于是让王某1从上湖村三湖合作社账户转账100,000元到自己个人账户,之后何某秀将该100,000元钱借给徐某用于其资金周转;2015年2月11日,何某秀将该笔100,000元归还给三湖合作社。

2. 2015年2月12日,原审被告人何某秀因投资王某2参与的龙翔国际房地产项目资金不足，就叫王某 1 从三湖合作社转账 200,000 元到王某 2 账户，一个星期后，何某秀给了王某 110,000 元现金和 26,000 元的支出发票，又过了一个月，何某秀给了王某 64,000 元现金，总共分两次将该笔 200,000 元钱归还。

四、挪用特定款物

2013 年以来，原审被告人何某秀通过虚报他人正在实施或已完工的项目，或借他人名义虚报真实存在的项目，套取国家扶贫政策资金 60 多万元，用于归还村其他项目欠款或纳入小金库用于村级其他费用支出。

【案件争点】

村委会主任在协助人民政府从事行政管理工作时，利用职务上的便利侵吞国家项目资金，同时侵吞村集体财产的，是否应以贪污罪和职务侵占罪数罪并罚。

【裁判要旨】

一审法院审理认为，被告人何某秀身为村党支部书记及村委会主任，在协助人民政府从事行政管理工作时，利用职务上的便利，伙同他人侵吞国家项目资金，数额较大，其行为构成贪污罪。被告人何某秀利用职务上的便利，侵吞村集体财产，数额较大，其行为构成职务侵占罪；被告人何某秀挪用村集体财产，数额较大、超过 3 个月未还，以及挪用村集体财产，数额较大、进行营利活动，其行为构成挪用资金罪；被告人何某秀挪用国家扶贫政策资金，情节严重，社会影响恶劣，其行为构成挪用特定款物罪。关于职务侵占罪，在纪委审查期间，被告人主动交代了犯罪事实，构成自首，依法可从轻或减轻处罚；关于挪用资金罪，具有部分坦白情节，依法可从轻处罚。被告人何某秀贪污农业救灾资金，侵占扶贫资金，予以从重处罚。被告人何某秀积极退赃，案发前上缴了违法所得，酌情从轻处罚。被告人何某秀一人犯数罪，应数罪并罚。判决如下：被告人何某秀犯贪污罪，判处有期徒刑六个月，并处罚金人民币 10 万元；犯职务侵占罪，判处有期徒刑十个月；犯挪用资金罪，判处有期徒刑七个月；犯挪用特定款物罪，判处有期徒刑九个月。数罪并罚，决定执行有期徒刑二年四个月，并处罚金人民币 10 万元。

宣判后，被告人何某秀不服，提出上诉称，判决认定其构成贪污罪系定性错误，其行为不构成贪污罪。

二审法院审理认为，关于上诉人何某秀及其辩护人提出的原审判决认定上诉人何某秀构成贪污罪系定性错误，上诉人何某秀的行为不构成贪污罪的上诉理由及辩护意见。经查，上诉人何某秀身为村党支部书记，在协助人民政府从事行政管理工作时，明知原瑞昌市财政局局长陈某尧给予其是国家项目资金，仍然采取虚开化肥发票将项目资金套取出来，并伙同武蛟乡其他村支书予以私分，其行为符合《刑法》贪污罪的构成要件，构成贪污罪。故上诉人何某秀及其辩护人提出的该项上诉理由及辩护意见不能成立，不予采纳。

上诉人何某秀身为村党支部书记及村委会主任，在协助人民政府从事行政管理工作时，利用职务上的便利，通过虚开发票的方式，伙同他人侵吞国家项目资金40,000元，数额较大，构成贪污罪。上诉人何某秀利用其担任村党支部书记及村委会主任职务上的便利，通过虚增项目资金和虚开发票的方式，将村集体财产118,191.62元非法占为己有并用于个人开支，数额较大，构成职务侵占罪。上诉人何某秀利用其担任村党支部书记及村委会主任职务上的便利，挪用村集体财产10万元借贷给他人使用，数额较大、超过3个月未还；且挪用村集体财产20万元，数额较大、进行营利活动，构成挪用资金罪。上诉人何某秀挪用国家专门用于扶贫项目资金676,586.5元，情节严重，社会影响恶劣，构成挪用特定款物罪。上诉人何某秀一人犯数罪，应数罪并罚。在纪委审查期间，上诉人何某秀主动交代了办案机关未掌握的其职务侵占的事实，其行为构成自首，依法可从轻或减轻处罚。上诉人何某秀主动交代了其部分挪用资金的行为，具有部分坦白情节，依法可从轻处罚。上诉人何某秀贪污农业救灾资金，侵占扶贫资金，予以从重处罚。上诉人何某秀积极退赃，案发前上缴了违法所得，酌情从轻处罚。原判认定事实清楚，证据确实、充分，适用法律正确，量刑适当，审判程序合法。裁定驳回上诉，维持原判。

例案三 | 朱某云贪污案

【法院】

云南省昭通市中级人民法院

【案号】

(2015)昭中刑二终字第39号

【诉讼主体】

原公诉机关：云南省盐津县人民检察院

上诉人(原审被告人)：朱某云

【基本案情】

1. 2009年9月28日，被告人朱某云指使本村副支书蒋某勇(另案处理)将其管理的社会抚养费和村委会资金取出40,000元，交与朱某云用于朱某云个人购买“五菱”牌微型车；同年10月20日，朱某云又叫蒋某勇取出6000元，用于该车落户。同年年底，朱某云与蒋某勇以其他支出的名义将该46,000元账目报平。

2. 2010年下半年，被告人朱某云与林某（另案处理）、蒋某勇、黄某洪（另案处理）、王某（另案处理）外出考察旅游时，用本村社会抚养费和村委会资金在昆明购买6套“柒牌”服装，每套价值2500元，每人一套，加上治安员彭某强一套，共用去资金15,000元。2011年1月28日，朱某云等人将该费用虚列入维修万古村公路支出，报平账目。

3. 2011年，万古村获得本村兴隆社户间道路硬化建设“一事一议”工程财政补助资金170,000元。被告人朱某云指使本村文书林某在此补助资金中预借出80,000元，其中60,000元，朱某云用于退还李德清、李第均、刘阳三人在盐津县跃进生态乌鸡养殖专业合作社的投资入股款（每人20,000元）。在该补助资金中，用于鸡场内设施建设30,200元，用于鸡场外墙粉刷7115元，农户户间道路硬化和补助给农户亮化款42,252元，交纳税费10,697元，共计支出90,264元，余款19,736元，被朱某云占用。2013年1月31日，朱某云从盐津县地税局开具190,000元的工程发票在豆沙镇政府报平该奖补资金款。

4. 2011年农历十二月某日，被告人朱某云与林某、蒋某勇、黄某洪、王某在林某家中，将林某保管的村委会办公经费10,000元，予以均分，每人分得2000元。2012年1月15日，朱某云等人将该费用虚列入维修万古村公路支出，报平账目。

5. 2014年1月26日，被告人朱某云与林某、蒋某勇、黄某洪等人虚列工资补助和出勤补助，分用村委会社会抚养费26,280元，朱某云分得5400元。

2014年6月6日，侦查人员在万古村找朱某云核实相关案件情况后，朱某云与侦查人员一同到检察院，次日，本案立案侦查。同时朱某云退缴了所获赃款。

【案件争点】

1. 村委会成员协助政府管理“一事一议”工程资金的使用工作，非法侵占工程资金的行为，是否构成贪污罪。

2. 其利用职务之便，采用虚假方式私分集体资金的行为，是否构成职务侵占罪。

【裁判要旨】

一审法院认为，被告人朱某云作为豆沙镇万古村村民委员会党总支书记，协助人民政府管理“一事一议”工程资金的使用，是代行政府公务，不是劳务，工程所结余资金仍属国家资金。朱某云利用职务上的便利,将该资金的60,000元用于偿还其个人债务,同时,将该工程结余的19,736元占为已有,其行为触犯了《刑法》第382条的规定,构成贪污罪。同时,依据《最高人民法院关于审理贪污、职务侵占案件如何认定共同犯罪几个问题的解释》规定:"村委会和村党支部成员,利用职务上的便利,侵吞集体财产的,以职务侵占罪处罚。"被告人朱某云,2009年至2014年,利用担任该村党总支书记的职务之便,伙同本村村委委员,采用虚列修公路支出、虚列工资补助和出勤补助的形式,将本村集体资金97,280元占为已有,朱某云个人分得55,900元,其行为触犯了《刑法》第271条的规定,构成职务侵占罪。对被告人朱某云应数罪并罚,依法追究刑事责任。被告人朱某云及辩护人辩称,朱某云不具有贪污罪的主体资格辩护意见,不符合法律规定,法院不予采纳。同时辩称,公诉机关指控的犯罪事实证据不足,朱某云的行为不构成犯罪的辩护意见。与本案查明的事实不符,法院亦不采纳。法院根据被告人朱某云贪污国家资金的数额和侵占集体资金数额及犯罪情节,依法对其科处刑罚。公诉机关指控朱某云的犯罪事实和指控占有"一事一议"工程款79,736元,构成贪污罪的罪名成立,法院予以支持。占有本村集体资金97,280元,个人分得55,900元,应以职务侵占罪论处,应数罪并罚追究刑事责任。判决被告人朱某云犯贪污罪,判处有期徒刑五年;犯职务侵占罪,判处有期徒刑二年。合并决定执行有期徒刑六年。

宣判后,被告人朱某云不服,提出上诉认为,(1)一审判决认定其构成职务侵占罪的程序严重违法,职务侵占罪不属人民检察院自侦案件的范畴,所有证据属非法证据,应予以排除;(2)上诉人主观上没有侵占集体财产的故意,客观上没有利用职务之便侵吞、骗取集体财产的行为,一审判决认定其构成职务侵占罪不符合事实及法律规定;(3)一审判决认定上诉人用"一事一议"资金60,000元来偿还个人债务不符合事实,也没有证据支持,退回三人的股金是以集体经济组织的名义退的,而不是其个人债务,自已在该工程中,是承包工程的人,而不是一审判决认定的"代行政府公务",没有证据证实其将该工程余款19,736元据为已有。请求撤销一审判决,改判其无罪。

二审法院认为,被告人朱某云作为豆沙镇万古村村民委员会党总支书记,协助人民政府管理"一事一议"工程资金的使用,是代行政府公务,其工作职责应是将所有资金用于指定的项目,朱某云利用职务上的便利,将该资金的60,000元用于支付鸡场股东的退股本金,而该养鸡场最后成为其个人经营,占有了该60,000元。同时,将该工程结余的19,736元占为已有,其行为触犯了《刑法》第382条的规定,构成贪污罪。2009年至2014年，其利用担任该村党总支书记的职务之便，伙同本村村委委员，采用虚列修公路支出、虚列工资补助和出勤补助的形式，将本村集体资金51,280元私分，其个人分得9900元，该行为触犯了《刑法》第271条的规定，构成职务侵占罪。对被告人朱某云应数罪并罚。被告人朱某云及其辩护人认为一审判决认定其构成职务侵占罪的程序严重违法，职务侵占罪不属人民检察院自侦案件的范畴，所有证据属非法证据，应予以排除的意见。法院认为，虽然职务侵占案件不是人民检察院的自侦案件，但盐津县人民检察院以被告人朱某云涉嫌贪污立案侦查，并以其涉嫌犯贪污罪提起公诉，一审法院在审理后，基于公诉机关指控的犯罪事实，根据法律规定，对部分犯罪事实认为不是贪污罪，而是职务侵占罪，并以查明的案件性质对被告人定罪量刑符合法律的规定，该上诉意见不能成立，不予采纳。认为被告人朱某云并未侵占46,000元购买微型车的购车款及落户费用的意见。法院认为，根据现有证据，虽然该车落户在朱某云的名下，但该车的相关费用支出数年来一直是村委会支付，且有证据证实该车有时也用于村上的计生工作及会议等出行，将该车认定为是被告人职务侵占的证据不足，该上诉意见成立，予以采纳。其余上诉意见与查明的事实及法律规定不符，不予采纳。综上所述，原判审判程序合法、适用法律正确，但认定事实部分不清、量刑不当，法院依法改判。改判被告人朱某云犯贪污罪，判处有期徒刑五年；犯职务侵占罪，判处有期徒刑一年，总和刑期六年。决定执行有期徒刑五年。犯罪所得款项人民币89,636元，予以没收，上缴国库。

三、裁判规则提要

(一)关于村民委员会等基层群众性自治组织的工作人员身份的认定

1. 在我国村民委员会等基层群众性自治组织的工作人员的身份定位具有特殊性

《村民委员会组织法》第2条规定："村民委员会是村民自我管理、自我教育、自我服务的基层群众性自治组织，实行民主选举、民主决策、民主管理、民主监督。村民委员会办理本村的公共事务和公益事业，调解民间纠纷、协助维护社会治安，向人民政府反映村民的意见、要求和提出建议……"根据《关于刑法第九十三条第二款的解释》的规定，村民委员会等村基层组织人员协助人民政府从事下列行政管理工作：(1)救灾、抢险、防汛、优抚、扶贫、移民、救济款物的管理；(2)社会捐助公益事业款物的管理；(3)国有土地的经营和管理；(4)土地征用补偿费用的管理；

(5)代征、代缴税款;(6)有关计划生育、户籍、征兵工作;(7)协助人民政府从事的其他行政管理工作,属于《刑法》第93条第2款规定的“其他依照法律从事公务的人员”。通过上述法律规定可看出,村民委员会是我国农村基层群众性自治组织,它既具有管理本村公共事务与公益事业,支持、组织村民依法发展各种形式的合作经济和其他经济,承担本村生产的服务和协调,对村集体经济所得收益的管理与使用的职责,同时又具有协助政府行政管理工作的职责。村民委员会工作人员只有从事协助政府行使某种职责或管理事务时,才属于“其他依照法律从事公务的人员”;当其为本村村民委员会行使组织与管理职责时,则主体身份属于《刑法》第271条、第272条所规定的与公司、企业工作人员并列的“其他单位的人员”。例案二中,被告人何某秀虽身为瑞昌市武蛟乡上湖村党支部书记、村委会主任,但其认定的身份不断变化,在其协助人民政府从事行政管理工作时,其身份为“其他依照法律从事公务的人员”,其利用职务上的便利通过虚开发票的方式,伙同他人侵吞国家项目资金的行为构成贪污罪;在其利用其担任村党支部书记及村委会主任职务上的便利,其身份为“其他单位的人员”,通过虚增项目资金和虚开发票的方式,将村集体财产非法占为己有并用于个人开支,其行为则构成职务侵占罪。

2. 村民小组组长属于村民委员会等村基层组织人员

对于村民委员会等村基层组织人员不能作狭窄的理解,应从广义上理解,不能仅限于村民委员会、村党支部等村级组织的人员,应扩大到村民委员会下设村民小组的组长、各委员会等组织的人员等。理由如下:第一,根据《村民委员会组织法》第3条的规定:“村民委员会可以根据村民居住状况、集体土地所有权关系等分设若干村民小组。”可见,村民小组是村民委员会根据需要设立的下设组织,村民小组组长作为该下设组织的负责人,在法律地位与村民委员会成员具有一致性。第二,最高人民法院发布的《关于村民小组组长利用职务便利非法占有公共财物行为如何定性问题的批复》指出,村民小组组长利用职务上的便利将村民小组集体财产非法占为己有的行为以职务侵占罪定罪处罚。可见,村民小组组长也是村基层组织的人员,如果从事特定公务工作和村民委员会成员一样,属于“其他依照法律从事公务的人员”,可以国家工作人员论。例案一中,被告人赵某生利用其担任新郑市城关乡沟张村二组组长的职务便利,在协助乡政府发放补偿费的过程中套取用地补偿费,构成职务侵占罪。由此可见,村民小组组长也属于村基层组织的人员。

(二)关于村民委员会成员侵占土地征用补偿费用的法律责任

我国实行的是征用土地补偿制度。《土地管理法》第48条规定:“征收土地应当依法及时足额支付土地补偿费、安置补助费以及农村村民住宅、其他地上附着物和青苗等的补偿费用，并安排被征地农民的社会保障费用。”《农村土地承包法》第17条规定：“承包地被依法征收、征用、占用的，有权依法获得相应的补偿。”通过上述法条可以看出农村的土地属于农民集体所有，征用土地的补偿是对土地所有权的补偿，是所有权的价值表现形式。因此，土地补偿应当属于土地所有权人和使用权人。

根据《关于刑法第九十三条第二款的解释》规定，村民委员会等村基层组织人员在协助人民政府从事土地征用补偿费用管理工作时，利用职务上的便利，非法占有公共财物，构成犯罪的，应以贪污罪定罪。但这并不是说所有村民委员会成员侵吞土地征用补偿费用行为都应认定为贪污罪。在司法实践中，由于土地征用补偿费用本质上是土地所有权由集体所有转为国家所有，而所得到的利益补偿，当被征用方的损失依法得到填补时，其所有权转移的法律效果就应该认定为已实现，这时针对土地征用补偿费用进行管理的国家公权力便应该终止。因此，土地征用补偿费用在流转过程中，不同阶段的性质不同，在补偿费用打到村集体账户上，就转变为集体财产，属于集体所有。这是认定村委会成员侵占地征用补偿费是构成贪污罪还是构成职务侵占罪的关键节点。如例案一中，新郑市城关乡沟张村的南水北调工程永久用地补偿费下拨至河南省新郑市城关乡“三资”委托代理服务中心后，该补偿费虽然由服务中心代为管理，但其性质即成为村组集体财产，因此，被告人赵某生、张某安非法套取侵占补偿费的行为，应当认定为职务侵占罪，而不是贪污罪。

（三）村民委员会工作人员既侵占公共财物，同时又侵占集体财产时，则应数罪并罚

村民委员会等村基层组织管理的财物既有公共财产又有单位集体财产。贪污罪与职务侵占罪侵犯的法益不同，贪污罪侵犯的是公共财产所有权，职务侵占罪侵犯的则是单位集体财产权，这是准确认定案件性质的关键因素。在司法实践中，当村民委员会工作人员侵吞款物，既有公共财物，又包括本村的集体资金时，应该分情况适用不同的法律条款，分别对其单独计算数额，如果都构成犯罪，应该数罪并罚。如例案三中，被告人朱某云作为豆沙镇万古村村民委员会党总支书记，协助人民政府管理“一事一议”工程资金的使用，是代行政府公务，利用职务上的便利侵占工程资金，其行为构成贪污罪；其利用担任该村党总支书记的职务之便，伙同本村

村委委员,采用虚列修公路支出、虚列工资补助和出勤补助的形式,将本村集体资金私分,该行为构成职务侵占罪,应数罪并罚。

(四)村民委员会工作人员有贪污、职务侵占、挪动公款、挪用资金等多个行为时,如何把握

当村民委员会工作人员有贪污、职务侵占、挪动公款、挪用资金等多个行为时,要分别对其计算犯罪数额,在定罪量刑上则较难把握。如果犯罪数额都达到立案标准,都构成犯罪的,应该数罪并罚。当分别对其单独计算数额,达不到成立犯罪的数额要求,应如何处理?在例案二中,被告人何某秀犯贪污、挪用资金、职务侵占、挪用特定款物数罪,我们可以分几种情况讨论:第一,假如其贪污、职务侵占数额均达不到刑法规定立案标准,因为贪污和职务侵占罪侵犯的法益不同,按照罪刑法定原则决不能按犯罪处理。第二,假如其贪污、职务侵占以及挪用资金、挪用特定款物行为中有且只有某一项行为达到立案标准,其他三项均达不到犯罪标准,就应考虑对其构成的一罪来定罪,并把其他严重违法情节在量刑时予以考虑。第三,假如贪污、职务侵占、挪用资金、挪用特定款物数额均达不到刑法规定立案标准,则要注意查清挪用资金的数额、目的、用途,如其中一项资金用于非法活动,则不受时间与数额限制,就可按挪用资金罪对其定罪处罚,其他的严重违法情节在具体处罚时予以适当考虑即可。总之,由于村民委员会工作人员的特殊性,其可能犯有数个罪名,也可能犯有一个罪名,在办案过程中,必须针对具体案件做认真、细致的调查了解,对涉及案件事实、情节、款物的性质要具体分析,在取得确凿证据和事实清楚的前提下,根据案件的具体情况作出具体处理。

四、辅助信息

高频词条:

《刑法》

第93条 本法所称国家工作人员,是指国家机关中从事公务的人员。

国有公司、企业、事业单位、人民团体中从事公务的人员和国家机关、国有公司、企业、事业单位委派到非国有公司、企业、事业单位、社会团体从事公务的人员,以及其他依照法律从事公务的人员,以国家工作人员论。

第271条 公司、企业或者其他单位的人员,利用职务上的便利,将本单位财物非法占为己有,数额较大的,处五年以下有期徒刑或者拘役;数额巨大的,处五年

以上有期徒刑，可以并处没收财产。

国有公司、企业或者其他国有单位中从事公务的人员和国有公司、企业或者其他国有单位委派到非国有公司、企业以及其他单位从事公务的人员有前款行为的，依照本法第三百八十二条、第三百八十三条的规定定罪处罚。

第 272 条 公司、企业或者其他单位的工作人员，利用职务上的便利，挪用本单位资金归个人使用或者借贷给他人，数额较大、超过三个月未还的，或者虽未超过三个月，但数额较大、进行营利活动的，或者进行非法活动的，处三年以下有期徒刑或者拘役；挪用本单位资金数额巨大的，或者数额较大不退还的，处三年以上十年以下有期徒刑。

国有公司、企业或者其他国有单位中从事公务的人员和国有公司、企业或者其他国有单位委派到非国有公司、企业以及其他单位从事公务的人员有前款行为的，依照本法第三百八十四条的规定定罪处罚。

第 273 条 挪用用于救灾、抢险、防汛、优抚、扶贫、移民、救济款物，情节严重，致使国家和人民群众利益遭受重大损害的，对直接责任人员，处三年以下有期徒刑或者拘役；情节特别严重的，处三年以上七年以下有期徒刑。

第 382 条 国家工作人员利用职务上的便利，侵吞、窃取、骗取或者以其他手段非法占有公共财物的，是贪污罪。

受国家机关、国有公司、企业、事业单位、人民团体委托管理、经营国有财产的人员，利用职务上的便利，侵吞、窃取、骗取或者以其他手段非法占有国有财物的，以贪污论。

与前两款所列人员勾结，伙同贪污的，以共犯论处。

第 384 条 国家工作人员利用职务上的便利，挪用公款归个人使用，进行非法活动的，或者挪用公款数额较大、进行营利活动的，或者挪用公款数额较大、超过三个月未还的，是挪用公款罪，处五年以下有期徒刑或者拘役；情节严重的，处五年以上有期徒刑。挪用公款数额巨大不退还的，处十年以上有期徒刑或者无期徒刑。

挪用用于救灾、抢险、防汛、优抚、扶贫、移民、救济款物归个人使用的，从重处罚。

《关于刑法第九十三条第二款的解释》

全国人民代表大会常务委员会讨论了村民委员会等村基层组织人员在从事哪些工作时属于刑法第九十三条第二款规定的“其他依照法律从事公务的人员”，解释如下：

村民委员会等村基层组织人员协助人民政府从事下列行政管理工作，属于刑法第九十三条第二款规定的“其他依照法律从事公务的人员”：

（一）救灾、抢险、防汛、优抚、扶贫、移民、救济款物的管理；

（二）社会捐助公益事业款物的管理；

（三）国有土地的经营和管理；

（四）土地征用补偿费用的管理；

（五）代征、代缴税款；

（六）有关计划生育、户籍、征兵工作；

（七）协助人民政府从事的其他行政管理工作。

村民委员会等村基层组织人员从事前款规定的公务，利用职务上的便利，非法占有公共财物、挪用公款、索取他人财物或者非法收受他人财物，构成犯罪的，适用刑法第三百八十二条和第三百八十三条贪污罪、第三百八十四条挪用公款罪、第三百八十五条和第三百八十六条受贿罪的规定。

《村民委员会组织法》

第2条 村民委员会是村民自我管理、自我教育、自我服务的基层群众性自治组织，实行民主选举、民主决策、民主管理、民主监督。

村民委员会办理本村的公共事务和公益事业，调解民间纠纷，协助维护社会治安，向人民政府反映村民的意见、要求和提出建议。

村民委员会向村民会议、村民代表会议负责并报告工作。

第3条 村民委员会根据村民居住状况、人口多少，按照便于群众自治，有利于经济发展和社会管理的原则设立。

村民委员会的设立、撤销、范围调整，由乡、民族乡、镇的人民政府提出，经村民会议讨论同意，报县级人民政府批准。

村民委员会可以根据村民居住状况、集体土地所有权关系等分设若干村民小组。

《土地管理法》

第48条 征收土地应当给予公平、合理的补偿，保障被征地农民原有生活水平不降低、长远生计有保障。

征收土地应当依法及时足额支付土地补偿费、安置补助费以及农村村民住宅、其他地上附着物和青苗等的补偿费用，并安排被征地农民的社会保障费用。

征收农用地的土地补偿费、安置补助费标准由省、自治区、直辖市通过制定公布区片综合地价确定。制定区片综合地价应当综合考虑土地原用途、土地资源条件、土地产值、土地区位、土地供求关系、人口以及经济社会发展水平等因素，并至少每三年调整或者重新公布一次。

征收农用地以外的其他土地、地上附着物和青苗等的补偿标准，由省、自治区、直辖市制定。对其中的农村村民住宅，应当按照先补偿后搬迁、居住条件有改善的原则，尊重农村村民意愿，采取重新安排宅基地建房、提供安置房或者货币补偿等方式给予公平、合理的补偿，并对因征收造成的搬迁、临时安置等费用予以补偿，保障农村村民居住的权利和合法的住房财产权益。

县级以上地方人民政府应当将被征地农民纳入相应的养老等社会保障体系。被征地农民的社会保障费用主要用于符合条件的被征地农民的养老保险等社会保险缴费补贴。被征地农民社会保障费用的筹集、管理和使用办法，由省、自治区、直辖市制定。

《农村土地承包法》

第17条 承包方享有下列权利：

（一）依法享有承包地使用、收益的权利，有权自主组织生产经营和处置产品；

（二）依法互换、转让土地承包经营权；

（三）依法流转土地经营权；

（四）承包地被依法征收、征用、占用的，有权依法获得相应的补偿；

（五）法律、行政法规规定的其他权利。

最高人民法院《关于村民小组组长利用职务便利非法占有公共财物行为如何定性问题的批复》

四川省高级人民法院：

你院川高法〔1998〕224号《关于村民小组组长利用职务便利侵吞公共财物如何定性的问题的请示》收悉。经研究，答复如下：

对村民小组组长利用职务上的便利，将村民小组集体财产非法占为己有，数额较大的行为，应当依照刑法第二百七十一条第一款的规定，以职务侵占罪定罪处罚。

贪污贿赂案件裁判规则第5条：
国家工作人员以非法占有为目的，通过使用假发票平账或者采取其他弄虚作假的手段占有公款后，用于单位公务支出或者社会捐赠，仍可构成贪污罪

〔**规则描述**〕：行为人以非法占有为目的，采取弄虚作假的手段，使自己占有公款的事实在账目上难以被发现或者销毁有关账目的，构成贪污罪。行为人采用前述方式占有公款，即使未用于个人事项或者非为谋取个人经济利益，而是用于因公消费、公务接待或者社会捐赠的，仍可构成贪污罪，但量刑时可以酌情考虑。

一、类案检索大数据报告

时间：2020年11月27日之前，案例来源：Alpha案例库，案件数量：854件，数据采集时间：2020年11月27日。本次检索共获取2020年11月27日前贪污后赃款用于公务支出或社会捐赠的行为的裁判文书有854篇，整体情况如图5-1所示，从案件的年份分布可以看到当前条件下案例数量的变化趋势。

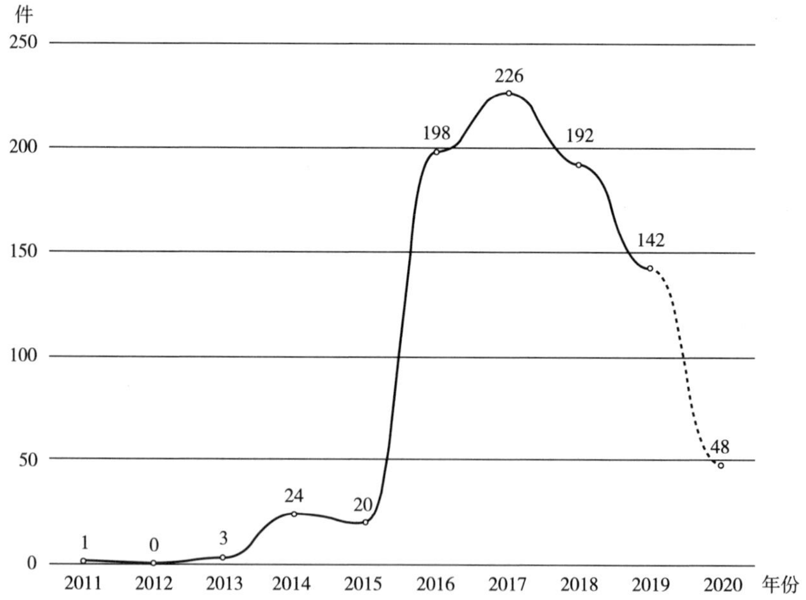

图5-1 案件年份分布情况

如图5－2所示，从案件地域分布来看，当前案例主要集中在广东省、四川省、湖南省，分别占比12.53%、9.72%、8.43%。其中，广东省的案件量最多，达到107件。（注：此处显示该条件下案例数量排名前五的省份。）

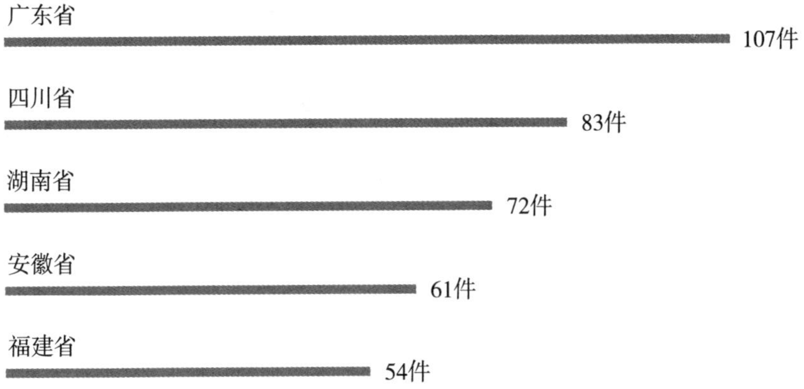

图5－2　案件地域分布情况

如图5－3所示，从案由分类情况可以看到，当前最主要的案由是贪污贿赂罪类，有747件，占一半以上；其次是渎职罪，侵犯财产罪，破坏社会主义市场经济秩序罪，妨害社会管理秩序罪。

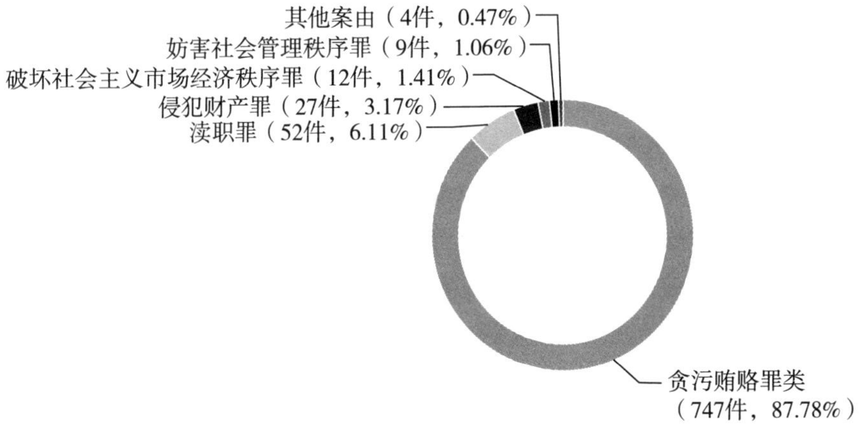

图5－3　案件案由分类情况

如图5－4所示，从案件的程序分类统计可以得出当前的审理程序分布状况。其中，一审案件有656件，二审案件有188件，再审案件有9件，并能够推算出一审上诉率约为28.66%。

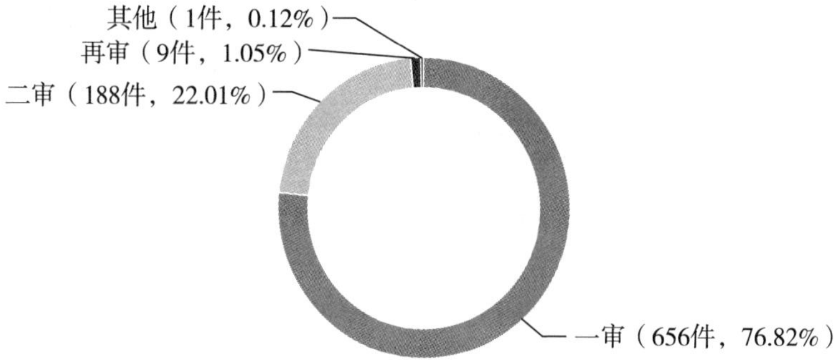

图 5－4　案件程序分类情况

如图 5－5 所示，通过对主刑的可视化可以看到，当前条件下包含有期徒刑的案件有 665 件，包含拘役的案件有 46 件，包含无期徒刑的案件有 12 件。其中，包含缓刑的案件有 207 件，免予刑事处罚的案件有 93 件。

图 5－5　案件判决主刑情况

二、可供参考的例案

例案一 | 吴某、李某贪污案

【法院】

青海省海东市中级人民法院

【案号】

（2020）青 02 刑终 49 号

【诉讼主体】

原公诉机关：青海省互助土族自治县人民检察院

上诉人（原审被告人）：吴某

原审被告人：李某

【基本案情】

2011年10月，互助县人民政府对互助县红崖子沟乡站家村等地进行互助县临空经济园区征地拆迁工作时，抽调互助县住房和规划建设局等单位成立征地拆迁小组负责红崖子沟乡的拆迁工作。互助县住房和规划建设局抽调副局长胡某、二级城管局职工吴某等25人到站家村进行征地初始丈量登记工作。在登记丈量过程中，时任红崖子沟乡乡长李某胜（另案处理）以乡政府经费紧张为由授意站家村征地丈量工作组组长胡某（另案处理），让其空挂土地为乡政府解决经费用于征地拆迁工作开支，胡某安排小组组长即被告人吴某办理此事。后吴某安排组员付某德（已死亡）伪造了一张“互助县征地拆迁登记表”，虚报6.5亩耕地登记在被告人李某名下，经李某确认后由吴某统计上报至海东工业园区管委会，后将土地补偿款发放给被告人李某。2013年10月，在土地补偿款发放期间，被告人吴某将李某名下虚报的6.5亩中的4亩土地补偿款187,200元从李某名下转入个人在中国邮政储蓄银行互助支行尾号为4750账户中，并陆续用于个人开支。其中1.5亩土地补偿款70,200元，经吴某、李某结算，将36,000元抵作工作组在村上的伙食开支，剩余的钱吴某交胡某用于工作组其余开支。虚报的1亩土地补偿款46,800元置于李某账户。2017年12月14日，吴某将所虚报的6.5亩土地补偿款304,200元全部退交至互助县国土资源局。

【案件争点】

上诉人吴某通过虚报征占土地亩数方式骗取国家土地补偿款后，将其中一部分款项用于征地拆迁工作小组开销的事实如何定性，是否构成贪污罪。

【裁判要旨】

一审法院认为，吴某在互助县征地拆迁工作中，利用职务便利，伙同被告人李某采用虚报土地亩数冒领土地补偿款的手段，骗取国有资金304,200元，数额巨大，其行为已构成贪污罪，但指控二被告人贪污1.8423亩土地补偿款86,219.64元的事实不清、证据不足，不予认定。在共同犯罪中，被告人吴某起主要作用，系主犯，应当按照其参与的全部犯罪处罚。鉴于被告人吴某有自首情节，案发前积极退赔赃款，可减轻处罚。被告人李某系从犯，且能如实供述犯罪事实，应当减轻处罚。

因本案中1.5亩土地补偿款70,200元用于工作组生活、工作开支,对二被告人量刑时酌情予以考虑。根据被告人李某的犯罪情节、悔罪表现,并考虑社区矫正机构的意见,可对被告人李某宣告缓刑。遂以犯贪污罪,分别判处被告人吴某有期徒刑二年六个月,并处罚金200,000元;被告人李某有期徒刑二年,缓刑三年,并处罚金100,000元。

一审宣判后,吴某提出上诉称,其行为不构成贪污罪,请求改判,理由是:(1)上诉人吴某无非法占有公共财物的目的,即无贪污犯罪的主观故意。虚报土地套取征地补偿款非吴某个人行为,而是"组织"安排的工作,属正常履行职务。虚报土地所套取的征地补偿款亦非上诉人吴某个人非法占有,其无非法占有公共财物的主观目的,而是为解决征地拆迁工作经费。(2)上诉人吴某让付某德虚报土地套取征地补偿款的事实正是胡某、李某胜滥用职权授意的结果,并非上诉人吴某贪污的结果,非其个人贪污行为。(3)土地补偿款的财产属性应当是拆迁工作组和乡政府的"小金库"公款,不属于上诉人吴某个人非法占有的财物,不是吴某个人支配和控制的私有财产,其客观没有实施贪污犯罪行为。虚报6.5亩土地的事实系其事后得知,无证据证明其指示付某德虚报了6.5亩土地,虚报6.5亩土地系超出领导授意的事实缺乏证据。(4)既然认定胡某、李某胜的行为属于滥用职权,则涉案款项就是滥用职权给国家造成的"经济损失",管理和使用涉案款项就不属于贪污赃款的去向问题。(5)无论涉案款项在吴某保管还是在李某名下,胡某均知晓该款未被处理或支付出去,即证明吴某无非法占有的目的。(6)关于吴某结算给李某的补偿款70,200元中的46,800元仍存放在李某的账户内,吴某无法获取或支配,无法对该款实施贪污。因此,原判认定贪污数额304,200元的事实显然不清、证据不足。其虽违法使用了补偿款187,200元,但未采取任何侵吞手段。吴某同时认为其行为构成挪用公款罪。吴某辩护人刘某与其持相同观点。

二审法院认为,关于本案定性。上诉人吴某在按照胡某等人的授意,指示付某德将6.5亩土地空挂在原审被告人李某名下,非法获取土地补偿款304,200元后,虽将其中一部分款项用于征地拆迁工作小组开销,一部分交给了胡某,但其将187,200元涉案款项转入其个人账户并开支的事实在实施该行为前隐瞒不报,直至案发前方将其伙同李某空挂6.5亩土地及个人使用187,200元的事实向胡某进行汇报,以及原审被告人李某在明知他人将6.5亩土地空挂其名下后,仍在伪造的土地拆迁登记表上捺印确认予以协助的事实均有相关证人证言、书证及二人的供述予以充分证明,故本案贪污事实认定清楚。依据《刑法》第382条第1款"国家工作人员利用职务的便利，侵吞、窃取、骗取或者以其他手段非法占有公共财物的，是贪污罪”之规定，上诉人吴某利用其征地拆迁小组工作人员的特殊身份，通过虚报征占土地亩数的方式，骗取国家土地补偿款，其行为符合贪污罪构成要件，应以贪污罪对其定罪处罚。至于其辩称应以挪用公款罪对其定罪处罚，因其明知该款系国家财产，而以非法占有为目的，采用虚报土地亩数手段骗取国家土地补偿款，至于该款非法获取后实际由谁支配使用，即涉案款项无论用于公务支出或者个人支出，均不影响其非法占有的主观故意。故，本案以贪污罪论处并无不当。

关于贪污数额的认定。经查，根据《贪污贿赂案件解释》第16条第1款“国家工作人员出于贪污、受贿的故意，非法占有公共财物、收受他人财物之后，将赃款赃物用于单位公务支出或者社会捐赠的，不影响贪污罪、受贿罪的认定，但量刑时可以酌情考虑”的规定，上诉人吴某根据胡某等人授意，指示他人伪造土地拆迁登记表虚报6.5亩土地后，共骗取国家补偿款304,200元。其中，吴某将4亩土地补偿款187,200元用于个人开支，将2.5亩土地补偿款117,000元以现金存单方式发放给李某后，按照1.5亩土地补偿款数额70,200元抵扣工作组开支，剩余亩数土地补偿款未追回。综观全案，胡某等人仅授意吴某安排虚报1亩土地用于支付工作组开支，故其自始至终对该1亩地的补偿款主观上无非法占有的目的，其虽骗得涉案土地补偿款304,200元，但仅对5.5亩土地补偿款257,400元具有非法占有的目的，根据主客观相一致的原则，应认定贪污数额为257,400元。

上诉人吴某在互助县征地拆迁工作中，利用职务便利，伙同原审被告人李某采用虚报土地亩数冒领土地补偿款的手段，骗取国有资金257,400元，数额巨大，其行为均已构成贪污罪。在共同犯罪中，上诉人吴某起主要作用，系主犯，应当按照其参与的全部犯罪处罚。鉴于上诉人吴某有自首情节，案发前积极退赔赃款，可减轻处罚。原审被告人李某系从犯，且能如实供述犯罪事实，应当减轻处罚。本案1.5亩土地补偿款70,200元实际用于工作组的生活、工作开支，可酌情予从轻处罚。原判定罪及适用法律正确，审判程序合法，但认定贪污数额有误，根据主客观相一致的原则，应认定贪污数额为257,400元，原判量刑过重，应予改判。上诉人吴某及辩护人关于原判认定事实不清、证据不足的部分上诉理由成立，予以采纳。遂依照《刑事诉讼法》相关规定，判决维持原审判决对原审被告人李某的定罪及量刑部分和对上诉人吴某的定罪及罚金部分的内容；撤销原判对上诉人吴某主刑部分的内容，认定吴某犯贪污罪，同时判处有期徒刑二年二个月。

例案二 | 刘某明贪污案

【法院】

广东省高级人民法院

【案号】

(2019)粤刑终753号

【诉讼主体】

原公诉机关:广东省珠海市人民检察院

上诉人(原审被告人):刘某明

【基本案情】

2015年5月至2018年3月,被告人刘某明利用担任中国检某认某集团珠海有限公司(以下简称中某珠海公司)和珠海中某兴技术服务有限公司(以下简称中某兴公司)法定代表人、总经理职务上的便利,采取虚开发票从中某珠海公司、中某兴公司套取资金、报销个人生活费用等方式,非法占有公共财物共计人民币2,514,009元。具体犯罪事实如下:

(一)采取虚开发票方式套取公款

2015年5月至2018年3月,被告人刘某明指使中某珠海公司财务总监、中某兴公司会计胡某,采取虚开发票的方式从上述公司套取资金。胡某按照被告人刘某明的要求,通过珠海博某商务咨询有限公司(以下简称博某公司)及其所属南屏某湾分公司(以下简称博某分公司)、珠海同某益茶叶有限公司(以下简称同某益公司)、珠海市横某蜂某文化传媒有限公司(以下简称蜂某公司)、珠海辉某网络有限公司(以下简称辉某公司)、珠海市创某电子设备有限公司(以下简称创某公司)向中某珠海公司和中某兴公司虚开发票,经被告人刘某明审批后在中某珠海公司和中某兴公司入账报销,并将发票对应的资金转账至上述6家开票公司账户,上述6家公司扣除23,215元手续费后以转账或现金形式交给胡某,胡某根据刘某明的安排支付给高某出入境检某检疫局办公室主任丁某进220,000元,剩余款项全部以转账或现金形式交给被告人刘某明,被告人刘某明将上述款项共计人民币23,294.57元占为已有,用于其个人花销。

2017年4月,被告人刘某明指使胡某通过珠海市杰某农产品有限公司(以下简称杰某农产品公司)向中某兴公司虚开发票,经刘某明审批后,胡某在中某兴公司报销提取现金交给被告人刘某明,被告人刘某明用于个人花销,共计人民币

54,270元。

（二）使用公款报销个人消费

1.2016年6月至2017年1月，被告人刘某明指使中某兴公司出纳温某城将其个人向贵州兴某酒业有限公司购买“兴邦酒”的发票在中某兴公司报销，经刘某明审批后，温某城将报销提取现金交给被告人刘某明，共计人民币94,736元。

2.2016年7月，被告人刘某明指使胡某将其维修私家车的费用在中某兴公司报销，共计人民币2243元。

3.2018年2月，被告人刘某明指使胡某将其个人购买跑步机的费用在中某兴公司报销，共计人民币4200元。

4.2018年3月，被告人刘某明指使胡某将其个人在珠海免税商场购买服饰的费用在中某兴公司报销，胡某遂通过同某益公司向中某兴公司虚开发票，经刘某明审批后，胡某在中某兴公司报销提取现金交给被告人刘某明，共计人民币5888元。

被告人刘某明通过上述方式，共计贪污中某珠海公司公款人民币1,767,095元、贪污中某兴公司公款人民币746,914元。

2018年4月19日，珠海市监察委对该案进行立案调查；4月23日，被告人刘某明被办案人员从中某珠海公司办公所在地带走接受讯问；次日被采取留置措施。7月3日，被告人刘某明的家属代其退缴赃款人民币2,525,279元。

【案件争点】

刘某明弄虚作假，虚开发票套取公款后，用于冲抵因公消费、公务接待或冲抵食堂费用等非用于个人事务的事实是否属实，如何定性，是否构成贪污罪。

【裁判要旨】

一审法院认为，刘某明身为国家工作人员，利用职务上的便利，非法占有公共财物，数额巨大，其行为已构成贪污罪，刘某明归案后如实供述自己罪行，当庭自愿认罪，积极退赃，依法可以从轻处罚。根据《刑法》相关规定，判决刘某明犯贪污罪，判处有期徒刑六年，并处罚金人民币70万元；对被告人刘某明退缴的违法所得人民币2,525,579元，其中人民币1,767,095元发还被害单位中某珠海公司，人民币746,914元发还被害单位中某兴公司，剩余人民币11,570元冲抵罚金，同时判决扣押在案的苹果手机一台，对非作案工具，发还刘某明。

一审宣判后，刘某明提出上诉，认为在公司业务拓展、大项目公关过程中，存在违规、超标接待的情况，并虚开发票冲账，但不应将违纪数额全部定性为贪污数额，而且因公消费已发生的情况下，再通过开取发票以报销的行为不属于贪污，该部分金额应予扣除,具体包括:(1)用于公务接待的兴邦酒、茅台酒、国检001号白酒及红酒;(2)刘某明执行中某兴公司每年列支150,000元作为董事费开支的董事会决议,不应追究刑事责任;(3)刘某明购买蓝莓汁是准备用于作为礼品向集团有关部门赠送;(4)刘某明任职期间存在无数公务用餐接待,大额用餐费用153,822元应核减;(5)专家讲座课酬、节日礼品费等因公务支出的金额应扣除。

二审法院认为,刘某明在侦查阶段供述其以套现款购买兴邦酒、蓝莓汁,部分用于公务接待,且辩称存在违规、超标公务接待后虚开发票冲账的情况,但其于2015年至2017年购买兴邦酒、蓝莓汁的支出仅340,000余元,其供述与胡某的证言亦证实刘某明在套现款中报销公务接待费用的数额不超过100,000元,而刘某明指使胡某套取款项的行为从2015年5月一直持续至2017年9月,其光大银行账户几乎每月均固定有数万元套现款转入,即其前期数月获取的套现款已足够填补其所谓公务支出。事实上,刘某明收取的套现款大部分用于向其儿子转账、归还房贷、因私出行、购买饰品等各种个人消费,甚至当通过博某公司、博某分公司、同某益公司虚开发票套取的款项已远远超过其上述因公接待的支出时,其还指使胡某找来蜂某公司、辉某公司、创某公司、杰某农产品公司的发票进一步套取中某珠海公司、中某兴公司款项,由此可见其贪污公款的犯罪故意明显,其行为构成贪污罪。同时,按照法律规定,其非法占有公共财物后如何支配使用并不影响贪污罪的认定,该部分款项仍应计入其贪污数额中。

关于刘某明贪污数额的认定。原审法院根据中某珠海公司、中某兴公司的记账凭证、银行付款申请单、业务回单、费用报销单等证据,认定刘某明非法占有公共财物共计人民币2,514,009元。对于刘某明及其辩护人提出应从贪污数额中扣除的部分:(1)购买兴邦酒、茅台酒、国检001号白酒、红酒以及蓝莓汁的部分。经查,刘某明在侦查阶段供述所购茅台酒为收藏自用,而兴邦酒、蓝莓汁及红酒则部分用于公务接待、部分为自用,该供述与魏某红关于刘某明所购兴邦酒未办理入库和出库登记的证言以及温某城、侯某戈二人关于刘某明仅将一部分兴邦酒用于公务接待的证言相印证。如上所述,刘某明出于贪污的故意,非法占有中某珠海公司、中某兴公司公款的行为构成贪污罪,按照法律规定,其非法占有公共财物后如何支配使用并不影响贪污罪的认定,该部分款项仍应计入其贪污数额中。原审法院根据在案证据,考虑到刘某明所购酒类等确实存在部分用于公务接待的情形,在量刑时已酌情考量。(2)辩护人所提大额公务用餐接待费用153,822元、节日礼品费及刘某明所提外聘专家报酬。首先,刘某明的供述、胡某和温某城的证言均证实刘某明公务接待等费用均按照公司财务管理制度在中某珠海公司、中某兴公司报销，而辩护人并未提供证据证实其所罗列的刘某明大量用餐消费中哪些属于公务接待、哪些属于私人宴请、吃喝；其次，在案证据不能证实辩护人所称侯某戈从刘某明处领取的用于购买节日礼品维系客户关系、探望退休同志的20,000元源于涉案套现款；最后，胡某的证言证实从套现款中支出、用于支付专家讲课费的劳务报酬不超过10,000元。如前所述，刘某明将贪污所得赃款部分用于公务支出并不影响对其所犯贪污罪的定性，刘某明及其辩护人提出应将该部分款项从贪污数额中扣除的理由缺乏事实和法律依据，不能成立。(3)中某兴公司的"董事费"。中某兴公司董事可按该公司董事会经费管理办法领取董事费缺乏合法依据，不过是相关人员巧立名目套取公款的行径，其本质是贪污行为。刘某明供述其找李某升补开了总额94,736元的兴邦酒发票以报销董事费，其行为的实质是使用中某兴公司公款报销个人消费，属于非法占有公共财物的行为。因此，无论刘某明是否曾在套现款中报销"董事费"，其与辩护人提出应将"董事费"从涉案贪污数额中扣除的理由均缺乏法律依据，不能成立。

综上，上诉人刘某明身为国家工作人员，利用职务上的便利，非法占有公共财物，数额巨大，其行为已构成贪污罪。刘某明归案后如实供述自己的罪行，认罪悔罪，积极退赃，依法可以从轻处罚。原审判决认定事实清楚，证据确实、充分，定罪准确，量刑适当，审判程序合法。刘某明的上诉理由及其辩护人所提辩护意见，经查均不成立，不予采纳。遂根据《刑法》《贪污贿赂案件解释》及《刑事诉讼法》相关规定，裁定驳回上诉，维持原判。

例案三 | 潘某志受贿、贪污案

【法院】

安徽省高级人民法院

【案号】

(2016)皖刑终434号

【诉讼主体】

原公诉机关：安徽省淮南市人民检察院

上诉人(原审被告人)：潘某志

【基本案情】

潘某志利用担任淮南市潘集区区委副书记、区长职务上的便利,先后收受侯某等人财物共计272万元和价值3.021万元的手表一块,为他人谋取利益;以年节慰问上级领导为由,安排程某旭套取办公经费共计40万元供己使用。

一、受贿事实

被告人潘某志在担任淮南市潘集区区委副书记、区长期间,利用职务上的便利,先后收受侯某等人财物共计272万元和价值3.021万元的欧米茄牌女表一块,并为他人谋取利益,具体事实如下:

(1)被告人潘某志伙同原潘集区政府办公室主任程某旭(已判刑)、潘集区政府驾驶员余某辉(已判刑)共同收受淮南亚某特商贸有限公司实际控制人侯某现金100万元,单独收受侯某现金3万元;(2)被告人潘某志收受淮南市重誉建筑有限公司控股股东徐某现金68万元;(3)被告人潘某志收受淮南市绿城市政工程有限公司法定代表人苏某、公司副经理李某现金50万元;(4)被告人潘某志收受淮南市绿景房地产开发有限公司股东丁某现金15万元和一块价值3.021万元的欧米茄牌女表;(5)被告人潘某志收受安徽万华电气股份有限公司负责人戴某现金10万元;(6)被告人潘某志收受淮南市鑫马商贸集团董事长谢某现金10万元;(7)被告人潘某志收受淮南市金格四海商贸有限责任公司董事长葛某现金9万元;(8)被告人潘某志收受淮南市亿丰小额贷款有限责任公司董事长杨某现金7万元。

二、贪污事实

2011年中秋节、2012年春节、2012年中秋节和2013年春节前,时任潘集区区委副书记、区长的被告人潘某志,均以给省、市有关职能部门领导送礼联络感情为由,安排区政府办公室主任程某旭从办公经费中套取现金10万元。程某旭遂以虚列招待费用等名目,每次都从区政府办公经费中套取现金10万元,共计套取40万元,全部交给了潘某志。

【案件争点】

潘某志利用区长身份,指使他人套取公款40万元后用于慰问上级部门领导,并将未用完的和别人拒收退回的购物卡十七八万元上交纪委的行为是否构成贪污罪,相关入额应否计入贪污数额。

【裁判要旨】

一审法院认为被告人潘某志身为国家工作人员,利用职务之便,单独多次收受贿赂共计172万元及价值3.021万元的手表一块,伙同他人共同收受贿赂100万元，数额巨大，并为请托人谋取利益，其行为构成受贿罪；以和上级领导联络感情为由，安排程某旭套取办公经费 40 万元供己占有使用，数额巨大，其行为构成贪污罪，应数罪并罚，依照《刑法》《贪污贿赂案件解释》的规定，以受贿罪判处被告人潘某志有期徒刑八年，并处罚金人民币 50 万元，以贪污罪判处被告人潘某志有期徒刑三年，并处罚金人民币 25 万元，决定执行有期徒刑十年，并处罚金人民币 75 万元；扣押、退缴在案的赃款人民币 247 万元、赃物欧米茄手表一块予以追缴；其余赃款人民币 65 万元继续追缴。

一审宣判后，潘某志及其辩护人上诉称，潘某志通过程某旭套取办公经费 40 万元旨在慰问上级部门领导，未用完的和别人拒收退回的购物卡十七八万元均上交纪委，不应认定为贪污。

二审法院认为，潘某志在没有相关规定或集体研究的情况下，私自要求程某旭套取办公经费，所供用于慰问上级部门相关领导亦无相关证据予以佐证，所套取公款应视为其个人占有，具体用途不影响贪污性质的认定，对潘某志及其辩护人的套取办公经费 40 万元旨在慰问上级部门领导，未用完的和别人拒收退回的购物卡十七八万元均上交纪委，不应认定为贪污的上诉理由和辩护意见不予采纳。综上，二审法院认为，潘某志作为国家工作人员，利用职务便利为他人谋取利益，非法收受他人价值 275.021 万元的财物，其行为构成受贿罪；利用职权安排他人非法套取办公经费 40 万元供己使用，其行为构成贪污罪。潘某志犯两罪，依法应予数罪并罚。潘某志在与程某旭、余某辉共同受贿 100 万元的犯罪中，三人不分主从；在贪污犯罪中，潘某志起主要作用，系主犯，应当按照其所参与的全部犯罪处罚；潘某志在被提起公诉前如实供述自己的罪行，退缴大部分赃款，可予从轻处罚；部分贿赂款捐给公益机构，在量刑时可以酌情考虑。原判认定事实清楚，证据确实、充分，定罪准确，量刑适当，审判程序合法，裁定驳回上诉，维持原判。

三、裁判规则提要

现实中，常出现国家工作人员利用职务便利采取虚构凭证等弄虚作假的方式，占有使用公款的情形，此时应结合行为人主观目的、款项去向和用途等情节，对其行为进行综合分析，进而准确定性。如涉案证据能够显示或明确指向行为人主观上具有非法占有公款的故意，且客观上将占有款项私用，则一般可认定其构成贪污罪；如排除行为人主观上非法占有的目的，综合全案证据，结合挪用公款罪等罪的犯罪构成进行定性分析。但是，现实生活中，有的行为人非法占有公款后，未将款项私用,而是将之用于团体、公务乃是公益事业。对此种情形,应严格遵循罪刑法定原则,若行为人占有公款的事实能够认定其具有非法占有目的,则仍构成贪污犯罪,在公款处于行为人可按意志自由支配时,贪污犯罪已属既遂。此时,非个人私用的款项使用可视为量刑情节考虑。

(一)行为人以非法占有为目的,采取弄虚作假的手段,使自己占有公款的事实在账目上难以被发现或者销毁有关账目的,构成贪污罪

贪污罪在行为上主要表现为利用职务上的便利,侵吞、窃取、骗取或者以其他手段非法占有公共财物的行为。这里所说的"利用职务上的便利",是指利用自己职务范围内的权力和地位所形成的主管、管理、经手公共财物的便利条件。"侵吞"是指利用职务上的便利,将自己主管、管理、经手的公共财物非法占为己有的行为。"骗取"是指行为人利用职务上的便利,使用虚构或隐瞒事实的方法,非法占有公共财物的行为,如伪造、涂改单据,谎报开支,谎报亏损冒领差旅费、工资、补贴等,进而非法占有公款。"其他手段",是指侵吞、窃取、骗取以外的利用职务上的便利非法占有公共财物的行为,如挪用公款之后携款潜逃;又如《刑法》第 394 条规定,国家工作人员在国内公务活动或者对外交往中接受礼物,依照国家规定应当交公而不交公,数额较大的,以贪污罪定罪处罚。

在贪污罪中是否具有非法占有财物故意,需要根据行为人的客观表现认定。司法实践中,行为人将单位财物置于个人支配下,并且在单位财务账上弄虚作假将账目"冲平",使该笔单位财物在财务账上没有记载反映,或者销毁账本掩盖财物的踪迹的,可以反映出行为人主观上具有非法占有的目的。需要注意的是,有时行为人虽然没有"平账",但携款潜逃的、有能力还拒不退还的、截留单位收入不入账且无归还表现的,也可认定具有非法占有的目的。此时,结合案件事实,行为人完全构成贪污罪。例案一中,吴某按照胡某等人的授意,指示付某德将 6.5 亩土地空挂在原审被告人李某名下后,非法获取土地补偿款 304,200 元后,虽将其中一部分款项用于征地拆迁工作小组开销,一部分交给了胡某,但其将 187,200 元涉案款项转入其个人账户并开支的事实在实施该行为前隐瞒不报,直至案发前方将其伙同李某空挂 6.5 亩土地及个人使用 187,200 元的事实向胡某进行汇报,以及原审被告人李某在明知他人将 6.5 亩土地空挂其名下后,仍在伪造的土地拆迁登记表上捺印确认予以协助,属司法查明的事实。据此,认定吴某主观上具有非法占有公款的目的合法适当,其相关贪污犯罪已属既遂。例案二与例案三中,刘某明和潘某志利

用自己的职务身份或职务便利，通过虚开发票，做假账等方式“平账”、套取现金后，使得相关款项在账目上难以被发现，且客观上实施了对占有款项的使用行为。此时，两案被告人的行为过程完全符合贪污罪的犯罪构成，属于贪污犯罪的既遂状态，认定该两人构成贪污罪合法有据。

（二）行为人弄虚作假非法占有公款后，用于公务支出或社会捐赠，仍可构成贪污罪，但在量刑时应予以考虑

法理上，行为人以非法占有为目的，弄虚作假非法占有公款后，贪污犯罪已属既遂。此时，款项的去向不能成为阻断贪污罪的构成要素。换言之，当行为人抱着非法占有公款的目的，弄虚作假达到可任意支配公款，且被占有的公款在账目上难以被发现时，贪污犯罪已经完成，至于之后款项的用途与流向，是事后行为。依据《贪污贿赂案件解释》第 16 条“国家工作人员出于贪污、受贿的故意，非法占有公共财物、收受他人财物之后，将赃款赃物用于因公支出或者社会捐赠的，不影响贪污罪、受贿罪的认定，但量刑时可以酌情考虑”的规定，事后行为可视为酌定量刑情节。例案三中，潘某志虽辩称其通过套取办公经费 40 万元旨在慰问上级部门领导，未用完的和别人拒收退回的购物卡十七八万元也上交纪委，但其上交纪委财物均系其 2008 年到 2013 年所收取的有关单位、个人逢年过节所送财物，与其所述不具有关联性。同时，也无其他证据能够证明其套取经费用于慰问上级领导。换言之，并无证据表明其套取公款的目的不是非法占有。因此，对该笔 40 万元，认定其构成贪污罪是妥当的。

（三）关于特殊形态贪污案件中主观非法占有目的的判断

司法实践通常是一种事后性的判断，通过行为人的行为来反推其主观目的是常用的思维方式，在结合案件证据能够证明行为人主观上具有非法占有公款的目的情形下，一般认定其构成贪污罪是妥当的。实践中，贪污行为往往与挪用公款行为相伴相随，即使客观上存在弄虚作假占有使用公款的事实，有的行为人仍从主观故意的证明上做文章，使该类案件中对行为人非法占有目的的判断问题成为司法认定的难点。这时，准确区分贪污与挪用公款就成为对案件定性分析的关键之一。前述情形下，如果行为人否认主观占有故意，且行为人在占有使用公款后也及时归还公款，此时不宜进行主观故意推断，应根据罪刑法定原则和刑法的谦抑性，结合客观案情，在挪用公款罪与贪污罪间，依法合理定性。换言之，若无法从已查明的

既有事实推断出行为人具有非法占有公款即贪污的主观故意时，应据罪刑法定原则，严格进行主观目的的综合判断。例案一中，吴某弄虚作假挪走公款，非法转移公款后，存在使用行为，且未归还，吴某辩称应以挪用公款罪对其定罪处罚，但其明知该款系国家财产，采用虚报土地亩数手段骗取国家土地补偿款，非法获取该款后已支配使用，涉案款项无论用于公务支出或者个人支出，均不能阻断非法占有相关款项的概括性故意，即吴某非法占有款项的主观目的有客观事实佐证。因此，对其以贪污罪论处是准确且恰当的。

实践中还应注意的是，挪用公款罪是动用公款归自己使用或借给他人使用，从而暂时侵犯了公款的占有权、使用权和收益权，而不侵犯公款的处分权；贪污罪是将公款永久变为自己非法所有，侵犯了公款的全部所有权。若行为人挪用公款后不退还，表明行为人的故意发生了变化，由暂时挪用公款转化为永久非法占有公款，其行为的性质也就由挪用转化为贪污。

四、辅助信息

高频词条：

《刑法》

第382条 国家工作人员利用职务上的便利，侵吞、窃取、骗取或者以其他手段非法占有公共财物的，是贪污罪。

受国家机关、国有公司、企业、事业单位、人民团体委托管理、经营国有财产的人员，利用职务上的便利，侵吞、窃取、骗取或者以其他手段非法占有国有财物的，以贪污论。

与前两款所列人员勾结，伙同贪污的，以共犯论处。

第383条 对犯贪污罪的，根据情节轻重，分别依照下列规定处罚：

（一）贪污数额较大或者有其他较重情节的，处三年以下有期徒刑或者拘役，并处罚金。

（二）贪污数额巨大或者有其他严重情节的，处三年以上十年以下有期徒刑，并处罚金或者没收财产。

（三）贪污数额特别巨大或者有其他特别严重情节的，处十年以上有期徒刑或者无期徒刑，并处罚金或者没收财产；数额特别巨大，并使国家和人民利益遭受特别重大损失的，处无期徒刑或者死刑，并处没收财产。

对多次贪污未经处理的，按照累计贪污数额处罚。

犯第一款罪，在提起公诉前如实供述自己罪行、真诚悔罪、积极退赃，避免、减少损害结果的发生，有第一项规定情形的，可以从轻、减轻或者免除处罚；有第二项、第三项规定情形的，可以从轻处罚。

犯第一款罪，有第三项规定情形被判处死刑缓期执行的，人民法院根据犯罪情节等情况可以同时决定在其死刑缓期执行二年期满依法减为无期徒刑后，终身监禁，不得减刑、假释。

第384条 国家工作人员利用职务上的便利，挪用公款归个人使用，进行非法活动的，或者挪用公款数额较大、进行营利活动的，或者挪用公款数额较大、超过三个月未还的，是挪用公款罪，处五年以下有期徒刑或者拘役；情节严重的，处五年以上有期徒刑。挪用公款数额巨大不退还的，处十年以上有期徒刑或者无期徒刑。

挪用用于救灾、抢险、防汛、优抚、扶贫、移民、救济款物归个人使用的，从重处罚。

第394条 国家工作人员在国内公务活动或者对外交往中接受礼物，依照国家规定应当交公而不交公，数额较大的，依照本法第三百八十二条、第三百八十三条的规定定罪处罚。

《贪污贿赂案件解释》

第1条 贪污或者受贿数额在三万元以上不满二十万元的，应当认定为刑法第三百八十三条第一款规定的“数额较大”，依法判处三年以下有期徒刑或者拘役，并处罚金。

贪污数额在一万元以上不满三万元，具有下列情形之一的，应当认定为刑法第三百八十三条第一款规定的“其他较重情节”，依法判处三年以下有期徒刑或者拘役，并处罚金：

（一）贪污救灾、抢险、防汛、优抚、扶贫、移民、救济、防疫、社会捐助等特定款物的；

（二）曾因贪污、受贿、挪用公款受过党纪、行政处分的；

（三）曾因故意犯罪受过刑事追究的；

（四）赃款赃物用于非法活动的；

（五）拒不交待赃款赃物去向或者拒不配合追缴工作，致使无法追缴的；

（六）造成恶劣影响或者其他严重后果的。

第2条 贪污或者受贿数额在二十万元以上不满三百万元的，应当认定为刑法第三百八十三条第一款规定的“数额巨大”，依法判处三年以上十年以下有期徒刑,并处罚金或者没收财产。

贪污数额在十万元以上不满二十万元,具有本解释第一条第二款规定的情形之一的,应当认定为刑法第三百八十三条第一款规定的"其他严重情节",依法判处三年以上十年以下有期徒刑,并处罚金或者没收财产。

第3条 贪污或者受贿数额在三百万元以上的,应当认定为刑法第三百八十三条第一款规定的"数额特别巨大",依法判处十年以上有期徒刑、无期徒刑或者死刑,并处罚金或者没收财产。

贪污数额在一百五十万元以上不满三百万元,具有本解释第一条第二款规定的情形之一的,应当认定为刑法第三百八十三条第一款规定的"其他特别严重情节",依法判处十年以上有期徒刑、无期徒刑或者死刑,并处罚金或者没收财产。

第4条 贪污、受贿数额特别巨大,犯罪情节特别严重、社会影响特别恶劣、给国家和人民利益造成特别重大损失的,可以判处死刑。

符合前款规定的情形,但具有自首,立功,如实供述自己罪行、真诚悔罪、积极退赃,或者避免、减少损害结果的发生等情节,不是必须立即执行的,可以判处死刑缓期二年执行。

符合第一款规定情形的,根据犯罪情节等情况可以判处死刑缓期二年执行,同时裁判决定在其死刑缓期执行二年期满依法减为无期徒刑后,终身监禁,不得减刑、假释。

第16条 国家工作人员出于贪污、受贿的故意,非法占有公共财物、收受他人财物之后,将赃款赃物用于单位公务支出或者社会捐赠的,不影响贪污罪、受贿罪的认定,但量刑时可以酌情考虑。

特定关系人索取、收受他人财物,国家工作人员知道后未退还或者上交的,应当认定国家工作人员具有受贿故意。

第18条 贪污贿赂犯罪分子违法所得的一切财物,应当依照刑法第六十四条的规定予以追缴或者责令退赔,对被害人的合法财产应当及时返还。对尚未追缴到案或者尚未足额退赔的违法所得,应当继续追缴或者责令退赔。

第19条 对贪污罪、受贿罪判处三年以下有期徒刑或者拘役的,应当并处十万元以上五十万元以下的罚金;判处三年以上十年以下有期徒刑的,应当并处二十万元以上犯罪数额二倍以下的罚金或者没收财产;判处十年以上有期徒刑或者无期徒刑的,应当并处五十万元以上犯罪数额二倍以下的罚金或者没收财产。

对刑法规定并处罚金的其他贪污贿赂犯罪，应当在十万元以上犯罪数额二倍以下判处罚金。

《挪用公款案件解释》

第6条 携带挪用的公款潜逃的，依照刑法第三百八十二条、第三百八十三条的规定定罪处罚。

《全国法院审理经济犯罪案件工作座谈会纪要》

一、关于贪污贿赂犯罪和渎职犯罪的主体

（一）国家机关工作人员的认定

刑法中所称的国家机关工作人员，是指在国家机关中从事公务的人员，包括在各级国家权力机关、行政机关、司法机关和军事机关中从事公务的人员。

根据有关立法解释的规定，在依照法律、法规规定行使国家行政管理职权的组织中从事公务的人员，或者在受国家机关委托代表国家行使职权的组织中从事公务的人员，或者虽未列入国家机关人员编制但在国家机关中从事公务的人员，视为国家机关工作人员。在乡（镇）以上中国共产党机关、人民政协机关中从事公务的人员，司法实践中也应当视为国家机关工作人员。

（二）国家机关、国有公司、企业、事业单位委派到非国有公司、企业、事业单位、社会团体从事公务的人员的认定

所谓委派，即委任、派遣，其形式多种多样，如任命、指派、提名、批准等。不论被委派的人身份如何，只要是接受国家机关、国有公司、企业、事业单位委派，代表国家机关、国有公司、企业、事业单位在非国有公司、企业、事业单位、社会团体中从事组织、领导、监督、管理等工作，都可以认定为国家机关、国有公司、企业、事业单位委派到非国有公司、企业、事业单位、社会团体从事公务的人员。如国家机关、国有公司、企业、事业单位委派在国有控股或者参股的股份有限公司从事组织、领导、监督、管理等工作的人员，应当以国家工作人员论。国有公司、企业改制为股份有限公司后，原国有公司、企业的工作人员和股份有限公司新任命的人员中，除代表国有投资主体行使监督、管理职权的人外，不以国家工作人员论。

（三）“其他依照法律从事公务的人员”的认定

刑法第九十三条第二款规定的“其他依照法律从事公务的人员”应当具有两个特征：一是在特定条件下行使国家管理职能；二是依照法律规定从事公务。具体包括：（1）依法履行职责的各级人民代表大会代表；（2）依法履行审判职责的人民陪审员；（3）协助乡镇人民政府、街道办事处从事行政管理工作的村民委员会、居民委

员会等农村和城市基层组织人员；(4)其他由法律授权从事公务的人员。

(四)关于“从事公务”的理解

从事公务，是指代表国家机关、国有公司、企业、事业单位、人民团体等履行组织、领导、监督、管理等职责。公务主要表现为与职权相联系的公共事务以及监督、管理国有财产的职务活动。如国家机关工作人员依法履行职责，国有公司的董事、经理、监事、会计、出纳人员等管理、监督国有财产等活动，属于从事公务。那些不具备职权内容的劳务活动、技术服务工作，如售货员、售票员等所从事的工作，一般不认为是公务。

二、关于贪污罪

(一)贪污罪既遂与未遂的认定

贪污罪是一种以非法占有为目的的财产性职务犯罪，与盗窃、诈骗、抢夺等侵犯财产罪一样，应当以行为人是否实际控制财物作为区分贪污罪既遂与未遂的标准。对于行为人利用职务上的便利，实施了虚假平帐等贪污行为，但公共财物尚未实际转移，或者尚未被行为人控制就被查获的，应当认定为贪污未遂。行为人控制公共财物后，是否将财物据为己有，不影响贪污既遂的认定。

(二)“受委托管理、经营国有财产”的认定

刑法第三百八十二条第二款规定的“受委托管理、经营国有财产”，是指因承包、租赁、临时聘用等管理、经营国有财产。

(三)国家工作人员与非国家工作人员勾结共同非法占有单位财物行为的认定

对于国家工作人员与他人勾结，共同非法占有单位财物的行为，应当按照《最高人民法院关于审理贪污、职务侵占案件如何认定共同犯罪几个问题的解释》的规定定罪处罚。对于在公司、企业或者其他单位中，非国家工作人员与国家工作人员勾结，分别利用各自的职务便利，共同将本单位财物非法占有的，应当尽量区分主从犯，按照主犯的犯罪性质定罪。司法实践中，如果根据案件的实际情况，各共同犯罪人在共同犯罪中的地位、作用相当，难以区分主从犯的，可以贪污罪定罪处罚。

(四)共同贪污犯罪中“个人贪污数额”的认定

刑法第三百八十三条第一款规定的“个人贪污数额”，在共同贪污犯罪案件中应理解为个人所参与或者组织、指挥共同贪污的数额，不能只按个人实际分得的赃款数额来认定。对共同贪污犯罪中的从犯，应当按照其所参与的共同贪污的数额确定量刑幅度，并依照刑法第二十七条第二款的规定，从轻、减轻处罚或者免除处罚。

四、关于挪用公款罪

（一）单位决定将公款给个人使用行为的认定

经单位领导集体研究决定将公款给个人使用，或者单位负责人为了单位的利益，决定将公款给个人使用的，不以挪用公款罪定罪处罚。上述行为致使单位遭受重大损失，构成其他犯罪的，依照刑法的有关规定对责任人员定罪处罚。

（五）挪用公款归还个人欠款行为性质的认定

挪用公款归还个人欠款的，应当根据产生欠款的原因，分别认定属于挪用公款的何种情形。归还个人进行非法活动或者进行营利活动产生的欠款，应当认定为挪用公款进行非法活动或者进行营利活动。

（七）挪用公款后尚未投入实际使用的行为性质的认定

挪用公款后尚未投入实际使用的，只要同时具备"数额较大"和"超过三个月未还"的构成要件，应当认定为挪用公款罪，但可以酌情从轻处罚。

（八）挪用公款转化为贪污的认定

挪用公款罪与贪污罪的主要区别在于行为人主观上是否具有非法占有公款的目的。挪用公款是否转化为贪污，应当按照主客观相一致的原则，具体判断和认定行为人主观上是否具有非法占有公款的目的。在司法实践中，具有以下情形之一的，可以认定行为人具有非法占有公款的目的：

1. 根据《最高人民法院关于审理挪用公款案件具体应用法律若干问题的解释》第六条的规定，行为人"携带挪用的公款潜逃的"，对其携带挪用的公款部分，以贪污罪定罪处罚。

2. 行为人挪用公款后采取虚假发票平帐、销毁有关帐目等手段，使所挪用的公款已难以在单位财务帐目上反映出来，且没有归还行为的，应当以贪污罪定罪处罚。

3. 行为人截取单位收入不入帐，非法占有，使所占有的公款难以在单位财务帐目上反映出来，且没有归还行为的，应当以贪污罪定罪处罚。

4. 有证据证明行为人有能力归还所挪用的公款而拒不归还，并隐瞒挪用的公款去向的，应当以贪污罪定罪处罚。

贪污贿赂案件裁判规则第6条:

行为人以单位名义将国有资产私分给少部分人,署名为单位,实为单位领导个人牟取私利的行为,构成贪污的共同犯罪。如真实以单位名义将国有资产集体私分给个人,构成私分国有资产罪

〔**规则描述**〕:贪污罪和私分国有资产罪属于不同类罪的犯罪,二者在犯罪主体、犯罪主观方面、犯罪客观方面上具有本质的区别。国家工作人员伙同他人,利用职务便利,以单位名义将国有资产私分给少部分人,署名为单位,实为单位领导个人牟取私利的行为,构成贪污的共同犯罪。如真实以单位名义将国有资产集体私分给个人,构成私分国有资产罪。

一、类案检索大数据报告

时间:2020年11月27日之前,案例来源:Alpha案例库,案件数量:257件,数据采集时间:2020年11月27日。本次检索共获取2020年11月27日前认定私分国有资产的行为的裁判文书有257篇,整体情况如图6－1所示,从案件年份分布可以看到当前条件下案例数量的变化趋势。

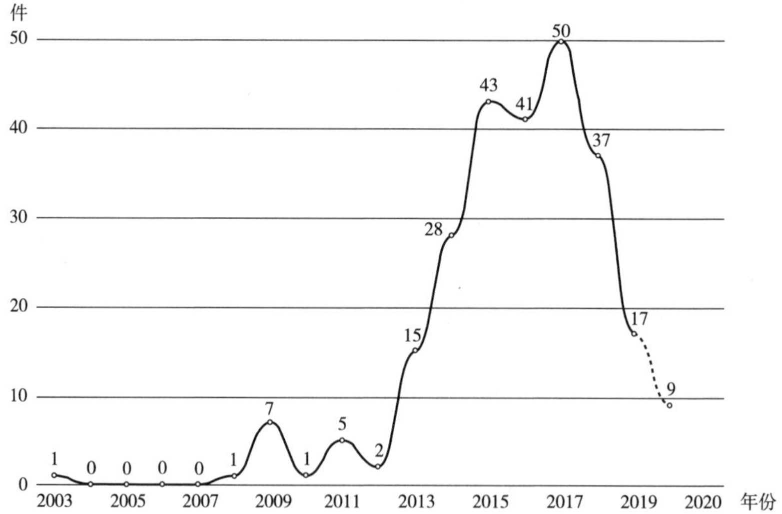

图6－1 案件年份分布情况

如图 6 - 2 所示,从案件地域分布来看,当前案例主要集中在广东省、云南省、湖北省,分别占比 10.89% 、10.12% 、6.61% 。其中,广东省的案件量最多,达到 28 件。(注:此处显示该条件下案例数量排名前五的省份。)

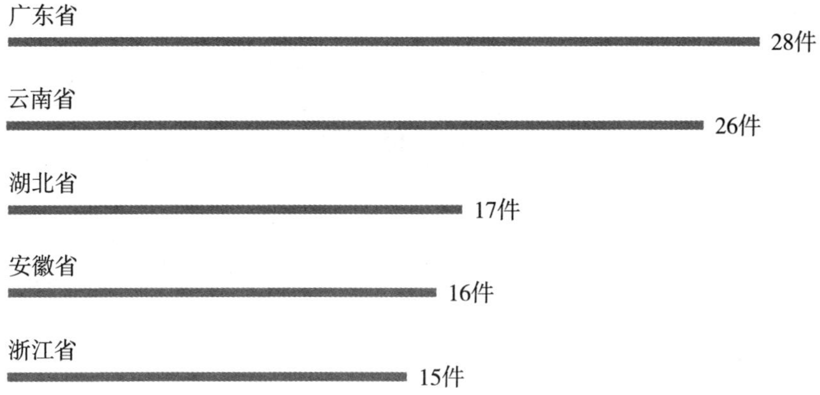

图 6 - 2　案件地域分布情况

如图 6 - 3 所示,从案件案由分类情况可以看到,当前最主要的案由是刑事,有 242 件,占一半以上;其次是民事,行政。

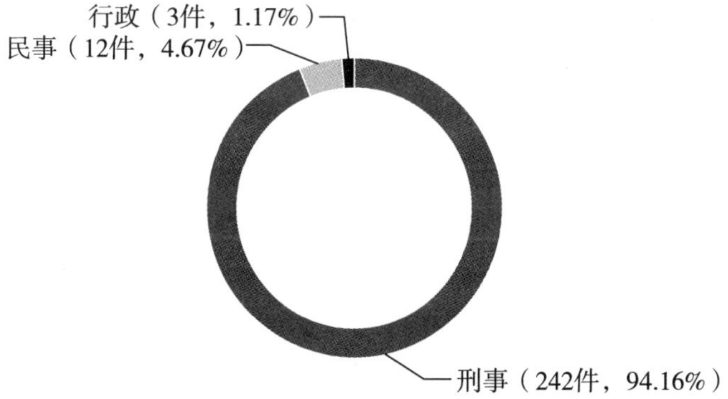

图 6 - 3　案件案由分类情况

如图 6 - 4 所示,从案件程序分类统计可以看到当前的审理程序分布状况。其中,一审案件有 162 件,二审案件有 82 件,再审案件有 12 件。

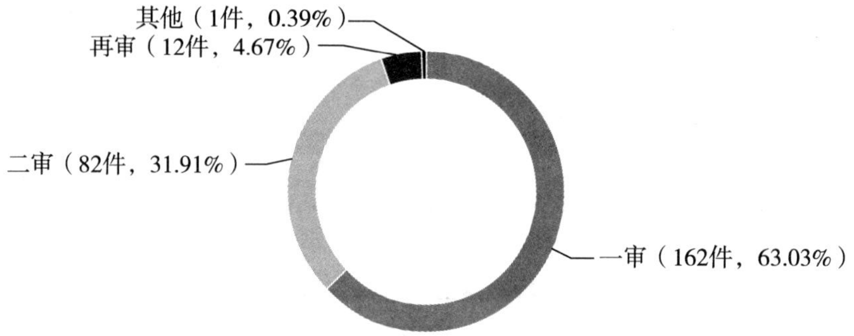

图 6-4 案件程序分类情况

如图 6-5 所示,通过对主刑的可视化可以看到,当前条件下包含有期徒刑的案件有 149 件,包含拘役的案件有 11 件。其中,包含缓刑的案件有 68 件,免予刑事处罚的案件有 71 件。

图 6-5 案件判决主刑情况

二、可供参考的例案

例案一 | 熊某贪污案

【法院】

四川省荥经县人民法院

【案号】

(2020)川 1822 刑初 38 号

【诉讼主体】

公诉机关:四川省荥经县人民检察院

被告人:熊某

【基本案情】

2013 年至 2017 年,被告人熊某在担任荥经县原新庙乡党委书记期间,与原新庙乡乡长杨某某(已判刑)及其他班子成员商议后,通过虚列工程、虚增工程单价、虚增工程量等方式套取国有资金共计683,980元；被告人熊某在担任原三合乡党委书记期间，与班子成员商议后，通过虚列工程套取国有资金110,500元。上述套取的国有资金均以账外资金方式进行保管。其后伙同他人对套取的部分资金非法占有，具体犯罪事实如下：

一、贪污罪

1. 2014年春节前，熊某伙同原新庙乡党委其他班子成员和财务人员利用职务之便，以年终奖励的名义非法占有79,000元，其中熊某非法占有14,000元。

2. 2015年春节前，熊某伙同原新庙乡党委其他班子成员利用职务之便，以年终奖励的名义非法占有40,000元，其中熊某非法占有10,000元。

3. 2016年春节前，熊某伙同原新庙乡党委其他班子成员利用职务之便，以年终奖励的名义非法占有50,000元，其中熊某非法占有10,000元；熊某伙同其他班子成员和财务人员利用职务之便，以工作经费及辛苦费的形式非法占有100,000元，其中熊某非法占有40,000元。

4. 2017年春节前，熊某伙同原三合乡党委其他班子成员和财务人员利用职务之便，以年终奖励的名义非法占有110,000元，其中熊某非法占有15,000元。

综上，被告人熊某伙同其他班子成员及财务人员利用职务之便，以年终奖励等名义非法占有套取国有资金379,000元，其中熊某非法占有89,000元。

二、私分国有资产罪

2015年至2016年，被告人熊某与原新庙乡乡长杨某某及其他班子成员集体研究后，将存于财务人员兰某（另案处理）个人账户的套取的国有资金，分三次向全单位职工发放公积金个人应缴部分补贴共计120,000元，其中熊某领取6000元。

2019年3月19日，荥经县监察委员会对熊某立案调查。立案前，熊某已主动向荥经县监察委员会说明其有上述贪污、私分国有资产的犯罪事实。2020年3月26日，熊某在荥经县自然资源规划局办公地点被监察工作人员带离调查。到案后，熊某如实供述犯罪事实，全部退缴个人违法所得95,000元。

另查明，杨某某退缴违法所得96,600元，已在杨某某案中处理；杨某某案判决其中一项为“犯私分国有资产罪，判处有期徒刑六个月，并处罚金人民币十万元”；本案中随案移送被告人熊某等人退缴违法所得110,000元；其他扣押涉案违法所得未随案移送；在审理过程中，被告人熊某预缴罚金人民币20,000万元。

【案件争点】

被告人熊某伙同其他班子成员及财务人员利用职务之便，以年终奖励等名义非法占有套取国有资金的行为应认定为贪污罪还是私分国有资产罪。

【裁判要旨】

法院审理认为，根据本案查明的事实，公诉机关指控贪污的国有资金，是以虚列工程、虚增工程单价、虚增工程量等方式，并使用没有发生真实业务的票据进行平账，套取出来以账外资金方式进行保管的国有资金，在单位财务账目上没有反映出来；所谓集体研究，是班子成员通过私下秘密协商的方式，班子会无相应记录，其行为主体是班子成员个人，而非单位；从占有公款的范围来看，仅发放给班子成员或班子成员和财务人员，没有公开造表发放，且对单位其他职工保密。通过以上可以看出手段具有隐蔽性，行为方式上是秘密进行，以掩盖犯罪事实。私分国有资产的整个过程在单位范围内是公开的或者至少是半公开的，而班子成员和财务人员在单位是一个特殊群体，这个范围的知晓不能认定为公开或半公开。对于单位班子成员和财务人员利用职务上的便利，非法占有公共财物，单位其他人员不知情的，应当认定为贪污，不认定为私分国有资产。故对辩护人关于本案应认定为私分国有资产罪一罪的辩护意见法院不予采信。被告人熊某身为国家工作人员，伙同班子成员及财务人员利用职务上的便利，将套取的国有资金中的379,000元非法占有，属于数额巨大，其行为已构成贪污罪；熊某作为原新庙乡党委书记，伙同班子成员，违反国家规定，以单位名义将国有资产120,000元集体私分给个人，属于数额较大，熊某是直接负责的主管人员，其行为已构成私分国有资产罪；熊某在判决宣告前一人犯数罪，应当依法数罪并罚。公诉机关的指控成立。本案是共同犯罪，所起作用相当，不区分主、从犯。辩护人关于熊某是自首、认罪认罚、主动退缴违法所得、预缴罚金的辩护意见，与庭审查明事实一致，法院予以采纳。熊某主动到监察机关投案，并如实供述自己的罪行，是自首，承认指控的犯罪事实，愿意接受处罚，退缴违法所得，预缴罚金，法院决定对其贪污罪减轻处罚、私分国有资产罪从轻处罚。随案移送熊某等人退缴的违法所得110,000元，依法予以没收；未随案移送的其他扣押款项，由扣押机关依法处理。公诉机关量刑建议适当。判决：一、被告人熊某犯贪污罪，判处有期徒刑一年十一个月，并处罚金人民币10万元；犯私分国有资产罪，判处有期徒刑六个月，并处罚金人民币10万元；数罪并罚，确定执行有期徒刑二年，并处罚金人民币20万元（罚金已预缴人民币2万元）。二、对随案移送的被告人熊某等人退缴的违法所得人民币11万元依法予以没收，由扣押机关依法上缴国库；未随案移送的其他扣押款项，由扣押机关依法处理。

例案二 | 覃某贪污案

【法院】

湖北省宣恩县人民法院

【案号】

(2015)鄂宣恩刑初字第00069号

【诉讼主体】

公诉机关：宣恩县人民检察院

被告人：覃某

【基本案情】

一、贪污罪

2011年至案发，被告人覃某先后任宣恩县城建监察大队副大队长、宣恩县城市管理执法大队副大队长（主持工作）、宣恩县城管局副局长。

2011年宣恩县城市管理局成立后，下半年的一天，时任宣恩县城管局监察大队（后更名为宣恩县城市管理执法大队，为宣恩县城管局内设二级单位）大队长田某甲、副大队长覃某、大队教导员王某、城管局指挥中心工作人员廖某、城管执法大队报账员严某在田某甲的办公室，商定以虚开发票报账、协管员增资部分、余某（停薪留职）的工资等为资金来源，设立“小金库”，由廖某保管，用作年底拜年协调关系、解决福利。

2011年“小金库”的资金共计14万多元，除去公务开支，田某甲、覃某、廖某等人从“小金库”中私分了5.1万元，其中，除去给田某甲拜年的1万元，剩下的4.1万元由覃某、田某甲、廖某等6人以发放福利的名义私分，其中覃某分得7000元。

2012年“小金库”的资金共计12万多元，除去公务开支，田某甲、覃某、廖某等人从“小金库”中私分了7.5万元，以拜年的名义分给田某甲等人1.6万元后，剩下的5.9万元由田某甲、覃某、廖某等7人以发放福利的名义私分，其中覃某分得1万元。

2013年“小金库”的资金共计25万多元，除去公务开支，田某甲、覃某、廖某等人从“小金库”中私分了11.2万元，以给田某甲拜年的名义分给田某甲1万元，剩下的10.2万元由田某甲、覃某、廖某等13人以发放福利的名义私分，其中覃某分得1.4万元。

另查明，2014年6月3日，被告人覃某主动到宣恩县人民检察院投案，如实供述了犯罪事实;2014 年 11 月 6 日,被告人覃某的家人代为退赃 3.1 万元。

二、玩忽职守罪

2013 年 9 月至 2014 年 1 月,被告人覃某任宣恩县城市管理局副局长,分管执法大队,于 2013 年 8 月 27 日被抽调到“两违”清理办公室工作,2013 年 9 月 17 日、24 日,宣恩县城市管理局两次召开有关宣恩县五把车农贸市场搬迁工作会议,被告人覃某均参会并根据单位制定的搬迁方案介绍相关工作,其中田某乙任五把车农贸市场搬迁收费组组长,负责收取门面租金、押金。搬迁工作开始的第一天下午,因是周末,银行又临近扎账,田某乙请示覃某并经同意后,将收取的租金、押金暂时储存在宣恩县邮政银行工作人员个人账户,覃某并嘱咐其上班后及时将资金进入财政账户。田某乙违反财经纪律,利用职务之便,趁未将所收款项上缴入财政专项账户之机,擅自挪用公款 597,460 元归个人使用超过 3 个月未还。至 2014 年 7 月 14 日田某乙已退还挪用的全部公款,同年 10 月 15 日,田某乙因犯挪用公款罪被判处有期徒刑四年。

【案件争点】

被告人覃某等私分“小金库”的行为应如何认定。

【裁判要旨】

法院审理认为,被告人覃某作为国家工作人员,与单位相关人员商议后,以虚开发票报账套取财政资金、虚报协管员增资、余某上交单位的工资等为资金来源,设立“小金库”,由廖某保管,部分用于发福利,主观上具有非法占有财物的直接故意;客观上被告人覃某伙同单位少数人,实施了非法占有本单位财物的行为,其利用职务上的便利,秘密私分了“小金库”资金,符合贪污罪的构成要件,其行为应当构成贪污罪,系共同犯罪。关于贪污数额问题。本案中,覃某等人利用职务上的便利,骗取公共财产 546,696 元,除去公务开支,余款 238,000 元应该认定为贪污的数额。公诉机关提供的证据能证明覃某主观上有贪污的故意,客观上实施了贪污的行为,故对公诉机关指控覃某贪污予以认定,对公诉机关指控的给肖某权拜年的 10,000 元以及唐某乙分得的 4000 元,证据不充分,不予认定,故贪污的数额应认定为 238,000 元,犯罪数额巨大。被告人覃某自动投案,并如实供述了贪污犯罪的事实,构成自首,依法应当从轻或减轻处罚,考虑其犯罪情节,决定对被告人覃某减轻处罚。

对辩护人提出的被告人覃某构成立功的情节。因公诉机关仅提供了到案经过说明一份,庭审中控、辩双方均没有提供其他证据佐证被告人覃某具有立功的事实,辩护人认为覃某构成立功的辩护意见,没有事实依据,与法律规定不符,不予认定。对于辩护人辩称应当认定被告人覃某犯私分国有资产罪。法院认为，贪污罪和私分国有资产罪属于不同类罪的犯罪，二者在犯罪主体、犯罪主观方面、犯罪客观方面上具有本质的区别，贪污罪的犯罪主体为国家工作人员的自然人，而私分国有资产罪的犯罪主体只能是国有单位，任何自然人不能成为私分国有资产罪的犯罪主体。尽管《刑法》第396条第1款规定"直接负责的主管人员和其他责任人员"判处有期徒刑或者拘役，但是并不能表明自然人可以成为单位犯罪的主体。在单位犯罪中，自然人是以单位犯罪的责任者身份，而不是以犯罪主体的身份来承担刑事责任的。贪污罪的主观方面是表现为自然人的个体（或少数人）的犯罪意志，具有将公共财产非法据为己有的目的。而私分国有资产罪则表现为个体犯罪意志的集合，表现为群体犯罪意志，且具有非法将国有资产为单位谋利的目的。贪污罪的客观方面在侵吞公共财物时是以个人或者几个人的名义，犯罪所得是归个人或者几个人所有，其他人无份，也不知道。通过庭审查明，宣恩县城市管理局从2011年至2013年的在编职工人数来看，参与分钱的人并不是绝大部分职工。而私分国有资产罪在犯罪时是以单位的名义，单位全部职工至少绝大部分职工均参与分配且人人有份。因此，辩护人提出应当以私分国有资产罪定罪的辩护理由不成立，不予支持。

关于玩忽职守犯罪的指控。被告人覃某于2013年8月27日被抽调到宣恩县"两违"办公室工作后，2013年9月17日、24日，宣恩县城市管理局两次召开有关宣恩县五把车农贸市场搬迁工作会议，被告人覃某均参会并根据单位制订的搬迁方案介绍相关工作，其中田某乙任五把车农贸市场搬迁收费组组长，根据这两次的会议记录来看，虽然覃某在宣恩县五把车农贸市场搬迁工作的会议上布置工作，安排田某乙为收费登记组组长，但其是按照单位领导制订的搬迁方案介绍工作，并且公诉机关没有提交相关证据证实被告人覃某系宣恩县五把车农贸市场搬迁工作的负责人，亦未提交证据证实其在该项工作中的具体职责，所以其在该项工作中的具体职责不明；田某乙在宣恩县五把车农贸市场搬迁工作中作为收费登记组组长，管理并使用宣恩县财政收据进行收费，将票款按《宣恩县财政票据管理办法》的规定及时上缴财政属田某乙的职责，不属被告人覃某的职责，且导致公款59.7460万元被挪用的直接原因系田某乙的故意犯罪所致，客观上在发现田某乙有挪用的公款行为后，被告人覃某及宣恩城管局其他领导找田某乙谈话，督促其及时上缴，履行了领导职责。因此，被告人覃某在宣恩县五把车农贸市场搬迁工作中的具体职责不明，公款59.7460万元被挪用系田某乙的故意犯罪所致，与被告人覃某的行为没有直接因果关系,公诉机关指控被告人覃某犯玩忽职守罪不成立。辩护人提出被告人覃某的行为不构成玩忽职守罪的意见及理由成立,予以支持。

综上,判决:一、被告人覃某犯贪污罪,判处有期徒刑两年,并处罚金10万元;二、被告人覃某违法所得3.1万元,予以没收,上缴国库。

例案三｜王某军等贪污、受贿案

【法院】

安徽省祁门县人民法院

【案号】

(2014)祁刑初字第00099号

【诉讼主体】

公诉机关:祁门县人民检察院

被告人:王某军

被告人:李某某

被告人:张某某

被告人:王某杰

被告人:汪某甲

被告人:方某某

【基本案情】

被告人王某军、李某某、张某某、王某杰、汪某甲、方某某贪污的事实

2008年年底,某某县某某镇成立某某镇黄祁高速公路建设指挥所(以下简称某某镇高速办),负责辖区内黄山至祁门高速公路的征地拆迁工作,时任某某镇党委书记的汤某某(另案处理)以及被告人王某军、张某某、王某杰、汪某甲、方某某先后分管或参加某某镇高速办的征地拆迁工作。自2010年2月至2014年1月,被告人王某军、李某某、张某某、王某杰、汪某甲、方某某以及汤某某,利用职务便利,采用伪造征地雷竹补偿领条、坟墓迁移登记表、征用林地林木补偿领款清册、红线永久征地补偿表或虚增工程款的方法,将某某镇高速办的征迁资金套出,分别共同或单独从中进行贪污。具体犯罪事实如下:

1. 2010年2月,汤某某决定给被告人方某某、王某军、王某杰、汪某甲、李某某及本人发放"加班费",召集方某某、王某军商议,由被告人王某军、王某杰、汪某甲

伪造了两张虚假的征地雷竹补偿领条，经方某某审核、汤某某审批，在某某镇高速办入账报销骗取征迁资金35,000元。其中的30,000元经汤某某同意，由汤某某和被告人方某某、王某军、汪某甲、王某杰私分，每人分得5000元，并给了李某某5000元。

2. 2010年3月，汤某某和被告人王某军商议，由被告人王某军、王某杰、汪某甲等人制作了一套虚假的坟墓迁移登记表，经王某军审核、汤某某审批在某某镇高速办入账报销骗取征迁资金179,100元。其中160,000元存入某某镇农经站账户，剩余的19,100元被被告人王某军、王某杰、汪某甲三人私分，王某军分得6400元，王某杰分得6300元，汪某甲分得6400元。

3. 2010年3月，在黄祁高速公路迁坟过程中，被告人方某某以他人名义虚报冒领迁坟款3200元占为己有。

4. 2010年2月，汤某某和被告人王某军商议，由被告人王某军、王某杰、汪某甲制作了一张虚假的征用林地林木补偿领款清册，经王某军审核、汤某某审批在某某镇高速办入账报销骗取征迁资金78,000元。其中的18,000元经汤某某同意，2010年9月由汤某某和被告人王某军、王某杰、汪某甲私分，每人分得3000元，并给了李某某、方某某各3000元。

5. 2011年1月，汤某某和被告人王某军商议，由被告人王某军、王某杰、汪某甲制作了一张虚假的征用林地林木补偿领款清册，经王某军审核、汤某某审批在某某镇高速办入账报销骗取征迁资金45,100元。其中的25,000元经汤某某同意，在2011年1月中旬由汤某某和被告人王某军、王某杰、汪某甲私分，每人分得5000元，并给了李某某5000元。

6. 2011年10月，汤某某和被告人王某军商议，由被告人王某军、王某杰、汪某甲制作了一张虚假的红线永久征地补偿表，经王某军审核、汤某某审批在某某镇高速办入账报销骗取征迁资金77,306元。2012年1月，由汤某某决定，被告人王某军通过承建某某镇高速线外工程的吴某某，虚开了一张工程发票，经王某军审核、汤某某审批在某某镇高速办入账报销骗取征迁资金36,000元。2012年1月中旬，经汤某某同意，由汤某某和被告人王某军、王某杰将其中的33,740元私分，汤某某分得9000元、被告人王某军分得8000元、被告人王某杰分得6870元，并给了汪某甲7870元，李某某2000元。2012年3月初，经汤某某同意，由汤某某和被告人王某军、王某杰将其中的20,000元私分，每人分得5000元，并给了汪某甲5000元。

7. 2012年5月，时任某某镇镇长并主管某某镇高速办的被告人张某某与被告人李某某商议，由被告人王某军通过承建占塘还塘工程的吴某某虚增工程款，经王某军审核、张某某审批、由王某杰经办，在某某镇高速办入账报销骗取征迁资金23,000元。2012年9月，经被告人张某某、李某某同意，被告人王某军、李某某、张某某、王某杰私分20,000元，并给了汪某甲5000元（不足部分在2012年12月虚增某某镇高速线外饮水工程款骗取的征迁资金中冲抵），每人分得5000元。

8. 2012年12月，被告人张某某经与被告人李某某商议，由被告人王某军通过承建某某镇高速线外饮水工程的吴某某虚增工程款，经王某军审核、张某某审批、由王某杰经办，在某某镇高速办入账报销骗取征迁资金131,440元。其中的35,000元经被告人张某某、李某某同意，分别于2013年2月和2014年1月，由被告人张某某、李某某、王某军、王某杰私分，每人分得7000元，并给了汪某甲7000元。

9. 2013年6月和9月，被告人张某某经与被告人李某某商议，由被告人王某军先后两次向吴某某借款，共计30,000元，被告人张某某、李某某、王某军、王某杰分两次予以私分，每人分得6000元，并给了汪某甲6000元。2014年1月，由王某杰经办，通过虚增高速线外工程款，在某某镇高速办入账报销骗取征迁资金的方式，将30,000元借款支付给了吴某某。

【案件争点】

被告人王某军等发放“加班费”“补助费”等行为应如何定性。

【裁判要旨】

法院审理认为，对于被告人王某军、李某某、张某某、王某杰、汪某甲、方某某及其辩护人所提发放“加班费”“补助费”等的行为，不宜认定为贪污罪，应认定为私分国有资产罪更符合实际的辩护意见。法院审查认为，私分国有资产罪是指国家机关、国有公司、企业、事业单位、人民团体，违反国家规定，以单位名义将国有资产集体私分给个人，数额较大的行为。集体共同贪污与私分国有资产罪在犯罪主体、主观方面、客观行为方式等方面都存在明显不同。首先，在主体方面，共同贪污罪属于个人共同犯罪，其犯罪主体是参与贪污犯罪的自然人，而私分国有资产罪属于单位犯罪，参与私分国有资产的一般是单位的一定层次、规模的所有人或大多数人，其中大多数是被动分到国有资产，承担刑事责任的主体是私分国有资产直接负责的主管人员和其他责任人员。其次，在主观上两罪虽均为故意，但贪污罪主观方面表现为几个贪污人的个体意志的集合，未经过单位集体研究决定，具有将公共财产非法据为己有的目的。私分国有资产罪主观方面表现为单位意志，经过单位集体研究决定，为了单位全体人员的利益。最后，在客观行为方式上，贪污罪表现为国家工作人员利用职务上的便利，以侵吞、窃取、骗取等手段秘密进行，贪污的公共财物是归几个共同贪污人，对单位内部多数成员是不公开的，多会采取做假账或平账的手法掩人耳目。私分国有资产罪表现为在本单位内部以公开、表面合法的形式进行，在财务账上不会隐瞒私分的国有资产。

本案中，从有关书证和相关证人证言、被告人供述可以证明2008年12月，某某县某某镇根据某某镇高速办要求和工作需要成立了由20余名成员组成的某某镇高速办，某某镇党委书记汤某某兼任某某镇高速办负责人，某某镇高速办的工作职责和资金管理均有明确规定。在高速公路建设过程中，汤某某决定在发给大部分工作人员加班等补助费用的同时（账目体现），又授意他人采取虚假的方式骗取专项资金，用于个人消费及涉案人所谓的加班等补助费用。以上事实表明：(1)从主体上来看，非法占有公款的是某某镇高速办的汤某某、王某军、李某某、张某某、王某杰、汪某甲、方某某等人，并非某某镇高速办的大多数人或所有人。(2)从主观方面看，在汤某某的提议下，其他成员利用自己的职务之便积极参与、分工执行，形成了明确的侵吞公款的故意。(3)从行为结果来看，王某军、李某某、张某某、王某杰、汪某甲、方某某等人以加班费、过节费名义发放的犯罪所得仅仅在各共犯间分配，而没有发放给某某镇高速办的其他工作人员，发放时无发放清单，且在单位正式账务上不显示这一支出。除共犯外无人知晓，具有较强的隐秘性，而非在单位内部的普遍性和公开性。套取公款发放的行为并非"以单位名义"作出的"集体私分"，而是由汤某某与其他人私下商议，或由汤某某个人授意王某军等人办理，并未经过单位集体研究或者由主要负责人根据单位管理规定作出决定，不具备形式合法性意义上的"以单位名义"要件。综上，王某军、李某某、张某某、王某杰、汪某甲、方某某等人行为完全符合共同贪污犯罪的构成要件，应当认定为贪污。该辩护意见不能成立，不予采纳。

被告人王某军、李某某、张某某、王某杰、汪某甲、方某某身为国家工作人员，利用职务上的便利，采用伪造征地补偿证明、虚增工程款进而骗取征迁资金的方法，共同或单独非法占有公共财物，其行为均已构成贪污罪；被告人李某某、张某某身为国家工作人员，分别利用职务上的便利，非法收受他人财物，为他人谋取利益，其行为已构成受贿罪。被告人王某军参与共同贪污数额235,840元，贪污所得赃款共计50,400元；被告人王某杰参与共同贪污235,840元，贪污所得赃款共计49,170元；被告人李某某参与共同贪污数额97,000元，贪污所得赃款共计21,500元；被告人张某某参与共同贪污数额97,000元，贪污所得赃款共计21,500元；被告人汪某甲参与共同贪污数额92,100元,贪污所得赃款共计19,400元;被告人方某某参与共同贪污数额30,000元,分得赃款5000元,单独贪污数额3200元,贪污所得赃款共计8200元。被告人李某某、张某某分别受贿25,000元。被告人王某军、李某某、张某某、王某杰、汪某甲、方某某贪污,被告人李某某、张某某受贿的事实清楚,证据确实、充分,公诉机关指控的罪名成立。对被告人王某军、王某杰、汪某甲、方某某所犯贪污罪,应依法惩处;对被告人李某某、张某某所犯贪污罪、受贿罪,均应依法惩处,并数罪并罚。本案贪污犯罪系共同犯罪,被告人王某杰在共同犯罪中起次要作用、被告人汪某甲在共同犯罪中起辅助作用,是从犯,应当减轻处罚;各被告人均具有自首情节,可以减轻处罚;被告人王某军、李某某、张某某、方某某具有立功情节,可以减轻处罚。六被告人归案后积极退清全部赃款,依法可以酌情从轻处罚。对辩护人提出自首、从犯、立功、积极退清全部赃款的相关量刑情节的辩护意见,予以采纳。根据各被告人犯罪的事实、犯罪的性质、情节和对于社会的危害程度,案经法院审判委员会讨论决定。判决:(1)被告人王某军犯贪污罪,判处有期徒刑五年。(2)被告人王某杰犯贪污罪,判处有期徒刑五年。(3)被告人李某某犯贪污罪,判处有期徒刑二年;犯受贿罪,判处有期徒刑十个月,数罪并罚,决定执行有期徒刑二年六个月,缓刑四年。(4)被告人张某某犯贪污罪,判处有期徒刑二年;犯受贿罪,判处有期徒刑十个月,数罪并罚,决定执行有期徒刑二年六个月,缓刑四年。(5)被告人汪某甲犯贪污罪,判处有期徒刑二年,缓刑三年。(6)被告人方某某犯贪污罪,免予刑事处罚。(7)扣押在案(祁门县纪委)的被告人王某军贪污犯罪所得赃款50,400元、被告人王某杰贪污犯罪所得赃款49,170元、被告人李某某贪污犯罪所得赃款21,500元、被告人张某某贪污犯罪所得赃款21,500元、被告人汪某甲贪污犯罪所得赃款19,400元、被告人方某某贪污犯罪所得赃款8200元,依法返还某某镇高速办;已扣押被告人李某某、张某某受贿犯罪所得款各25,000元,予以没收并上缴国库。

三、裁判规则提要

国有资产是我国国民经济的重要支柱,随着改革开放以及中国经济的迅猛发展,国家资产的规模持续增长,但是国家资产流失的现状也愈演愈烈,其中私分国有资产与贪污的现象是国有资产流失的主要原因。刑法作为保护国有资产的最后一道屏障,更应当有健全的规范。出于对国家资产的特殊保护,我国在1997年《刑法》修订中增设了私分国有资产罪,用刑法规范国家单位私分国有资产的行为。私分国有资产罪的法定刑远远轻于贪污罪，二者的入罪标准和量刑幅度相差甚远。所以严格区分二者的区别，对司法实践有重要意义。

（一）“国有资产”的界定

《刑法》第382条第1款、第2款规定：“国家工作人员利用职务上的便利，侵吞、窃取、骗取或者以其他手段非法占有公共财物的，是贪污罪。受国家机关、国有公司、企业、事业单位、人民团体委托管理、经营国有财产的人员，利用职务上的便利，侵吞、窃取、骗取或者以其他手段非法占有国有财物的，以贪污论。”第396条第1款规定：“国家机关、国有公司、企业、事业单位、人民团体，违反国家规定，以单位名义将国有资产集体私分给个人，数额较大的，对其直接负责的主管人员和其他直接责任人员，处三年以下有期徒刑或者拘役，并处或者单处罚金；数额巨大的，处三年以上七年以下有期徒刑，并处罚金。”

由此可以看出，“国有资产”可以成为贪污罪和私分国有资产罪的犯罪对象，而贪污罪的对象是公共财物和其他一些可能成为贪污罪对象的财物。1993年国家国有资产管理局发布的《国有资产产权界定和产权纠纷处理暂行办法》第2条对国有资产作了明确定义，即国有资产是指国家依法取得和认定的，或者国家以各种形式对企业投资和投资收益、国家向行政事业单位拨款等形成的财产。1999年8月，最高人民检察院《关于人民检察院直接受理立案侦查案件立案标准的规定（试行）》附则部分对国有资产界定为：“国家依法取得和认定的，或者国家以各种形式对企业投资和投资收益、国家向行政事业单位拨款等形成的资产。”根据上述规定，国有资产主要有三大类：一是，国家依法取得和认定的国有资产；二是，国家以各种形式对国有公司、企业投资形成的财产和投资收益；三是，国家向行政事业单位拨款等形成的财产。具体而言，国有资产包括国家依法或依权力取得和认定的财产，国家资本金及其收益所形成的财产，国家向行政和事业单位拨经费形成的财产，对企业减税、免税和退税等形成的资产，以及接受捐赠、国际援助等所形成的财产。国有资产是法律上确定为国家所有并能为国家提供经济和社会效益的各种经济资源的总和。经营性国有资产，指国家作为出资者在企业中依法拥有的资本及其权益。经营性资产包括：企业国有资产；行政事业单位占有、使用的非经营性资产通过各种形式为获取利润转作经营的资产；国有资源中投入生产经营过程的部分。根据《企业国有资产法》中规定，企业国有资产，是指国家对企业各种形式的出资所形成的权益。界定企业国有资产的基本原则是“谁投资、谁所有、谁受益”。由于国家所有权的主体是国家,因此在国有资产体系内,所谓“谁投资、谁所有”,实际上是指谁合法地使用国家财产投资,该主体就依法作为出资人或股东对该国有资本享有所有者权益。因此,公司、企业若有依法代表国家投资的部门、机构和国有企业分别以货币、实物、国家所有的土地使用权及知识产权等向企业投资,形成的国家资本金和国有法人资本金,即可以认定为公司、企业存在国有资产。

上述三个例案中,侵犯的对象均是“国有资产”。

(二)贪污罪和私分国有资产罪的界限

1. 犯罪主体范围不同

私分国有资产罪的犯罪主体是国家机关、国有公司、企业、事业单位、人民团体,属于单位犯罪;只有少数策划、决定私分的责任人员才构成犯罪,其他分得财物的人员并不构成犯罪。贪污罪的主体是国家工作人员,以及受国家机关、国有公司、企业、事业单位、人民团体委托管理、经营国有财产的人员。在贪污罪中,得到财产的人就是贪污行为人,一旦达到数额标准或具有较重情节,就要被追究刑事责任。

2. 犯罪方式不同

私分国有资产罪是将国有资产或者应当上缴国家的罚没财物以单位名义集体私分给个人,有一定公开性。至少对于单位职工内部而言,不是秘密的,而且往往还做了详细的财务记录。贪污罪是行为人利用职务上的便利,侵吞、盗取、骗取或者以其他手段非法占有公共财物,一般具有秘密性、隐蔽性的特征。不论对外部还是对职工内部,都是不公开的,而且想方设法将有关账目抹平,以掩盖非法占有国有资产的事实。

3. 犯罪对象范围不同

私分国有资产罪的犯罪对象是国有资产,贪污罪的犯罪对象是公共财物。公共财物的范围包括国有资产和其他公共财物。国有资产和国有财产的区别,是同一事物在经济学和法学的不同称谓,这里的国有资产实际上就是国有财产。依据《刑法》第 91 条的规定,公共财产包括国有财产、劳动群众集体所有的财物、用于扶贫和其他公益事业的社会捐助或者专项基金的财产。另外,在国家机关、国有公司、企业、集体企业、人民团体管理、使用或运输中的私人财产,以公共财产论。因此,私分国有资产罪犯罪对象的范围比贪污罪犯罪对象的范围要狭窄。

4. 犯罪目的不同

私分国有资产罪中，行为人虽然也分得了财物，但他的目的是私分给大家，自己得到的只是一部分；贪污罪中，行为人的目的是自己非法占有公共财物。

例案二中，被告人覃某作为国家工作人员，与单位相关人员商议后，以虚开发票报账套取财政资金、虚报协管员增资、余某上交单位的工资等为资金来源，设立"小金库"，由廖某保管，部分用于发福利，主观上具有非法占有财务直接故意；客观上被告人覃某伙同单位少数人，实施了非法占有本单位财物的行为，其利用职务上的便利，秘密私分了"小金库"资金，符合贪污罪的构成要件，其行为应当构成贪污罪，系共同犯罪。

例案三中，被告人王某军、李某某、张某某、王某杰、汪某甲、方某某身为国家工作人员，利用职务上的便利，采用伪造征地补偿证明、虚增工程款进而骗取征迁资金的方法，以发放"加班费""补助费"的名义将该笔资金私分的行为，符合贪污罪的犯罪构成要件，因此，法院判定贪污罪。

（三）实践中区分私分国有资产罪与贪污罪要注意的几个问题

实践中，如何区分贪污罪和私分国有资产罪，有的认为应以是否单位中"人人有份"为依据来区分私分国有资产罪与共同贪污罪。只有国有单位中人人分得了财产，才能认定为私分国有资产罪，如果其中有人没有分得，则就是其他分得者的共同贪污罪。还有的认为，私分国有资产罪中分取国有资产是公开进行，而贪污罪多为秘密通过伪造单据、涂改账目、销毁凭证等手段进行。我们认为有必要对以下几个问题明确：

1. 分取国有财产是否经过单位集体研究或者主要负责人决定，研究或决定将国有财产分取，其范围是限于决策者和具体经手、管理财产的人员之内，还是同时包括对国有财产没有任何支配管理权的普通职工

只有同时具备"单位集体研究或者主要负责人决定"和"分取国有财产者除了决策者和具体经手、管理财产的人员之外还有普通职工"两个条件，私分国有资产罪才能成立，因为只有这样才能体现单位犯罪的整体意志，同时又符合私分国有资产罪的"集体私分"的客观构成要件。具体而言，"单位集体研究或者主要负责人决定"这一特征反映私分国有资产罪的单位犯罪意志，"分取国有财产者除了决策者和具体经手、管理财产的人员之外还有普通职工"这一特征反映私分国有资产罪区别于贪污罪之少数人个人非法占有公共财物的"集体性"。但是，私分国有资

产罪区别于贪污罪的单位犯罪意志并不反证贪污罪就一定是秘密性犯罪，私分国有资产的“集体性”也不等于“人人有份”。尽管私分国有资产罪中集体私分行为对所有分取国有资产者甚至单位所有人员来说，均是公开的，但共同贪污者实施贪污行为，不仅在共犯之间是公开的，而且对于单位其他人来说也可能通过公开的“侵吞”形式进行。所以，如果国有单位多个负责人没有经过单位集体研究或者没有经过主要领导的批准，或者主要领导人擅自决定，将国有财产在决策者和具体经手、管理国有财产的人员之间予以分取，甚至公开分取，就没有体现单位私分国有资产的意志，也没有反映私分的集体性，无疑应以共同贪污罪定罪处罚。

例案一中被告人熊某伙同其他班子成员及财务人员利用职务之便，以年终奖励等名义非法占有套取国有资金，是班子成员通过私下秘密协商的方式，其行为主体是班子成员个人，而非单位；从占有公款的范围来看，仅发放给班子成员或班子成员和财务人员，没有公开造表发放，且对单位其他职工保密。可以看出手段具有隐蔽性，行为方式上是秘密进行，以掩盖犯罪事实。既没有体现单位私分国有资产的意志，也没有反映私分的集体性，所以认定为贪污。

2. 被侵占或私分的是财产还是其他资产，是国有财产还是其他公共财产

私分国有资产罪与贪污罪在犯罪对象范围上存在交叉，因而仅仅从对象上不能完全区分两者。但是，犯罪对象的性质可以从一个侧面反映行为的性质，从而为准确界定两者提供依据。具体而言：(1)私分国有资产罪的对象是“资产”，而贪污罪的对象是“财物”或“财产”。凡是将财产之外的资产作为侵吞对象的，不可能成立贪污罪，如果侵吞行为反映单位意志并具有集体性，应以私分国有资产罪定罪处罚；如果缺少单位意志或集体性特征，则应按照其他相关罪名或做无罪处理。(2)如前所述，尽管国有出资公司的存在形式多种多样，国家投资参股、控股的公司、企业也比较普遍，但由于私分国有资产罪主体仅限于国有单位，因而其对象不包括非国有公司、企业中国有资本形成的国有资产，而只能是国有公司、企业中的国有资产（这里没有涉及国家机关等国有单位，仅就公司、企业而言）。与私分国有资产罪不同，贪污罪的对象并不限于纯粹国有公司、企业中的国有财产，根据《刑法》第183条第2款、第271条第2款、第382条和第394条的规定，贪污罪的对象不仅包括国有财产，而且也包括国有财产之外的其他公共财产（财物）。当国有公司、企业或者其他国有单位委派到非国有公司、企业以及其他单位从事公务的人员利用职务上的便利侵占本单位财物时，贪污罪的对象实际上还包括部分私有财产。

由此可见，凡是在非纯粹的国有单位中，凡是犯罪对象非属国有、纯粹的国有的情况下，均不存在成立私分国有资产罪的余地。对于侵占非国有单位财产的，即使其中包含国有财产的成分，也不能以私分国有资产罪定罪处罚，当行为人是利用职务上的便利将这些财产非法占为己有而未体现集体私分的特征时，应以贪污罪论处。比如，国有企业按国家规定提取用于职工工资、奖励、福利等分配给个人消费的基金，并不属于国有资产，但却属于公共财产，集体私分这些财产不成立私分国有资产罪，但行为人利用职务上的便利予以侵吞的，成立贪污罪。由于私分国有资产罪的对象限制，实践中存在的一个问题是：对于国有公司、企业、事业单位工作人员集体私分非国有性质的公共财产时，如何处理？有人认为，对此可以认定为贪污罪，但只处罚集体私分的首要分子。笔者认为，这种行为与贪污罪中体现个人犯罪意志的特征相去甚远，不能以贪污罪定罪处罚，如果以贪污罪论处，则必然造成一种不平衡的局面：集体私分国有资产的，有关责任人员按私分国有资产罪定罪处罚，刑罚相对较轻，而集体私分非国有性质的公共财产的，反而对首要分子以贪污罪定罪处罚，刑罚反而更重。这种行为虽与私分国有资产罪在体现单位意志方面的特征相同，但却在对象上与该罪不符。因此，从行为类型化的角度分析，这种行为应当按照《刑法》第168条规定的国有公司、企业人员滥用职权罪或者国有事业单位人员滥用职权罪定罪处罚。

3. 对于侵吞国有财产人数较少的情况，仍要严格按照私分国有资产罪与贪污罪的构成予以区分，准确选择罪名，而不能单纯以非法所得的人数的多少来决定罪名的取舍

实践中，有的国有单位人数很少，即使全体成员都参与国有财产的集体私分，人数也十分有限。比如，具有法人资格、属于国有事业单位性质的某某科研所，所长、副所长、科研人员及行政人员总共9人，由所长、副所长讨论决定，在没有完成任何科研项目的情况下将主管部门下拨的20万元科研经费在全体职员的范围内予以瓜分。这种集体私分从人数上来看就十分有限。有的观点主张私分国有资产罪至少应有10人参与私分，否则就是贪污。在司法实践中，即使10人以下对国有财产进行私分，只要符合私分国有资产罪“单位意志”和“集体私分”的特征，也应当以该罪论处；反之，即使10人以上参与，但只要是体现个人贪污故意，不是反映单位私分国有资产的意志，也应当以共同贪污论处。值得注意的是，私分国有资产罪中的“私分”的集体性，应当要求至少有3人参与，否则难以体现集体性。因此，如果一个国有单位只有3人，而3人均对国有财产进行所谓的“集体私分”，则不能

视为单位犯罪,而应以贪污罪论。

4. 国有公司、企业工作人员利用企业改制之机会、利用自己职务上的便利,隐匿国有财产并将其转入改制后的、自己占有股份的公司、企业中的行为性质问题

隐匿国有财产的行为,不论是否在国有公司、企业改制过程中发生的,都存在成立私分国有资产罪的情况,其前提就是同时具备“单位集体研究或者主要负责人决定”和“分取国有财产者除了决策者和具体经手、管理财产的人员之外还有普通职工”两个条件,而不是国有公司、企业的工作人员少数人将隐匿的国有财产直接据为己有、为第三人所有或者将之作为自己或亲属在新的股份制公司中股份。总而言之,隐匿国有财产的行为可以成立私分国有资产罪,也可以成立贪污罪,但究竟认定为何罪,应当根据具体情况、依据私分国有资产罪与贪污罪共同犯罪的区分原则,予以具体确定。根据《国家出资企业中职务犯罪应用法律的意见》第 2 条对国有公司、企业在改制过程中隐匿公司、企业财产归职工集体持股的改制后公司、企业所有的行为的处理的规定,即国有公司、企业违反国家规定,在改制过程中隐匿公司、企业财产,转为职工集体持股的改制后公司、企业所有的,对其直接负责的主管人员和其他直接责任人员,依照《刑法》第 396 条第 1 款的规定,以私分国有资产罪定罪处罚。改制后的公司、企业中只有改制前公司、企业的管理人员或者少数职工持股,改制前公司、企业的多数职工未持股的,依照本意见第 1 条的规定,以贪污罪定罪处罚。

四、辅助信息

高频词条:

《刑法》

第 382 条　国家工作人员利用职务上的便利,侵吞、窃取、骗取或者以其他手段非法占有公共财物的,是贪污罪。

受国家机关、国有公司、企业、事业单位、人民团体委托管理、经营国有财产的人员,利用职务上的便利,侵吞、窃取、骗取或者以其他手段非法占有国有财物的,以贪污论。

与前两款所列人员勾结,伙同贪污的,以共犯论处。

第 383 条　对犯贪污罪的,根据情节轻重,分别依照下列规定处罚:

(一)贪污数额较大或者有其他较重情节的,处三年以下有期徒刑或者拘役,并处罚金。

（二）贪污数额巨大或者有其他严重情节的，处三年以上十年以下有期徒刑，并处罚金或者没收财产。

（三）贪污数额特别巨大或者有其他特别严重情节的，处十年以上有期徒刑或者无期徒刑，并处罚金或者没收财产；数额特别巨大，并使国家和人民利益遭受特别重大损失的，处无期徒刑或者死刑，并处没收财产。

对多次贪污未经处理的，按照累计贪污数额处罚。

犯第一款罪，在提起公诉前如实供述自己罪行、真诚悔罪、积极退赃，避免、减少损害结果的发生，有第一项规定情形的，可以从轻、减轻或者免除处罚；有第二项、第三项规定情形的，可以从轻处罚。

犯第一款罪，有第三项规定情形被判处死刑缓期执行的，人民法院根据犯罪情节等情况可以同时决定在其死刑缓期执行二年期满依法减为无期徒刑后，终身监禁，不得减刑、假释。

第396条 国家机关、国有公司、企业、事业单位、人民团体，违反国家规定，以单位名义将国有资产集体私分给个人，数额较大的，对其直接负责的主管人员和其他直接责任人员，处三年以下有期徒刑或者拘役，并处或者单处罚金；数额巨大的，处三年以上七年以下有期徒刑，并处罚金。

司法机关、行政执法机关违反国家规定，将应当上缴国家的罚没财物，以单位名义集体私分给个人的，依照前款的规定处罚。

第93条 本法所称国家工作人员，是指国家机关中从事公务的人员。

国有公司、企业、事业单位、人民团体中从事公务的人员和国家机关、国有公司、企业、事业单位委派到非国有公司、企业、事业单位、社会团体从事公务的人员，以及其他依照法律从事公务的人员，以国家工作人员论。

《监察法》

第44条 对被调查人采取留置措施后，应当在二十四小时以内，通知被留置人员所在单位和家属，但有可能毁灭、伪造证据，干扰证人作证或者串供等有碍调查情形的除外。有碍调查的情形消失后，应当立即通知被留置人员所在单位和家属。

监察机关应当保障被留置人员的饮食、休息和安全，提供医疗服务。讯问被留置人员应当合理安排讯问时间和时长，讯问笔录由被讯问人阅看后签名。

被留置人员涉嫌犯罪移送司法机关后，被依法判处管制、拘役和有期徒刑的，留置一日折抵管制二日，折抵拘役、有期徒刑一日。

《贪污贿赂案件解释》

第2条 贪污或者受贿数额在二十万元以上不满三百万元的，应当认定为刑法第三百八十三条第一款规定的“数额巨大”，依法判处三年以上十年以下有期徒刑，并处罚金或者没收财产。

贪污数额在十万元以上不满二十万元，具有本解释第一条第二款规定的情形之一的，应当认定为刑法第三百八十三条第一款规定的“其他严重情节”，依法判处三年以上十年以下有期徒刑，并处罚金或者没收财产。

受贿数额在十万元以上不满二十万元，具有本解释第一条第三款规定的情形之一的，应当认定为刑法第三百八十三条第一款规定的“其他严重情节”，依法判处三年以上十年以下有期徒刑，并处罚金或者没收财产。

第19条 对贪污罪、受贿罪判处三年以下有期徒刑或者拘役的，应当并处十万元以上五十万元以下的罚金；判处三年以上十年以下有期徒刑的，应当并处二十万元以上犯罪数额二倍以下的罚金或者没收财产；判处十年以上有期徒刑或者无期徒刑的，应当并处五十万元以上犯罪数额二倍以下的罚金或者没收财产。

对刑法规定并处罚金的其他贪污贿赂犯罪，应当在十万元以上犯罪数额二倍以下判处罚金。

《国家出资企业中职务犯罪应用法律的意见》

二、关于国有公司、企业在改制过程中隐匿公司、企业财产归职工集体持股的改制后公司、企业所有的行为的处理

国有公司、企业违反国家规定，在改制过程中隐匿公司、企业财产，转为职工集体持股的改制后公司、企业所有的，对其直接负责的主管人员和其他直接责任人员，依照刑法第三百九十六条第一款的规定，以私分国有资产罪定罪处罚。

改制后的公司、企业中只有改制前公司、企业的管理人员或者少数职工持股，改制前公司、企业的多数职工未持股的，依照本意见第一条的规定，以贪污罪定罪处罚。

贪污贿赂案件裁判规则第 7 条：

特定关系人与国家工作人员通谋共同收受财物的，构成共同受贿

〔**规则描述**〕：国家工作人员利用职务上的便利为请托人谋取利益，授意请托人将有关财物给予特定关系人的，以受贿论处。特定关系人与国家工作人员通谋，共同实施前款行为的，对特定关系人以受贿罪的共犯论处。特定关系人以外的其他人与国家工作人员通谋，由国家工作人员利用职务上的便利为请托人谋取利益，收受请托人财物后双方共同占有的，以受贿罪的共犯论处。

一、类案检索大数据报告

时间：2020 年 11 月 27 日之前，案例来源：Alpha 案例库，案件数量：27 件，数据采集时间：2020 年 11 月 27 日，本次检索共获取 2020 年 11 月 27 日前认定特定关系人受贿的行为的裁判文书有 27 篇，整体情况如图 7－1 所示，从案件年份分布可以看到当前条件下案例数量的变化趋势。

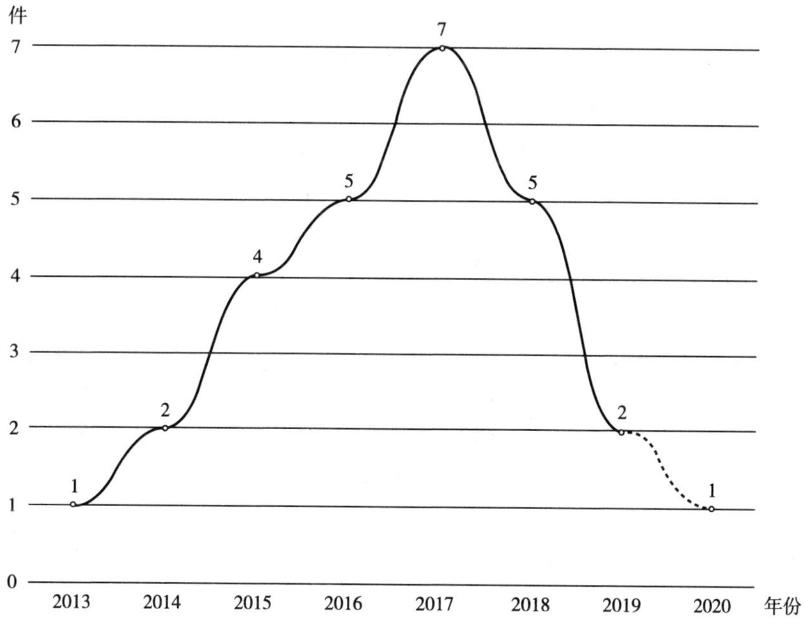

图 7－1 案件年份分布情况

如图 1－2 所示，从案件地域分布来看，当前案例主要集中在湖北省、贵州省、上海市（浙江省并列），分别占比 14.81%、14.81%、11.11%。其中湖北省的案件量最多，达到 4 件。（注：此处显示该条件下案例数量排名前五的省份。）

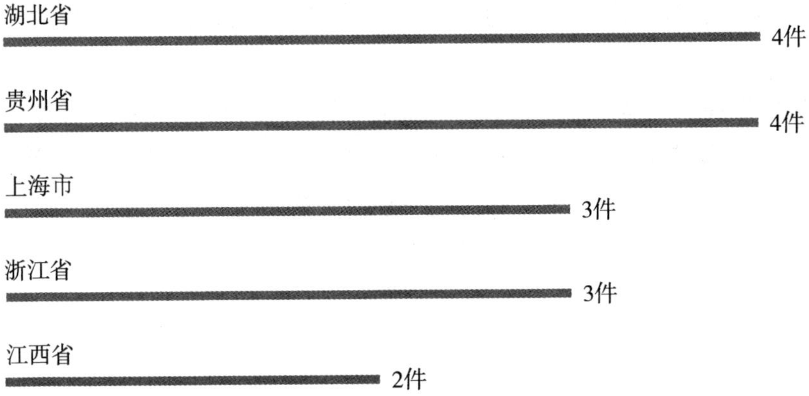

图 7－2　案件地域分布情况

如图 7－3 所示，从案件案由分类情况可以看到，当前的案由分布由多至少分别是贪污贿赂罪，侵犯财产罪。

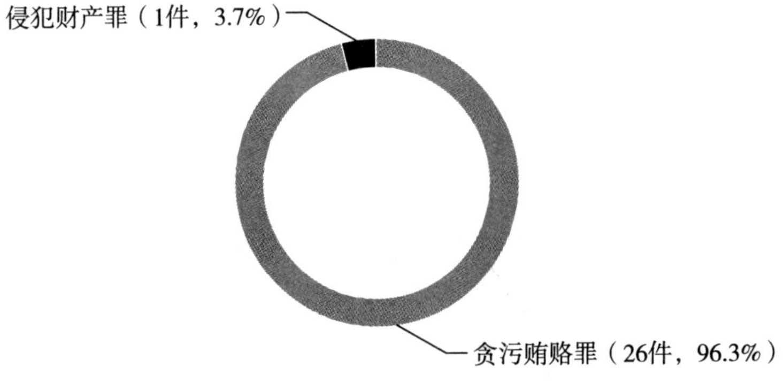

图 7－3　案件案由分类情况

如图 7－4 所示，从案件程序分类统计可以看到当前的审理程序分布状况。一审案件有 19 件，二审案件有 7 件，再审案件有 1 件。

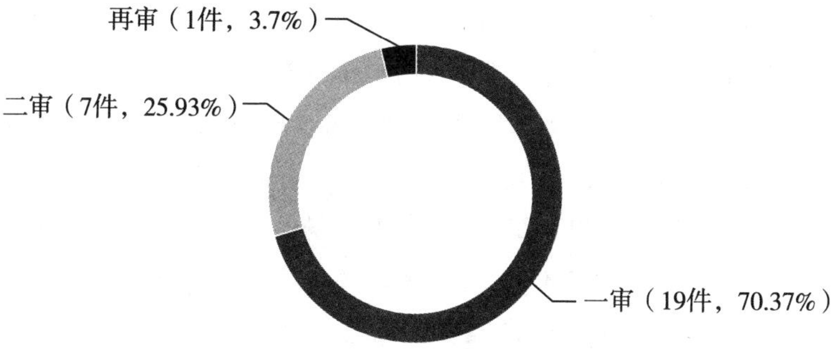

图7-4　案件程序分类情况

如图7-5所示，通过对主刑的可视化可以看到，当前条件下包含有期徒刑的案件有22件，包含拘役的案件有1件。其中，包含缓刑的案件有8件，免予刑事处罚的案件有0件。

图7-5　案件判决主刑情况

二、可供参考的例案

例案一｜谢某慧受贿案

【法院】

西藏自治区山南市中级人民法院

【案号】

(2018)藏05刑终12号

【诉讼主体】

原公诉机关：西藏自治区山南市琼结县人民检察院

上诉人(原审被告人)：谢某慧

【基本案情】

1998年，谢某慧认识时任林芝地区贡布江达县委书记刘某超(另案处理中)，后两人发展成情人关系，生育一女。2004年12月，刘某超任自治区国土资源厅正厅级副厅长、党组成员，负责厅机关日常工作、地籍管理工作。杨某想利用刘某超在国土资源厅工作的职务便利，在西藏获得探矿权证，便商量与被告人谢某慧成立公司，承诺谢某慧在不出资的情况下获取该公司30%的股份。2005年9月，其与谢某慧成立西藏飞扬矿业开发有限公司，共缴纳注册资金200万元，由杨某出资140万元，占公司股份比例70%，谢某慧出资由杨某代为缴纳，于2010年7月12日，杨某向谢某慧卡号为62270040576××××建行卡上转账存入60万元；同年7月14日，谢某慧将该60万元转入西藏飞扬矿业开发有限公司账户内，被告人谢某慧占该公司股份比例30%。2005年由谢某慧介绍，杨某与刘某超见面并请求其帮忙办理探矿权证，刘某超对此事知情，并给予帮助。2006年7月23日，西藏飞扬矿业开发有限公司在不到一年的时间内获得西藏昌都江达县马格弄铜矿探矿权。

【案件争点】

特定关系人与国家工作人员通谋，特定关系人直接接受请托事项并收受财物，国家工作人员利用职务便利，为请托人谋取利益，特定关系人是否构成受贿罪。

【裁判要旨】

一审法院审理认为，被告人谢某慧作为国家工作人员刘某超的特定关系人，与刘某超通谋，利用刘某超职务上的便利，为请托人谋取利益，并非法收受请托人杨某的60万元，其行为已构成受贿罪的共犯。(1)关于被告人谢某慧的辩护人提出，本案案由错误，被告人谢某慧本身非国家工作人员，应以影响力受贿罪论处的辩论意见。经审理查明，谢某慧虽非国家工作人员，但其作为国家工作人员刘某超的特定关系人，接受请托人杨某有关在西藏办理探矿权证请托事项后，收受杨某财物，并帮其联系刘某超，刘某超接受请托事项后利用职务之便帮助请托人杨某谋取利益，且对被告人谢某慧收受股权一事明知，主观上具有互相通谋共同受贿的故意，故被告人谢某慧与刘某超的行为符合特定关系人与国家工作人员共同受贿的犯罪构成，应当以受贿罪追究被告人谢某慧的刑事责任，故对此辩护意见本院不予采纳。(2)关于被告人谢某慧及辩护人提出，被告人谢某慧与刘某超不构成共同受贿罪，其与刘某超自始至终并无受贿的共谋的辩论意见。经查，杨某在得知谢某慧与刘某超关系密切后，提出与谢某慧开办西藏飞扬矿业开发有限公司，希望得到刘某超的职务帮忙，谢某慧对杨某给其西藏飞扬矿业开发有限公司30%的股份的原因心知肚明，主动帮二人联系，刘某超在得知谢某慧收受股份后，仍为杨某办理请托事项。故被告人谢某慧的行为已经侵犯到刘某超作为国家工作人员职务上的廉洁性，应以受贿罪共犯论处，故对此辩护意见本院不予采纳。(3)关于被告人谢某慧提出，杨某代被告人谢某慧出资的60万元为谢某慧向杨某所借，是借贷关系的辩护意见。经查，被告人谢某慧与杨某虽系朋友，但杨某给被告人谢某慧借款60万元并不是正常人情往来，而是以送钱的方式谋求谢某慧联系刘某超，谋求刘某超利用职务上的便利为其实现利益。且被告人谢某慧对于该60万元未出具借条等相关证据证明系借贷关系，在长达10年内也未归还，杨某亦未追要，故对此辩护意见本院不予采纳。(4)关于被告人谢某慧的辩护人提出，本案受贿标的为西藏飞扬矿业开发有限公司30%的干股，不具有实际的经济价值，公诉人单纯以注册资本进行价值数额不妥的辩护意见。经查，西藏飞扬矿业开发有限公司注册资金为200万元，由杨某和谢某慧共同出资完成。杨某出资140万元，占70%的股份。在谢某慧无钱缴纳注册资金情况下，杨某为得到刘某超的职务帮助，于2010年7月12日向被告人谢某慧卡内存入60万元，谢某慧于7月14日将该款转至西藏飞扬矿业开发有限公司账户内，有银行转账凭证证明，杨某代被告人谢某慧缴纳注册资金60万元的事实属实，故公诉人以注册资金作为受贿标的并无不妥，故对此辩护意见本院不予采纳。(5)关于被告人谢某慧的辩护人提出，被告人谢某慧有重度抑郁症，且在华西医院住院治疗，还未治好。其小女儿还是未成年人，其父刘某超另案处理中，小女儿无人照顾，请求减轻处罚的辩护意见。不符合法定减轻处罚情形，故对该意见本院不予采纳。公诉机关指控的犯罪事实清楚，证据确实充分，指控罪名成立，本院予以支持。被告人谢某慧归案后如实供述自己的犯罪事实，但拒不认罪悔罪，且案发后没有退赃，无从轻处罚情节。综上，判决：一、被告人谢某慧犯受贿罪，判处有期徒刑三年，并处罚金20万元；二、所冻结的被告人谢某慧名下的西藏飞扬矿业开发有限公司的30%股权及其孳息均予以追缴，上缴国库。

宣判后，原审被告人谢某慧不服，提出上诉。上诉人认为，(1)本案中其行为并不构成受贿罪，而应当是利用影响力受贿罪，并且受贿的数额不应定为60万元。(2)上诉人判处有期徒刑三年及罚金20万元的量刑过重。辩护人辩称，(1)谢某慧与刘某超没有受贿的共同故意。(2)谢某慧虽然接受了30%的干股，但由于该股份没有对应的价值，也没有向谢某慧支付财产性利益，不能作为受贿处理。(3)被告人谢某慧不属于暴力型犯罪，侦查和审理过程中自愿认罪，而且是初犯，建议对被告人谢某慧判处缓刑。

公诉机关提出，一审判决认定的犯罪事实清楚，证据确实充分，定罪准确，量刑适当，审判程序合法，建议驳回上诉，维持原判。

二审法院审理认为，上诉人谢某慧受贿的事实与一审一致，且所依据的证据均经原庭审质证,经本院审理无变化,予以确认。在二审期间上诉人谢某慧及其辩护人均没有提供新的证据,本案事实清楚,证据确实充分,足以认定。上诉人谢某慧作为国家工作人员刘某超的情人,与刘某超通谋,利用刘某超职务上的便利,为请托人谋取利益,并非法收受请托人 60 万元,达到了数额巨大的起点,其行为已构成了受贿,属于受贿罪的共犯。关于辩护人和上诉人谢某慧提出自己跟刘某超不是共同受贿罪,是属于利用影响力受贿罪。经查,上诉人谢某慧与刘某超是特定的情人关系,上诉人谢某慧明知请托人杨某的请托事项后,收受请托人杨某的财物,并与刘某超联系安排两人见面,刘某超对上诉人谢某慧收受请托人杨某财务的事知情,仍利用职务上的便利为请托人办理请托事项。依照《受贿案件适用法律的意见》第 7 条、第 11 条的规定,上诉人谢某慧与国家工作人员刘某超关系,以及两人的行为定受贿罪共犯,完全符合法律的规定。故该辩解本院不予支持。关于辩护人提出上诉人谢某慧虽然接受了 30% 的干股,但由于该股份没有对应的价值,也没有向谢某慧支付财产性利益,不能作为受贿处理及上诉人谢某慧提出受贿的数额不应定为 60 万元的意见。经查,依照《受贿案件适用法律的意见》第 3 条第 1 款规定,国家工作人员利用职务上的便利为请托人谋取利益,由请托人出资,“合作”开办公司或者进行其他“合作”投资的,以受贿论处。受贿数额为请托人给国家工作人员的出资额。在本案中被告人谢某慧与国家工作人员刘某超是特定情人关系,并且西藏飞扬矿业开发有限公司注册资金为 200 万元,由杨某和谢某慧共同出资完成。杨某出资 140 万元,占 70% 的股份。在谢某慧无钱缴纳注册资金情况下,杨某为得到刘某超的职务帮助,于 2010 年 7 月 12 日向上诉人谢某慧卡内存入 60 万元,谢某慧于 7 月 14 日将该款转至西藏飞扬矿业开发有限公司账户内,有银行转账凭证证明,杨某代被告人谢某慧缴纳注册资金 60 万元,刘某超对谢某慧收受杨某的 60 万元事知情,仍利用职务的便利为杨某办理请托事项,故辩护人的辩护意见及上诉人谢某慧的上诉理由不予支持。关于上诉人提出判处有期徒刑三年及罚金 20 万元的量刑过重。经查,《贪污贿赂案件解释》第 2 条第 1 款、第 19 条对贪污或者受贿数额、量刑、罚金的规定,上诉人谢某慧受贿数额 60 万元属于数额巨大,应判处有期徒刑三年以上十年以下,并处的罚金 20 万元以上犯罪数额二倍以下的或者没收财产。一审法院判决量刑适当。故本院不予支持。关于辩护人辩解上诉人谢某慧不属于暴力型犯罪,侦查和审理过程中自愿认罪,而且是初犯,被告人身体状况及家庭困难等原因,建议被告人谢某慧判处缓刑。经查,原审法院在量刑时已充分考虑了上述情节,故该辩解意见本院不予支持。关于上诉人谢某慧提出，原审法院在判决书中指定监视居住的时间是2016年3月5日开始起算，但自己2016年2月14日已在自治区纪检委指定的办案点接受调查，其间未离开办案点。要求2016年2月14日至2016年3月5日的时间折抵刑期。经查，上诉人提出的意见于法无据。故本院不支持上诉人的辩解意见。综上，原判认定的事实清楚，证据确实、充分，定罪准确，量刑适当，审判程序合法。裁定驳回上诉，维持原判。

例案二 | 洪某江、尤某秀共同受贿案

【法院】

江苏省高级人民法院

【案号】

(2009)苏刑二终字第0045号

【诉讼主体】

原公诉机关：江苏省南京市人民检察院

上诉人(原审被告人)：洪某江

上诉人(原审被告人)：尤某秀

【基本案情】

1997年，被告人洪某江与被告人尤某秀为情人关系。2002年至2007年，被告人洪某江、尤某秀经通谋，被告人洪某江利用担任南京市江宁地方税的职位，为启东市建筑装饰工程成套公司等单位以及楼某新谋取利益，由被告人尤某秀收受上述单位及个人所送的贿赂共计人民币348.998万元。被告人尤某秀将所得大部分赃款用于买房、购车。案发后，扣押被告人尤某秀人民币175万元，奔驰轿车一辆。具体事实分述如下：

一、2002年下半年至2003年下半年，被告人洪某江为启东市建筑装饰工程成套公司(该公司后更名为南通金典装饰工程有限公司)承接南京市江宁地方税务局办公楼基建工程内装饰项目提供帮助。被告人尤某秀先后两次收受该公司总经理朱某胜所送人民币30万元。其中：

1. 2003年1月，收受人民币10万元；

2. 2003年8月，收受人民币20万元。

二、2004年年底至2005年上半年，被告人洪某江为南通金典装饰工程有限公

司承接南京市江宁地方税务局四分局办公楼维修改造工程装饰项目提供帮助。被告人尤某秀收受该公司经理所送人民币共计40万元。其中:

1. 2005年春节前,分别收受人民币5万元、10万元、5万元;

2. 2005年4月,分别收受人民币15万元、5万元。

三、2005年年底至2006年年初,被告人洪某江为中天建设集团公司承接南京市江宁地方税务局信息业务综合楼基建工程土建项目提供帮助。2006年1月,尤某秀分三次收受该项目承包人楼某新所送人民币50万元、30万元、20万元,共计人民币100万元。

四、2006年至2007年,被告人洪某江为南通金典装饰工程有限公司承接南京市江宁地方税务局信息业务综合基建工程项目提供帮助。被告人尤某秀先后六次收受该项目承包人楼某新所送人民币共计160万元。其中:

1. 2006年年底,分别收受人民币50万元、30万元、20万元;

2. 2007年间,分别收受人民币30万元、20万元、10万元。

五、2007年上半年,被告人洪某江为南京科雄工贸有限公司承接南京市江宁地合具提供帮助。被告人尤某秀收受该经理任某才所送人民币10万元。

六、2007年上半年,被告人洪某江为华润励致洋行家私(珠海)有限公司南京分公司承接南京市江宁地方税务局信息业务综合楼软体办公家具业务提供帮助。被告人尤某秀收受该公司经理所送人民币8.998万元。

【案件争点】

国家工作人员与情人等特定关系人配合收受或索取他人贿赂的,国家工作人员本人未实际收受或占有贿赂款,是否影响其受贿犯罪的认定。

【裁判要旨】

一审法院审理认为,被告人洪某江身为国家工作人员,伙同被告人尤某秀,利用职务便利,非法收受他人财物,并为他人谋取利益,其行为已构成受贿罪,且系共同犯罪。依照判决如下:被告人洪某江犯受贿罪,判处有期徒刑十四年,并处没收财产人民币20万元;被告人尤某秀犯受贿罪,判处有期徒刑十四年,并处没收财产人民币50万元。扣押在案的被告人洪某江、尤某秀犯罪所得赃款人民币175万元、奔驰轿车一辆予以追缴,上缴国库,其余赃款继续追缴。

一审宣判后,被告人洪某江、尤某秀不服,均向江苏省高级人民法院提起上诉。

上诉人洪某江及其辩护人提出,(1)洪某江不符合共同受贿罪的构成要件。洪某江只是帮助尤某秀实现中介业务,其本人既未与尤某秀约定财产共有关系,也未授意请托人将财物交给尤某秀,没有收受他人贿赂的故意,也没有收受他人贿赂的行为,不符合相关司法解释关于共同受贿的规定。(2)一审认定两被告人有共同利益关系存在错误,两被告人的财产各自独立,相关请托人没有直接贿赂洪某江的故意,也没有让他人转交贿赂,也没有请尤某秀转达请托事项,因此,缺乏共同受贿所必须具备的行贿人付款行为的指向特征,还缺乏行贿人与受贿人之间应该形成的行贿受贿的对合关系。(3)两被告人自认的"情人"关系,并不等同于刑法意义上共同利益关系的"情人"。

上诉人尤某秀及其辩护人提出,(1)两被告人没有共同生活和共同投资,经济上不具共同性,相互即便有特定关系,也不是特定的共同利益关系;(2)没有证据证明上诉人尤某秀在请托人与洪某江之间转达权钱交易的意思联络,行受贿的对应关系不能成立;(3)上诉人尤某秀在南通金典装饰工程有限公司工作7年,所得的收入是其在公司工作的绩效工资,不属于贿赂款。

二审法院审理认为,原审判决认定的事实清楚,证据确实、充分。

关于两上诉人及其辩护人提出,两上诉人没有受贿的共同故意,尤某秀没有转达请托事项,洪某江没有受贿的主观故意,没有形成行受贿对合关系的辩解及辩护意见。经查,两上诉人在看守所羁押期间的多次稳定供述与证人朱某胜、楼某新的多次证言,分别证实了下列事实:一是,证实了朱某胜、楼某新为了承接洪某江所在单位的基建和装饰工程,找到与洪某江具有情人关系的尤某秀,承诺以帮助中标给予高额工程中标价相应点数金额的好处费为回报,通过尤某秀在洪某江面前做工作,并在中标后,实际向尤某秀兑现了相应好处费的事实;二是,证实了尤某秀在高额回报的利益驱使下,积极实施了请洪某江帮助朱某胜、楼某新所在单位在洪某江所在单位中标,尤某秀并告知洪某江会有相应好处费,得到了洪某江的响应和认可,洪某江不仅实施了帮助两请托人单位中标,并在得知尤某秀收取了相应好处费的情况下,对共同所得钱款作出了由尤某秀具体处分的表示;三是,证实了行贿人朱某胜、楼某新均清楚之所以能中标,系江宁地税局重要的领导在起作用,也明知尤某秀与洪某江的特殊关系,行受贿的对合关系明确。由此可见,两上诉人通过事前和事中的合谋,形成了经尤某秀提议,利用洪某江的职权为投标单位谋利,由尤某秀收取中标单位约定的高额好处费,并共同对收取的好处费作出处分的共同受贿犯罪过程。两上诉人受贿的主观故意明显,行受贿的对合关系明确,两上诉人及其辩护人的这一辩解和辩护意见与事实不符,不能成立,不予采纳。

关于上诉人尤某秀及其辩护人和上诉人洪某江的辩护人提出,依据两上诉人的情人关系即认定他们具有共同利益关系没有法律与事实依据,属认定错误的辩解与辩护意见。经查,两上诉人对双方系情人关系不持异议,依据相关规定,上诉人尤某秀作为洪某江的情人,在本案中属于特定关系人范围,即两上诉人之间具有共同利益关系。故上诉人及其辩护人的这一辩解和辩护意见与法律和事实不符,不能成立,不予采纳。关于上诉人尤某秀及其辩护人提出,尤某秀系南通金典装饰工程有限公司员工,其取得的财物系合法工资收入的辩解与辩护意见。经查,上诉人尤某秀2007年3月被南通金典装饰工程有限公司负责人朱某胜任命为该公司南京分公司负责人,之前并非该公司员工,在该公司承建的洪某江所在单位的工程项目中,尤某秀均未以该公司的任何身份实际参与过任何一项该公司的具体工作,该公司也不对其发放工资,其从该公司取得的好处费均作为工程成本入账,故尤某秀及其辩护人提出其在南通金典装饰工程有限公司取得的好处费是其工资收入的辩解和辩护意见与事实不符,不能成立,不予采纳。原审判决认定洪某江、尤某秀犯受贿罪的事实清楚,证据确实、充分,定性准确,量刑适当,审判程序合法。裁定驳回上诉,维持原判。

例案三 | 陈某1、陈某2受贿罪

【法院】

湖北省黄石市中级人民法院

【案号】

(2019)桂14刑终134号

【诉讼主体】

原公诉机关:广西壮族自治区大新县人民检察院

上诉人(原审被告人):陈某1

上诉人(原审被告人):陈某2

【基本案情】

2014年4月至2018年4月,时任中共扶绥县委常委、宣传部部长、副县长、扶绥县县域义务教育均衡发展工作领导小组副组长兼办公室主任的被告人陈某1伙同其胞弟即被告人陈某2共同商量,决定利用陈某1分管教育工作的职务便利,为承建扶绥县教育系统基础设施建设项目的工程老板李某1(另案处理)、班某、马某2等人谋取利益,事后由陈某2自行收受或者通过相关人员代为收受、协助转账等形式收取好处费及所谓的代理费等共计 12,031,646.68 元。具体事实如下：

一、帮助李某 1 承揽教育工程等项目，共同收受李某 1 给予的好处费共计 7,195,058.78元的事实

2014 年间，陈某 2 向陈某 1 提出自己想在扶绥县收揽建设项目后，从中转给工程老板组织施工，以从中牟利。陈某 1 特别交代陈某 2 在收取工程项目介绍费用相关注意事项后，利用分管教育工作的便利条件，事先向时任扶绥县教育局局长方某 1、扶绥县中学校长吴某 2 等人打招呼，先后帮助陈某 2 取得 27 个基础建设工程项目和 1 个教学设备采购项目。陈某 2 按事先与工程老板李某 1 的约定，将相关工程项目交由李某 1 自行出资并组织施工建设。其间，陈某 2 谎称自己拿到的工程项目，需要送给领导"好处费"或者以借款为由，按事先约定工程项目合同价的 8% 向李某 1 收取好处费。2014 年 4 月至 2017 年 1 月，陈某 2 先后数十次以每次数千元至上百万元不等向李某 1 收取现金或者通过亲友的银行账户接受转账收款。此外，还要求李某 1 代交汽车违章罚款及交纳个人养老保险等，收受的好处费共计 7,195,058.78 元。2015 年 7 月至 2016 年 9 月，陈某 1 在南宁市购买房产时，叫陈某 2 代为支付购房款，后陈某 2 先后三次从收受的好处费中支付给商品房转让人万某 1 的儿子万某 2 共计 810,000 元，并为陈某 1 偿还银行借款 300,000 元。

二、通过开展招投标代理业务帮助他人获取教育项目，收受他人给予的好处费共计 4,836,587.9 元的事实

2016 年下半年，陈某 2 向陈某 1 提出自己想从事招标代理业务，以通过招标代理向投标承揽工程项目的老板收取额外费用，以确保投标人中标的方式从中谋利。时任扶绥县人民政府副县长的陈某 1 利用分管教育工作的便利，向时任扶绥县县域义务教育均衡发展项目工作小组成员方某 2 打招呼，帮助陈某 2 以工程造价咨询有限公司、工程管理有限公司的名义陆续取得 64 个扶绥县义务教育均衡发展项目的招标代理业务。后陈某 2 指示其雇请的员工刘某、陆某（均另案处理）以公司业务员的身份与有意愿承揽项目的工程老板联系，以确保中标为由向有意愿承揽项目建设的工程老板班某、马某 2 等人（涉及 26 名工程老板、51 个项目）收取工程项目合同总价的 2.5% –3.5% 招标代理费用，共计 7,110,908.78 元，扣除实际支付公司的招标代理费后，陈某 2 从中获得好处费 4,836,587.9 元。

另查明，案发后，被告人陈某 1 的家属代为退出赃款 1,110,000 万元，被告人陈某 2 的家属代为退出赃款 1,005,000 万元。

【案件争点】

被告人陈某2和被告人陈某1是否属于特定关系人与国家工作人员共同受贿

【裁判要旨】

一审法院认为,被告人陈某1身为国家工作人员,利用担任中共扶绥县委常委、宣传部部长、副县长的职务便利,与被告人即特定关系人陈某2共谋,为他人谋取利益,明知并认可陈某2非法收受他人财物,数额特别巨大,其行为已触犯《刑法》第385条之规定,构成受贿罪。被告人陈某2与国家工作人员陈某1相互勾结,通谋为他人谋取利益后,收受他人财物,根据《受贿案件适用法律的意见》第7条第2款的规定,其行为与陈某1构成受贿罪共犯。公诉机关指控被告人陈某1、陈某2犯受贿罪的事实清楚,证据确实、充分,指控的罪名成立。在共同犯罪中,被告人陈某1、陈某2相互分工,均起主要作用,都是主犯,依法应当按照其所参与的全部犯罪处罚。被告人陈某2的辩护人提出陈某2不属于主犯的辩护意见不符合本案事实,不予采纳。被告人陈某2的受贿行为依附于陈某1身份和职权,其罪责相对较轻,且案发后退出部分赃款,量刑时酌情予以考虑。陈某1案发后亦退出其所得赃款,可酌情从轻处罚。被告人陈某1、陈某2的犯罪行为系发生在民生、教育领域,且拒不认罪、悔罪,拒不退出绝大部分赃款,应从严予以惩处。根据被告人陈某1、陈某2犯罪的事实、性质、情节和对社会的危害程度,判决:一、被告人陈某1犯受贿罪,判处有期徒刑十三年,并处罚金人民币150万元;二、被告人陈某2犯受贿罪,判处有期徒刑十一年,并处罚金人民币120万元;三、被告人陈某1、陈某2各自退缴的赃款人民币111万元、100.5万元及孳息,予以没收,由扣押机关上缴国库;四、继续追缴被告人陈某2尚未退出犯罪所得赃款人民币9,916,646.68元,予以没收,上缴国库。

原审被告人陈某1不服,提出以下上诉理由,(1)李某1承揽的教育工程项目系合法公开投标所得,其没有利用职权为李某1承揽工程项目提供帮助,亦没有让陈某2收取李某1的好处费,陈某2与李某1系合作参与工程建设,李某1支付给陈某2 7,195,058.78元是合法收入。(2)陈某2在招投标代理业务中所获得款项为合法收入,不能认定为受贿。(3)其从未与陈某2共谋共同受贿,如果陈某2收受他人钱款,其不知情。上诉人陈某1的辩护人除提出与陈某1的上诉理由基本相同的辩护意见外,还提出如下辩护意见,1.陈某1没有为陈某2谋取利益,更没有为李某1谋取利益,李某1所获取的工程款是其合法所得。

原审被告人陈某2亦不服,提出以下上诉理由,(1)其与李某1系合伙承包工程项目，其参与投资，所得钱款系合伙分红，不是好处费。（2）陈某2通过招投标代理业务收取的费用是合法的收入，不应定为受贿款。上诉人陈某2的辩护人提出与陈某2上诉理由基本相同的辩护意见，提出陈某2从李某1所得的款项系合伙分红，不是好处费。

二审法院经审理认为，上诉人陈某1身为国家工作人员，利用职务便利，与特定关系人即被告人陈某2共谋，为他人谋取利益后，明知并认可陈某2非法收受他人财物的事实与原判认定的事实一致，原审据以认定事实的证据均经庭审质证、认证，各证据来源合法，且能形成完整的证据锁链充分证实本案的事实存在，法院予以确认。

针对上诉人陈某1、陈某2及其辩护人提出的辩解和辩护意见，根据本案的事实和证据，依照法律规定，法院综合评判意见如下：

关于上诉人陈某1及其辩护人提出陈某1没有为陈某2谋取利益，更没有为李某1谋取利益，李某1承揽的工程项目系合法投标所得，陈某2与李某1系合作参与工程建设，李某1给陈某2 7,195,058.78元，系陈某2合法收入的辩解和辩护意见。经查，对此问题，原审法院已作出评判，法院除了赞同一审法院的评判意见之外，需要补充的是，陈某2的确将部分资金转入李某1账户，但系因李某1承建多个工程项目后资金紧张，无法按时完成工程项目，迫于业主和政府的压力，陈某1、陈某2亦担心被追查，陈某1便要求陈某2想办法尽快把涉案的工程完工，包括先行投入资金，后陈某2主动把开展招投标业务所得和已从李某1收受的部分钱款借给李某1，用于项目资金周转，李某1亦证实该款项系其向陈某2的借款，需向陈某2支付利息。因此，陈某2与李某1并非合作关系，李某1给陈某2的7,195,058.78元，是行受贿的款项。陈某1、陈某2及其辩护人提出涉案的工程项目系陈某2与李某1合作承包，陈某2所得款项系合法收入的辩解和辩护意见与法院查明的事实不符，不予采纳。

关于陈某2在招投标代理业务中所获得款项为合法收入，不能认定为其受贿的辩解和辩护意见。经查，为获取扶绥县的教育工程招投标代理权，陈某1利用其职务便利向相关部门负责人打招呼，由陈某2指定的招投标代理公司取得项目招投标代理权后，陈某2以确保中标为由向有意愿承揽项目建设的工程老板收取招标代理费用，该行为系陈某2与陈某1相勾结，为谋取利益，不正当的取得项目招投标代理权后，通过为承揽项目建设的工程老板谋取工程承包项目，从而获取不正当的报酬，陈某1和陈某2是否认识承建工程项目的老板，不影响对陈某2利用陈某1的职务便利为他人谋取利益并收受他人财物行为性质的认定。陈某1、陈某2及其辩护人的该辩解和辩护意见不能成立,不予采纳。

关于上诉人陈某1提出其从未与陈某2共谋共同受贿,如果陈某2收受他人钱款,其不知情的辩解意见。经查,为获取不法利益,陈某1、陈某2事先多次共谋,先由陈某1向相关部门负责人打招呼,为承揽工程的老板谋取利益后,由陈某2收受他人钱款,虽陈某2没有将收受钱款的具体数额告知陈某1,但陈某1概括知情且认可陈某2收受他人财物,该事实有陈某1、陈某2在接受调查期间多次相互印证的稳定供述予以证实,且与本案的其他证据相互印证,足以认定。至于陈某1是否具体知道陈某2收受钱款的运作过程,收受的具体时间、次数及数额等详细情况,并不影响对陈某1主观明知的认定。陈某1的该辩解意见不能成立。陈某2辩护人提出原审采信的证据相互矛盾,导致认定陈某2受贿事实错误,应改判陈某2无罪的辩护意见亦不能成立,法院均不予采纳。

综上,上诉人陈某1身为国家工作人员,利用职务便利,与特定关系人,即陈某2共谋,为他人谋取利益,明知并认可陈某2非法收受他人财物,数额特别巨大,严重侵害了国家工作人员职务行为的廉洁性,其行为已构成受贿罪。陈某2与国家工作人员陈某1相互勾结,共谋利用陈某1为他人谋取利益,收受他人财物,其行为与陈某1构成受贿罪共犯。在共同犯罪中,上诉人陈某1、陈某2相互分工,且行为积极,起主要作用,均是主犯,依法应当按照其所参与的全部犯罪处罚。陈某2的受贿行为依附于陈某1身份和职权,其罪责相对较轻。案发后陈某1退出其所得赃款,可酌情从轻处罚。陈某1辩护人提出建议判处陈某1三年以下有期徒刑,并适用缓刑的辩护意见,没有事实和法律依据,不予采纳。陈某1、陈某2的犯罪行为涉及民生、教育领域的腐败,且陈某2仅退出少部分赃款,拒不认罪,拒不退出绝大部分赃款,应依法从严惩处。综上,原审判决认定的事实清楚,证据确实、充分,定罪准确,量刑适当,审判程序合法,应予维持。裁定驳回上诉,维持原判。

三、裁判规则提要

(一)“特定关系人”的范围界定

根据《受贿案件适用法律的意见》第11条的规定,特定关系人是指与国家工作人员有近亲属、情妇(夫)以及其他共同利益关系的人。

1.“近亲属”,民法意义上、刑事诉讼及行政诉讼意义上的范围均有所不同,笔者认为,民法意义上的近亲属侧重于经济利益关系,与《受贿案件适用法律的意见》

所涉及的内容角度相近。根据《刑事诉讼法》第108条第6项的规定，刑事诉讼中的近亲属包括夫、妻、父、母、子、女、同胞兄弟姐妹。

例案三中，被告人陈某2与被告人陈某1系同胞姐弟关系，法院认定其为“特定关系人”符合法律意义上的“近亲属”范畴。

2. 所谓“情妇（夫）”，一般是指除配偶之外，长期保持不正当性关系的人，类似于基于血缘、婚姻关系产生的特定人身关系（父母、子女、配偶等）。司法实践中很多案例是“情妇（夫）”与国家工作人员合谋为他人谋取不正当利益而收受财物的情形，因此《受贿案件适用法律的意见》将“情妇（夫）”纳入“特定关系人”范畴是非常有必要的。那么对于到底达到什么程度的男女关系才能称为“情妇（夫）”，主要是看是否具有不正当男女关系和金钱包养关系，对此往往依赖于双方的交代，辅之以能够证明其交往情况的其他证据。如果有过不正当男女关系，但实施犯罪行为之前相当长时间已断绝不正当关系的，不宜认定为“情妇（夫）”。

例案二中被告人尤某秀与被告人洪某江长期保持不正当关系，且双方对“情人”关系均认可，且双方对财物共同享有、共同支配，存在法律意义上的“共同利益”关系，综合各方面分析，法院认定被告人尤某秀属于“特定关系人”的“情妇（夫）”范畴。

3. 所谓“其他有共同利益关系的人”，这里的“共同利益关系”是指以默契的形式形成的利益共同体，一方为谋取己方的利益，一定程度上必须顾及和维护另一方的利益。“共同利益关系”主要是指共同经济利益关系，如共同占有或相互继承关系。此外，也不排除其他方面的利益关系，如政治、情感等方面。对于共同利益关系的理解，应注意把握两点：一是，共同利益关系主要是指经济利益关系，纯粹的同学、同事、朋友关系不属于共同利益关系；二是，共同利益关系不限于共同财产关系。例如，国家工作人员张某利用职务便利帮助个体户王某推荐的施工队承揽工程，王某从中获得好处费，张某未分得好处费。张某供称，他之所以帮忙使王某赚取好处费，是因为王某帮他运作关系跑官。从行为本质上讲，张某的行为属于权钱交易性质，但与典型的权钱交易相比不同的是，他利用职务便利谋利后，使王某从中得到好处。张某与王某之间具有相互利用的关系，即张某利用职务便利使王某赚钱，王某为其跑官，二人系利益共同体，应当认定二人具有其他共同利益关系，亦属于《受贿案件适用法律的意见》中规定的“特定关系人”。

（二）特定关系人与国家工作人员构成受贿罪共犯的认定

《受贿案件适用法律的意见》第7条第2款规定：“特定关系人与国家工作人员

通谋,共同实施前款行为的,对特定关系人以受贿罪的共犯论处。”《全国法院审理经济犯罪案件工作座谈会纪要》第3条第5项规定,“根据刑法关于共同犯罪的规定,非国家工作人员与国家工作人员勾结,伙同受贿的,应当以受贿罪的共犯追究刑事责任。非国家工作人员是否构成受贿罪共犯,取决于双方有无共同受贿的故意和行为”。由此可见“通谋”和“实施谋利和收受财物行为”是“特定关系人”构成受贿罪共犯的必要条件,二者缺一不可。

1.“通谋”就是指犯意的共同沟通和谋划,谋划的内容应当既包括谋利,也包括收受财物

特定关系人在接受请托人财物时明知该财物是国家工作人员利用职务便利为请托人谋利的对价,这样才可以对特定关系人认定为受贿共犯。从刑法理论上讲一般分为事前通谋、事中通谋和事后通谋三种情形。这就意味着具有以下通谋方式的均可以受贿共犯论处:

(1)特定关系人与国家工作人员事先共谋约定,由国家工作人员为请托人谋取利益,由特定关系人从请托人处收受财物

特定关系人与国家工作人员就为他人谋取利益或收受财物等达成共识,由国家工作人员利用职务便利为他人谋取利益,由特定关系人收受财物的行为,应当认定为特定关系人和国家工作人员共同受贿。例案三中,为获取不法利益,陈某1、陈某2事先多次共谋,先由陈某1向相关部门负责人打招呼,为承揽工程的老板谋取利益后,由陈某2收受他人钱款,这种由特定关系人直接出面接受请托事项,并直接收受财物的方式,虽然在形式上不属于国家工作人员直接收受财物,但二者有共同的受贿故意,在客观上又相互配合实施了为他人谋取利益和收受贿赂的行为,二人的行为应当认定为共同受贿。

另外,在实践中,国家工作人员和特定关系人共谋后,特定关系人和请托人“合作”投资,国家工作人员利用职务之便为该投资项目谋取利益,以较少投资获取高额利润的,应当认定为国家工作人员和特定关系人共同受贿。根据司法实践中审理受贿案件遇到的一些新情况,《受贿案件适用法律的意见》明确列举了受贿罪中国家工作人员直接收受财物的具体方式。但这些收受财物的具体方式也可能通过特定关系人和其他第三人来实施,如收受干股,以开办公司等合作投资名义受贿,以委托请托人投资证券、期货或者其他委托理财的名义受贿,以赌博形式受贿等。《受贿案件适用法律的意见》规定的“以开办公司等合作投资名义收受贿赂”的方式中明确了两种行为:一是,国家工作人员利用职务上的便利为请托人谋取利益,

由请托人出资，“合作”开办公司或者进行其他“合作”投资的，以受贿论处。受贿数额为请托人给国家工作人员的出资额。二是，国家工作人员利用职务上的便利为请托人谋取利益，以合作开办公司或者其他合作投资的名义获取“利润”，没有实际出资和参与管理、经营的，以受贿论处。也就是说，国家工作人员没有实际出资或参与管理、经营的，应当将接受“出资额”或“利润”认定为受贿中国家工作人员收受财物的方式。例案一中，被告人谢某慧与国家工作人员刘某超是特定情人关系，并且西藏飞扬矿业开发有限公司注册资金为200万元，由杨某和谢某慧共同出资完成。杨某出资140万元，占70%的股份。在谢某慧无钱缴纳注册资金情况下，杨某为得到刘某超的职务帮助，于2010年7月12日向上诉人谢某慧卡内存入60万元，谢某慧于7月14日将该款转至西藏飞扬矿业开发有限公司账户内，有银行转账凭证证明，杨某代被告人谢某慧缴纳注册资金60万元，刘某超对谢某慧收受杨某的60万元事知情，仍利用职务的便利为杨某办理请托事项，因此被告人谢某慧与刘某超的行为认定为受贿。

需要指出的是，对于特定关系人没有事先与国家工作人员通谋，仅是在请托人给予国家工作人员财物时在场的，一般不宜认定为受贿共犯。

(2)特定关系人收受请托人财物，之后告知国家工作人员，国家工作人员遂为请托人谋取利益

实践中，很多情况是请托人将财物直接送给“特定关系人”，请托人讲明了送钱意图和请托事项，事后特定关系人将行贿人送钱的事情或请托事项告诉了国家工作人员，之后国家工作人员利用职务之便完成了为请托人谋利。《全国法院审理经济犯罪案件工作座谈会纪要》第3条第5项规定：“国家工作人员的近亲属向国家工作人员代为转达请托事项，收受请托人财物并告知该国家工作人员，或者国家工作人员明知其近亲属收受了他人财物，仍按照近亲属的要求利用职权为他人谋取利益的，对该国家工作人员应认定为受贿罪，其近亲属以受贿罪共犯论处。”这种情况下，特定关系人应认定为受贿罪共犯，具体来说，是因为两者之间对财产的共同共有或者继承的特殊关系，决定了他们对贿赂财物的共同占有关系。特定关系人明知不该收受他人财物，客观上收下钱物并将送钱事项、请托事由告诉国家工作人员是整个受贿行为中的一个重要环节，属于共同犯罪中的帮助行为；同时，国家工作人员利用职权为他人谋取利益，二者具有共同受贿的性质，故可推定两者之间具有共同收受贿赂的通谋，构成受贿罪共犯。

(3)国家工作人员利用职务便利为请托人谋取利益之后，请托人为表示感谢将

贿赂款物送给其特定关系人，特定关系人收受后告知国家工作人员，国家工作人员予以认可

《贪污贿赂案件解释》第16条规定："特定关系人索取、收受他人财物，国家工作人员知道后未退还或者上交的，应当认定国家工作人员具有受贿的故意。"该规定将认定"通谋"成立的时段进一步予以延伸。在这种情况下，国家工作人员已经利用职务便利为请托人谋取了利益，其特定关系人收受请托人财物的行为已经完成，即使国家工作人员在为请托人谋利时对其特定关系人收受财物并不知情，但事后特定关系人将其收受请托人财物的情况告知了国家工作人员，则国家工作人员具有退还或上交财物的法定义务，若及时退还或者上交的，表明国家工作人员对收受请托人财物持反对、否定的态度，主观上没有受贿的故意，不能以受贿罪追究其刑事责任。否则就视为其与特定关系人之间具有了受贿的共同故意，双方就应均以受贿共犯论处。

具体来说，对国家工作人员受贿故意的考察判断，不能孤立地看国家工作人员得知特定关系人收受他人财物这一时间节点的个别言语和行为，而要综合考察国家工作人员知情后，是否积极敦促、要求特定关系人退还财物，最终对收受他人财物是否持认可、默许的态度。国家工作人员和特定关系人处于同一利益共同体，共同体中的任何一方收受他人财物的行为，客观上应视为"利益共同体"的整体行为。当国家工作人员发现特定关系人未按要求退还财物仍然默许的，表明其对共同体另一方收受财物的行为总体上持认可态度，当然应对这种客观上未退还的不法后果担责，应当认定国家工作人员具有受贿的故意，构成受贿罪。例案三中，被告人陈某2虽然没有将收受财物的过程、实践、数额等情况告知被告人陈某1，但双方在之前有过对收受财物的通谋，陈某1对陈某2收受财物的行为应当是知道的，事后也没有让其上缴或退还，表明对陈某2的受贿行为表示认可，因此应认定为受贿。

国家工作人员知道特定关系人索取、收受请托人财物后，口头要求特定关系人退还财物，事后不再过问此事，特定关系人实际未退还财物的，应当认定其主观上具有受贿的故意。此种情形比较复杂，需要结合具体案情，包括国家工作人员有无积极监督、督促特定关系人退还财物，国家工作人员事后有无接触并问询请托人，有无亲自向请托人退还财物的条件，有无上交财物的条件等，综合判断国家工作人员要求特定关系人退还财物的意思表示，是随口说说，还是确有此意。如果国家工作人员对退还财物本无真心，实际上持"还不还根本无所谓"的心态，事后也不再过问财物是否退还，甚至在得知特定关系人又再次索要、收受请托人财物后仍默许和

收受的，应当认定其主观上具有受贿的故意。

2. 积极实施谋利、收受财物行为是特定关系人与国家工作人员构成受贿共犯的两个条件，缺一不可

在共同受贿中，特定关系人的谋利行为体现在其代请托人转达请托事项上，司法实践中应具体案件具体分析：

（1）国家工作人员利用职务便利为请托人谋利后，要求请托人将财物交给特定关系人，特定关系人如明知财物是请托人提供的贿赂而予以接受的，并不必然构成受贿罪的共犯

由于受贿犯罪是纯正身份犯，即其犯罪构成要求主体必须具有国家工作人员的特定身份，因此特定关系人犯受贿罪必定是与相应的国家工作人员构成共犯，这是特定关系人成立受贿罪的前提。因此，认定特定关系人受贿罪时，判定国家工作人员构成受贿罪是判定特定关系人构成受贿罪共犯的前提。《受贿案件适用法律的意见》的出台，明确了国家工作人员授意请托人向特定关系人行贿的，国家工作人员构成受贿罪。此种情况，特定关系人是否构成受贿罪的共犯，还要进行具体分析。如果特定关系人明知该财物属于贿赂而接受的，由于特定关系人的接受行为处于国家工作人员进行受贿的过程中，特定关系人参与并提供帮助，属于承继的共犯，符合受贿罪共犯的成立要件。否则特定关系人在主观上虽有明知但并未与国家工作人员形成共谋，在客观上未参与谋利行为，缺乏共同受贿的故意和行为，故对于其收受贿赂款物的行为不能以受贿共犯论处。

（2）特定关系人索取、收受请托人财物后一直未告知国家工作人员，直至案发国家工作人员才知悉的，不以受贿罪论处

特定关系人索取、收受请托人财物后一直未告知国家工作人员，直至案发国家工作人员才知道其收钱的事实。在这种情况下，由于国家工作人员主观上对收受财物没有认知，无受贿之故意，显然不能以受贿罪追究其刑事责任。但是，根据 2018 年修订的《中国共产党纪律处分条例》第 85 条规定，党员干部利用职权或者职务上的影响为他人谋取利益，本人的配偶、子女及其配偶等亲属和其他特定关系人收受对方财物，情节较重的，给予警告或者严重警告处分；情节严重的，给予撤销党内职务、留党察看或者开除党籍处分。虽然国家工作人员对收钱一事确不知情，但由于没有管住身边人，仍可能面临党纪处分。如果有证据证明其系不正确履行职权为请托人谋取利益，且致使公共财产、国家和人民利益遭受重大损失，可根据《刑法》第 397 条规定，对其以滥用职权罪定罪处罚。对于该特定关系人，如果为请

托人谋取的利益为不正当利益的，可根据《刑法修正案（七）》增加的《刑法》第388条之一的规定，以利用影响力受贿罪定罪处罚。

（三）非特定关系人与国家工作人员共同犯罪的情形的认定

根据《受贿案件适用法律的意见》第7条第2款的规定，“特定关系人以外的其他人与国家工作人员通谋，由国家工作人员利用职务上的便利为请托人谋取利益，收受请托人财物后双方共同占有的，以受贿罪的共犯论处”。《全国法院审理经济犯罪案件工作座谈会纪要》规定，根据刑法关于共同犯罪的规定，非国家工作人员与国家工作人员勾结，伙同受贿的，应当以受贿罪的共犯追究刑事责任。非国家工作人员是否构成受贿罪共犯，取决于双方有无共同受贿的故意和行为。据此规定，有学者认为，对于特定关系人以外的其他人构成受贿罪共犯，也要根据共同犯罪的原理加以处理，即取决于双方有无共同受贿的故意和行为，即必须具备以下三要件：(1)双方必须有通谋。通谋是特定关系人和非特定关系其他人成立受贿共犯需要具备的主观要件。(2)双方必须有分工。在共同受贿犯罪中，各共同犯罪人在实施犯罪时，不论其分工如何，参与程度如何，所有的行为总是作为整体有机联系在一起的。在整个犯罪链条中，这些行为具有共同性，即都和犯罪结果之间具有因果关系。这些共同受贿犯罪行为是犯罪结果发生的共同原因，也是共同犯罪人承担刑事责任的客观基础。就这种受贿共犯而言，其分工形式是：国家工作人员的行为表现为利用职务上的便利为请托人谋取利益，其他人的行为表现为收受请托人财物。(3)双方必须共同占有财物。这种共犯与特定关系人作为共犯的形式在成立条件上是不同的，后者只要求双方有通谋即可构成，而这种共犯必须双方共同占有收受的请托人财物。区分特定关系人与非特定关系其他人，并规定后者需以“共同占有”为条件，按照最高人民法院的有关解释，主要是出于主客观相一致原则与刑事打击面的考虑。

在特定关系人以外的其他人构成受贿罪共犯的三要件中，最为关键的要件是“收受请托人财物后双方共同占有”，即必须“双方共同占有财物”。因此，如何界定“共同占有”，将最终决定着特定关系人以外的其他人能否构成受贿罪。通常，具有以下情况的应当认定为共同占有：

第一，特定关系人以外的其他人取得财物后，约定或者实施与国家工作人员共同分赃的。此种情况下国家工作人员与特定关系人以外的其他人就受贿进行共同策划，由特定关系人以外的其他人直接收受财物，看似国家工作人员没有受贿故意，但是国家工作人员与特定关系人以外的其他人约定或实施分赃，则恰恰说明财物的取得是他们彼此分工的结果，收受的财物属双方所有，因此应当认定为共同占有。

第二，特定关系人以外的其他人取得财物后，国家工作人员支付少量现金回购的。这种行为仅仅是一种掩人耳目的象征性手段，其实质是国家工作人员与特定关系人以外的其他人进行分赃的一种形式。

第三，特定关系人以外的其他人取得财物后，特定关系人以外的其他人以进行登记等方式实际取得财物，但是允诺或者实施对国家工作人员予以其他经济帮助的。这种情况，看似是特定关系人以外的其他人实际取得财物，但是国家工作人员还是以种种手段要取得回报，如报销费用、要求提供资助、赞助等，其实质仍然是将受贿取得的财物共同占有。

四、辅助信息

高频词条：

《刑法》

第 385 条 国家工作人员利用职务上的便利，索取他人财物的，或者非法收受他人财物，为他人谋取利益的，是受贿罪。

国家工作人员在经济往来中，违反国家规定，收受各种名义的回扣、手续费，归个人所有的，以受贿论处。

第 386 条 对犯受贿罪的，根据受贿所得数额及情节，依照本法第三百八十三条的规定处罚。索贿的从重处罚。

《贪污贿赂案件解释》

第 2 条 贪污或者受贿数额在二十万元以上不满三百万元的，应当认定为刑法第三百八十三条第一款规定的“数额巨大”，依法判处三年以上十年以下有期徒刑，并处罚金或者没收财产。

贪污数额在十万元以上不满二十万元，具有本解释第一条第二款规定的情形之一的，应当认定为刑法第三百八十三条第一款规定的“其他严重情节”，依法判处三年以上十年以下有期徒刑，并处罚金或者没收财产。

受贿数额在十万元以上不满二十万元，具有本解释第一条第三款规定的情形之一的，应当认定为刑法第三百八十三条第一款规定的“其他严重情节”，依法判处三年以上十年以下有期徒刑，并处罚金或者没收财产。

第 13 条 具有下列情形之一的,应当认定为“为他人谋取利益”,构成犯罪的,应当依照刑法关于受贿犯罪的规定定罪处罚:

(一)实际或者承诺为他人谋取利益的;

(二)明知他人有具体请托事项的;

(三)履职时未被请托,但事后基于该履职事由收受他人财物的。

国家工作人员索取、收受具有上下级关系的下属或者具有行政管理关系的被管理人员的财物价值三万元以上,可能影响职权行使的,视为承诺为他人谋取利益。

第 15 条 对多次受贿未经处理的,累计计算受贿数额。

国家工作人员利用职务上的便利为请托人谋取利益前后多次收受请托人财物,受请托之前收受的财物数额在一万元以上的,应当一并计入受贿数额。

《受贿案件适用法律的意见》

七、关于由特定关系人收受贿赂问题

国家工作人员利用职务上的便利为请托人谋取利益,授意请托人以本意见所列形式,将有关财物给予特定关系人的,以受贿论处。

特定关系人与国家工作人员通谋,共同实施前款行为的,对特定关系人以受贿罪的共犯论处。特定关系人以外的其他人与国家工作人员通谋,由国家工作人员利用职务上的便利为请托人谋取利益,收受请托人财物后双方共同占有的,以受贿罪的共犯论处。

十一、关于“特定关系人”的范围

本意见所称“特定关系人”,是指与国家工作人员有近亲属、情妇(夫)以及其他共同利益关系的人。

《全国法院审理经济犯罪案件工作座谈会纪要》

三、关于受贿罪

(一)关于“利用职务上的便利”的认定

刑法第三百八十五条第一款规定的“利用职务上的便利”,既包括利用本人职务上主管、负责、承办某项公共事务的职权,也包括利用职务上有隶属、制约关系的其他国家工作人员的职权。担任单位领导职务的国家工作人员通过不属自己主管的下级部门的国家工作人员的职务为他人谋取利益的,应当认定为“利用职务上的便利”为他人谋取利益。

(二)“为他人谋取利益”的认定

为他人谋取利益包括承诺、实施和实现三个阶段的行为。只要具有其中一个阶段的行为，如国家工作人员收受他人财物时，根据他人提出的具体请托事项，承诺为他人谋取利益的，就具备了为他人谋取利益的要件。明知他人有具体请托事项而收受其财物的，视为承诺为他人谋取利益。

（三）“利用职权或地位形成的便利条件”的认定

刑法第三百八十八条规定的“利用本人职权或者地位形成的便利条件”，是指行为人与被其利用的国家工作人员之间在职务上虽然没有隶属、制约关系，但是行为人利用了本人职权或者地位产生的影响和一定的工作联系，如单位内不同部门的国家工作人员之间、上下级单位没有职务上隶属、制约关系的国家工作人员之间、有工作联系的不同单位的国家工作人员之间等。

（五）共同受贿犯罪的认定

根据刑法关于共同犯罪的规定，非国家工作人员与国家工作人员勾结伙同受贿的，应当以受贿罪的共犯追究刑事责任。非国家工作人员是否构成受贿罪共犯，取决于双方有无共同受贿的故意和行为，国家工作人员的近亲属向国家工作人员代为转达请托事项，收受请托人财物并告知该国家工作人员，或者国家工作人员明知其近亲属收受了他人财物，仍按照近亲属的要求利用职权为他人谋取利益的，对该国家工作人员应认定为受贿罪，其近亲属以受贿罪共犯论处。近亲属以外的其他人与国家工作人员通谋，由国家工作人员利用职务上的便利为请托人谋取利益，收受请托人财物后双方共同占有的，构成受贿罪共犯，国家工作人员利用职务上的便利为他人谋取利益，并指定他人将财物送给其他人，构成犯罪的，应以受贿罪定罪处罚。

贪污贿赂案件裁判规则第 8 条：

国家工作人员利用本人职权和地位形成的便利条件，接受他人请托，通过其他国家工作人员的职务便利谋取不正当利益，构成受贿罪

〔**规则描述**〕：国家工作人员利用本人职权或地位形成的便利条件，通过其他国家工作人员的职务上的行为，为请托人谋取不正当利益，索取或收受请托人财物，构成斡旋受贿，以受贿罪论处。

一、类案检索大数据报告

时间：2020 年 11 月 27 日之前，案例来源：Alpha 案例库，案件数量：327 件，数据采集时间：2020 年 11 月 27 日，本次检索共获取 2020 年 11 月 27 日前认定斡旋受贿的行为的裁判文书有 327 篇，整体情况如图 8－1 所示，从案件年份分布可以看到当前条件下案例数量的变化趋势。

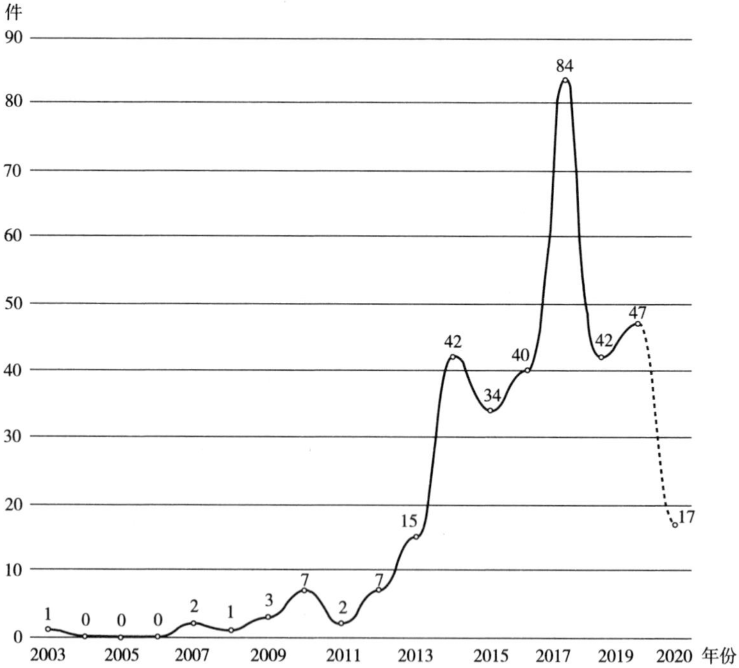

图 8－1　案件年份分布情况

如图 8 －2 所示，从案件地域分布来看，当前案例主要集中在安徽省、四川省、浙江省，分别占比 12. 54% 、8. 26% 、7. 65% 。其中，安徽省的案件量最多，达到 41 件。（注：此处显示该条件下案例数量排名前五的省份。）

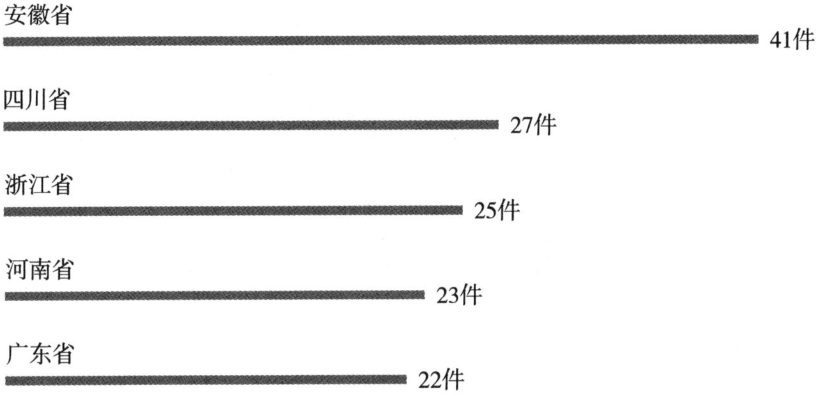

图 8 －2　案件地域分布情况

如图 8 －3 所示，从案件案由分类情况可以看到，当前的案由分布由多至少分别是刑事，民事。

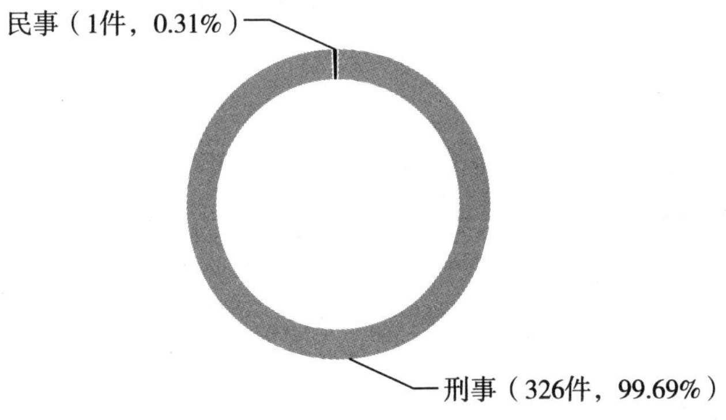

图 8 －3　案件案由分类情况

如图 8 －4 所示，从案件程序分类统计可以看到当前的审理程序分布状况。其中，一审案件有 204 件，二审案件有 111 件，再审案件有 12 件。

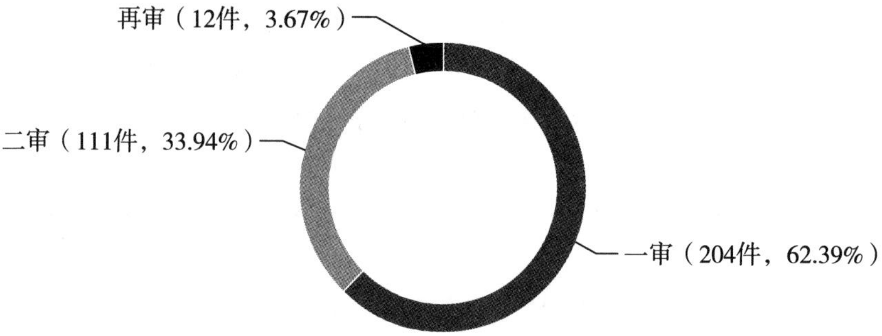

图 8－4　案件程序分类情况

如图 8－5 所示，通过对主刑的可视化可以看到，当前条件下包含有期徒刑的案件有 219 件，包含拘役的案件有 8 件。其中，包含缓刑的案件有 36 件，免予刑事处罚的案件有 15 件。

图 8－5　案件判决主刑情况

二、可供参考的例案

例案一｜陆某金受贿案

【法院】

江苏省常州市天宁区人民法院

【案号】

（2011）天刑二初字第 229 号

【诉讼主体】

公诉机关：常州市天宁区人民检察院。

被告人：陆某金

【基本案情】

1999 年 3 月至 2003 年 4 月，被告人陆某金担任原常州市郊区青龙乡土地管理所所长。2003 年 4 月至 2010 年 3 月，被告人陆某金担任常州市国土资源局红梅国土资源所所长。

2006年，因常州市青洋路改造，常州亚丰汽车配件制造有限公司（以下简称亚丰公司）由青洋路搬至本市新堂北路318号（隶属青龙街道辖区），为办理银行抵押贷款，该公司副总经理徐某芬找到被告人陆某金，请其帮忙为亚丰公司办理集体土地使用证及村镇房屋所有权证。被告人陆某金即找到时任常州市国土资源局钟楼分局办公室工作人员许某明（原郊区国土资源局用地科科长，另案处理），由许某明提供并填写空白的集体土地建设使用证，后又填写了4份内容虚假的征（拨）使用土地批准通知书；同时，被告人陆某金找到常州市青龙街道建设办副主任周某林（另案处理），由周某林填写了2张虚假的江苏省城镇工程建设许可证；被告人陆某金还找到常州市天宁区房管局房产管理科副科长汤某平，请其在办证过程中给予照应。2006年年底，亚丰公司领取了村镇房屋所有权证。2008年，亚丰公司领取了集体土地使用证（租赁）。

2009年春节前，徐某芬为感谢被告人陆某金等人，至被告人陆某金工作单位办公室，交给陆某金10万元并由其作出安排。被告人陆某金即将其中的现金5000元送给许某明、现金3万元送给周某林、现金2万元送给汤某平，但汤某平不久后便将所收现金退还给了陆某金。另外，被告人陆某金为办证曾请许某明吃饭和洗澡。

2011年7月20日，常州市天宁区人民检察院在查办常州市国土资源局钟楼分局办公室工作人员许某明涉嫌受贿案过程中，发现被告人陆某金向许某明贿送现金，即对陆某金进行询问，陆某金即主动交代了其收受贿赂的事实。案发后，被告人陆某金已退出全部涉案赃款10万元。

【案件争点】

被告人陆某金的行为是否属于斡旋受贿，是否构成受贿罪。

【裁判要旨】

一审法院认为，《刑法》第388条规定，国家工作人员利用本人职权或者地位形成的便利条件，通过其他国家工作人员职务上的行为，为请托人谋取不正当利益，索取请托人财物或者收受请托人财物的，以受贿论处。利用本人职权或者地位形成的便利条件，是指行为人与被其利用的国家工作人员之间虽然没有隶属、制约关系，但是行为人利用了本人职权或者地位产生的影响和一定的工作联系，如单位内不同部门的国家工作人员之间，上下级没有职务上隶属、制约关系的国家工作人员之间，有工作联系的不同单位的国家工作人员之间。谋取不正当利益，是指谋取违反法律、法规、规章或者政策规定的利益，或者要求对方违反法律、法规、规章、政策、行业规范的规定提供帮助或者方便条件。被告人陆某金属国有事业单位中从事公务的人员，应以国家工作人员论；陆某金虽与其他3名涉案的国家工作人员之间无隶属、制约关系，但相互之间具有工作联系，属于利用本人职权或者地位形成的便利条件的情形；本案涉案的其他3名国家工作人员利用职务之便提供虚假报批材料为亚丰公司办理村镇房屋所有权证和集体土地使用证（租赁），该行为属于谋取不正当利益的后一种情形。综上，被告人陆某金的行为符合斡旋受贿的构成要件，其行为已构成受贿罪，公诉机关指控的罪名成立，予以采纳；辩护人提出被告人陆某金的行为不构成犯罪的辩护意见不能成立，不予采纳。被告人陆某金因行贿嫌疑被司法机关盘问后主动交代受贿事实，其受贿犯罪属自首，依法可以减轻处罚。被告人陆某金具有退赃情节，可酌情从轻处罚。判决：一、被告人陆某金犯受贿罪，判处有期徒刑二年，缓刑三年。二、被告人陆某金退出的受贿款6.5万元予以没收，上缴国库。宣判后，公诉机关未抗诉，被告人未提出上诉，判决已发生法律效力。

例案二 | 王某石受贿案

【法院】

北京市高级人民法院

【案号】

(2006)高刑终字第65号

【诉讼主体】

原公诉机关：北京市人民检察院第一分院

上诉人（原审被告人）：王某石

上诉人（原审被告人）：林某

【基本案情】

2002年3月至9月，被告人王某石利用担任中国证券监督管理委员会（以下简称证监会）发行监管部发审委工作处助理调研员的便利条件，通过时任东北证券有限责任公司（以下简称东北证券公司）工作人员的被告人林某介绍，接受福建凤竹纺织科技股份有限公司（以下简称凤竹公司）的请托，通过证监会发行监管部其他工作人员职务上的行为，为凤竹公司在申请首次发行股票的过程中谋取不正当利益，为此王某石收受请托人通过林某给予的贿赂款人民币 72.6 万元。

其间，林某利用在东北证券公司工作的职务便利，在参与东北证券公司承销凤竹公司首次发行股票业务的过程中，收取凤竹公司给予的贿赂款人民币 67.4 万元。

【案件争点】

被告人是否利用职权或地位形成的便利条件。

【裁判要旨】

一审法院认为，被告人王某石及其辩护人、被告人林某的辩护人关于王某石与林某不构成受贿共犯的辩解及辩护意见。经查，经庭审质证的证据不能证明王某石、林某曾共谋收取凤竹公司给予的 140 万元贿赂款，认定二人为受贿共犯的证据不足。因此，对被告人及辩护人的此项辩解及辩护意见，予以采纳。

被告人王某石的辩护人关于王某石没有利用职权或地位形成的便利条件为他人谋取利益的辩护意见。经查，2002 年 3 月至 9 月，王某石虽由证监会派往深交所从事创业板的筹备工作，但其干部人事关系仍在证监会，仍属证监会工作人员，并于 2003 年 4 月回到证监会发行监管部。因此，在凤竹公司申请上市审批，王某石在为请托人联系证监会发行监管部审核人员，疏通关系过程中，正是利用了其为证监会发行监管部工作人员所形成的便利条件。因此，对辩护人的此项辩护意见，不予采纳。

被告人王某石的辩护人关于王某石没有通过其他国家工作人员职务上的行为为请托人谋取不正当利益的辩护意见。经查，对于凤竹公司提出能够尽快、顺利地获得审核批准的请托，王某石并不能通过其职务便利直接办到，因此王某石受凤竹公司请托将证监会发行监管部的审核人员约出，王某石及请托人均向审核人员提出了要求尽快办理的请托事项。对于凤竹公司要求对上市申请尽快审批的请求，通过在案证据不能证明在该企业的上市审批过程中有被延误的情形，在对其申请按照正当工作程序进行审批的情况下，凤竹公司的此种请托属不正当利益，故本案中王某石有通过其他国家工作人员职务上的行为为请托人谋取不正当利益的行为。因此，对辩护人的此项辩护意见，不予采纳。

被告人王某石身为国家工作人员，利用本人职权或地位形成的便利条件，通过其他国家工作人员职务上的行为，为请托人谋取不正当利益，收受请托人通过他人给予的贿赂款人民币 72.6 万元，其行为已构成受贿罪，且受贿数额巨大，依法应予惩处。北京市人民检察院第一分院指控被告人王某石犯受贿罪，定性准确，指控罪名成立。但起诉书指控的第一项事实中，认定王某石、林某共同受贿 140 万元的证据不足，王某石收取凤竹公司通过林某给予的 72.6 万元构成受贿罪。根据被告人王某石犯罪的事实、犯罪的性质、情节和对于社会的危害程度，判决被告人王某石犯受贿罪，判处有期徒刑十三年，并处没收个人财产人民币 12 万元。被告人林某犯非国家工作人员受贿罪，判处有期徒刑九年，并处没收个人财产人民币 10 万元；犯介绍贿赂罪，判处有期徒刑一年六个月，决定执行有期徒刑十年，并处没收个人财产人民币 10 万元。

一审宣判后，被告人王某石不服，提出上诉称，没有利用职权或地位形成的便利条件，通过其他国家工作人员职务上的行为，为请托人谋取不正当利益；其辩护人的辩护意见为，王某石不构成斡旋受贿罪。

二审法院认为，王某石身为国家证券监督管理机构的工作人员，对凤竹公司申请上市发行股票的正当程序已经知悉，但其接受发行股票申请单位的请托后，不遵循正当申报程序，而是利用本人的职权及地位形成的便利条件，采用“吃请送礼”的手段，介绍参与审核和核准股票发行申请的人员与申请单位私下接触，为请托人谋取不正当利益，其从中收受请托人巨额钱财的行为已构成受贿罪，故王某石的上诉理由及其辩护人的辩护意见，缺乏事实和法律依据，不予采纳。上诉人王某石身为国家工作人员，利用本人职权或地位形成的便利条件，通过其他国家工作人员职务上的行为，为请托人谋取不正当利益，收受请托人通过他人给予的巨额贿赂，其行为已构成受贿罪，依法应予惩处。原审法院根据王某石犯罪的事实、犯罪的性质、情节和对于社会的危害程度所作的判决，事实清楚，证据确实、充分，定性及适用法律正确，量刑适当，审判程序合法，应予维持。

例案三 | 周某强受贿案

【法院】

重庆市高级人民法院

【案号】

(2016)渝刑终 193 号

【诉讼主体】

原公诉机关：重庆市人民检察院第三分院

上诉人(原审被告人)：周某强

【基本案情】

上诉人周某强系国家工作人员，其于1997年12月24日被任命为重庆市人民检察院第一分院控告申诉检察处副处长，2004年2月20日任该处处长；2007年10月12日任该院机关党委办公室主任，2010年3月19日免去该职务；2011年1月30日交流至该院督导办公室工作；2012年6月6日调整至该院案件管理处工作；2014年11月26日任该院副巡视员；2015年3月19日退休并免职。

2004年，上诉人周某强在办理一涉检上访案件的过程中，对案件当事人李某1提出给予关照的请托予以承诺。2006年八九月的一天，周某强收受李某1所送50万元。

2008年至2010年，上诉人周某强以合作为名参与叶某1承接政府发包工程。为帮助叶某1顺利中标，周某强利用其检察机关工作人员职权和地位形成的便利条件，先后向国家工作人员雷某、魏某、余某1等人提出对叶某1予以关照。随后，周某强收受叶某1以项目利润为名给付的钱财共计545万元。此外，2010年至2012年，周某强陆续向叶某1贷款共计500万元并按月息2%收取利息。具体事实如下：(1)2008年，叶某1经蔚某介绍认识上诉人周某强，几人商量合作承接重庆市巴南区土地整治项目并由周某强向相关国家工作人员"协调关系"以帮助叶某1中标。随后，周某强找到时任巴南区副区长的雷某提出对叶某1参与项目招投标给予关照。雷某表示同意并向时任巴南区国土资源管理分局局长的虞某提出对周某强、叶某1给予关照。2008年11月，叶某1中标巴南区土地整治项目。2010年，周某强收受叶某1以项目利润为名给付的现金30万元。(2)2009年，叶某1请托上诉人周某强"协调关系"以承接重庆市铜梁县土地开发整理项目。随后，周某强找到时任中共重庆市铜梁县县委书记的魏某，提出对叶某1参与招投标给予关照。魏某表示支持并为周某强联系了时任县国土资源和房屋管理局局长的王某1。经王某1联系，周某强、叶某1与分管副局长何某、土地储备中心副主任冯某等人见面。2009年7月，叶某1利用其挂靠的重庆市九龙坡区市政设施维护管理处中标项目第六标段。2012年4月的一天，周某强收受叶某1以项目利润为名给付的现金30万元。(3)2010年4月，时任重庆市园林局局长的余某1为打听下属涉嫌受贿的案情并请求关照，请托上诉人周某强"协调关系"与办案检察机关领导见面。2010年下半年，叶某1请托周某强向余某1"协调关系"以承接涉及重庆市园博园建设的工程项目。周某强向兼任园博园工程指挥部副指挥长的余某1提出对叶某1给予关照。余某1表示支持，介绍了未招标项目的情况，并建议叶某1联系具有古建一级资质的企业参与投标。此后，叶某1找到北京中外园林建设公司（以下简称中外园林公司）参与，周某强将该情况告知余某1并提出关照。同年11月，中外园林公司中标巴渝园项目。随后叶某1与中外园林公司签订合作协议，负责项目具体实施。2012年至2014年，叶某1通过转账、支票、现金支付等方式向周某强支付钱款共计485万元。此外，2010年至2012年，叶某1陆续从周某强处借款共计500万元，并于2015年7月之前按双方约定的月息2%向周某强支付利息。

2010年，上诉人周某强接受廖某请托，利用其检察机关工作人员职权和地位形成的便利条件，向时任中共重庆市铜梁县县委书记的魏某提出对廖某给予关照，以使其不合格的房产容积率方案获得批准。2012年，周某强先后两次收受廖某所送现金共计100万元。

另查明，2015年8月4日，重庆市纪委对上诉人周某强采取调查措施。重庆市人民检察院第三分院于2015年8月10日接到管辖指令，同年9月7日进行立案侦查，9月8日对周某强实施拘传，9月9日对其刑事拘留。案发后，周某强退出赃款500万元。

【案件争点】

被告人能否对相关国家工作人员产生影响；请托人是否获得不正当利益。

【裁判要旨】

一审法院审理认为，被告人周某强身为国家工作人员，利用职务上的便利，为他人谋取利益，又利用职权或者地位形成的便利条件，通过其他国家工作人员职务上的行为，为他人谋取不正当利益，非法收受他人贿赂695万元，其行为已构成受贿罪，且数额特别巨大。周某强到案后能够如实供述主要犯罪事实，系坦白，积极退出赃款500万元，可以从轻处罚。根据相关法律规定判决如下：(1)被告人周某强犯受贿罪，判处有期徒刑十一年六个月，并处罚金200万元。(2)对被告人周某强退至重庆市武隆县人民检察院的500万元，予以没收，上缴国库。对被告人周某强违法所得195万元继续追缴，上缴国库。

宣判后，原审被告人周某强提出上诉。

上诉人周某强提出本案定性错误，他不知道廖某容积率方案的真实情况；他与相关国家工作人员有私人关系，且根据双方工作单位及职务职权，他不能对对方产生影响。

周某强的辩护人提出，周某强与相关的国家工作人员之间没有工作联系，不能对对方产生影响；其所托的国家工作人员并无渎职行为，请托人也未获得不正当利益。认定周某强斡旋受贿事实不清，定性错误，原判对周某强量刑过重。

重庆市人民检察院认为，原判决认定事实清楚，证据确实、充分，量刑适当，审判程序合法，周某强的上诉理由及辩护人的辩护意见均不能成立，建议二审法院驳回上诉，维持原判。

二审法院认为，关于上诉人周某强的辩护人提出周某强所托国家工作人员没有渎职行为，请托人未获得不正当利益的辩护意见。经查，本案中的土地整治项目均为公开招标，园博园项目为定向邀请后进行竞争性比选，叶某1的请托旨在通过其他国家工作人员获取不公平的竞争优势以实现中标。廖某的项目所涉及的容积率标准系公开可供查询，廖某的请托旨在通过其他国家工作人员让其不合格的容积率方案获得批准。叶某1、廖某均系谋取不正当利益。同时，被请托国家工作人员是否渎职不影响对叶某1、廖某谋取不正当利益的认定。辩护人的前述辩护意见不能成立，法院不予采纳。

关于上诉人周某强提出不知道廖某容积率方案具体情况的上诉理由。经查，廖某所开发项目的容积率设计既有公开可供查询的标准又有相应的报审程序，并不需要对相关人员进行“协调”。周某强在明知廖某提交的方案未获得审批的情况下，为使方案获得通过而出面为廖某“协调关系”，其对请托事项的不正当性具有认识。周某强是否知道容积率方案的具体情况不影响对其主观上认识到不正当利益的认定。周某强的前述上诉理由不能成立，法院不予采纳。

上诉人周某强身为国家工作人员，利用职务便利，为请托人谋取利益，收受他人贿赂50万元；其又利用本人职权和地位形成的便利条件，通过其他国家工作人员职务上的行为，为请托人谋取不正当利益，收受他人贿赂645万元。周某强收受贿赂共计695万元，其行为侵犯了国家工作人员职务行为的不可收买性，构成受贿罪，数额特别巨大，依法应予处罚。周某强到案后，如实供述主要犯罪事实，积极退出部分赃款，可从轻处罚。

关于上诉人周某强提出李某1所送50万元为礼金，其行为不构成受贿的上诉理由。经查，周某强在履行办案职责时，对李某1的请托予以承诺，事后在明知李某1送钱与此前请托相关的情况下仍收受钱财。周某强收受该50万元的行为具有权钱交易的性质，侵犯了职务行为的不可收买性，构成受贿罪。周某强的前述上诉理由不能成立，法院不予采纳。

关于上诉人周某强及其辩护人提出周某强与相关国家工作人员没有工作联系，根据双方个人关系及工作单位，周某强不能对对方产生影响；周某强没有实施斡旋行为,不构成受贿罪的上诉理由和辩护意见。经审理认为,重庆市人民检察院第一分院是具有法律监督、职务犯罪查办等职能的国家司法机关,因工作职能和职责同其他国家机关能够产生相关的公务关系。周某强利用其检察机关领导干部身份,在他人承接工程和规划报审事项中,斡旋其他国家机关工作人员对请托人给予关照。同时,雷某、魏某、余某1等人虽与周某强相识但并无更多私交;王某1、何某、冯某等人则证实,周某强出面实施斡旋时在自我介绍过程中均表明了自己系检察机关处长的身份。因此,周某强利用其职务和地位产生的影响对其他国家工作人员实施斡旋的事实成立。周某强及其辩护人的前述上诉理由和辩护意见不能成立,法院不予采纳。

综上,原判决认定事实清楚,证据确实、充分,定罪准确,量刑适当,审判程序合法。重庆市人民检察院关于原判正确的意见成立,予以采纳。裁定驳回上诉,维持原判。

三、裁判规则提要

(一)斡旋受贿(又称间接受贿)的条件

根据《刑法》第388条的规定,所谓斡旋受贿,是指国家工作人员利用本人职权或者地位形成的便利条件,通过其他国家工作人员职务上的行为,为请托人谋取不正当利益,索取请托人财物或者收受请托人财物的行为。成立斡旋受贿应当具备下列条件:

1. 利用本人职权或者地位形成的便利条件

"利用本人职权或者地位形成的便利条件"主要是指行为人与被其利用的国家工作人员之间在职务上虽然没有隶属、制约关系,但是行为人利用了本人职权或者地位产生的影响和一定的工作联系,如单位内不同部门的国家工作人员之间、上下级单位没有职务上隶属、制约关系的国家工作人员之间、有工作联系的不同单位的国家工作人员之间等。利用职权与地位斡旋的核心,是正确把握斡旋者与被斡旋者之间的关系。斡旋者的职权与地位能够推动被斡旋者完成斡旋事项。换言之,被斡旋者之所以实施为请托人谋取不正当利益的行为,其动因首先是囿于斡旋者的职权与地位。如果不按斡旋者的意图行事,可能会损害被斡旋者的利益。实践中斡旋案件斡旋者与被斡旋者二者之间的关系表现为四种:

(1)监督关系。监督是指斡旋者依照法律、规章具有检查、质询、接受报告、提出纠正意见等权力。监督关系有纵向监督与横向监督关系。如例案三中,重庆市人民检察院第一分院是具有法律监督、职务犯罪查办等职能的国家司法机关，因工作职能和职责同其他国家机关能够产生相关的公务关系。周某强利用其检察机关领导干部身份，在他人承接工程和规划报审事项中，斡旋其他国家机关工作人员对请托人给予关照。同时，雷某、魏某、余某 1 等人虽与周某强相识但并无更多私交；王某 1、何某、冯某等人则证实，周某强出面实施斡旋时在自我介绍过程中均表明了自己系检察机关处长的身份。因此，周某强利用其职务和地位产生的影响对其他国家工作人员实施斡旋的事实成立。

（2）制约关系。制约关系是斡旋者与被斡旋者在共同完成任务的过程中相互制衡的关系。在构筑权力框架时，各部门、各工种形成互相配合、互相制约的关系。如例案二中，2002 年 3 月至 9 月，王某石虽由证监会派往深交所从事创业板的筹备工作，但其干部人事关系仍在证监会，仍属证监会工作人员，并于 2003 年 4 月回到证监会发行监管部。因此，在凤竹公司申请上市审批，王某石在为请托人联系证监会发行监管部审核人员，疏通关系过程中，正是利用了其为证监会发行监管部工作人员所形成的便利条件。

（3）行业管理与被管理关系。这里的管理不是领导意义上的管理，而是行业上的管理。管理者对被管理者有行政、业务上的处理权力。利用行业管理关系，管理者可以向被管理者斡旋请托事项。如例案一中，陆某金虽与其他 3 名涉案的国家工作人员之间无隶属、制约关系，但相互之间具有工作联系，属于利用本人职权或者地位形成的便利条件的情形。

（4）协作关系。协作关系是指斡旋者与被斡旋者共同完成某项事务，具有共同利益的关系。如两个企业联营成立新的企业，新企业的运营效益关系到投资双方的利益，为了保持协作关系顺利发展，一方对另一方的斡旋事项一般会认真考虑。

2. 必须是通过其他国家工作人员实施（包括放弃）职务上的行为为请托人谋取利益

不要求其他国家工作人员认识到行为人索取、收受贿赂，但要求行为人对其他国家工作人员提出了为请托人谋取不正当利益的请求、约定。至于其他国家工作人员是否许诺、答应行为人的请求，是否为请托人谋取了不正当利益，则不影响斡旋受贿的成立。如果是通过其他国家工作人员的非职务行为为请托人谋取利益，或者是通过不具有国家工作人员身份的人员为请托人谋取利益的，不能成立斡旋受贿。

3. 为请托人谋取的利益必须是不正当利益

所谓“不正当利益”，是指谋取违反法律、法规、国家政策和国务院各部门规章规定的利益，以及要求国家工作人员或者有关单位提供违反法律、法规、国家政策和国务院各部门规章规定的帮助或者方便条件。如果行为人通过其他国家工作人员的职务行为为请托人谋取正当利益，从中索取或者收受请托人财物的，也不能成立斡旋受贿。

需要注意的是，由于斡旋受贿的主观方面是故意，那么在行为人的认识因素中，是否包括对不正当利益的明知？犯罪的认定建立在主客观相统一的原则基础上，根据该原则，斡旋受贿罪作为故意犯罪，不仅要求行为人通过第三人谋取的利益在客观上确是不正当利益，而且要求行为人在主观上明知通过第三人谋取的利益是不正当利益。因此，对斡旋受贿的认定，应证明行为人主观上有为请托人谋取不正当利益的故意，如果缺乏这样的故意，尽管请托人客观上谋取了这样的利益，行为人也不能构成本罪。

（二）本罪与其他相关联犯罪的区别

1. 与介绍贿赂罪的区别

（1）主体不同。斡旋型受贿罪的主体直接为国家工作人员自己。介绍贿赂罪主体较之更宽泛。

（2）主观要件不同。介绍贿赂罪不需要具有收受贿赂的故意，但斡旋受贿必须具有收受贿赂的故意。当然，在实践中，介绍贿赂者也有收受请托人或者受托人财物的故意，但这与收受贿赂的故意是有区别的：第一，这不属于收受贿赂的故意，介绍人收取该财物并不在于以财物换取本人或他人职务行为的行使，只是在于作为介绍贿赂的报酬。第二，行为人是否具有收受介绍费的故意，并不影响介绍贿赂罪的成立。介绍贿赂罪中，行为人主观上无须具有为请托人谋取不正当利益的目的，因而请托人所谋取的利益既可以是正当利益，也可以是不正当利益，不影响介绍贿赂罪的成立，但斡旋受贿必须具有为请托人谋取不正当利益的目的。

（3）客观要件不同。介绍贿赂的客观要件是行为人在请托人与受托人之间穿针引线、牵线搭桥，从中撮合行贿、受贿的实现。斡旋受贿的客观要件是行为人利用本人职权或地位所形成的便利条件，通过其他国家工作人员职务上的行为，为请托人谋取不正当利益，索取请托人或者收受请托人财物。

2. 与利用影响力受贿罪的区别

（1）主体不同。利用影响力受贿罪的主体是国家工作人员的关系密切人、离职的国家工作人员及其关系密切人，而斡旋型受贿罪的主体直接为国家工作人员自己。

（2）客观方面不同。利用影响力受贿罪中，行为人先是利用与其关系密切的国家工作人员的职权或地位形成的便利条件，再通过其他国家工作人员职务上的行为去受贿；斡旋型受贿罪是国家工作人员直接利用自己的职权或地位形成的便利条件，再通过其他国家工作人员职务上的行为去受贿。在这里他们所依靠的职权或地位形成的便利条件的主体不同，前者为与利用影响力受贿行为人关系密切的国家工作人员，后者直接为该国家工作人员本人。

需要注意的是，行为人与国家工作人员勾结伙同受贿的，应当以受贿罪的共犯追究刑事责任。换言之，如果被利用的国家工作人员没有收取贿赂的目的，也没有收取贿赂的行为，即使利用其影响力的亲属或关系密切人收取了贿赂款，也因为两者间没有犯罪的合意而不能构成共同犯罪，此时应对行为人以利用影响力受贿罪论处。

四、辅助信息

高频词条：

《刑法》

第385条第1款 国家工作人员利用职务上的便利，索取他人财物的，或者非法收受他人财物，为他人谋取利益的，是受贿罪。

第388条 国家工作人员利用本人职权或者地位形成的便利条件，通过其他国家工作人员职务上的行为，为请托人谋取不正当利益，索取请托人财物或者收受请托人财物的，以受贿论处。

第388条之一 国家工作人员的近亲属或者其他与该国家工作人员关系密切的人，通过该国家工作人员职务上的行为，或者利用该国家工作人员职权或者地位形成的便利条件，通过其他国家工作人员职务上的行为，为请托人谋取不正当利益，索取请托人财物或者收受请托人财物，数额较大或者有其他较重情节的，处三年以下有期徒刑或者拘役，并处罚金；数额巨大或者有其他严重情节的，处三年以上七年以下有期徒刑，并处罚金；数额特别巨大或者有其他特别严重情节的，处七年以上有期徒刑，并处罚金或者没收财产。

离职的国家工作人员或者其近亲属以及其他与其关系密切的人，利用该离职的国家工作人员原职权或者地位形成的便利条件实施前款行为的，依照前款的规定定罪处罚。

第 392 条 向国家工作人员介绍贿赂，情节严重的，处三年以下有期徒刑或者拘役，并处罚金。

介绍贿赂人在被追诉前主动交待介绍贿赂行为的，可以减轻处罚或者免除处罚。

《贪污贿赂案件解释》

第 13 条 具有下列情形之一的，应当认定为"为他人谋取利益"，构成犯罪的，应当依照刑法关于受贿犯罪的规定定罪处罚：

（一）实际或者承诺为他人谋取利益的；

（二）明知他人有具体请托事项的；

（三）履职时未被请托，但事后基于该履职事由收受他人财物的。

国家工作人员索取、收受具有上下级关系的下属或者具有行政管理关系的被管理人员的财物价值三万元以上，可能影响职权行使的，视为承诺为他人谋取利益。

最高人民检察院《关于人民检察院直接受理立案侦查案件立案标准的规定（试行）》

（七）介绍贿赂案（第 392 条）

介绍贿赂罪是指向国家工作人员介绍贿赂，情节严重的行为。

"介绍贿赂"是指在行贿人与受贿人之间沟通关系、撮合条件，使贿赂行为得以实现的行为。

涉嫌下列情形之一的，应予立案：

1. 介绍个人向国家工作人员行贿，数额在 2 万元以上的；介绍单位向国家工作人员行贿，数额在 20 万元以上的；

2. 介绍贿赂数额不满上述标准，但具有下列情形之一的：

(1) 为使行贿人获取非法利益而介绍贿赂的；

(2) 3 次以上或者为 3 人以上介绍贿赂的；

(3) 向党政领导、司法工作人员、行政执法人员介绍贿赂的；

(4) 致使国家或者社会利益遭受重大损失的。

《全国法院审理经济犯罪案件工作座谈会纪要》

三、关于受贿罪

(一)关于“利用职务上的便利”的认定

刑法第三百八十五条第一款规定的“利用职务上的便利”,既包括利用本人职务上主管、负责、承办某项公共事务的职权,也包括利用职务上有隶属、制约关系的其他国家工作人员的职权。担任单位领导职务的国家工作人员通过不属自己主管的下级部门的国家工作人员的职务为他人谋取利益的,应当认定为“利用职务上的便利”为他人谋取利益。

(二)“为他人谋取利益”的认定

为他人谋取利益包括承诺、实施和实现三个阶段的行为。只要具有其中一个阶段的行为,如国家工作人员收受他人财物时,根据他人提出的具体请托事项,承诺为他人谋取利益的,就具备了为他人谋取利益的要件。明知他人有具体请托事项而收受其财物的,视为承诺为他人谋取利益。

(三)“利用职权或地位形成的便利条件”的认定

刑法第三百八十八条规定的“利用本人职权或者地位形成的便利条件”,是指行为人与被其利用的国家工作人员之间在职务上虽然没有隶属、制约关系,但是行为人利用了本人职权或者地位产生的影响和一定的工作联系,如单位内不同部门的国家工作人员之间、上下级单位没有职务上隶属、制约关系的国家工作人员之间、有工作联系的不同单位的国家工作人员之间等。

贪污贿赂案件裁判规则第 9 条：

国家工作人员利用职务便利为亲友谋取利益，以接受亲友馈赠为由收受财物的行为构成受贿

〔**规则描述**〕：亲友物品馈赠是一种单方民事法律行为，是人为自愿将自己的财物无偿地给予他人的合法行为；而受贿则是一种以权谋私、权钱交易的犯罪行为。对国家工作人员提出明确的请托事项，国家工作人员在接受亲友财物时利用职务便利为亲友谋取不正当利益，且其亲友有明确的请托事项，符合受贿罪的构成要件，应认定为受贿。

一、类案检索大数据报告

时间：2020 年 11 月 27 日之前，案例来源：Alpha 案例库，案件数量：56 件，数据采集时间：2020 年 11 月 27 日，本次检索共获取 2020 年 11 月 27 日前认定以亲友馈赠为由收受财物的行为的裁判文书有 56 篇，整体情况如图 9－1 所示，从案件年份分布可以看到当前条件下案例数量的变化趋势。

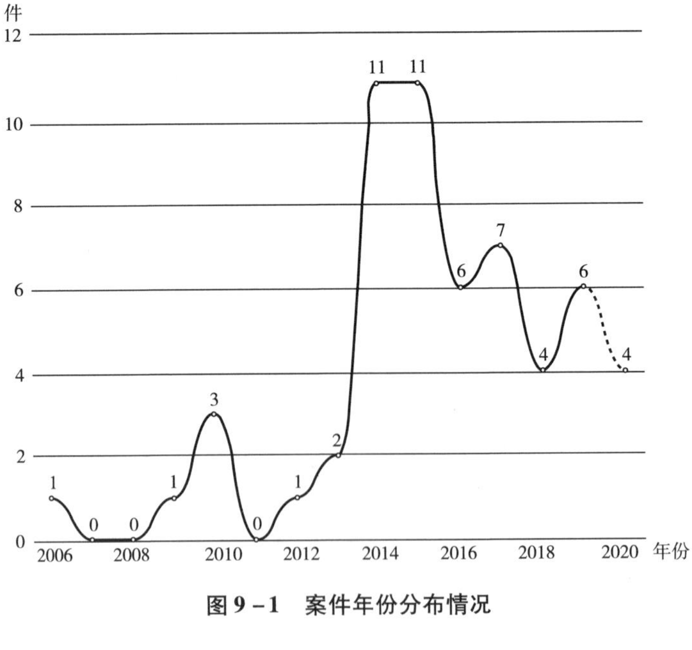

图 9－1　案件年份分布情况

如图9－2所示，从案件地域分布来看，当前案例主要集中在广东省（江西省、河北省、河南省、贵州省并列），均占比8.93%。各省案件量均为5件。（注：此处显示该条件下案例数量排名前五的省份。）

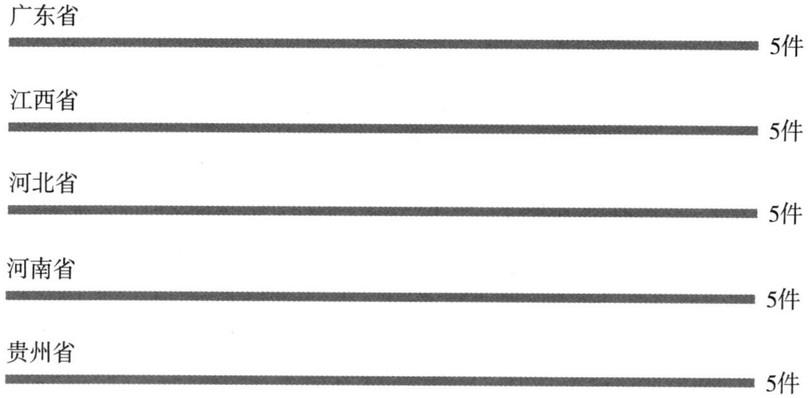

图9－2　案件地域分布情况

如图9－3所示，从案件案由分类情况可以看到，当前的案由分布由多至少分别是刑事，民事。

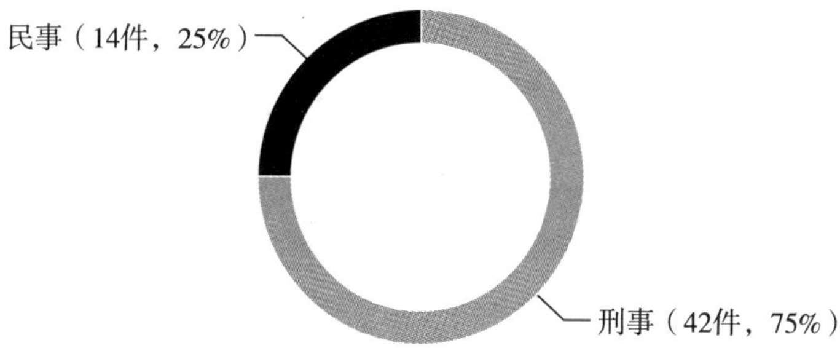

图9－3　案件案由分类情况

如图9－4所示，从案件程序分类统计可以得出当前的审理程序分布状况。其中，一审案件有42件，二审案件有11件，再审案件有3件，并能够推算出一审上诉率约为26.19%。

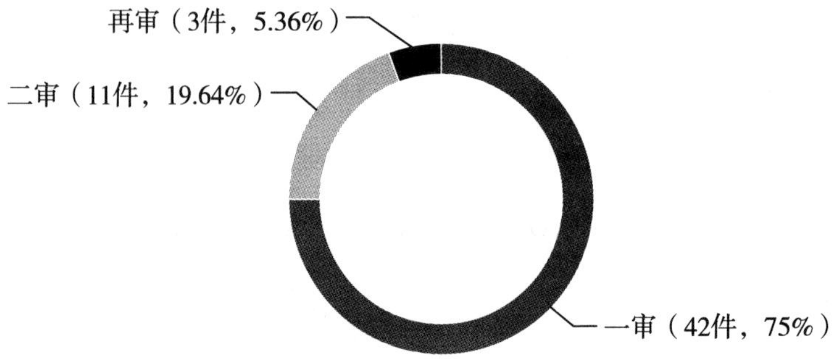

图 9-4 案件程序分类情况

如图 9-5 所示，通过对主刑的可视化可以看到，当前条件下包含有期徒刑的案件有 34 件，包含拘役的案件有 1 件，包含无期徒刑的案件有 1 件。其中，包含缓刑的案件有 6 件，免予刑事处罚的案件有 0 件。

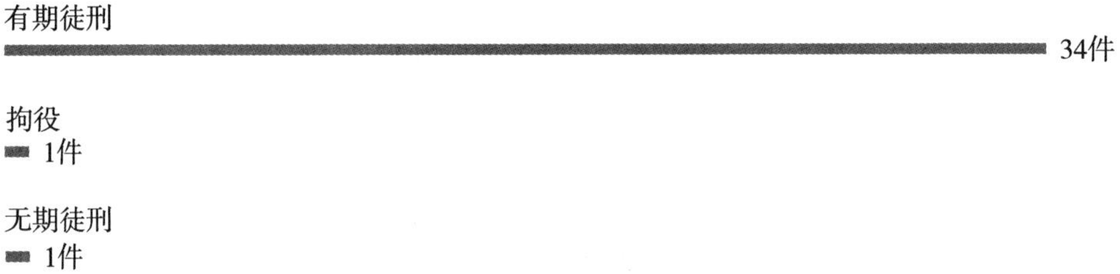

图 9-5 案件判决主刑情况

二、可供参考的例案

例案一 | 黄某受贿案

【法院】

江苏省南京市中级人民法院

【案号】

(2013)宁刑二初字第 5 号

【诉讼主体】

公诉机关：江苏省南京市人民检察院

原审被告人：黄某

【基本案情】

1998 年下半年至 2011 年 8 月，被告人黄某先后利用其担任山东省德州市人民政府市长、中共山东省德州市市委书记、山东省人民政府副省长的职务便利，在企业经营、职务晋升等方面为他人谋取利益，或者利用其担任山东省人民政府副省长职务形成的便利条件，通过其他国家工作人员职务上的行为，为他人谋取不正当利益，直接或通过其亲属先后61次非法收受德百公司法定代表人杨某星、国科公司法定代表人蔡某军等21个单位和个人给予的财物，共计折合人民币1223.922153万元。具体事实如下：

1. 2002年年底至2011年3月，被告人黄某利用担任中共山东省德州市市委书记、山东省人民政府副省长的职务便利，接受德百公司法定代表人杨某星的请托，为德百公司百货大楼费用减免及排除竞争、天衢购物中心及澳德乐时代广场建设项目费用减免、杨某星之弟职务晋升等事项提供帮助。2007年年初至2010年年初，黄某通过其弟黄某东收受杨某星给予的医疗设备款人民币280万元，并单独收受杨某星价值人民币236.782683万元的住房一套（含契税）、先后三次收受人民币40万元，共计折合人民币556.782683万元。黄某得知与其受贿有关联的人被调查后，于2011年8月将上述住房及人民币280万元退还给杨某星。

2. 2002年年初至2011年7月，被告人黄某利用担任中共山东省德州市市委书记、山东省人民政府副省长的职务便利，为山东省大同宏业投资集团（以下简称大同宏业集团）法定代表人张某之弟职务晋升提供帮助；并接受张某的请托，为该集团下属企业开发的“枣山家园”项目缓缴城市基础设施配套费和排除施工干扰、张某朋友之女报考山东警察学院等事项提供帮助。2004年下半年至2008年上半年，黄某先后收受张某给予的价值人民币104.545万元的住房一套（含契税）、3万英镑，共计折合人民币144.8512万元。黄某得知与其受贿有关联的人被调查后，遂于2011年9月将该房屋退还给张某。

3. 2006年5月至9月，被告人黄某利用担任中共山东省德州市市委书记的职务便利，接受德州天宇化学工业有限公司（以下简称天宇公司）投资人王某宇的请托，为该公司获取企业搬迁补偿费提供帮助；2006年下半年至2009年春节前，黄某先后收受王某宇给予的人民币98.247万元的购房款（含契税）、价值人民币11万元的车位及人民币5万元，共计折合人民币114.247万元。

4. 2003年年底至2009年夏天，被告人黄某利用担任中共山东省德州市市委书记、山东省人民政府副省长的职务便利，接受国科公司法定代表人蔡某军的请托，为该公司免除行政罚款、获得商业贷款、逃避税务稽查、筹建高尔夫球场项目等事项提供帮助。2005年秋天至2011年元旦前，黄某先后十次收受蔡某军给予的人民币

22万元、美元2万元及价值人民币29万元的购物卡,共计折合人民币67.0196万元。

5. 2003年1月至2011年3月,被告人黄某利用担任中共山东省德州市市委书记、山东省人民政府副省长的职务便利,为中共禹城市市委原副书记杨某军担任宁津县人民政府县长、中共夏津县县委书记等事项提供帮助;并接受杨某军的请托,为夏津县计划生育工作、夏津县特殊教育学校解决用地指标等事项提供帮助。2007年夏天至2011年年初,黄某先后四次收受杨某军给予的共计存有人民币40万元的银行卡。

6. 2007年年初至2010年1月,被告人黄某利用担任中共山东省德州市市委书记、山东省人民政府副省长的职务便利,接受山东省德州科技职业学院(以下简称科技学院)院长朱某材的请托,为该学院获取教育经费、恢复招生指标及筹建青岛校区等事项提供帮助。2007年中秋节前至2008年下半年,黄某先后收受朱某材给予的人民币10万元和存有人民币30万元的银行卡,共计人民币40万元。

7. 2011年3月,被告人黄某利用担任山东省人民政府副省长的职务便利,接受济南善智投资咨询有限公司(以下简称善智公司)法定代表人温某铧的请托,为该公司参与汇胜集团股份有限公司(以下简称汇胜集团)收购平原县翔龙纸业有限公司(以下简称翔龙纸业)并能享受税收优惠政策等事项提供帮助。2011年4月,黄某通过其子黄某1收受温某铧给予的人民币40万元。

8. 1998年下半年至2007年2月,被告人黄某利用担任山东省德州市人民政府市长、中共山东省德州市市委书记的职务便利,接受德州市人民政府驻北京办事处(以下简称办事处)原主任、德州大酒店有限责任公司(以下简称德州大酒店)原董事长白某冰的请托,为办事处下属企业建设项目土地出让金减免、德州大酒店国有股减持及综合改造项目城市基础设施配套费减免等事项提供帮助。2002年三四月至2011年年初,黄某先后六次收受白某冰给予的人民币18万元、美元2000元、1万英镑及价值人民币3万元的商场购物卡,共计折合人民币33.2354万元。

9. 2006年至2009年11月,被告人黄某利用担任中共山东省德州市市委书记、山东省人民政府副省长的职务便利,接受皇明太阳能集团股份有限公司(以下简称皇明公司)董事长黄某2的请托,为该公司下属企业承揽工程和下属职业中等专业学校(以下简称职业中专)升格等事项提供帮助。2008年夏天,黄某在其济南金鸡岭家中收受黄某2给予的人民币30万元。黄某得知与其受贿有关联的人被调查后,遂于2011年9月将人民币30万元退还给黄某2。

10. 2009年春节前至2011年8月,黄某利用担任山东省人民政府副省长的职务便利，接受德州学院党委书记任某河、院长贺某玉的请托，为德州学院获得高校专项资金、申请硕士研究生试点工作等事项提供帮助。为此，黄某在其省政府办公室先后收受任某河、贺某玉给予的价值人民币 3 万元和 20 万元的商场购物卡，共计折合人民币 23 万元。

11. 2007 年 11 月至 2009 年 8 月，被告人黄某利用担任山东省人民政府副省长的职务便利，接受泰山体育产业集团有限公司（以下简称泰山集团）法定代表人卞某良的请托，为该公司的业务发展、产品推荐等事项提供帮助。为此，黄某于 2008 年 2 月至 2009 年上半年，先后三次共收受卞某良给予的美元 3 万元，共计折合人民币 20.7499 万元。

12. 1999 年下半年至 2011 年 8 月，被告人黄某利用担任山东省德州市人民政府市长、中共山东省德州市市委书记、山东省人民政府副省长的职务便利，接受古贝春集团有限公司（以下简称古贝春公司）法定代表人周某峰的请托，为该公司的业务发展、形象提升等事项提供帮助。为此，黄某先后三次收受周某峰给予的人民币 18 万元。

13. 2003 年年底至 2004 年下半年，被告人黄某利用担任中共山东省德州市市委书记的职务便利，接受山东莱钢永锋钢铁有限公司（以下简称永锋公司）法定代表人刘某的请托，为该公司获取财政借款提供帮助。2006 年年初，黄某通过黄某东收受刘某给予的价值人民币 10.7134 万元的钢材，2010 年三四月，黄某在其中央党校宿舍收受刘某给予的存有人民币 5 万元的银行卡，共计折合人民币 15.7134 万元。

14. 2001 年 5 月至 2007 年 3 月，被告人黄某利用担任中共山东省德州市市委书记的职务便利，接受德州市公安局交警支队原副支队长王某的请托，为王某担任交警支队支队长、德州市公安局副局长、正县级侦查员以及王某女儿工作调动等事项提供帮助。2007 年下半年至 2009 年上半年，黄某先后三次共收受王某给予的人民币 13 万元。

15. 2008 年下半年至 2011 年 7 月，被告人黄某利用担任山东省人民政府副省长的职权或地位形成的便利条件，接受中澳控股集团有限公司（以下简称中澳公司）法定代表人张某波的请托，向中共山东省委统战部有关领导打招呼，为张某波担任山东省工商业联合会副主席、德州市工商业联合会主席等事项提供帮助。2008 年年底至 2011 年 5 月，黄某先后三次共收受张某波给予的价值人民币 7.5 万元的商场购物卡、人民币 5 万元，共计折合人民币 12.5 万元。

16. 2002年6月至2003年12月，被告人黄某利用担任中共山东省德州市市委书记的职务便利，接受德州市公路局原副局长孙某斌的请托，为孙某斌担任德州市交通局副局长、局长等职务提供帮助。2002年六七月和2006年中秋节前，黄某先后两次共收受孙某斌给予的人民币12万元。

17. 2010年4月至6月，被告人黄某利用担任山东省人民政府副省长的职务便利，接受中天建设集团有限公司（以下简称中天公司）山东分公司项目部负责人于某阳的请托，为该分公司办理外地企业进济施工备案证提供帮助。2010年春节、2011年春节，黄某在上海分别收受于某阳给予的人民币各5万元，共计人民币10万元。

18. 2010年10月至2011年4月，被告人黄某利用担任山东省人民政府副省长的职务便利，接受古贝春公司法定代表人周某峰的请托，为山东新明玻璃钢制品有限公司（以下简称新明公司）获取人防产品生产许可证提供帮助。2010年10月，黄某在济南山东大厦收受周某锋转交的新明公司法定代表人商某新给予的人民币10万元。

19. 2001年1月至2011年1月，黄某利用担任中共山东省德州市市委书记、山东省人民政府副省长的职务便利，为中共禹城市市委原副书记杨某先后担任临邑县人民政府县长、中共临邑县委书记等事项提供帮助；并接受杨某的请托，为其任职的德州经济开发区由省级升级为国家级提供帮助。2008年9月至2010年11月，黄某先后收受杨某给予的美元8000元、欧元5000元，共计折合人民币9.82297万元。

20. 2003年年底至2005年11月，被告人黄某利用担任中共山东省德州市市委书记的职务便利，接受德州商贸开发区管委会原主任张某廷的请托，为该开发区干部的提拔任用提供帮助。2003年年底和2005年下半年，黄某在其德州市委办公室分别收受张某廷给予的人民币3万元和5万元，共计人民币8万元。

21. 2006年5月至12月，被告人黄某利用担任中共山东省德州市市委书记的职务便利，接受山东黑马集团有限公司（以下简称黑马集团）董事长刘某江的请托，为该集团下属公司获取土地补偿提供帮助。2007年春节前、中秋节前，黄某先后两次共收受刘某江给予的人民币5万元。

另查明，案发后，黄某主动交代了办案机关尚未掌握的大部分受贿犯罪事实，并积极退缴了全部赃款赃物。

【案件争点】

被告人黄某收受于某阳10万元是亲友间的馈赠还是受贿。

【裁判要旨】

法院经审理认为，关于辩护人所提的“黄某收受于某阳给予的人民币10万元属亲友间的馈赠，不构成受贿”的辩护意见。经查，黄某与于某阳于2009年认识并开始交往，黄某应于某阳请托为中天公司协调办理进济施工备案证，介于2010年春节、2011年春节两次收受于某阳人民币5万元之间，两次收钱与请托、谋利密切相关。黄某与于某阳虽有亲戚关系，但认识时间不长且无对等的经济往来，两人之间的往来具有明显的权钱交易性质。对此，二人亦有明确供证，故辩护人的该辩护意见不能成立，法院不予采纳。

关于被告人黄某及其辩护人所提的“黄某认罪、悔罪，退缴全部赃款赃物”的辩解及辩护意见，以及辩护人所提的“黄某如实供述主要受贿事实，主动交代有关部门尚不掌握的大部分受贿事实”的辩护意见，经查属实，法院予以采纳。

被告人黄某身为国家工作人员，利用职务上的便利，为他人谋取利益，以及利用本人职权或者地位形成的便利条件，通过其他国家工作人员职务上的行为，为他人谋取不正当利益，直接或通过其亲属非法收受他人财物，其行为已构成受贿罪。公诉机关指控的事实清楚，证据确实、充分，指控罪名成立。根据黄某受贿的数额和情节，考虑到其在归案后主动交代办案机关尚未掌握的大部分受贿犯罪事实，具有坦白情节，认罪、悔罪，并退缴了全部赃款赃物，判决：一、被告人黄某犯受贿罪，判处无期徒刑，剥夺政治权利终身，并处没收个人全部财产；二、受贿犯罪所得赃款人民币1223.922153万元及孳息予以追缴，上交国库。

一审判决后，被告人黄某在法定上诉期限内未提出上诉，公诉机关亦未抗诉，一审判决书已发生法律效力。

例案二 | 李某受贿案

【法院】

浙江省高级人民法院

【案号】

(2016)浙刑终429号

【诉讼主体】

原公诉机关：浙江省金华市人民检察院

上诉人：李某

【基本案情】

2000年至2014年,被告人李某先后担任瑞安市副市长、中共温州市鹿城区委常委、常务副区长、中共三门县委常委、副县长,三门县县长、中共三门县委副书记、中共三门县委书记、中共台州市委副秘书长、中共嘉兴市委常委、政法委副书记、嘉兴市公安局局长等职务。任职期间,被告人李某利用职务便利及职权和地位形成的便利条件,先后为叶某1、郑某1、叶某4、陈某1、鲍某、戴某、吴某1、周某1谋取利益,收受上述人员财物共计价值人民币321.8046万元及书画作品一幅。案发后,被告人李某家属代为退出并已移交扣押在案赃款180万元人民币,案件侦查机关扣押了郑某1送给李某的1600克黄金、戴某送给李某的象牙雕件一对、吴某1送给李某的象牙一根、周某1送给李某的吴某2书画作品《草原之春》一幅,鲍某送给李某的红木家具一套。具体事实如下:

1. 2008年至2011年,被告人李某利用担任三门县县长、中共三门县委书记的职务便利,接受浙江三维橡胶制品股份有限公司董事长叶某1的请托,为叶某1在丁苯橡胶项目建设用地、叶某1参与开发的房地产项目容积率调整等方面提供帮助。2010年11月,被告人李某接受叶某1提议,出资人民币200万元入股叶某1实际控制的滦平富兴矿业有限公司。2011年6月至2014年1月,被告人李某在明知所得收益超出正常分红的情况下,先后三次收受叶某1以分红名义给予的人民币260万元。按正常分红,被告人李某应得120万元人民币,李某从中非法收受140万元人民币。

2. 2000年至2014年,被告人李某利用担任瑞安市副市长的职务便利,以及在温州、台州、嘉兴担任领导职务形成的便利条件,接受瑞安水产城股份有限公司实际控制人郑某1的请托,为郑某1在瑞安新世纪大厦项目开发、案件处理、瑞安水产城提升改造等方面提供帮助。2011年春节前后至2014年春节前后,被告人李某在杭州金都华庭小区家中、瑞安宏瑞大厦等地先后四次共收受郑某1给予的重500克的金元宝一枚、单某500克的金条2根、重100克的金条1根,合计重1600克,价值人民币48.535万元。

3. 2009年6月至9月,被告人李某利用担任中共三门县委书记的职务便利,接受台州瑞康工程塑料有限公司、台州铁信瑞康电子科技有限公司法定代表人叶某4的请托,为上述两家企业违规转让国有土地使用权提供帮助。其间,被告人李某在三门县绿洲小区宿舍内先后两次收受叶某4给予的现金共计40万元人民币。

4. 2001年至2005年,被告人李某利用担任瑞安市副市长的职务便利、担任中共温州市鹿城区委常委、常务副区长形成的便利条件，接受陈某1的请托，为陈某1在瑞安市安阳建设开发总公司改制、"公爵山庄二期"等房地产项目开发、案件处理等方面提供帮助。2008年6月，被告人李某购买陈某1为法定代表人的宏瑞集团有限公司开发的宏瑞大厦商品房一套，陈某1代为支付购房款人民币36.6248万元。

5. 2008年至2011年，被告人李某利用担任三门县县长、中共三门县委书记的职务便利，接受台州三和房地产开发有限公司法定代表人鲍某的请托，为鲍某在房地产项目容积率调整等方面提供帮助。2010年上半年，被告人李某请鲍某为其装修位于杭州市萧山区郁金香岸花苑听江苑×幢×号的房屋，鲍某为李某支付装修费用人民币27.1448万元。2011年下半年，被告人李某又收受鲍某给予的红木家具一套，价值人民币10万元。

6. 2014年下半年，被告人李某利用担任中共嘉兴市委常委、嘉兴市公安局局长的职务便利及职权和地位形成的便利条件，接受浙江三和机电有限公司董事长戴某的请托，为戴某在中润嘉兴中心项目的消防验收、商铺按揭贷款政策争取等方面提供帮助。同年春节前后，被告人李某在其嘉兴的宿舍内收受戴某给予的象牙雕件一对，价值人民币15万元。

7. 2006年至2008年，被告人李某利用担任中共三门县委常委、三门县代县长、县长、中共三门县委书记的职务便利，接受三门县亚达科技集团有限公司董事长吴某1的请托，为三门县亚达科技集团有限公司贷款担保等方面提供帮助。2008年春节，被告人李某在杭州金都华庭小区家中收受吴某1给予的象牙一根，价值人民币4.5万元。

【案件争点】

李某接受陈某1为其支付的购房款是"亲友馈赠"还是受贿。

【裁判要旨】

一审法院经审理认为，被告人李某身为国家工作人员，利用职务上的便利，为他人谋取利益，利用本人职权和地位形成的便利条件，通过其他国家工作人员职务上的行为，为他人谋取不正当利益，非法收受他人财物，数额特别巨大，其行为已经构成受贿罪。被告人及其辩护人的辩护意见，与查明事实及法律规定不符，法院不予采纳。被告人李某归案后，能如实供述主要犯罪事实，并配合追缴犯罪所得，依法予以从轻处罚。判决：一、被告人李某犯受贿罪，判处有期徒刑十年，并处罚金人民币50万元。二、查封、扣押在案的黄金1600克、重量为3965克的单根象牙、重量分别为1275.88克、1340.92克的象牙雕件、红木家具一套、书画作品《草原之春》一幅,予以没收,上缴国库;扣押在案并已移交的赃款人民币 180 万元予以没收,上缴国库;继续追缴李某的犯罪所得,上缴国库。

宣判后,被告人李某提出上诉,认为与陈某 1 有亲属关系,陈某 1 为其支付购房款,系亲友间馈赠,也没有利用职务之便为陈某 1 谋取利益。

二审法院审理认为,上诉人李某任瑞安市副市长期间,在企业改制、房地产项目开发方面为行贿人陈某 1 曾提供帮助。陈某 1 证言和李某供述均认为陈某 1 代为支付购房款 36 万余元系陈某 1 为感谢李某提供帮助而送给李某的,且客观上李某在明知陈某 1 为其支付购房款的情况下,自 2008 年至案发长达 6 年多,在有能力、有条件偿还该笔购房款的情况下,一直未偿还,亦未有价值相应的财物送给陈某 1。对陈某 1 为其支付购房款的行为应当认定为受贿。故李某及其二审辩护人提出陈某 1 支付购房款系亲友馈赠,与事实不符,与法相悖,不予采信。李某归案后,能如实供述主要罪行,并退出了部分犯罪所得,可酌情从轻处罚。李某及其二审辩护人要求宣告无罪或者改判的理由不能成立,不予采纳。原判定罪和适用法律正确,量刑适当。审判程序合法。判决驳回上诉,维持原判。

例案三 | 吴某阳受贿案

【法院】

湖南省益阳市中级人民法院

【案号】

(2019)湘 09 刑终 91 号

【诉讼主体】

抗诉机关:湖南省益阳市资阳区人民检察院

上诉人(原审被告人):吴某阳

【基本案情】

益阳市公路应急抢险中心(原名称为市路桥工程处)为益阳市公路管理局所属正科级事业单位。上诉人(原审被告人)吴某阳于 2003 年 8 月任益阳市市区公路管理局局长,2010 年 4 月任益阳市赫山公路管理局局长,2012 年 7 月任益阳市公路管理局工会主任兼益阳市赫山公路管理局局长(2013 年 12 月免去),2013 年 9 月当选为益阳市公路管理局党委委员,2014 年 1 月担任益阳市干线公路建设有限责任公司(2011 年由益阳市公路管理局出资成立)总经理,2014 年至 2017 年分管项目建设和干线公路建设等工作。2003年至2016年，上诉人吴某阳利用职务上的便利，为他人谋取利益，非法收受他人财物共计57.2467万元。具体事实如下：

1. 收受叶某才美元2000元，折合人民币1.6553万元。

2. 收受欧某现金3万元。

3. 收受钟某高、曹某林现金5万元及钟某高现金8万元、价值1.3356万元的空气净化器两台，共计14.3356万元。

4. 收受卜某飞所送现金、加油卡及购物卡等，共计价值8.5万元；收受卜某飞、曹某敏所送苹果牌手机、笔记本电脑、ipad各一台，共计价值1.6997万元。

5. 收受彭某桃现金2万元。

6. 收受全某现金共3.6万元。

7. 收受周某荣为其私车购买的合计3.4561万元的保险费及车船税。

8. 收受彭某桃1万元。

9. 收受夏某松18万元。2010年9月，益阳市赫山区人民政府将"三小线""石新线"道路硬化项目交益阳市赫山区公路管理局负责实施。时任赫山公路管理局局长吴某阳在接到这两条线的道路硬化建设任务后，未经单位商议私下将其交给没有资质的夏某松(益阳公路桥梁建设有限责任公司职工)承建，并出面向益阳市赫山区人民政府具体负责人员打招呼。夏某松于2010年11月以益阳市桥梁建设有限公司的名义与赫山区农村公路建设指挥部签订施工合同，2011年3月完工。2012年1月18日，赫山区农村公路建设指挥部以现金支票方式支付夏某松部分工程款20万元。夏某松为感谢吴某阳帮其承揽了"三小线""石新线"道路硬化业务，将其中18万元送给吴某阳妻子夏某用于购买汽车，吴某阳对此知情。另，2013年年底，吴某阳与夏某松两家共同就吴某阳女儿吴某如是否外出留学事宜召开家庭会议，在家庭会议上最终由夏某松拍板决定同意吴某如外出留学，并当场表态愿意帮忙资助。2014年S224梅城至黄柏界公路改建工程项目开始启动，益阳市公路管理局(益阳市干线公路建设有限责任公司)为该项目业主单位，益阳市公路桥梁建设有限责任公司为施工单位。为了为夏某松谋求到该项目施工单位项目经理的职位，吴某阳向时任益阳市公路桥梁建设有限责任公司相关领导打招呼。夏某松担任该项目经理后，吴某阳作为业主单位负责人(益阳市干线公路建设有限责任公司总经理)，在施工过程中对夏某松在工程变更、签证、计量、工程款支付、借支、退质保金、现场监督等方面多次予以关照。2015年至2016年，夏某松通过银行转账分四次给付夏某35万元，用于吴某如在澳大利亚的留学费用。

2017年以来,益阳市纪委、监察委员会相继查处了益阳市赫山区公路管理局相关贪污贿赂案件,吴某阳作为原单位负责人多次接受过益阳市纪委、监察委员会的询问调查。其在被益阳市监察委员会立案调查和留置前,对有关机关正调查其相关违纪、违法问题主观上是明知的。2018年3月6日,上诉人吴某阳接益阳市纪委派驻益阳市交通运输局纪检组负责人电话通知到纪检组办公室,益阳市监察委员会派员将吴某阳带至市监察委留置点。到案后,如实供述了其犯罪事实。吴某阳家属代为退缴违法所得27.6万元。

【案件争点】

上诉人吴某阳收受的夏某松给予的18万元购车款及其女儿留学的费用35万元是“亲友馈赠”还是受贿。

【裁判要旨】

一审法院审理认为,2003年至2016年,被告人吴某阳利用职务上的便利,为他人谋取利益,非法收受他人财物共计57.2467万元,其行为构成受贿罪。被告人吴某阳到案后,其家属代为退缴部分违法所得,对其酌情从轻处罚。夏某松所送被告人吴某阳用于资助其女儿读书的35万元,系亲友之间的赠与,不认定为受贿。被告人吴某阳主动投案,到案后如实供述了其犯罪事实,应当认定为自首,对其依法从减轻处罚。以被告人吴某阳犯受贿罪,判处有期徒刑二年六个月,并处罚金人民币10万元,上缴国库;对被告人吴某阳退缴的违法所得人民币27.6万元,依法予以没收,上缴国库;继续追缴被告人吴某阳违法所得人民币29.6467万元;对扣押在案的苹果牌手机、笔记本电脑、ipad,依法予以没收。

益阳市资阳区人民检察院抗诉提出,吴某阳收受夏某松所送的35万元用作女儿留学费用,应认定为受贿金额;原审对事实认定错误,导致量刑不当,应对其在三年以上十年以下量刑。

吴某阳对抗诉意见答辩认为,夏某松所送的35万元系亲友间的赠与行为,不应认定为吴某阳受贿。

吴某阳上诉及辩护人辩护提出,夏某松送给夏某18万元购买汽车系亲友间的赠与行为,不应认定为吴某阳受贿;吴某阳有自首、主动退缴违法所得、认罪悔罪态度好等情节,请求适用缓刑。

二审法院审理认为,上诉人(原审被告人)吴某阳利用国家工作人员职务上的便利,非法收受他人财物,数额巨大,为他人谋取利益,其行为构成受贿罪。上诉人吴某阳主动投案,到案后如实供述了其犯罪事实,系自首,对其依法减轻处罚;到案后，其家属代为退缴部分违法所得，对其酌情从轻处罚。

针对湖南省益阳市资阳区人民检察院抗诉提出“吴某阳收受夏某松所送的35万元用作女儿留学费用，应认定为受贿金额；原审对事实认定错误，导致量刑不当，应对其在三年以上十年以下量刑”的抗诉意见。经查，上诉人吴某阳利用职务上的便利，多次关照夏某松承揽项目及业务，为其谋取利益。同时，本案中夏某松与吴某阳系亲属关系，且为了吴某阳女儿外出留学事宜召开了家庭会议，吴某阳对其女儿留学表示反对，但在吴某阳岳父母及夏某等人同意的情况下，由夏某松拍板决定，并表示读书经济困难由他来支持。最终留学费用由吴某阳、夏某的积蓄及亲友的馈赠组成，其中夏某松分四次向夏某转账35万元。该笔35万元存在行贿行为与亲属间赠与行为的交叉与渗透。本案中证明吴某阳受贿该35万元的证据不能达到确实、充分的标准，根据刑法有利于被告人的原则，该35万元不应认定为吴某阳的受贿数额。故该抗诉意见不能成立，不予支持。

关于吴某阳上诉及辩护人辩护提出“夏某松送给夏某18万元购买汽车系亲友间的赠与行为，不应认定为吴某阳受贿；吴某阳有自首、主动退缴违法所得、认罪悔罪态度好等情节，请求适用缓刑”的意见。经查，夏某松为感谢吴某阳为其谋取到了“三小线”“石新线”工程，在结算到该工程款后送给吴某阳妻子夏某18万元用于购车，其行为符合行贿罪的构成要件，不属于亲属间的赠与行为，应当认定为吴某阳受贿数额，故对该辩解辩护意见，不予采纳。综上，上诉人吴某阳的上诉理由和抗诉机关湖南省益阳市资阳区人民检察院的抗诉意见均不能成立，原审法院认定事实清楚，证据确实、充分，定性准确，量刑适当，且诉讼程序合法。据此，经法院审判委员会讨论决定，驳回抗诉，驳回上诉，维持原判。

三、裁判规则提要

受贿与接受馈赠的相同之处，就是接受财物。但受贿是以权力为条件来接受财物，对社会、国家政权有严重危害；而接受馈赠并非出于谋求不正当利益，与对方行使职权无关，是民事法律行为，对社会没有危害性。

（一）亲友间正当的馈赠与受贿行为的区别

1. 请托事项

根据国家工作人员的亲友对国家工作人员是否提出明确的请托事项，或者国家工作人员在接受亲友财物时是否利用职务便利为亲友谋取利益，判断有无权钱交易现象。

2. 双方关系

根据亲友之间有无人情往来、相互馈赠的情况，判断其是否具有馈赠的友谊和感情基础。

3. 礼品价值

结合当时、当地的礼节习俗和亲友双方的感情状况，根据礼品价值的大小，判断国家工作人员是否收受了数额较大、不合常情的名为馈赠实为贿赂的财物。

需要注意的是，以上因素都不是绝对的，其中孤立的一个因素一般不能单独确定受贿行为是否成立，需要与其他因素结合起来考虑，才能确定行为性质。

（二）实践中区分“馈赠”与“贿赂”应注意的几个问题

1. 发生财物往来的背景，如双方是否存在亲友关系及历史上交往的情形和程度

在存在亲友关系的前提下，再考虑历史上是否有交往、交往情形和程度。亲友关系分为亲属关系和朋友关系，亲属关系要考虑自然形成的亲属关系、姻亲关系、亲属关系的远近；朋友关系较为复杂，主要考虑同学关系、师生关系、战友关系、同事关系、恋爱关系、邻里关系等。馈赠往往有“渊源”，受贿大多是突然的，一两次就断了，少部分有时也有“渊源”。接受亲友给予财物通常有两种情况：一是，亲友出于私人的亲情友谊，单方面、无条件地赠与财物；二是，单纯利用亲友关系，为请托人办事，收受了请托人的答谢礼物。前者属于单纯的馈赠，后者由于不涉及职务行为，属于亲友间的礼尚往来。由于朋友关系的概念很模糊，也不排除一些人找手中握有职权的人交朋友、拉关系，长期进行财物上的赠与，增进感情，以图日后有用，所以认定历史交往情形和程度还应具体分析。

例案一中，被告人黄某接受于某阳给予的10万元，法院根据双方的财物往来背景认定双方虽然系亲属关系，但并没有对价的往来历史，因此该行为为受贿行为。例案三中，法院对被告人吴某阳接受夏某松给予的35万元留学款的行为性质认定上，充分考虑双方系亲属关系，且在召开家庭会议上确定该笔款项是为了资助吴某阳的女儿吴某如留学，因此该行为不认定为受贿。

2. 往来财物的价值

往来财物价值的大小，是否符合亲友间正常交往的限度。一般来讲，正常的馈赠往往财物价值不会过高，符合当地习俗或亲友间交情的程度，符合赠与人的收入水平；非正常的馈赠，表现为赠与财物价值过高，且为单方面赠与，不符合当地习

俗，超越了当事人之间的交情程度和历史上往来财物的价值。例如，朋友间过年时，互相给对方孩子压岁钱，给几百元乃至上千元，互相赠与，基本上都是正常的；但如果突然一方以给孩子压岁钱的名义给对方几万元，那明显不是正常的馈赠。从刑法意义上，我们认为当给予财物的数额明显大于给予人的经济实力或者明显超过社会上人情往来的习惯数额时，应该就是在非正常馈赠的前提下，达到了受贿罪、行贿罪等犯罪数额。

例案二中，被告人李某虽与陈某1有亲属关系，但陈某1帮其支付的36万元的购房款超出了双方往来的价值，不符合亲友间正常交往的限度，属于非正常的馈赠，因此法院认定为受贿。

3. 财物往来的缘由、时机和方式，提供财物方对于接受方有无职务上的请托

一般来讲，受贿是不可公开的行为，受贿过程是在非公开场合“悄悄地”暗箱操作的，不敢公开“曝光”，具有隐蔽性。而馈赠是可以公开的，往往是在公开场合进行。在馈赠情况下，送者不讲条件，不追求收受人行使职权回报，而收受者坦然，不感到内疚。在受贿情况下，送者的动机是为了谋求收受者行使职权为其谋利，而收受者也对此“心照不宣”。如果馈赠方明示或者暗示对接受方要求职务上的请托，接受方接受财物，并利用职务之便或者许诺利用职务之便为对方谋取利益就构成受贿。

例案二中被告人李某接受陈某1购房款的行为，陈某1的证言和李某的供述都充分证明了陈某1是为了感谢李某给予自己的帮助才支付的该笔款项。可见，陈某1对李某是存在职务上的请托要求，且李某也确实提供了帮助，因此认定受贿符合法律规定。

4. 接受方是否利用职务上的便利为提供方谋取利益

区别馈赠行为、礼尚往来与受贿罪界限的关键在于：行为人接受亲友的财物是否利用职务上的便利为亲友谋取利益。这种情况主要包含两点：一是，利用职务上的便利，即利用行为人现有职务范围内的权力或者与职务相关的便利条件。二是，为提供方谋取利益。一般而言，为他人谋取利益包括四种情况：其一，已经许诺为他人谋取利益，但尚未实际进行；其二，已经着手为他人谋取利益，但尚未谋取到任何利益；其三，已经着手为他人谋取利益，但仅仅是局部利益，行为人意图达到的利益尚未完全实现；其四，为他人谋取利益，已经完全实现。利用职务上的便利为亲友谋取利益，从而接受亲友财物的，构成受贿罪，否则，不应以受贿罪论处。受贿罪的成立，要求所收受财物与职务之间形成相当的对价关系。我们综合判断的时候不能仅仅以财物交付的名义的变相给付而否认其权钱交易的本质。要透过现象看

本质,正确把握名义上为馈赠实为受贿行为与职务本身的关联性。

例案三中,被告人吴某阳通过其妻子夏某接受夏某松18万元购车款的行为,是在吴某阳利用职权为夏某松谋取到了"三小线""石新线"工程的非法利益,在结算完该工程款后送给吴某阳妻子夏某18万元用于购车,其行为符合行贿罪的构成要件,不属于亲属间的赠与行为。

上述四个因素是我们区分贿赂与馈赠的主要因素,而不是全部因素,不排除个案中,出现其他的关键区分因素。具体到个案中,我们要综合分析判断,才能更好地揭开以"馈赠"之名实为贿赂的面纱。

(三)亲属间行受贿行为调查取证中应注意的问题

对于受贿犯罪,刑法只对收受财物方的身份作出了规定,即具有国家工作人员身份,但没有对行贿方的身份作出规定,因此理论上不论行贿人是何身份,只要符合该罪构成要件,便足以成立犯罪。但实践中,由于亲属之间存在不同于一般行受贿双方的特殊关系,因此认定亲属间行受贿犯罪比其他人员的行受贿犯罪更为复杂,难度也更大,除了通常行受贿犯罪需要搜集的证据以外,还应当注意搜集以下证据:

1. 足以否定人情往来、亲情馈赠因素的排除性证据

(1)接受财物一方是否存在经济困难,确实需要亲属接济、救助的情形;(2)是否存在正常借款的情形;(3)是否存在其他共同财产关系,如共同继承、共同承担家庭债务等;(4)给予财物的时机、财物的价值大小,是否存在年节、婚丧嫁娶等收送背景。

2. 足以认定给予财物与谋取利益具有显著"对价"关系的证据

(1)行为人主观故意的内容,即双方对权钱交易的主观认知;(2)所谋取利益的性质,是正当利益还是不正当利益,财产性利益(如招投标、承揽工程等经济活动)还是非财产性利益(如上学、就业),实际谋取的利益大小,谋取不正当利益的违法性程度等;(3)给予财物的方式,是否采取较为隐蔽、刻意掩盖财物来源的手段、方式,如使用他人银行卡,实际占有房产、车辆却不过户等。

四、辅助信息

高频词条:

《刑法》

第385条 国家工作人员利用职务上的便利,索取他人财物的,或者非法收受

他人财物，为他人谋取利益的，是受贿罪。

国家工作人员在经济往来中，违反国家规定，收受各种名义的回扣、手续费，归个人所有的，以受贿论处。

第 386 条 对犯受贿罪的，根据受贿所得数额及情节，依照本法第三百八十三条的规定处罚。索贿的从重处罚。

第 388 条 国家工作人员利用本人职权或者地位形成的便利条件，通过其他国家工作人员职务上的行为，为请托人谋取不正当利益，索取请托人财物或者收受请托人财物的，以受贿论处。

《贪污贿赂案件解释》

第 2 条 贪污或者受贿数额在二十万元以上不满三百万元的，应当认定为刑法第三百八十三条第一款规定的“数额巨大”，依法判处三年以上十年以下有期徒刑，并处罚金或者没收财产。

贪污数额在十万元以上不满二十万元，具有本解释第一条第二款规定的情形之一的，应当认定为刑法第三百八十三条第一款规定的“其他严重情节”，依法判处三年以上十年以下有期徒刑，并处罚金或者没收财产。

受贿数额在十万元以上不满二十万元，具有本解释第一条第三款规定的情形之一的，应当认定为刑法第三百八十三条第一款规定的“其他严重情节”，依法判处三年以上十年以下有期徒刑，并处罚金或者没收财产。

第 13 条 具有下列情形之一的，应当认定为“为他人谋取利益”，构成犯罪的，应当依照刑法关于受贿犯罪的规定定罪处罚：

（一）实际或者承诺为他人谋取利益的；

（二）明知他人有具体请托事项的；

（三）履职时未被请托，但事后基于该履职事由收受他人财物的。

国家工作人员索取、收受具有上下级关系的下属或者具有行政管理关系的被管理人员的财物价值三万元以上，可能影响职权行使的，视为承诺为他人谋取利益。

第 15 条 对多次受贿未经处理的，累计计算受贿数额。

国家工作人员利用职务上的便利为请托人谋取利益前后多次收受请托人财物，受请托之前收受的财物数额在一万元以上的，应当一并计入受贿数额。

第 19 条 对贪污罪、受贿罪判处三年以下有期徒刑或者拘役的，应当并处十万元以上五十万元以下的罚金；判处三年以上十年以下有期徒刑的，应当并处二十万元以上犯罪数额二倍以下的罚金或者没收财产；判处十年以上有期徒刑或者无期徒刑的，应当并处五十万元以上犯罪数额二倍以下的罚金或者没收财产。

对刑法规定并处罚金的其他贪污贿赂犯罪，应当在十万元以上犯罪数额二倍以下判处罚金。

《商业贿赂案件适用法律的意见》

十、办理商业贿赂犯罪案件，要注意区分贿赂与馈赠的界限。主要应当结合以下因素全面分析、综合判断：(1)发生财物往来的背景，如双方是否存在亲友关系及历史上交往的情形和程度；(2)往来财物的价值；(3)财物往来的缘由、时机和方式，提供财物方对于接受方有无职务上的请托；(4)接受方是否利用职务上的便利为提供方谋取利益。

《全国法院审理经济犯罪案件工作座谈会纪要》

三、关于受贿罪

(一)关于"利用职务上的便利"的认定

刑法第三百八十五条第一款规定的"利用职务上的便利"，既包括利用本人职务上主管、负责、承办某项公共事务的职权，也包括利用职务上有隶属、制约关系的其他国家工作人员的职权。担任单位领导职务的国家工作人员通过不属自己主管的下级部门的国家工作人员的职务为他人谋取利益的，应当认定为"利用职务上的便利"为他人谋取利益。

(二)"为他人谋取利益"的认定

为他人谋取利益包括承诺、实施和实现三个阶段的行为。只要具有其中一个阶段的行为，如国家工作人员收受他人财物时，根据他人提出的具体请托事项，承诺为他人谋取利益的，就具备了为他人谋取利益的要件。明知他人有具体请托事项而收受其财物的，视为承诺为他人谋取利益。

(三)"利用职权或地位形成的便利条件"的认定

刑法第三百八十八条规定的"利用本人职权或者地位形成的便利条件"，是指行为人与被其利用的国家工作人员之间在职务上虽然没有隶属、制约关系，但是行为人利用了本人职权或者地位产生的影响和一定的工作联系，如单位内不同部门的国家工作人员之间、上下级单位没有职务上隶属、制约关系的国家工作人员之间、有工作联系的不同单位的国家工作人员之间等。

(五)共同受贿犯罪的认定

根据刑法关于共同犯罪的规定，非国家工作人员与国家工作人员勾结伙同受贿的，应当以受贿罪的共犯追究刑事责任。非国家工作人员是否构成受贿罪共犯，取决于双方有无共同受贿的故意和行为，国家工作人员的近亲属向国家工作人员代为转达请托事项，收受请托人财物并告知该国家工作人员，或者国家工作人员明知其近亲属收受了他人财物，仍按照近亲属的要求利用职权为他人谋取利益的，对该国家工作人员应认定为受贿罪，其近亲属以受贿罪共犯论处。近亲属以外的其他人与国家工作人员通谋，由国家工作人员利用职务上的便利为请托人谋取利益，收受请托人财物后双方共同占有的，构成受贿罪共犯，国家工作人员利用职务上的便利为他人谋取利益，并指定他人将财物送给其他人，构成犯罪的，应以受贿罪定罪处罚。

贪污贿赂案件裁判规则第10条：

行为人利用职务或者地位，与他人形成民事债权债务关系后，被减免债务或增加债权的，属于受贿

〔**规则描述**〕：债务免除或债权增加能成为受贿罪的对象。行为人利用职务或者地位，为他人谋取利益，虽未直接收受财物，但与他人形成买卖、借贷、租赁等形式上的民事债权债务关系，相关债务被不合理的免除或增加的，属于受贿，被免除或增加的数额应计入受贿数额。

一、类案检索大数据报告

时间：2020年11月27日之前，案例来源：Alpha案例库，案件数量：183件，数据采集时间：2020年11月27日，本次检索共获取2020年11月27日前认定利用职务之便，为他人谋取利益，被减免债务的行为的裁判文书有183篇，整体情况如图10－1所示，从案件年份分布可以看到当前条件下案例数量的变化趋势。

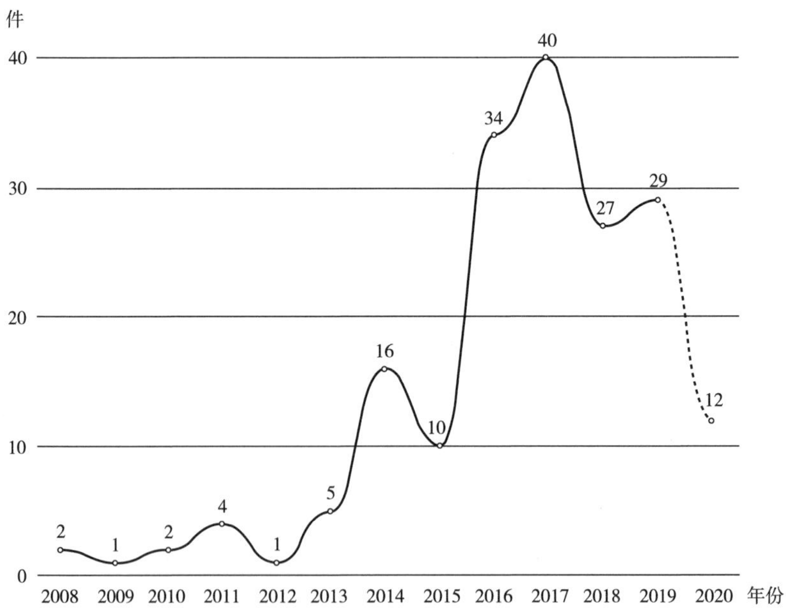

图10－1　案件年份分布情况

如图 10－2 所示，从案件地域分布来看，当前案例主要集中在湖南省、广东省、四川省，分别占比 14.75%、13.11%、10.38%。其中湖南省的案件量最多，达到 27 件。（注：此处显示该条件下案例数量排名前五的省份。）

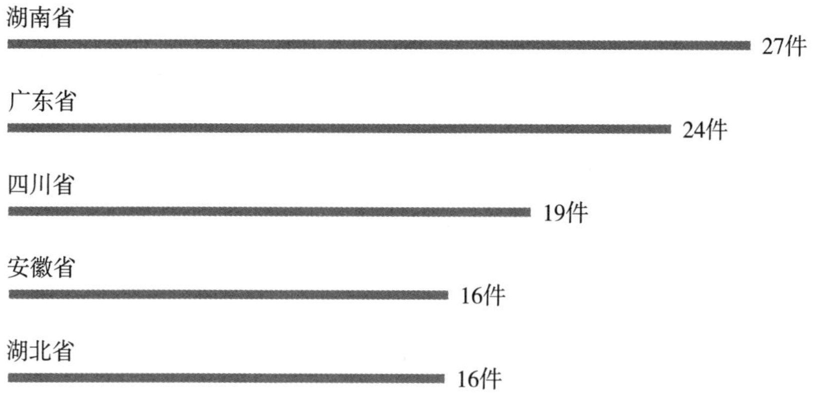

图 10－2　案件地域分布情况

如图 10－3 所示，从案件案由分类情况可以看到，当前的案由分布由多至少分别是刑事，民事。

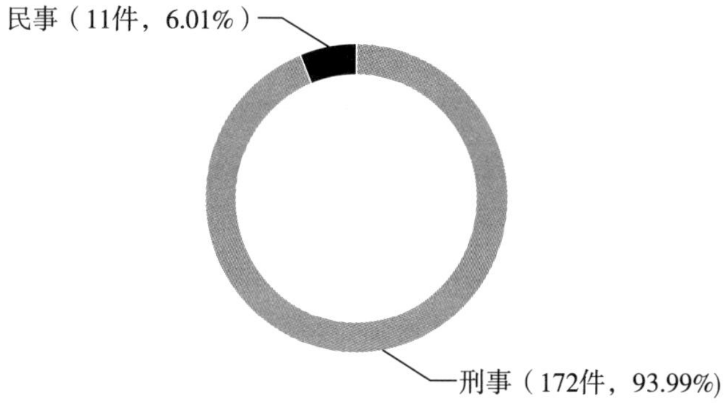

图 10－3　案件案由分类情况

如图 10－4 所示，从案件程序分类统计可以看到当前的审理程序分布状况。一审案件有 116 件，二审案件有 61 件，再审案件有 6 件。

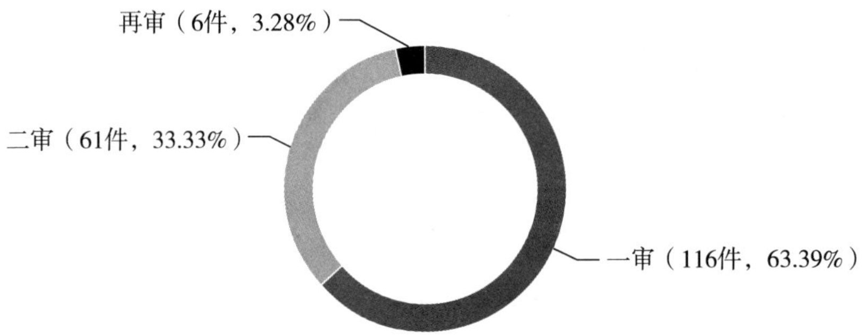

图 10－4　案件程序分类情况

如图 10－5 所示，通过对主刑的可视化可以看到，当前条件下包含有期徒刑的案件有 128 件，包含拘役的案件有 2 件，包含无期徒刑的案件有 2 件。其中，包含缓刑的案件有 13 件，免予刑事处罚的案件有 12 件。

图 10－5　案件判决主刑情况

二、可供参考的例案

例案一 | 吴某受贿案

【法院】

苏州市中级人民法院

【案号】

(2014)苏中刑二终字第 00268 号

【诉讼主体】

原公诉机关：苏州市吴中区人民检察院

上诉人(原审被告人)：吴某

【基本案情】

苏州市吴中地方税务局系机关法人，苏州市吴中地税局第三税务分局系苏州市吴中地方税务局的派出机构，负责吴中区东山镇、渡村镇、浦庄镇辖区内地方税、基金、费的征收工作；负责有关税收宣传、认定管理、涉税事项的调查工作；负责重点税源户管理；负责日常税收稽核工作；负责纳税评估管理；负责个体和零散税收征管工作；负责区域内协税护税工作。被告人吴某在2005年4月1日至2007年3月31日任苏州市吴中地方税务局第三税务分局税源管理所副所长，负责统筹辖区内个体工商户纳税人的税收征收及税源管理，2007年4月1日至2010年3月31日任苏州市吴中地方税务局第三税务分局税源管理所所长，负责统筹辖区内企业纳税人的税收征收及税源管理。

2006年1月，被告人吴某在担任苏州市吴中地方税务局第三税务分局税源管理所副所长期间，与辖区内的苏州市林湖房地产开发有限公司（以下简称林湖公司）实际经营人曹某签订了购房意向书，约定以每平方米3200元的价格购置该公司开发的位于苏州市吴中区临湖镇浦庄前青街428号11幢房屋（建筑面积282.19平方米），后陆续支付了部分房款。2008年1月9日，时任苏州市吴中地方税务局第三税务分局税源管理所所长的被告人吴某以其儿子吴某昊（1992年1月29日生）的名义与林湖公司签订商品房买卖合同时，被告人吴某向曹某提出因单位通知不能在辖区内低价购房，要求以107万元的价格购置上述房屋，并承诺会按此价格支付房款。因被告人吴某儿子吴某昊需年满16周岁办理好身份证后才能申办房屋产权证及土地使用权证，被告人吴某与曹某约定在已支付97万元房款的情况下，余款10万元于取得房屋产权证及土地证时再支付。2008年1月底，曹某还为该房屋垫付了契税和维修基金合计人民币5.35万元。

后曹某通知被告人吴某房产证和土地证已经办好，并将产权证及房屋销售发票（票面金额为人民币107万元）、契税完税证（票面金额为人民币4.28万元）、维修基金收据（票面金额为人民币1.07万元）等购房资料一并交给被告人吴某。当日，被告人吴某支付5万元现金给曹某，并提出能否少付尚未支付的购房款，曹某为了与被告人吴某搞好关系，能在税收管理、税收检查及税款缴纳方面得到被告人吴某的关照，与被告人吴某商定免掉剩余款项。

在案件审理中，被告人吴某向原审法院提交收据一份，内容为“收据今收到吴某买房款人民币五万元正。曹某2008.6.30”。被告人及其辩护人提出收据上所载的金额是在被告人领取房产证支付5万元后又支付的房款5万元。

【案件争点】

吴某被曹某免除的购房款和曹某垫付的5.35万元契税和维修基金的事实如何定性,是否构成受贿。

【裁判要旨】

一审法院认为,被告人吴某身为国家工作人员,利用职务上的便利,非法收受他人财物合计人民币5.35万元,为他人谋取利益,其行为已构成受贿罪,判处被告人吴某有期徒刑五年,并处没收财产人民币2万元;暂扣于检察机关的受贿赃款人民币5.35万元予以没收并上缴国库。

吴某上诉称其没有为曹某谋取利益,原审判决认定的5.35万元受贿款是其准备归还曹某垫付的契税和维修基金,故其不构成受贿罪。

吴某的辩护人窦某刚认为,原审判决认定吴某以明显低于市场价的价格与房产公司签订购房意向书,曹某告知吴某为其垫付契税和维修基金,曹某为了与被告人吴某搞好关系,能在税收管理、税收检查及税款缴纳方面得到被告人吴某的关照,并与被告人吴某商定免掉剩余款项系认定事实有误。吴某主动查账,让曹某补缴了税款,故吴某没有利用职务之便为曹某谋取利益。吴某在2006年1月与曹某签订了购房意向书并已实际履行,其主动提高房价后增加的购房款应认定为赠与合同性质,其有权撤销赠与,拒绝支付剩余的款项。吴某由于认识上的原因,所以没有支付曹某垫付的5万余元契税和维修基金,后因为联系不上曹某,才迟迟没有支付该款。综上,请求二审改判吴某无罪。

吴某的辩护人戴某华认为,本案没有证据证实吴某为曹某及其房产公司谋取利益,反而有证据证实吴某让曹某及其公司补缴了税款,故吴某没有为他人谋取利益的客观行为,不符合受贿罪的构成要件。本案没有林湖公司相应的财务平账记载,不能证明该公司已经免除了吴某的应付房款债务,且只有曹某虚假的证言证明吴某非法收受他人财物。吴某迟迟没有支付契税和维修基金的辩解具有合理性,是因故暂时未付,并非与曹某商议后无须支付。业已生效的曹某行贿案判决没有认定曹某向吴某行贿,能够证明吴某收受曹某贿赂的指控不能成立。综上,原审认定吴某构成受贿罪确属错判,请求二审予以改判。

二审法院认为,上诉人吴某在其供述中证实2008年其让曹某及其房产公司补缴税款的税种是固定比例的,不能减免,而且为他人谋取利益是多方面的,并不仅体现在某次查账上,行受贿双方只要在承诺、实施和实现三个阶段具有其中一个阶段的行为,就具备了为他人谋取利益的要件,本案中证人曹某证实其之所以要减免吴某的购房款，是因为吴某是地税局干部，其公司在他管辖范围内，其想和吴某搞好关系，在日常税务管理、征收和检查中提供方便。上诉人吴某在侦查阶段的供述也明确曹某之所以少收其钱，是因为其是税务干部，对曹某有管理权限。可见双方对这种权钱交易均心知肚明，上诉人吴某接受曹某免除债务的行为应视为为他人谋取利益的默示承诺，符合受贿罪的构成要件，上诉人吴某及其辩护人认为有证据证实吴某让曹某及其公司补缴了税款，吴某没有利用职务之便为他人谋取利益的上诉理由和辩护意见不能成立，不予采纳。

关于辩护人窦某刚认为吴某在2006年1月与曹某签订了购房意向书并已实际履行，其主动提高房价后增加的购房款应认定为赠与合同性质，其有权撤销赠与，拒绝支付剩余款项的辩护意见。经查，上诉人吴某之所以在正式签订购房合同之前提出提高房价，是因为他学习了相关文件规定之后慑于党纪国法的威严，意识到自己的行为有悖相关规定而主动提出的，最终签订的价格是其认可的所购房屋的真实价格，合同双方也没有赠与和受赠的意思表示，吴某提高房价并非所谓的赠与行为，故辩护人述辩护意见不能成立，不予采纳。

关于辩护人戴某华认为本案没有林湖公司相应的财务平账记载，不能证明该公司已经免除了吴某的应付房款债务的辩护意见。经查，本案系曹某个人向吴某行贿，只要曹某明确免去购房余款，吴某对此也予确认并得到实际利益，他们之间的行受贿行为已经完成。无论林湖公司的财务账册是否做平，都不影响曹某与吴某之间的行受贿关系。故辩护人的上述辩护意见不能成立，法院不予采纳。

关于辩护人窦某刚认为曹某没有告知吴某垫付的是契税和维修基金的辩护意见，以及上诉人吴某及其两辩护人认为原审判决认定的5.35万元受贿款吴某是准备归还曹某的，只是联系不上曹某才没有归还的上诉理由和辩护意见。经查，上诉人吴某在侦查阶段供述过曹某为其垫付的是契税和维修基金，而且作为一名税务干部，称不知道购买房屋需要缴纳契税和维修基金也不符合常理，即使吴某当时不明白曹某垫付的是何款项，但当曹某将购房发票、契税和维修基金的完税证、收据一并交予吴某之后，吴某也应当知道曹某垫付的就是契税和维修基金。另，即使吴某真的不知曹某为其垫付的是何款项，但其对曹某为其垫付的5万余元是购房合同所确定的107万元之外的款项是明知的。上诉人吴某从2008年至案发长达5年的时间内，从未有归还该5万余元的行为和意思表示，吴某的行为完全符合受贿罪的本质特征，上诉人吴某及其辩护人的上述上诉理由和辩护意见不能成立，不予采纳。

关于辩护人戴某华认为生效的曹某行贿案判决没有认定曹某向吴某行贿，故不能够证明吴某收受曹某贿赂的辩护意见。经查，我国《刑法》中规定，为谋取不正当利益，给予国家工作人员以财物的，是行贿罪；而国家工作人员利用职务上的便利，非法收受他人财物，为他人谋取利益，即构成受贿罪。行贿罪和受贿罪的犯罪构成不同，两者之间并非绝对的对应关系，曹某在本案中是否构成行贿罪，不能成为吴某是否构成受贿罪的障碍。辩护人的该辩护意见不能成立，不予采纳。

综上，二审法院认定上诉人吴某身为国家工作人员，利用职务上的便利，非法收受他人财物合计人民币5.35万元，为他人谋取利益，已构成受贿罪。原审法院的判决事实清楚，证据确实充分，适用法律正确，量刑适当，审判程序合法。依照《刑事诉讼法》第225条第1款第1项之规定，裁定驳回上诉，维持原判。

例案二 | 张某忠、安某波受贿、挪用公款案

【法院】

大连市中级人民法院

【案号】

(2017)辽02刑终28号

【诉讼主体】

原公诉机关：四川省安岳县人民检察院

上诉人(原审被告人)：张某忠

上诉人(原审被告人)：安某波

【基本案情】

一、挪用公款事实

被告人张某忠在担任普兰店区大谭街道办事处财政所会计期间，利用经手公款的职务便利，于2012年12月31日把9.2万元公款转入其尾号为4310的农行卡中，并申购了22万元的农行理财产品(其中公款8.630556万元)，于2013年1月6日赎回22.008275万元。

二、受贿事实

2012年9月21日，时任普兰店区大谭街道办事处财政所会计的被告人张某忠向大谭街道办事处农业技术服务中心出纳员安某波提出要为其凑人民币10万元

用于购车，被告人安某波遂用农行卡转账10万元到被告人张某忠农行账户；2013年2月4日，经大谭街道党委会决定，被告人张某忠任大谭街道办事处财政所所长，之后不久被告人安某波请托被告人张某忠帮忙将其调入政府部门工作；2013年9月，被告人张某忠向街道领导推荐被告人安某波接任财政所出纳；2013年9月26日，经大谭街道党委会决定，被告人安某波被调入大谭街道财政所任出纳员。事后，被告人安某波为感谢被告人张某忠在工作调动上给予的帮助，决定免除被告人张某忠向其所借的10万元债务，被告人张某忠从向安某波借钱至案发前，亦未主动向被告人安某波表示还款意图。

【案件争点】

张某忠是否利用职务上的便利为上诉人安某波谋取利益，其被免除的10万元债务如何定性，能否认定为受贿犯罪数额。

【裁判要旨】

一审法院认为，被告人张某忠系国家工作人员，将公款存入个人账户，购买了中国农业银行的理财产品，进行营利活动，且数额较大，构成挪用公款罪。被告人张某忠在担任大谭街道财政所所长期间，利用职务上的便利，通过其他国家工作人员职务上的行为，为请托人谋取不正当利益，接受请托人免除债务人民币10万元，构成受贿罪。被告人安某波为谋取人事调整上的竞争优势，请托被告人张某忠给予帮助，因后者的帮助进而免除10万元债务的行为，构成行贿罪。被告人张某忠对挪用公款部分自愿认罪，酌情从轻处罚。被告人张某忠同时构成受贿罪和挪用公款罪，应数罪并罚。根据本案的起因、犯罪后果及犯罪情节，被告人安某波的犯罪情节轻微不需要判处刑罚，故可对被告人安某波免予刑事处罚。判决被告人张某忠犯挪用公款罪，判处有期徒刑六个月；被告人张某忠犯受贿罪，判处有期徒刑一年，并处罚金人民币10万元。数罪并罚，决定执行有期徒刑一年，并处罚金人民币10万元。判决被告人安某波犯行贿罪，免予刑事处罚。并对被告人张某忠违法所得人民币10万元，予以追缴，上交国库。

一审宣判后，二被告均提起上诉。上诉人张某忠不服一审判决，提出上诉称，其收受上诉人安某波的10万元系其与上诉人安某波之间的借款，不应认定其构成受贿罪。其辩护人辩称上诉人张某忠未利用职务上的便利为上诉人安某波谋取利益，收取的10万元系二人之间的借款，不应认定为贿赂款。

上诉人安某波上诉称，原审程序严重违法，剥夺了上诉人安某波申请排除非法证据及依法调取证据的诉讼权利；上诉人安某波给予上诉人张某忠10万元系民事借贷关系，上诉人张某忠对其工作调动不享有任何职权，上诉人安某波亦无行贿的犯罪目的，请求宣告其不构成行贿犯罪。其辩护人于某伟与其持相同辩护意见。

二审法院认为，上诉人张某忠作为国家工作人员，将公款存入个人账户，购买了中国农业银行的理财产品，进行营利活动，且数额较大，构成挪用公款罪。上诉人张某忠在担任大谭街道财政所所长期间，利用职务上的便利，通过其他国家工作人员职务上的行为，为请托人谋取不正当利益，接受请托人免除债务人民币10万元，构成受贿罪。上诉人安某波为谋取人事调整上的竞争优势，请托上诉人张某忠给予帮助，因后者的帮助进而免除10万元债务的行为，构成行贿罪。原判认定上诉人张某忠对挪用公款部分自愿认罪，酌情从轻处罚；认定上诉人张某忠同时构成受贿罪和挪用公款罪，应数罪并罚；认定根据本案的起因、犯罪后果及犯罪情节，上诉人安某波的犯罪情节轻微不需要判处刑罚，故可对其免予刑事处罚均无不当。

关于上诉人张某忠、安某波及辩护人提出上诉人张某忠不构成受贿罪、上诉人安某波不构成行贿罪的上诉理由及辩护意见。经查，证人王某2、张某、栾某证言证实上诉人张某忠向领导推荐了上诉人安某波出任大谭街道财政所出纳员，该举荐使上诉人安某波取得了人事调动上的竞争优势，为安某波谋取了利益；上诉人安某波曾供述其决定不再向上诉人张某忠催讨10万元的债务，上诉人张某忠亦曾供述其认为该款就是上诉人安某波给予的。结合上诉人张某忠、安某波此前素无经济往来，该10万元所谓借款亦无书面合同，之后上诉人张某忠有归还的能力但并无归还的意思表示及行为，还在案发前找到上诉人安某波商谈10万元系借款并已经返还的情况，能够认定上诉人张某忠犯受贿罪、上诉人安某波犯行贿罪的事实。上诉人张某忠、安某波及辩护人的该上诉理由及辩护意见与在案证据不符，法院不予采信。

综上，二审法院认为原判认定事实清楚，证据确实、充分，定罪准确，量刑适当，裁定驳回上诉，维持原判。

例案三 | 陈某超、杨某贪污、受贿案

【法院】

红河哈尼族彝族自治州中级人民法院

【案号】

(2017)川2021刑初231号

【诉讼主体】

原公诉机关：云南省石屏县人民检察院

上诉人(原审被告人)：陈某超

上诉人(原审被告人)：杨某

【基本案情】

石屏县民政局系机关法人单位，石屏县残疾人联合会系群众团体单位。陈某超于2004年12月至2010年12月任石屏县民政局局长，于2010年12月至2016年3月任石屏县屏县残疾人联合会理事长；杨某于2001年3月29日调石屏县残疾人联合会工作至今，系该单位办公室主任兼出纳，其身份属于机关工勤人员。

一、陈某超在任石屏县民政局局长期间，有下列行为：

1. 建筑商郑某于2008年8月承建陈某超等石屏县民政局职工参与的石屏县“金牛小区”私人自建房，于2010年8月承建石屏县民政局组织实施的“石屏县农村综合敬老院”工程。郑某为了与时任石屏县民政局局长的陈某超搞好关系，争取陈某超对其承建工程的支持，以及希望陈某超能关照其承接石屏县民政局其他建筑工程，于2009年先后分四次在石屏县异龙镇湖滨路送给陈某超人民币23万元，陈某超明知郑某送钱的目的而予以收受。郑某又于2010年免除陈某超向其所借的人民币28万元的借款，陈某超明知郑某免除其债务的目的而主动要回借条并销毁借条。

2. 建筑商李某于2009年承建石屏县民政局组织实施的“石屏县异龙镇上普租村委会大小普所龙村搬迁房”相关工程。李某为感谢时任石屏县民政局局长的陈某超对其承建工程的支持，以及希望陈某超能够及时拨付工程款，于2010年的一天在石屏县异龙镇湖滨路送给陈某超人民币2万元。陈某超明知李某送钱的目的而予以收受。

3. 医疗器械供应商杨某1于2011年、2012年、2013年、2015年、2016年连续5年向石屏县残疾人联合会供应轮椅。杨某1为维系与石屏县残疾人联合会的轮椅供应业务，并希望在验收、拨付货款方面得到时任石屏县残疾人联合会理事长陈某超的支持，自2012年以来，先后三次送给陈某超人民币3.4万元。陈某超明知杨某1送钱的目的而予以收受。

二、陈某超、杨某在石屏县残疾人联合会工作期间，有下列行为：

2011 年至 2016 年，陈某超指使杨某采取虚开发票报销套取单位资金、截留单位业务返款等方式设立小金库用于非正常开支，小金库资金存入杨某个人账户并一直由其保管，二人每年核对收支流水账后将账目销毁。2013 年至 2016 年，陈某超指使杨某多次将上述小金库的资金共计人民币 5.6 万元用于部分职工私分，其中，陈某超分得人民币共计 1.8 万元，杨某分得人民币共 1.8 万元，王某分得人民币共计 1 万元，吕某分得人民币共计 1 万元。

另查明，(1) 陈某超、杨某在接受纪委询问时，以及侦查机关立案前的询问时，均主动供述了自己的上述事实。(2) 陈某超家属代其向石屏县人民检察院退交涉案款人民币 50 万元，杨某家属代其向石屏县人民检察院退交涉案款人民币 2 万元，该院已将上述款项予以扣押。

【案件争点】

陈某超收受郑某的钱财及接受其免除债务后，是否利用职务上的便利，利用公权力为郑某谋取利益，所涉 51 万元应否认定为受贿数额。

【裁判要旨】

一审法院认为，被告人陈某超身为国家工作人员，在担任石屏县民政局局长期间，明知他人送钱和免除债务的具体请托事项与其职务有关，而利用其职务便利，多次向他人非法收受他人现金和接受他人免除其债务共计人民币 56.4 万元，其行为已触犯《刑法》第 385 条第 1 款、《贪污贿赂案件解释》第 13 条第 1 款第 2 项的规定，构成受贿罪，属于受贿数额巨大。陈某超、杨某身为国家工作人员，在石屏县残疾人联合会工作期间，利用职务上的便利，采取虚开发票报销套取单位资金、截留单位业务返款等方式设立小金库，以非法占有为目的，将小金库的人民币 5.6 万元用于私分，数额较大，二人的行为已触犯《刑法》第 382 条第 1 款的规定，构成贪污罪。在共同犯罪中，陈某超起决策、指挥作用，系主犯；杨某起次要、辅助作用，系从犯。陈某超犯贪污罪、受贿罪，应当以贪污罪、受贿罪对其实行数罪并罚。杨某在共同贪污犯罪中系从犯，应当从轻、减轻或者免除处罚。二人在被采取强制措施前，接受侦查机关的询问时如实供述自己的犯罪事实，系自首，可以从轻或者减轻处罚，其中，犯罪较轻的，可以免除处罚。二人案发后积极退缴涉案赃款，可酌情从轻处罚。根据二人的犯罪事实、犯罪情节、犯罪金额以及社会危害程度，并结合二人上述量刑情节，决定对陈某超从轻处罚，对杨某免予刑事处罚。判决：陈某超犯贪污罪，判处有期徒刑六个月，并处罚金人民币 10 万元；犯受贿罪，判处有期徒刑三年零六个月，并处罚金人民币20万元。总和刑期四年，决定执行有期徒刑三年零六个月，罚金人民币30万元。对杨某犯贪污罪，免予刑事处罚。并对石屏县人民检察院扣押保管的涉案款52万元：陈某超退缴的赃款人民币50万元予以没收，上缴国库；杨某退缴的人民币2万元，赃款人民币1.8万元予以没收，上缴国库，余款人民币2000元发还杨某。继续追缴陈某超的赃款人民币8.2万元。

宣判后，陈某超不服，以"收取郑某所送23万元以及接受郑某免除债务28万元"，均不属于职务行为，不应以受贿罪论处为由提出上诉，请求二审法院作出较轻处罚并适用缓刑。

陈某超的辩护人辩护称，原判认定事实和适用法律错误，陈某超收受郑某的钱财及接受其免除债务，未利用职务上的便利，未利用公权力为郑某谋取利益，所涉51万元不应当认定为受贿数额。2017年6月22日、23日，陈某超在检察机关所作的两次供述均属于非法取证，应当以非法证据予以排除。陈某超有自首情节，积极退赃，原判量刑过重

二审法院认为，上诉人陈某超、原审被告人杨某身为国家工作人员，无视国家法律，陈某超在担任石屏县民政局局长及在石屏县残疾人联合会工作期间，明知他人送钱和免除债务有具体请托事项且与其职务有关，仍然多次非法收受他人现金和接受他人免除其债务共计人民币56.4万元，其行为符合《刑法》第385条第1款、《贪污贿赂案件解释》第13条第1款第2项之规定，构成受贿罪，依法应当处罚。陈某超、杨某在石屏县残疾人联合会工作期间，利用职务上的便利，采取虚开发票报销套取单位资金、截留单位业务返款等方式设立小金库，以非法占有为目的，将小金库的人民币5.6万元用于私分，数额较大，二人的行为已构成贪污罪，依法应当处罚。在共同犯罪中，陈某超起决策、指挥作用，系主犯；杨某起次要、辅助作用，系从犯。二人在被采取强制措施前，接受侦查机关的询问时如实供述自己的犯罪事实，系自首。案发后二人积极退缴涉案赃款。原判根据二人的犯罪事实、情节及社会危害程度，对陈某超从轻处罚，对杨某免予刑事处罚，量刑并无不当。

对上诉人陈某超及其辩护人刘某林、郑某宏关于"郑某送钱和免除债务与其职务无关，未利用公权利为郑某谋取利益，不构成受贿罪"的上诉理由。证人郑某的证言及上诉人陈某超的供述相互印证，可以证实二人往来期间，上诉人陈某超明知郑某送钱和免除债务是有具体请托事项且与其职务有关，依然收受其现金及接受其债务免除，其行为符合受贿罪的犯罪构成要件。前述上诉理由因与本案事实和法律规定不符，不予采纳。上诉人陈某超犯数罪，其中受贿罪金额56万余元，根据

《贪污贿赂案件解释》第2条之规定,属于受贿数额巨大,应判处"三年以上十年以下有期徒刑,并处罚金或者没收财产",原判对其量刑适当,对二辩护人关于"原判量刑过重,请求二审对陈某超改判两年以下有期徒刑并适用缓刑"的请求不予采纳。

综上,二审法院认为原审认定主要事实清楚,定性准确,量刑适当,审判程序合法。裁定驳回上诉,维持原判。

三、裁判规则提要

刑法上受贿罪的对象限定为财物,既包括肉眼看到的金钱、物品等,也包括债权设立、债务免除等可价值化的利益,因而若行为人具备国家工作人员身份,收受他人财物,并为他人谋取利益,通过签订借款合同、租赁合同等形式在自己与他人间设立虚假债权债务或者增加自己不真实的债权,借此拥有债权请求权,能够客观上造成他人财产的减少或自己财产的增加,获取如免除租金或使自己成为出借人,本质上属于对财产利益的非法获取,符合受贿罪的犯罪构成的,认定为受贿罪,相关数额也应计入受贿数额。

(一)"免除债务""增加债权"具有利益属性,能够成为受贿罪的犯罪对象

从现行刑法规定看,贿赂犯罪的对象是财物,但随着经济生活的多样化,现实中不少人以财物以外的其他利益实施贿赂行为,对于财物以外的利益能否认定为贿赂或者说关于贿赂犯罪的贿赂范围,刑法理论上存在不同的看法。具体而言,包括如下三种观点:其一,财物说。这种观点认为,刑法将贿赂犯罪的对象限定为财物是合理的,之所以不将财物以外的财产性利益、非财产性利益作为贿赂犯罪的对象,是因为难以计算,实践中不宜操作。其二,财产性利益说。这种观点认为,贿赂犯罪的对象包括财物以及财物以外的财产性的利益。其三,一切利益说。这种观点认为,贿赂犯罪的对象不仅仅包括财物、财产性的利益,一切利益均可成为贿赂犯罪的对象。现今的刑法理论与实践一般均认为,贿赂的范围可以包括"财产性的利益",即将财物进行扩大解释,包括财产性的利益在内。但是,对于非财产性的利益,如招工提干、调换工作、迁移户口、晋升职务等,从罪刑法定的角度出发,尚不宜认定为是贿赂。

法律规范的字面含义常常不是不证自明的,需要通过其他方法进行印证,随着社会生活的不断发展,其含义也可能是因时随势而变化的。财物之外的财产性利

益如免除债务、代为偿还行为人所负第三者的债务等，虽然不是财物，但与财物并无本质上的差异，因此，财物的范围应当可以包括财产性的利益。在 1997 年立法之时，人们一般认为财物是指具体、实在的物，虽然在当时也存在财产性的利益，但财物与财产性的利益在不少人看来也许是两个独立的概念。但是，随着经济结构的发展，财产性的利益已经成为贿赂实践中的一种重要对象，人们在观念中也已经能够接受财产性的利益属于财物的一种。

实际上，最高人民法院也将"财物"的范围扩大解释为包括财产性利益在内。2003 年 11 月《全国法院审理经济犯罪案件工作座谈会纪要》第 7 条规定了涉及股票受贿案件的认定，强调没有支付股本金，收受股票的，应认定为受贿；股票上市且已增值，仅支付股本金的，购买时的股票增值部分属于受贿数额。《受贿案件适用法律的意见》中就将财产性的利益纳入刑法中的"财物"这一范围之中，例如，收受干股。司法实践中，对于收受他人财产性利益的行为，是作为受贿罪处理的。

司法实践中，非财产性的利益的贿赂犯罪具有一定的隐蔽性，但不能否认其犯罪性。非财产性的利益，是指不能够转化为财产性利益的其他好处，但是因为其内具有价值属性可做最基本的价值衡量，因此在价值上具有"财物"的等价性。在当前行贿、受贿的实践中，贿赂犯罪涉及的对象或者标的物已经从单纯的财物发展为设定债权、免除债务等包括非财产性利益这一类好处。比如，免费提供住宅或者交通工具使用权、提供旅游、提供安排人员就业等。应当说，这些非财产性的利益在贿赂犯罪的实践中所起的危害作用并不亚于财产性的利益，甚至更大。因此，将非财产性利益纳入贿赂犯罪的对象范围，符合党中央严惩腐败的政策，也没有超出刑法规范"财物"的属性范围，是妥当且合宜的。

例案一中，曹某将购房发票、契税和维修基金的完税证、收据一并交予上诉人吴某之后，吴某已知道曹某为其垫付的 5.35 万元是购房合同所确定的 107 万元之外的款契税和维修基金时，即负有偿还曹某该笔款项的义务。但从 2008 年至案发期间，吴某享有该利益，但从未有归还的行为和意思表示，曹某亦对此默认，应属"免除债务"，双方的交往事实也具有符合受贿罪的本质特征。因此，该部分款项可认定为吴某的受贿对象范围。例案三中，郑某为了与时任石屏县民政局局长的上诉人陈某超搞好关系，争取陈某超对其承建工程的支持，并关照其承接石屏县民政局其他建筑工程，分别于 2009 年和 2010 年五次共送给陈某超 51 万元。其中，郑某免除陈某超向其所借的人民币 28 万元的借款，陈某超明知郑某免除其债务的目的而主动要回借条并销毁借条，使得形式上应偿还的借款无据可查，进而免予可能的“还款”义务，本质上亦属于“债务免除”，属于受贿罪的范围。

（二）行为人享有“债务免除”或“债权增加”的利益外，还需具有为他人谋取利益的行为

一般认为，为他人谋取利益包括承诺、实施和实现三个阶段的行为，只要具有其中一个阶段的行为，即可认为具有“为他人谋利益”的属性。如果国家工作人员事前或事后收受财物或享有可价值化的利益，实际或者承诺为他人谋取利益的，均属于刑法规定的“为他人谋取利益”。因此，为他人谋取利益既不是我们通常所称的纯粹的主观要件，即只要受贿人具有为他人谋取利益的主观意图即可构成受贿罪，也并不需要受贿人已经为他人实际去谋取了或者已经谋取了利益。同时，“为他人谋取利益”中的“他人”不局限于行贿人，可以是行为人所针对的第三人；同时，此处的“他人”可以是自然人，也可以是单位。所谋取的“利益”既可以是不正当利益，也可以是正当利益。

实践中应注意的是，在承诺为他人谋利益的情形下，该种“承诺”可以是明示的，也可以是默认的；既可以针对行贿人，也可以针对行贿人以外的第三人；既可以是真实的，也可以是虚假的。特别是在虚假的承诺场合，必须要求行为人所承诺的内容与其本身的职务便利具有关联，行为人确实具有为他人谋取利益的条件或职务便利，即该承诺是一个现实的承诺。在此情况下，行为人的承诺已经对职务行为的不可收买性造成了侵害，因而可以认定受贿罪，而不论行为人是否确实具有为他人谋取利益的主观想法。因此，如果行为人根本没有为他人谋取利益的职权或者便利条件，而谎称为他人谋取利益，则不应构成受贿，一般视情况按照诈骗行为或者招摇撞骗罪认定。

（三）准确区分感情投资、礼尚往来与行为人受贿之间的界限

现实中，虽然与他人具有民事权益义务关系的行为人通过债务免除或债权增加等实际上享有了利益，但该“他人”并没有现实的利益需要，行为人也没有对具体的利益谋取进行承诺的，不应认定构成受贿。与之相对，如果他人的所谓感情投资客观上与行为人职务行为有着具体关联，双方在行为人职务活动关联紧密，他人已经通过行为人职务行为直接或间接获得非正常的利益时，只要能够排除正常人情往来的，就可以认定其具有为他人谋取利益的承诺。例案三中，陈某超虽然上诉称收取郑某所送 23 万元以及接受郑某免除债务 28 万元，均不属于职务行为，不应以

受贿罪论处，但陈某超身为石屏县民政局局长，在其与郑某往来期间，双方虽没有明确的办事谋利的外在表示，但郑某免除了陈某超 28 万元债务，并送给陈某超其他财物，郑某实际也承建石屏县民政局职工参与的石屏县“金牛小区”私人自建房与石屏县民政局组织实施的“石屏县农村综合敬老院”工程，送钱和免除债务均超出了正常的感情投资与礼尚往来的范畴，可以认定为陈某超相关谋利承诺的“现实化”，因此构成受贿罪。

四、辅助信息

高频词条：

《刑法》

第 383 条 对犯贪污罪的，根据情节轻重，分别依照下列规定处罚：

（一）贪污数额较大或者有其他较重情节的，处三年以下有期徒刑或者拘役，并处罚金。

（二）贪污数额巨大或者有其他严重情节的，处三年以上十年以下有期徒刑，并处罚金或者没收财产。

（三）贪污数额特别巨大或者有其他特别严重情节的，处十年以上有期徒刑或者无期徒刑，并处罚金或者没收财产；数额特别巨大，并使国家和人民利益遭受特别重大损失的，处无期徒刑或者死刑，并处没收财产。

对多次贪污未经处理的，按照累计贪污数额处罚。

犯第一款罪，在提起公诉前如实供述自己罪行、真诚悔罪、积极退赃，避免、减少损害结果的发生，有第一项规定情形的，可以从轻、减轻或者免除处罚；有第二项、第三项规定情形的，可以从轻处罚。

犯第一款罪，有第三项规定情形被判处死刑缓期执行的，人民法院根据犯罪情节等情况可以同时决定在其死刑缓期执行二年期满依法减为无期徒刑后，终身监禁，不得减刑、假释。

第 385 条 国家工作人员利用职务上的便利，索取他人财物的，或者非法收受他人财物，为他人谋取利益的，是受贿罪。

国家工作人员在经济往来中，违反国家规定，收受各种名义的回扣、手续费，归个人所有的，以受贿论处。

第 386 条 对犯受贿罪的，根据受贿所得数额及情节，依照本法第三百八十三条的规定处罚。索贿的从重处罚。

《贪污贿赂案件解释》

第1条　贪污或者受贿数额在三万元以上不满二十万元的，应当认定为刑法第三百八十三条第一款规定的“数额较大”，依法判处三年以下有期徒刑或者拘役，并处罚金。

贪污数额在一万元以上不满三万元，具有下列情形之一的，应当认定为刑法第三百八十三条第一款规定的“其他较重情节”，依法判处三年以下有期徒刑或者拘役，并处罚金：

（一）贪污救灾、抢险、防汛、优抚、扶贫、移民、救济、防疫、社会捐助等特定款物的；

（二）曾因贪污、受贿、挪用公款受过党纪、行政处分的；

（三）曾因故意犯罪受过刑事追究的；

（四）赃款赃物用于非法活动的；

（五）拒不交待赃款赃物去向或者拒不配合追缴工作，致使无法追缴的；

（六）造成恶劣影响或者其他严重后果的。

受贿数额在一万元以上不满三万元，具有前款第二项至第六项规定的情形之一，或者具有下列情形之一的，应当认定为刑法第三百八十三条第一款规定的“其他较重情节”，依法判处三年以下有期徒刑或者拘役，并处罚金：

（一）多次索贿的；

（二）为他人谋取不正当利益，致使公共财产、国家和人民利益遭受损失的；

（三）为他人谋取职务提拔、调整的。

第2条　贪污或者受贿数额在二十万元以上不满三百万元的，应当认定为刑法第三百八十三条第一款规定的“数额巨大”，依法判处三年以上十年以下有期徒刑，并处罚金或者没收财产。

贪污数额在十万元以上不满二十万元，具有本解释第一条第二款规定的情形之一的，应当认定为刑法第三百八十三条第一款规定的“其他严重情节”，依法判处三年以上十年以下有期徒刑，并处罚金或者没收财产。

受贿数额在十万元以上不满二十万元，具有本解释第一条第三款规定的情形之一的，应当认定为刑法第三百八十三条第一款规定的“其他严重情节”，依法判处三年以上十年以下有期徒刑，并处罚金或者没收财产。

第3条　贪污或者受贿数额在三百万元以上的，应当认定为刑法第三百八十三条第一款规定的“数额特别巨大”，依法判处十年以上有期徒刑、无期徒刑或者死刑，并处罚金或者没收财产。

贪污数额在一百五十万元以上不满三百万元，具有本解释第一条第二款规定的情形之一的，应当认定为刑法第三百八十三条第一款规定的“其他特别严重情节”，依法判处十年以上有期徒刑、无期徒刑或者死刑，并处罚金或者没收财产。

受贿数额在一百五十万元以上不满三百万元，具有本解释第一条第三款规定的情形之一的，应当认定为刑法第三百八十三条第一款规定的“其他特别严重情节”，依法判处十年以上有期徒刑、无期徒刑或者死刑，并处罚金或者没收财产。

第4条 贪污、受贿数额特别巨大，犯罪情节特别严重、社会影响特别恶劣、给国家和人民利益造成特别重大损失的，可以判处死刑。

符合前款规定的情形，但具有自首，立功，如实供述自己罪行、真诚悔罪、积极退赃，或者避免、减少损害结果的发生等情节，不是必须立即执行的，可以判处死刑缓期二年执行。

符合第一款规定情形的，根据犯罪情节等情况可以判处死刑缓期二年执行，同时裁判决定在其死刑缓期执行二年期满依法减为无期徒刑后，终身监禁，不得减刑、假释。

第7条 为谋取不正当利益，向国家工作人员行贿，数额在三万元以上的，应当依照刑法第三百九十条的规定以行贿罪追究刑事责任。

行贿数额在一万元以上不满三万元，具有下列情形之一的，应当依照刑法第三百九十条的规定以行贿罪追究刑事责任：

（一）向三人以上行贿的；

（二）将违法所得用于行贿的；

（三）通过行贿谋取职务提拔、调整的；

（四）向负有食品、药品、安全生产、环境保护等监督管理职责的国家工作人员行贿，实施非法活动的；

（五）向司法工作人员行贿，影响司法公正的；

（六）造成经济损失数额在五十万元以上不满一百万元的。

第8条 犯行贿罪，具有下列情形之一的，应当认定为刑法第三百九十条第一款规定的“情节严重”：

（一）行贿数额在一百万元以上不满五百万元的；

（二）行贿数额在五十万元以上不满一百万元，并具有本解释第七条第二款第一项至第五项规定的情形之一的；

（三）其他严重的情节。

为谋取不正当利益，向国家工作人员行贿，造成经济损失数额在一百万元以上不满五百万元的，应当认定为刑法第三百九十条第一款规定的“使国家利益遭受重大损失”。

第9条 犯行贿罪，具有下列情形之一的，应当认定为刑法第三百九十条第一款规定的“情节特别严重”：

（一）行贿数额在五百万元以上的；

（二）行贿数额在二百五十万元以上不满五百万元，并具有本解释第七条第二款第一项至第五项规定的情形之一的；

（三）其他特别严重的情节。

为谋取不正当利益，向国家工作人员行贿，造成经济损失数额在五百万元以上的，应当认定为刑法第三百九十条第一款规定的“使国家利益遭受特别重大损失”。

第12条 贿赂犯罪中的“财物”，包括货币、物品和财产性利益。财产性利益包括可以折算为货币的物质利益如房屋装修、债务免除等，以及需要支付货币的其他利益如会员服务、旅游等。后者的犯罪数额，以实际支付或者应当支付的数额计算。

第13条 具有下列情形之一的，应当认定为“为他人谋取利益”，构成犯罪的，应当依照刑法关于受贿犯罪的规定定罪处罚：

（一）实际或者承诺为他人谋取利益的；

（二）明知他人有具体请托事项的；

（三）履职时未被请托，但事后基于该履职事由收受他人财物的。

国家工作人员索取、收受具有上下级关系的下属或者具有行政管理关系的被管理人员的财物价值三万元以上，可能影响职权行使的，视为承诺为他人谋取利益。

第14条 根据行贿犯罪的事实、情节，可能被判处三年有期徒刑以下刑罚的，可以认定为刑法第三百九十条第二款规定的“犯罪较轻”。

根据犯罪的事实、情节，已经或者可能被判处十年有期徒刑以上刑罚的，或者案件在本省、自治区、直辖市或者全国范围内有较大影响的，可以认定为刑法第三百九十条第二款规定的“重大案件”。

具有下列情形之一的，可以认定为刑法第三百九十条第二款规定的“对侦破重大案件起关键作用”：

(一)主动交待办案机关未掌握的重大案件线索的;

(二)主动交待的犯罪线索不属于重大案件的线索,但该线索对于重大案件侦破有重要作用的;

(三)主动交待行贿事实,对于重大案件的证据收集有重要作用的;

(四)主动交待行贿事实,对于重大案件的追逃、追赃有重要作用的。

第 15 条 对多次受贿未经处理的,累计计算受贿数额。

国家工作人员利用职务上的便利为请托人谋取利益前后多次收受请托人财物,受请托之前收受的财物数额在一万元以上的,应当一并计入受贿数额。

第 16 条 国家工作人员出于贪污、受贿的故意,非法占有公共财物、收受他人财物之后,将赃款赃物用于单位公务支出或者社会捐赠的,不影响贪污罪、受贿罪的认定,但量刑时可以酌情考虑。

特定关系人索取、收受他人财物,国家工作人员知道后未退还或者上交的,应当认定国家工作人员具有受贿故意。

第 17 条 国家工作人员利用职务上的便利,收受他人财物,为他人谋取利益,同时构成受贿罪和刑法分则第三章第三节、第九章规定的渎职犯罪的,除刑法另有规定外,以受贿罪和渎职犯罪数罪并罚。

第 18 条 贪污贿赂犯罪分子违法所得的一切财物,应当依照刑法第六十四条的规定予以追缴或者责令退赔,对被害人的合法财产应当及时返还。对尚未追缴到案或者尚未足额退赔的违法所得,应当继续追缴或者责令退赔。

第 19 条 对贪污罪、受贿罪判处三年以下有期徒刑或者拘役的,应当并处十万元以上五十万元以下的罚金;判处三年以上十年以下有期徒刑的,应当并处二十万元以上犯罪数额二倍以下的罚金或者没收财产;判处十年以上有期徒刑或者无期徒刑的,应当并处五十万元以上犯罪数额二倍以下的罚金或者没收财产。

对刑法规定并处罚金的其他贪污贿赂犯罪,应当在十万元以上犯罪数额二倍以下判处罚金。

《受贿案件适用法律的意见》

一、关于以交易形式收受贿赂问题

国家工作人员利用职务上的便利为请托人谋取利益,以下列交易形式收受请托人财物的,以受贿论处:

(1)以明显低于市场的价格向请托人购买房屋、汽车等物品的;

(2)以明显高于市场的价格向请托人出售房屋、汽车等物品的;

(3)以其他交易形式非法收受请托人财物的。

受贿数额按照交易时当地市场价格与实际支付价格的差额计算。前款所列市场价格包括商品经营者事先设定的不针对特定人的最低优惠价格。根据商品经营者事先设定的各种优惠交易条件,以优惠价格购买商品的,不属于受贿。

十二、关于正确贯彻宽严相济刑事政策的问题

依照本意见办理受贿刑事案件,要根据刑法关于受贿罪的有关规定和受贿罪权钱交易的本质特征,准确区分罪与非罪、此罪与彼罪的界限,惩处少数,教育多数。在从严惩处受贿犯罪的同时,对于具有自首、立功等情节的,依法从轻、减轻或者免除处罚。

《全国法院审理经济犯罪案件工作座谈会纪要》

一、关于贪污贿赂犯罪和渎职犯罪的主体

(一)国家机关工作人员的认定

刑法中所称的国家机关工作人员,是指在国家机关中从事公务的人员,包括在各级国家权力机关、行政机关、司法机关和军事机关中从事公务的人员。

根据有关立法解释的规定,在依照法律、法规规定行使国家行政管理职权的组织中从事公务的人员,或者在受国家机关委托代表国家行使职权的组织中从事公务的人员,或者虽未列入国家机关人员编制但在国家机关中从事公务的人员,视为国家机关工作人员。在乡(镇)以上中国共产党机关、人民政协机关中从事公务的人员,司法实践中也应当视为国家机关工作人员。

(二)国家机关、国有公司、企业、事业单位委派到非国有公司、企业、事业单位、社会团体从事公务的人员的认定

所谓委派,即委任、派遣,其形式多种多样,如任命、指派、提名、批准等。不论被委派的人身份如何,只要是接受国家机关、国有公司、企业、事业单位委派,代表国家机关、国有公司、企业、事业单位在非国有公司、企业、事业单位、社会团体中从事组织、领导、监督、管理等工作,都可以认定为国家机关、国有公司、企业、事业单位委派到非国有公司、企业、事业单位、社会团体从事公务的人员。如国家机关、国有公司、企业、事业单位委派在国有控股或者参股的股份有限公司从事组织、领导、监督、管理等工作的人员,应当以国家工作人员论。国有公司、企业改制为股份有限公司后,原国有公司、企业的工作人员和股份有限公司新任命的人员中,除代表国有投资主体行使监督、管理职权的人外,不以国家工作人员论。

（三）“其他依照法律从事公务的人员”的认定

刑法第九十三条第二款规定的“其他依照法律从事公务的人员”应当具有两个特征：一是在特定条件下行使国家管理职能；二是依照法律规定从事公务。具体包括：

（1）依法履行职责的各级人民代表大会代表；

（2）依法履行审判职责的人民陪审员；

（3）协助乡镇人民政府、街道办事处从事行政管理工作的村民委员会、居民委员会等农村和城市基层组织人员；

（4）其他由法律授权从事公务的人员。

（四）关于“从事公务”的理解

从事公务，是指代表国家机关、国有公司、企业、事业单位、人民团体等履行组织、领导、监督、管理等职责。公务主要表现为与职权相联系的公共事务以及监督、管理国有财产的职务活动。如国家机关工作人员依法履行职责，国有公司的董事、经理、监事、会计、出纳人员等管理、监督国有财产等活动，属于从事公务。那些不具备职权内容的劳务活动、技术服务工作，如售货员、售票员等所从事的工作，一般不认为是公务。

三、关于受贿罪

（一）关于“利用职务上的便利”的认定

刑法第三百八十五条第一款规定的“利用职务上的便利”，既包括利用本人职务上主管、负责、承办某项公共事务的职权，也包括利用职务上有隶属、制约关系的其他国家工作人员的职权。担任单位领导职务的国家工作人员通过不属自己主管的下级部门的国家工作人员的职务为他人谋取利益的，应当认定为“利用职务上的便利”为他人谋取利益。

（二）“为他人谋取利益”的认定

为他人谋取利益包括承诺、实施和实现三个阶段的行为。只要具有其中一个阶段的行为，如国家工作人员收受他人财物时，根据他人提出的具体请托事项，承诺为他人谋取利益的，就具备了为他人谋取利益的要件。明知他人有具体请托事项而收受其财物的，视为承诺为他人谋取利益。

（五）共同受贿犯罪的认定

根据刑法关于共同犯罪的规定，非国家工作人员与国家工作人员勾结，伙同受贿的，应当以受贿罪的共犯追究刑事责任。非国家工作人员是否构成受贿罪共犯，取决于双方有无共同受贿的故意和行为。国家工作人员的近亲属向国家工作人员代为转达请托事项,收受请托人财物并告知该国家工作人员,或者国家工作人员明知其近亲属收受了他人财物,仍按照近亲属的要求利用职权为他人谋取利益的,对该国家工作人员应认定为受贿罪,其近亲属以受贿罪共犯论处。近亲属以外的其他人与国家工作人员通谋,由国家工作人员利用职务上的便利为请托人谋取利益,收受请托人财物后双方共同占有的,构成受贿罪共犯。国家工作人员利用职务上的便利为他人谋取利益,并指定他人将财物送给其他人,构成犯罪的,应以受贿罪定罪处罚。

(六)以借款为名索取或者非法收受财物行为的认定

国家工作人员利用职务上的便利,以借为名向他人索取财物,或者非法收受财物为他人谋取利益的,应当认定为受贿。具体认定时,不能仅仅看是否有书面借款手续,应当根据以下因素综合判定:(1)有无正当、合理的借款事由;(2)款项的去向;(3)双方平时关系如何、有无经济往来;(4)出借方是否要求国家工作人员利用职务上的便利为其谋取利益;(5)借款后是否有归还的意思表示及行为;(6)是否有归还的能力;(7)未归还的原因;等等。

贪污贿赂案件裁判规则第 11 条：

国家工作人员利用职务便利为请托人谋取利益，由请托人出资进行“合作投资”的，以受贿论处，受贿数额应为请托人给国家工作人员的出资额

〔**规则描述**〕：在合作投资中并未出资，未参与管理和经营，更未承担风险，其行为不属于真正意义上的出资合作投资行为。名义上是共同投资，实质上是利用职务便利为他人谋取利益、非法收受他人财物的权钱交易，应以受贿论处。受贿数额为请托人给国家工作人员的出资额。对于“合作投资”所得的利润作为犯罪所得的收益，应予追缴，并在量刑时酌情考虑，不能认定为受贿数额。

一、类案检索大数据报告

时间：2020 年 11 月 27 日之前，案例来源：Alpha 案例库，案件数量：1766 件，数据采集时间：2020 年 11 月 27 日，本次检索共获取 2020 年 11 月 27 日前认定为请托人谋取利益、由请托人出资进行合作投资的行为的裁判文书有 1766 篇，整体情况如图 11 - 1 所示，从案件年份分布可以看到当前条件下案例数量的变化趋势。

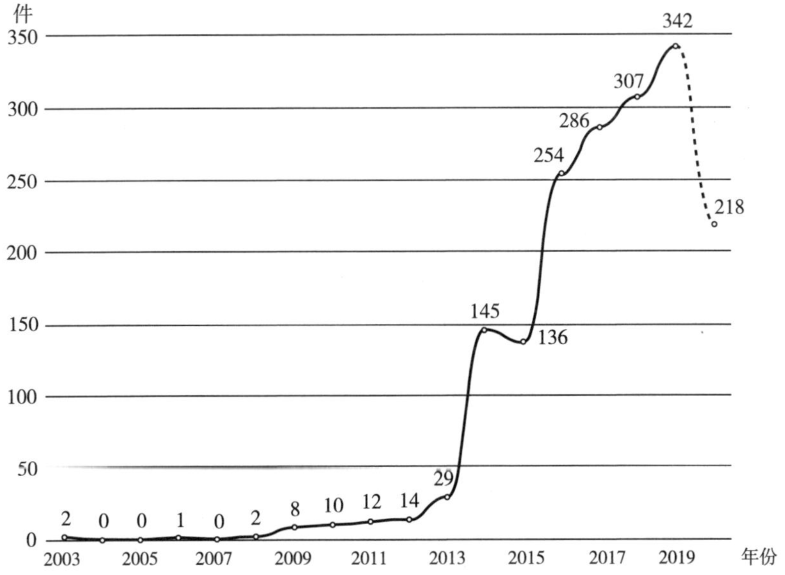

图 11 - 1 案件年份分布情况

如图 11 -2 所示,从案件地域分布来看,当前案例主要集中在广东省、湖南省、安徽省,分别占比 13.76%、11.10%、8.32%。其中广东省的案件量最多,达到 243 件。(注:此处显示该条件下案例数量排名前五的省份。)

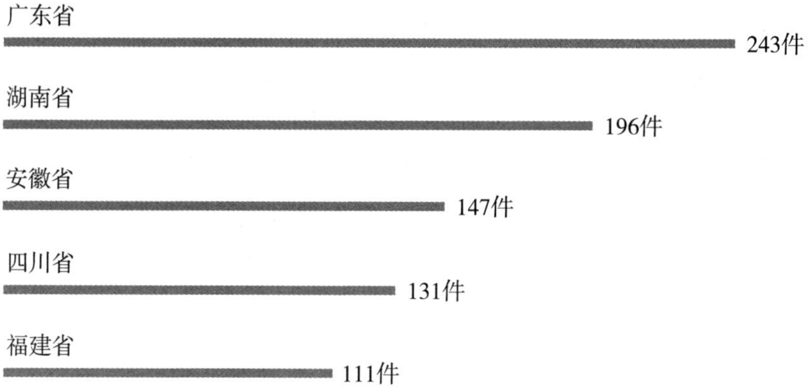

图 11 -2　案件地域分布情况

如图 11 -3 所示,从案由分类情况可以看到,当前最主要的案由是刑事,有 1437 件,占一半以上;其次是民事,行政。

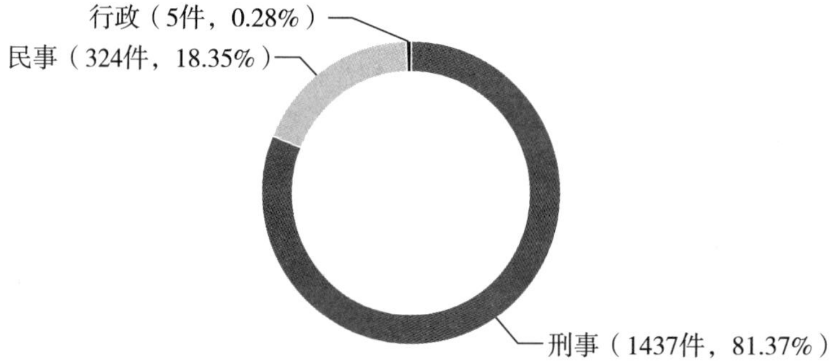

图 11 -3　案件案由分类情况

如图 11 -4 所示,从案件程序分类统计可以看到当前的审理程序分布状况。其中,一审案件有 1173 件,二审案件有 549 件,再审案件有 38 件,执行案件有 1 件。

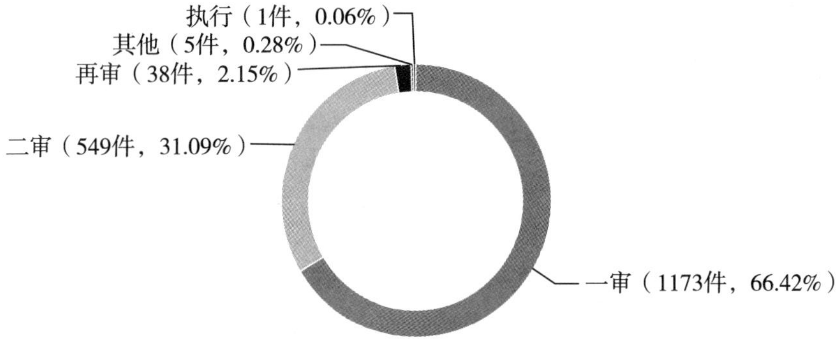

图 11－4　案件程序分类情况

如图 11－5 所示，通过对主刑的可视化可以看到，当前条件下包含有期徒刑的案件有 1056 件，包含无期徒刑的案件有 27 件，包含拘役的案件有 22 件。其中，包含缓刑的案件有 165 件，免予刑事处罚的案件有 52 件。

图 11－5　案件判决主刑情况

二、可供参考的例案

例案一｜朱某林受贿案

【法院】

湖州市中级人民法院

【案号】

（2010）浙湖刑终字第 6 号

【诉讼主体】

原公诉机关:湖州市吴兴区人民检察院

原审被告人:朱某林

【基本案情】

2004年10月,湖州市人民政府决定对位于该市环渚乡西白鱼潭地块进行城建项目开发,开发商为日月置业有限公司(以下简称日月公司),时任环渚乡政府领导的被告人朱某林负责整个拆迁工作。由苏某某实际所有的融某公司整体厂房属拆迁范围,经被告人朱某林和朱某1(另案处理)多次与日月公司沟通,最后日月公司赔偿苏某某人民币240万元。其中,苏某某还通过虚假的转让协议使三间厂房得到原评估价3倍的赔偿。为感谢被告人朱某林和朱某一在此事中提供的帮助,苏某某提出日后朱某林和朱某一购房时,由其补贴每人30万元,被告人朱某林及朱某一均表示同意。

2006年4月至5月,苏某某有意购买日月城小区商务楼,让时任环渚乡副乡长的朱某林出面与日月公司谈价,最终谈定价格为1280万元。为感谢朱某林在融某公司拆迁过程中的帮助和购买商务楼时帮助谈价钱,同时也为兑现以前关于购房时补贴30万元的允诺,苏某某邀请朱某林参与购买该房产转手获利,朱某林同意并约定每人出资50%。2007年4月28日,苏某某缴纳了第一笔定金60万元,被告人朱某林表示先让苏某某帮其垫付其中的50%,即30万元。5月初,两人商定加价180万元转售给下家,因下家暂无现金支付,出具了60万元的借条(债权人为朱某林)。5月10日,被告人朱某林向苏某某支付了由苏垫付的30万元定金。根据约定,两人尚有40万元定金没有支付,7月18日,苏某某又向日月公司缴纳了40万元。而被告人朱某林并未支付其中的50%,即20万元。8月1日,下家又出具了60万元的借条(债权人为苏某某)。因被告人朱某林不断向苏某某及下家催讨本金和溢价款,10月22日、11月1日,苏某某分别向被告人朱某林支付20万元和30万元,11月9日,苏某某将下家支付的首笔现金20万元转入被告人朱某林的账户(朱某1中的10万元转入苏某某的账户),至此被告人朱某林已经收到现金60万元(本金30万元,利润30万元)。至案发时,被告人朱某林实际收到现金110万元(本金30万元,利润80万元)。

此外,被告人朱某林在担任湖州市吴兴区环渚乡副乡长期间,还利用分管城建和土管工作的职务之便,分别收受苏某某、潘某梅、李某生、费某昌、张某年等人所送的财物十一次,共计价值人民币8.708万元及未估价的字画一幅、地毯一块。

综上，被告人朱某林受贿共计人民币58.708万元及未估价的字画一幅，地毯一块。

【案件争点】

如何认定以“合作投资”为名的受贿行为。

【裁判要旨】

一审法院认为，被告人朱某林的行为属于国家工作人员利用职务上的便利为请托人谋取利益，由请托人出资进行合作投资的行为，依法应以受贿论处。被告人朱某林身为国家工作人员，利用职务便利，为他人谋取利益，非法收受他人财物人民币58.058万元，其行为已构成受贿罪。公诉机关指控的罪名成立，依法应予惩处。以受贿罪，判处被告人朱某林有期徒刑十三年。暂扣于湖州市吴兴区人民检察院的赃款人民币10万元及字画一幅、地毯一张予以追缴并上缴国库，其余违法所得人民币78.058万元，继续予以追缴。

一审宣判后，被告人朱某林以其未收受潘某梅、苏某某等人所送的现金，和苏某某合作投资购买商务楼，原审认定其受贿50万元并无依据等为理由提出上诉。

二审法院经审理认为，上诉人朱某林身为国家工作人员，利用职务便利，为他人谋取利益，非法收受他人财物，其行为以构成受贿罪。原审定罪及适用法律正确。关于上诉人朱某林提出的上诉意见。经查，在融某公司拆迁赔偿中，苏某某得到了朱某林的帮助，苏某某许诺给予朱某林30万元好处费，朱某林未拒绝。在朱某林为苏某某与某置业公司谈妥商务楼价格后，苏某某与朱某林共同投资该商务楼。苏某某前后共支付了定金100万元，朱某林虽曾支付给苏某某30万元作为投资款，但该款项是在转手出让商务楼基本谈妥的情况下支付的，后又被抽回。朱某林和苏某某名义上是共同投资，实质上是权钱交易，应以受贿论处，原审审判程序合法，量刑适当，裁定驳回上诉，维持原判。

例案二 | 潘某梅、陈某受贿案

【法院】

江苏省高级人民法院

【案号】

(2009)苏刑二终字第0028号

【诉讼主体】

原公诉机关:江苏省南京市人民检察院

上诉人(原审被告人):潘某梅

上诉人(原审被告人):陈某

【基本案情】

2003年8月、9月间,被告人潘某梅、陈某分别利用担任江苏省南京市栖霞区迈皋桥街道工委书记、迈皋桥办事处主任的职务便利,为南京某房地产开发有限公司总经理陈某在迈皋桥创业园区低价获取100亩土地等提供帮助,并于9月3日分别以其亲属名义与陈某1共同注册成立南京多贺工贸有限责任公司(以下简称多贺公司),以"开发"上述土地。潘某梅、陈某既未实际出资,也未参与该公司经营管理。2004年6月,陈某1以多贺公司的名义将该公司及其土地转让给南京某体育用品有限公司,潘某梅、陈某以参与利润分配名义,分别收受陈某1给予的480万元。2007年3月,陈某因潘某梅被调查,在美国出差期间安排其驾驶员退给陈某1 80万元。案发后,潘某梅、陈某所得赃款及赃款收益均被依法追缴。

2004年2月至10月,被告人潘某梅、陈某分别利用担任迈皋桥街道工委书记、迈皋桥办事处主任的职务之便,为南京某置业发展有限公司在迈皋桥创业园购买土地提供帮助,并先后四次各收受该公司总经理吴某某给予的50万元。

2004年上半年,被告人潘某梅利用担任迈皋桥街道工委书记的职务便利,为南京某发展有限公司受让金桥大厦项目减免100万元费用提供帮助,并在购买对方开发的一处房产时接受该公司总经理许某某为其支付的房屋差价款和相关税费61万余元(房价含税费121.0817万元,潘支付60万元)。2006年4月,潘某梅因检察机关从许某某的公司账上已掌握其购房仅支付部分款项的情况而补还给许某某55万元。

此外,2000年春节前至2006年12月,被告人潘某梅利用职务便利,先后收受迈皋桥办事处一党支部书记兼南京某商贸有限责任公司总经理高某某人民币201万元和美元49万元、浙江某房地产集团南京置业有限公司范某某美元1万元。2002年至2005年,被告人陈某利用职务便利,先后收受迈皋桥办事处一党支部书记高某某21万元、迈皋桥办事处副主任刘某8万元。

综上,被告人潘某梅收受贿赂人民币792万余元、美元50万元(折合人民币398.1234万元),共计收受贿赂1190.2万余元;被告人陈某收受贿赂559万元。

【案件争点】

被告人利用职务便利，为他人谋取利益，未实际出资，也未参与该公司经营管理，分得“利润”，是否构成受贿罪。

【裁判要旨】

一审法院审理认为，被告人潘某梅、陈某身为国家工作人员，利用职务便利为他人谋取利益，并收受他人财物，其行为均已构成受贿罪。二被告人归案后能如实供述犯罪事实，坦白态度好，并主动交代侦查机关尚未掌握的同种较轻余罪，案发前退出部分赃款，案发后配合侦查机关追缴涉案全部赃款，可酌情从轻处罚。判决被告人潘某梅犯受贿罪，判处死刑，缓期二年执行，剥夺政治权利终身，没收个人全部财产；认定被告人陈某犯受贿罪，判处无期徒刑，剥夺政治权利终身，没收个人全部财产；已扣押的被告人潘某梅受贿赃款人民币792.08174万元、美元50万元，予以追缴，上交国库；已扣押的被告人陈某受贿赃款人民币559万元，予以追缴，上交国库。

宣判后，上诉人潘某梅及其辩护人提出，潘某梅与他人共同成立多贺公司，潘某梅对多贺公司承担了实际出资（由陈某1垫付）义务并参与了多贺公司的经营管理，该480万元系其作为股东应得的利润，虽然潘某梅利用职务便利为自己谋取利益，所得利润480万元不合法，但潘某梅的行为并不符合受贿犯罪的构成要件。

上诉人陈某及其辩护人提出，（1）一审判决认定陈某2004年6月以参与利润分配名义，收受陈某1给予的人民币480万元为受贿，定性错误，多贺公司系依法成立，陈某作为股东之一，已实际出资（由陈某1向第三人借款垫付）且参与了多贺公司的经营管理，该480万元是陈某作为股东应得的利润；（2）一审判决认定陈某收受480万元人民币的数额与事实不符，陈某实际取得215万元，另250万元的借款，因陈某客观上并没有取得和实际占有过，故不符合受贿犯罪规定的财物。

二审法院审理认为，关于上诉人潘某梅、陈某及其辩护人对原判决认定的受贿事实提出的上诉理由、辩护意见。经查，（1）上诉人潘某梅、陈某与陈某1商议以合作成立多贺公司名义，利用各自的职务便利，为陈某1低价取得土地和不按协议支付土地款等提供帮助，后以分配“利润”名义各自获取人民币480万元；在多贺公司成立、运作过程中，注册资金来源于陈某1向他人的借款，潘某梅、陈某均未实际出资和参与公司的管理、经营。根据《受贿案件适用法律的意见》第3条的规定，应以受贿论处。（2）多贺公司转让后，潘某梅、陈某、陈某1应各得480万元，陈某1按陈某要求开具200万元现金支票和部分现金交付陈某后，剩余款项作为借款借给陈某1使用,现借款(剩余款项)为250万元,故应认定陈某1支付给陈某的现金为30万元。(3)该250万元虽然没有直接交付到陈某手中,但是经陈某同意借给陈某1有偿使用,自陈某1出具借条起,陈某即已实际取得了该款项,出借行为系陈某对该款的处分;后陈某将该款加利息投资港联公司的行为,更加说明了陈某在支配和使用该款项。故应当认定陈某已实际取得250万元的所有权。

上诉人潘某梅、陈某作为国家工作人员,分别利用各自的职务便利,为他人谋取利益,收受他人财物的行为均已构成受贿罪,且受贿数额特别巨大,情节特别严重,依法应予严惩。潘某梅、陈某归案后能如实供述犯罪事实,认罪态度好,并主动交代侦查机关尚未掌握的同种较轻余罪,案发前退出部分赃款,案发后配合侦查机关追缴涉案全部赃款,可酌情从轻处罚。原审判决认定事实清楚,证据确实、充分,定性准确,量刑适当,审判程序合法。上诉人潘某梅、陈某提出的上诉理由及其辩护人提出的辩护意见无事实和法律依据,不予采纳,江苏省人民检察院的出庭意见予以支持。据此,裁定驳回上诉,维持原判决。

例案三 | 于某豹受贿案

【法院】

新疆维吾尔自治区高级人民法院

【案号】

(2005)新刑二抗字第1号

【诉讼主体】

原公诉机关:新疆维吾尔自治区乌鲁木齐市人民检察院

原审被告人:于某豹

【基本案情】

1995年11月6日和1999年9月,被告人于某豹利用在担任乌鲁木齐市计划委员会主任之时对新疆德隆国际实业总公司(以下简称德隆公司)补办宏源大厦工程项目立项审批手续及固定资产调节税税率减让等方面给予过便利和照顾,先后共交给德隆公司唐某某1,000,000元人民币,作为其在德隆公司的投资款,要求每年给予高额回报。自1997年1月至2003年4月,被告人于某豹领取所谓回报款共计1,700,000元。此外,1995年4月18日至2002年2月4日,被告人于某豹还利用职务之便,以借款、治病、出国考察、领取董事费、购买飞机票的名义,分七次收受他人贿赂款合计 71.45 万元人民币、1000 美元。

【案件争点】

如何区分受贿行为与投资获利行为的界限。

【裁判要旨】

一审法院认为，被告人于某豹以其妻鞠某的名义实际先后两次交给德隆公司唐某某共 100 万元人民币，并约定了较固定的收益比率，后以投资回报的形式从德隆公司领取 170 万元人民币，虽有不当，但不构成犯罪。公诉机关指控被告人于某豹领取德隆公司投资回报款 170 万元人民币属实，但指控被告人于某豹的行为构成受贿罪，证据不足，本院不予支持。公诉机关指控被告人于某豹身为国家机关工作人员，利用职务之便为他人谋取相关利益，先后多次收受他人钱款或以借款为名向他人索取钱款共计 71.45 万元人民币、1000 美元，其行为已构成受贿罪，事实清楚，证据确实充分，本院予以支持。鉴于被告人于某豹归案后如实坦白所犯罪行，且退赔了全部非法赃款，依法可酌情从轻处罚。被告人于某豹及其辩护人关于起诉书指控的 170 万元不构成犯罪及要求从轻处罚的辩解及辩护意见，本院予以采纳。被告人于某豹的辩护人关于被告人于某豹有自首情节、私人借款不构成犯罪的辩解意见与本院查明的事实不符，且无法律依据，本院不予采纳。判决：(1)被告人于某豹犯受贿罪，判处有期徒刑十三年，剥夺政治权利二年；(2)被告人于某豹犯罪所得赃款 71.45 万元人民币、1000 美元，依法没收，上缴国库。

一审宣判后，公诉机关提起抗诉，认为于某豹以向德隆公司“投资”100 万元为手段，索取高额回报 170 万元的行为构成受贿罪，但一审法院认为不构成犯罪不当。理由如下：(1) 于某豹基于其是市计委主任这个身份，才要求唐某某接受其投资 100 万元，并得到高额回报 170 万元。德隆公司也是看中这一点才“接受投资”的。(2) 于某豹在为德隆公司已经谋取利益的前提下，才提出所谓的“投资”并索要高额回报。所谓的“投资”，是掩盖其收受贿赂的手段。(3) 一审判决适用法律错误，量刑畸轻。

二审法院经审理认定事实和证据与一审法院确认的事实和证据相同。另确认，2003 年年初，群众举报反映于某豹与私营企业老板关系很不正常，很有钱且在银行有大量的存款。经自治区纪委领导批准，监察室组织人员对于某豹及其配偶、子女在银行、证券金融机构的存款进行了查询，发现于某豹及其家人在银行等金融机构存款高达 200 多万元，仅 2003 年春节期间，于某豹便在一天内两次存款 11 万元，且多数都在于某豹名下，引起怀疑。经自治区纪委领导批准并经自治区党委同意，于6月10日对于某豹进行审查调查，让其说明存款来源和不廉洁问题。当天，于某豹在自述材料中交代了向德隆公司投资两笔合计100万元，收益210万元，于某豹的爱人在德隆公司下属的股份公司任董事，月工资2000元，董事费合计20万元的问题。在和其谈话核实存款来源时，于某豹又交代了从陈某亮处拿了30万元。自治区纪检委于是将此案交自治区检察院反贪局侦查，案件得以侦破。

法院认为，在本案中，于某豹因其具有市计委主任的职权，和德隆公司之间形成的不是平等主体间的关系，而是管理者与被管理者的关系。正常的投资行为是双方合意、意思表示一致的结果，而本案中的相关证据证明，这100万元的投资、回报的具体内容是于某豹个人主动提出的，德隆公司只是被迫服从，德隆公司给100万元投资的"回报"的用意也是感谢于某豹的帮助而支付的酬谢款。正当的投资应当有合理的投资期限、投资项目，接受投资方也有接受投资的合法资格，而本案所谓投资从形式上和实际履行上均无确定的期限，直到案发为止，于某豹仍然在收取所谓的回报款；双方没有约定投资项目，100万元投资款根本没有用于德隆公司的任何项目上；回报款也不是从德隆公司投资利润中支付，而是从某个个人掌握款中支付；德隆公司本身并未从事代客理财即接受所谓投资的行为，是德隆公司下属的有法人资格的子公司金新信托公司等法人在非法从事代客理财业务。于某豹明知这一点，却硬要将100万元"投资"到德隆公司，完全是因为其向德隆公司提供过很多"帮助"，德隆公司不敢拒绝其"投资"并支付报酬的要求。所以，170万元应该认定是名为投资回报款实为受贿款。索取高额回报170万元的行为构成受贿罪的抗诉意见成立，本院予以支持。遂判决如下：撤销乌鲁木齐市中级人民法院(2004)乌中刑初字第156号刑事判决；被告人于某豹犯受贿罪，判处无期徒刑，剥夺政治权利终身；被告人于某豹受贿犯罪所得予以追缴。

三、裁判规则提要

(一)以"合作投资"名义收受贿赂构成受贿罪的标准

对于国家工作人员以本人或者他人(亲属或者其他关系密切人员)名义，参与合办公司或者进行其他合作投资，是否以受贿论处，关键在于国家工作人员本人有无实际出资。如果国家工作人员真实出资，即使未参与经营管理，也不能认定为受贿罪。这主要是因为根据公司法规定，出资是能取得收益的依据。而"不参与经营管理"是以确认名义出资而非真实出资为前提的；是否实际出资与是否参与经营管理是相互关联的，可以相互印证，"不参与经营管理"是判断名义出资的一个方面。

同时，经营管理行为在一定情况下（如个人以劳务出资合伙）也可能成为合伙出资的一种方式。所以，关于此种情形是否认定为受贿，坚持的标准仍然是名义、虚假出资还是实际、真实出资。那么具体如何确定要注意以下几个方面：

1. 应查明双方当事人有无真实的投资意思表示

无论是“投资协议”还是“理财协议”，如果约定不论经营好坏，不管“投资”有无收益，甚至没有具体投资项目和风险防范措施，均会有高额的“分红”，那么就应认定双方当事人没有真实的投资意思表示。所谓“投资”“理财”甚至是高利率的借款，都是协议背后的双方当事人利用“协议”作为掩盖贿赂行为的一种手段。

2. 应查明“投资”是否符合《公司法》的相关形式要求

公司的账册是否记录了资金的来源；出资人是否在公司登记为股东；其他股东是否知晓和认可。如果是非规范性的公司或者是所谓的项目投资，那么就要查明该项目是否真实；该项目的资金筹集情况；是否需要该笔资金；是否约定该笔资金的实际使用时间和实际用途，等等。虽然满足上述要求，不能单独证明“投资”是否真实，是否成为掩盖受贿犯罪的幌子，但以上事实可以与其他事实结合在一起成为判定事实的依据。

3. 应查明该投资的分红比例情况

在“投资分红”的情形中，双方往往约定保底分红的比例，甚至利用所谓的不超过同期银行贷款利率4倍的回报率来自欺欺人，更不用说还有约定更高回报率的情形。用这种保底分红的条款规避投资风险，事实上违反了《合同法》①《证券法》的有关规定，是违法条款，属于无效合同。同时，必须查明请托人接受实际出资是基于国家工作人员地位与职务的考虑，是在谋取利益的基础上才同意国家工作人员有偏离一般水平的高额收益回报。还要进一步查明请托人没有与其他民事主体从事或约定类似高额回报。如果请托人接受的资金并未用于实际投资则更可补强言词证据，进一步锁定“投资分红”的受贿性质。

投资获利行为是一种民事行为，双方互有权利义务。若双方只约定投资的数额和获取回报比例的内容，而没有具体投资项目和违约责任、风险责任等应当具有的内容，则不符合双方民事行为成立的内容要求。根据《刑法》第385条的规定，受贿罪是指国家工作人员利用职务上的便利，索取他人财物，或者非法收受他人财

① 2021年1月1日《民法典》生效后，为《民法典》“第三编　合同”。

物,为他人谋取利益的行为。行为人若利用国家工作人员的身份为其投资公司谋取利益,其投资所收取的高额回报款并没有承担实际风险,且超过了一般投资可获得的利益,与投资的风险利益本质相悖,则属于利用投资的形式掩盖其受贿的本质,是一种变相的非法收受他人财物,为他人谋取利益的受贿行为。

例案一中,被告人朱某林提出其是与苏某某合作投资商用房,且投资 30 万元,但经法院审理查明,苏某某已经将该 30 万元退回给朱某林,实际上朱某林并未出资,也未参与经营。例案三中,100 万元的投资、回报的具体内容是于某豹个人主动提出的,德隆公司只是被迫服从,德隆公司给 100 万元投资的"回报"的用意也是感谢于某豹的帮助而支付的酬谢款。正当的投资应当有合理的投资期限、投资项目,接受投资方也有接受投资的合法资格,而本案所谓投资从形式上和实际履行上均无确定的期限,直到案发为止,于某豹仍然在收取所谓的回报款;德隆公司本身并未从事代客理财即接受所谓投资的行为,双方没有约定投资项目,于某豹的 100 万元投资款根本没有用于德隆公司的任何项目上;回报款也不是从德隆公司投资利润中支付,于某豹明知这一点,却硬要将 100 万元"投资"到德隆公司,完全是因为其向德隆公司提供过很多"帮助",德隆公司不敢拒绝其"投资"并支付报酬的要求。所以,于某豹与德隆公司无真实的意思表示,170 万元应该认定名为投资回报款实为受贿款。

(二)以"合作投资"名义收受贿赂的犯罪数额的认定

国家工作人员利用职务便利为请托人谋取利益,以开办公司等合作投资名义收受贿赂的,如何具体认定其受贿数额呢?根据《受贿案件适用法律的意见》第 3 条的规定,并结合司法实践中的具体表现形式,应当区分不同情况予以认定:

1. 国家工作人员既没有实际出资,又没有参与管理、经营,以合作开办公司或者进行其他合作投资名义获取"利润"。此种情形属于"虚假出资、虚假合作",即国家工作人员出资数额没有明确,或者虽然协议中有明确的出资数额,但是国家工作人员只是虚假出资和虚假合作,都没有获取所谓"利润"的任何正当理由和法律依据,属于打着合办公司或者其他合作投资的幌子,行权钱交易之实的变相受贿行为,其获取的所谓"利润"数额应当认定为受贿数额。例案一中,对被告人朱某林受贿数额的认定上,是扣除了其投资款而依剩下的"利润"而定的。

2. 国家工作人员没有出资,由请托人出资,合作开办公司或者进行其他合作投资。此种情形属于"虚假出资、真实合作",即国家工作人员的出资额虽然由请托人出资，系虚假出资，但是其出资数额在协议中有明确记载，且国家工作人员参与了经营管理，并分担经营风险，有真实合作成分。对于此种情形应当将出资额认定为受贿数额没有异议，但是对于经营利润应否计入受贿数额，司法实践中有不同意见。有意见认为，此类行为多发生在暴利行业，利润金额往往远大于出资额，出资额是该出而未出，利润额是不该得而非法得，收受利润应当视为一个连续的受贿行为。此种情形的受贿数额为请托人给国家工作人员的出资额，经营利润认定为受贿资本的非法孳息。其主要理由是：首先，将收受出资及其利润割裂开来合并计算，忽视了出资不同于其他物品的特殊性和利润对出资资本的依附性，有重复评价之嫌；其次，此种情形与前述第一种情形有所不同，国家工作人员虽然虚假出资，但是其参与经营管理，并分担经营风险，有真实合作成分。例案二中，被告人潘某梅、陈某未实际出资，而获取高额利润，其“利润额”认定为受贿额。

3. 国家工作人员有实际出资，但收取了超出出资比例应得的收益。此种情形是否一律属于受贿，关键看国家工作人员是否利用职务便利为其他合作人谋取利益。如果国家工作人员利用职务便利为其他合作人谋取利益，因为符合受贿权财交易的本质特征，则不论全体合作人是否明确约定不按出资比例分红，都应当将收取的超出出资比例的部分认定为受贿数额。例案三中，被告人于某豹实际出资，投资款根本没有用于德隆公司的任何项目上；回报款也不是从德隆公司投资利润中支付，所以 170 万元应该认定名为投资回报款实为受贿款。

4. 假若国家工作人员自己有投资或者请托人给国家工作人员的出资额低于受贿罪立案起点数额，却让国家工作人员从公司获取超出投资比例的巨额收益时，并非完全不追究其刑事责任。虽然不符合“合作投资型受贿”，但却有可能属于普通受贿罪的构成要件。当然，这要有前提条件，即请托人与受贿人存在权钱交易关系。

（三）由请托人垫资，国家工作人员获取经营利润构成受贿罪的标准

司法实践中还有一种垫资的情形，即国家工作人员利用职务上的便利为请托人谋取利益，由请托人垫付资金，国家工作人员或者其指定的第三人以参与合作开办公司或者进行其他合作的形式，不参与经营管理而获取经营利润。对此，是否认定为受贿有不同意见。肯定意见认为，在此种情形下，即使国家工作人员事后归还了请托人的垫付款，也应当以实际收受的利润部分追究受贿责任。因为由请托人垫付出资，只是一种更为隐蔽的受贿手段，归还出资的本意是掩盖非法收受的投资

收益,这种行为同样属于打着合办公司或者其他合作投资的名义,行受贿之实的行为。反对意见认为,按照“谁出资,谁收益”的原则,既然是垫付,就意味着国家工作人员是投资方,自然可以获取投资的收益。司法实践中,由于这一问题比较复杂,应当结合案件具体情况,根据是否真实出资、是否权钱交易这一根本判断标准,进行具体分析认定。此种情形下,判断国家工作人员是否真实出资,不能仅仅看是否有垫付出资的书面约定,应当根据以下因素综合判定:

1. 审查双方主体之间的真实关系

正常的垫资行为没有职务上的内在必然联系,双方主体之间除了情感上的依托关系外并不存在某种依赖关系。垫资形式的行贿受贿则是围绕着行贿人谋取的利益与受贿人利用职务便利而进行的权钱交易,这样双方主体之间必然存在某种特殊联系,这种联系以职权为媒介,表现为仅仅在工作关系上有一面之交,缺乏赖以存在的信任基础。因此,只要认真审查分析双方主体间的真实关系,仍然可以摸到定性的脉络,找到行贿受贿的客观基础。

2. 审查垫资关系产生的时间、原因是否自然

垫资关系的成立没有时间上的限制,原因是真实自然的,它的形成完全取决于当事人之间的投资合作契机,契机是以真实、合理、可信的事由产生的,没有时间上的特定性,原因往往表现在一方资金不足而又迫切需要投资,另一方经济宽裕且有能力帮忙出资。垫资形式的行贿则不同,它具有时间上的限制性和原因上的虚假性。利用垫资关系行贿所产生的时间是以行贿人为实现某种目的为中心,或在其前,或在其后,而行贿方利益的实现也必然要见之于客观。在原因上又往往会出现反常现象,行贿方无钱垫付却要四处奔波筹措资金,受贿方经济宽裕无须借钱却堂而皇之借钱。这就给司法机关展示了一条明晰的犯罪因果链,使司法机关在行贿人谋取利益的时间与垫资关系成立的时间比较中,找出行贿受贿之间的内在联系。

3. 审查双方的真实意思表示

民法上的垫资关系是当事人自愿将自己所有的金钱帮助出资,对方当事人约定经过一定时间归还本金并支付一定数额利息的民事法律行为。这种关系的确定完全出于双方当事人的自愿,是一种互助互利的行为,不附加与垫资关系无关的其他条件。垫资形式的行贿受贿双方存在直接的依附于受贿人的职权,时间无限期,数额较大,受贿人一权在握,以垫资为名收受贿赂,并为垫资者谋取利益,这种非自愿的垫资关系从本质上区别于民法意义上的垫资关系。

4. 审查借贷关系的产生是否给第三人带来损失

合法的垫资关系是一种民事法律行为，它以不损害他人利益为前提条件，即正常的民事垫资关系不存在损害第三人利益的情况。垫资形式的行贿受贿是通过垫资来实现不可告人的目的，这种行为的实现必然会给第三人带来损害，或者使企业经济利益受损或者扰乱国家的经济秩序。这些损失是因受贿人接受贿赂造成的，因而损失的产生与这种垫资行为有着直接的因果关系，这也是行贿受贿的必然结果。

例案二中，被告人潘某梅、陈某在上诉中称与陈某1合作开公司是由陈某1垫付出资额，但是并未提供垫付出资额的合同等文件，且双方没有实质意义上的合作关系，实际上被告人潘某梅、陈某就是假借“垫资”而收取高额“利润”，其行为应认定为受贿。

四、辅助信息

高频词条：

《刑法》

第385条 国家工作人员利用职务上的便利，索取他人财物的，或者非法收受他人财物，为他人谋取利益的，是受贿罪。

国家工作人员在经济往来中，违反国家规定，收受各种名义的回扣、手续费，归个人所有的，以受贿论处。

第386条 对犯受贿罪的，根据受贿所得数额及情节，依照本法第三百八十三条的规定处罚。索贿的从重处罚。

《贪污贿赂案件解释》

第2条 贪污或者受贿数额在二十万元以上不满三百万元的，应当认定为刑法第三百八十三条第一款规定的“数额巨大”，依法判处三年以上十年以下有期徒刑，并处罚金或者没收财产。

贪污数额在十万元以上不满二十万元，具有本解释第一条第二款规定的情形之一的，应当认定为刑法第三百八十三条第一款规定的“其他严重情节”，依法判处三年以上十年以下有期徒刑，并处罚金或者没收财产。

受贿数额在十万元以上不满二十万元，具有本解释第一条第三款规定的情形之一的，应当认定为刑法第三百八十三条第一款规定的“其他严重情节”，依法判处三年以上十年以下有期徒刑，并处罚金或者没收财产。

第 13 条 具有下列情形之一的,应当认定为“为他人谋取利益”,构成犯罪的,应当依照刑法关于受贿犯罪的规定定罪处罚:

(一)实际或者承诺为他人谋取利益的;

(二)明知他人有具体请托事项的;

(三)履职时未被请托,但事后基于该履职事由收受他人财物的。国家工作人员索取、收受具有上下级关系的下属或者具有行政管理关系的被管理人员的财物价值三万元以上,可能影响职权行使的,视为承诺为他人谋取利益。

第 15 条 对多次受贿未经处理的,累计计算受贿数额。

国家工作人员利用职务上的便利为请托人谋取利益前后多次收受请托人财物,受请托之前收受的财物数额在一万元以上的,应当一并计入受贿数额。

《受贿案件适用法律的意见》

一、关于以交易形式收受贿赂问题

国家工作人员利用职务上的便利为请托人谋取利益,以下列交易形式收受请托人财物的,以受贿论处:

(1)以明显低于市场的价格向请托人购买房屋、汽车等物品的;

(2)以明显高于市场的价格向请托人出售房屋、汽车等物品的;

(3)以其他交易形式非法收受请托人财物的。

受贿数额按照交易时当地市场价格与实际支付价格的差额计算。

前款所列市场价格包括商品经营者事先设定的不针对特定人的最低优惠价格。根据商品经营者事先设定的各种优惠交易条件,以优惠价格购买商品的,不属于受贿。

二、关于收受干股问题

干股是指未出资而获得的股份。国家工作人员利用职务上的便利为请托人谋取利益,收受请托人提供的干股的,以受贿论处。进行了股权转让登记,或者相关证据证明股份发生了实际转让的,受贿数额按转让行为时股份价值计算,所分红利按受贿孳息处理。股份未实际转让,以股份分红名义获取利益的,实际获利数额应当认定为受贿数额。

三、关于以开办公司等合作投资名义收受贿赂问题

国家工作人员利用职务上的便利为请托人谋取利益,由请托人出资,“合作”开办公司或者进行其他“合作”投资的,以受贿论处。受贿数额为请托人给国家工作人员的出资额。

国家工作人员利用职务上的便利为请托人谋取利益,以合作开办公司或者其

他合作投资的名义获取“利润”，没有实际出资和参与管理、经营的，以受贿论处。

四、关于以委托请托人投资证券、期货或者其他委托理财的名义收受贿赂问题

国家工作人员利用职务上的便利为请托人谋取利益，以委托请托人投资证券、期货或者其他委托理财的名义，未实际出资而获取“收益”，或者虽然实际出资，但获取“收益”明显高于出资应得收益的，以受贿论处。受贿数额，前一情形，以“收益”额计算；后一情形，以“收益”额与出资应得收益额的差额计算。

《全国法院审理经济犯罪案件工作座谈会纪要》

三、关于受贿罪

（一）关于“利用职务上的便利”的认定

刑法第三百八十五条第一款规定的“利用职务上的便利”，既包括利用本人职务上主管、负责、承办某项公共事务的职权，也包括利用职务上有隶属、制约关系的其他国家工作人员的职权。担任单位领导职务的国家工作人员通过不属自己主管的下级部门的国家工作人员的职务为他人谋取利益的，应当认定为“利用职务上的便利”为他人谋取利益。

（二）“为他人谋取利益”的认定

为他人谋取利益包括承诺、实施和实现三个阶段的行为。只要具有其中一个阶段的行为，如国家工作人员收受他人财物时，根据他人提出的具体请托事项，承诺为他人谋取利益的，就具备了为他人谋取利益的要件。明知他人有具体请托事项而收受其财物的，视为承诺为他人谋取利益。

（三）“利用职权或地位形成的便利条件”的认定

刑法第三百八十八条规定的“利用本人职权或者地位形成的便利条件”，是指行为人与被其利用的国家工作人员之间在职务上虽然没有隶属、制约关系，但是行为人利用了本人职权或者地位产生的影响和一定的工作联系，如单位内不同部门的国家工作人员之间、上下级单位没有职务上隶属、制约关系的国家工作人员之间、有工作联系的不同单位的国家工作人员之间等。

贪污贿赂案件裁判规则第 12 条：

无具体请托事项，以“感情投资”方式多次索取、收受下属或者被管理人价值较大的财物，之后基于具体请托事项而继续索取、收受其财物的，应当将多次收受的财物数额予以累计，以受贿罪论处

〔**规则描述**〕：认定“感情投资”型受贿罪必须同时具备“国家工作人员索取、收受具有上下级关系的下属或者具有行政管理关系的被管理人员的财物”“索取、收受的财物价值 3 万元以上”以及“可能影响职权”三要件，否则不以受贿罪论处。当“感情投资”型受贿向一般受贿转化时，应将多次收受的财物数额予以累计，以受贿罪论处。

一、类案检索大数据报告

时间：2020 年 11 月 27 日之前，案例来源：Alpha 案例库，案件数量：1284 件，数据采集时间：2020 年 11 月 27 日，本次检索共获取 2020 年 11 月 27 日前认定收受下属或者被管理人价值较大财物的行为的裁判文书有 1284 篇，整体情况如图 12 -1所示，从案件年份分布可以看到当前条件下案例数量的变化趋势。

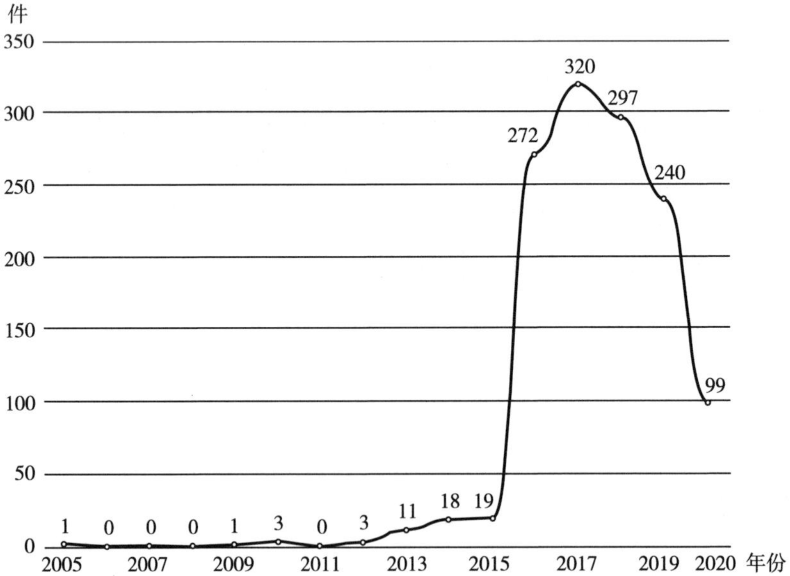

图 12 -1 案件年份分布情况

如图12－2所示，从案件地域分布来看，当前案例主要集中在四川省、广东省、安徽省，分别占比17.21%、13.24%、12.15%。其中四川省的案件量最多，达到221件。（注：此处显示该条件下案例数量排名前五的省份。）

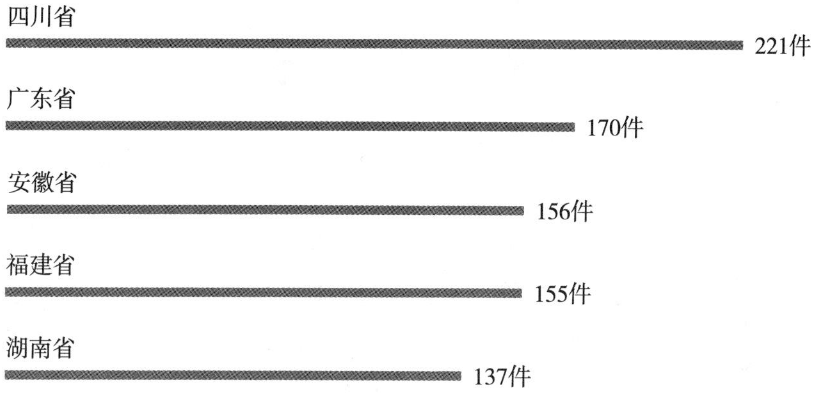

图12－2 案件地域分布情况

如图12－3所示，从案由分类情况可以看到，当前的案由分布由多至少分别是刑事，民事。

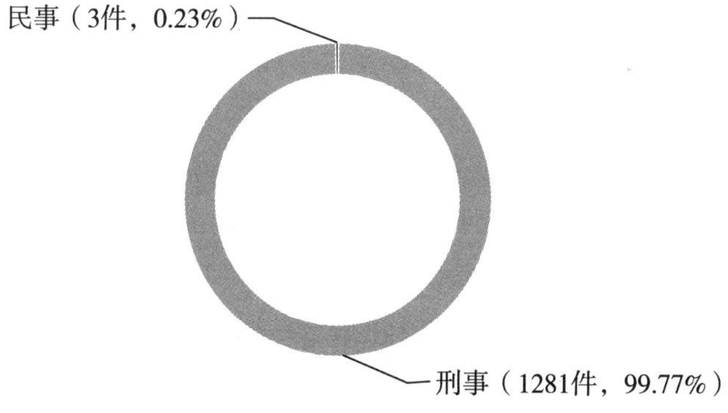

图12－3 案件案由分类情况

如图12－4所示，从案件程序分类统计可以得出当前的审理程序分布状况。其中，一审案件有1060件，二审案件有213件，再审案件有9件，并能够推算出一审上诉率约为20.09%。

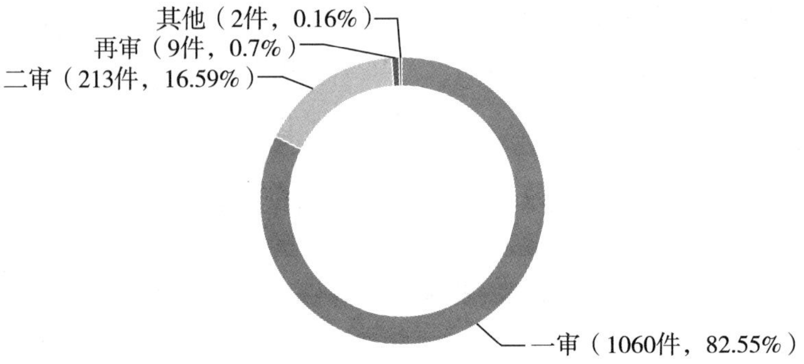

图 12－4　案件程序分类情况

如图 12－5 所示，通过对主刑的可视化可以看到，当前条件下包含有期徒刑的案件有 1030 件，包含拘役的案件有 70 件，包含无期徒刑的案件有 17 件。其中，包含缓刑的案件有 267 件，免予刑事处罚的案件有 97 件。

图 12－5　案件判决主刑情况

二、可供参考的例案

例案一｜童某受贿案

【法院】

北京市高级人民法院

【案号】

（2017）京刑终 111 号

【诉讼主体】

原公诉机关：北京市人民检察院第二分院

上诉人（原审被告人）：童某

【基本案情】

2000年至2015年，被告人童某利用担任江西省南昌市人民政府党组成员、市长助理、江西省经济贸易委员会党组成员、副主任、国家食药局食品许可司司长、保健食品化妆品监管司（以下简称保化司）司长、国家食药总局医疗器械监管司司长等职务便利，或利用其职权、地位形成的便利条件，通过其他国家工作人员职务上的行为，在企业经营、保健食品审批、药品审评、职务晋升等事项中分别为请托人毛某、李某1、陈某、李某2、李某3、赵某、董某、张某等人提供帮助。为此，多次收受或同意其情妇苏某收受上述请托人给予的现金、汽车、银行卡等财物，折合人民币共计316.5502万元。具体犯罪事实如下：

1. 2000年前后，时任南昌市人民政府党组成员、市长助理的童某，邀请时任博泰隆投资有限公司总经理的毛某去南昌洽谈开办企业股权交易中心，并协调了南昌市市长和主管副市长与毛某会谈，双方洽谈未达成一致意见。2002年6月，毛某将其购买的本田牌雅阁HG7230型轿车一辆交给童某使用。后童某一直未将此车归还，直至案发。经鉴定，该车在2002年12月1日的评估价格为27万元。该车现被扣押在案。

2. 2002年下半年，时任江西省经济贸易委员会党组成员、副主任的童某在一次与江西济民可信集团有限公司董事长李某1一起喝茶时，说自己正在积极运作调动到国家食药局工作的事宜。2002年11月，李某1以刘某的名义购买奥迪牌A6L2.8CVT型轿车一辆，交给童某使用，后童某一直使用该车。2008年4月7日，童某指使其朋友边某将该车过户到其学生宋某名下，继续使用。经鉴定，该车在2004年1月1日的评估价格为45万元。该车现被扣押在案。

3. 2005年至2014年，时任国家食药局国家食品安全监察专员、食品安全监察司副司长、司长，食品许可司司长，保化司司长，国家食药总局医疗器械监管司副司长、司长等职务的童某先后收受广州欧化药业有限公司（以下简称欧化药业公司）董事长陈某送给的现金、银行卡等财物共计折合人民币63.37万元。其中，于2005年至2014年每年春节期间在广州收受陈某现金共计10万元，于2004年6月至2011年1月在北京收受陈某招商银行卡一张及陈某先后存入该卡的钱款共计36.01万元，于2007年3月至4月在北京收受陈某工商银行储蓄卡一张及陈某先后存入该卡的钱款5.3万元，于2011年5月至2012年7月在北京收受陈某招商银行储蓄卡一张及陈某先后存入该卡的钱款共计12.06万元。2008年7月，欧化药业公司在国家食药局申请注册枸橼酸铋雷尼替丁胶囊。为此陈某多次请求童某帮忙加快公司枸橼酸铋雷尼替丁的审评进度。童某答应帮忙，并让陈某提交了一份审评进度单，但事后未予过问。至2016年1月，该件注册申请由国家食药总局药品审评中心送至注册司审批。

4. 2009年上半年，通化一洋保健品有限公司（以下简称一洋公司）为将韩国一洋药品株式会社的保健食品元秘牌元秘－D口服液进口产品生产文号变更为国产产品生产文号，先后向通化市食药局、吉林省食药局和国家食药局递交了产品的变更申请报告。为尽快得到批准，一洋公司总经理李某2请求时任吉林省通化县县长的李某4帮忙。2009年10月，李某4带领李某2等人赴京，由李某4向时任国家食药局食品许可司司长童某汇报一洋公司申报的情况，请求童某帮助加快审批，童某答应帮忙。2010年1月14日，国家食药局重新受理一洋公司元秘牌元秘－D口服液产品转让申请。2010年春节后，时任国家食药局食品许可司司长的童某在钓鱼台国宾馆收受李某2委托李某4转交的1万元现金及共计面值5万元的5张购物卡，再次答应李某4提出的加快审批一洋公司申请的请求。2010年4月19日，国家食药局批准元秘牌元秘－D口服液从韩国一洋药品株式会社变更到一洋公司。2011年春节，时任国家食药局食品许可司司长的童某在北京红色江山饭店收受李某2委托李某4转交的2万元现金。2012年11月，时任国家食药局保化司司长的童某在通化县委招待所收受李某2送给的2万元现金。

5. 2009年下半年，时任国家食药局食品许可司司长的童某接受甘肃东煜房地产开发有限公司法定代表人李某3的请托，向时任北京市食药局分管保化处和医疗器械处的副局长卢某打招呼，帮助李某3的同乡王某从部队转业进入北京市医疗器械检验所工作。2010年2月10日，童某收受李某3给予的内存5万元的中国农业银行卡一张。2010年7月7日，童某再次收受李某3指使其公司财务人员存入该银行卡内的5万元。

6. 2009年，时任国家食药局食品许可司司长的童某，在中国保健品协会召开的一次会议上认识了时任协会副会长的赵某。后赵某多次提出愿意帮助童某。2010年5月至2011年7月，北京澳特舒尔保健品开发有限公司（以下简称澳特舒尔公司）先后向国家食药局提交碧生源牌清源茶、碧生源牌润元茶、碧生源牌思悦颗粒的申报资料，该公司董事长赵某向时任国家食药局食品许可司司长、保化司司长等职务的童某提出对申报的产品加快审批进度的请托，童某答应尽力帮忙。2013 年 4 月 24 日，时任国家食药总局保化司司长的童某在上述碧生源牌思悦颗粒的保健食品注册审批表司领导复核栏签字同意批准。2011 年上半年，时任国家食药局保化司司长的童某以借为名，要求赵某为其女儿支付加拿大元 10 万元的学习费。同年，赵某委托他人向童某的女儿支付了加拿大元 10 万元（按 2011 年最低中间价折算折合人民币 60.883 万元）。后童某未予归还，亦未向赵某表示归还。

7. 2012 年上半年，甘肃创兴生物工程有限责任公司（以下简称创兴公司）向国家食药局申报注册甘鹿牌娇姿软胶囊、甘鹿牌润生软胶囊。同年 12 月底，时任甘肃省食药局保化处处长的蒋某应创兴公司总经理董某的请求，带领董某等人赴京向时任国家食药局保化司司长的童某汇报创兴公司申报保健品的情况。童某提出了创兴公司申报方法的建议，表示将关注创兴公司申报的情况，后在其家附近的香格里拉酒店收受董某送给的内存 6 万元的建设银行卡一张。2013 年 5 月、10 月及 2014 年 2 月，时任国家食药总局医疗器械监管司副司长、司长的童某先后三次向时任国家食药总局保化司许可一处副处长等职务的郭某过问创兴公司产品的审批情况。截至 2015 年 5 月，创兴公司的上述申请仍处在审评环节。

8. 2009 年至 2011 年，时任国家食药局食品许可司司长、保化司司长等职务的童某，接受杭州迪生医药有限公司（以下简称杭州迪生公司）董事长张某的请托，通过向时任浙江省食药局有关人员打电话等方式，为杭州民生药业集团有限公司（以下简称杭州民生公司）向国家食药局申请将名下的金维他牌天然维生素 E 胶丸等保健食品转让给杭州赛诺菲民生健康药业有限公司（以下简称赛诺菲民生公司），加拿大新食品公司申请将进口保健食品北极宝牌溢津软胶囊更名为朒赛司牌海狗溢津软胶囊，介绍张某、苏某等人向北京同仁堂健康药业股份有限公司（以下简称同仁堂健康公司）销售虫草等事项，提供了帮助。为此，时任国家食药局保化司司长、国家食药总局医疗器械监管司副司长、司长的童某于 2011 年 7 月至 2015 年 3 月，先后在北京收受或同意其情妇苏某收受张某给予的钱款，共计折合人民币 94.2972 万元。

【案件争点】

被告人童某收受陈某、李某 3、李某 1 财物的行为，是不是“感情投资”型受贿。

【裁判要旨】

一审法院认为，被告人童某利用职务上的便利，或利用其职权、地位形成的便利条件，通过其他国家工作人员职务上的行为，在企业经营、保健食品审批、药品审评、职务晋升等事项中为他人提供帮助，多次收受他人给予的财物，折合人民币共计316万余元，其行为已构成受贿罪。童某受贿数额特别巨大，应依法惩处。鉴于被告人童某因涉嫌受贿被调查后，主动交代了办案机关尚未掌握的小部分受贿事实，具有坦白情节；积极退缴全部赃款赃物，部分认罪，有一定悔罪表现，对其从轻处罚。故判决如下：一、被告人童某犯受贿罪，判处有期徒刑十年，并处罚金人民币50万元。二、责令被告人童某退赔违法所得人民币316.5502万元，予以没收，上缴国库。三、将位于江西省南昌市的房产一套予以变价，变价款连同扣押在案的人民币52万元、冻结的银行账户内的钱款109万余元并入退赔项执行，超出部分用于执行罚金，仍有剩余的，发还被告人童某，其余扣押物品发还被告人童某。

童某的上诉理由是，陈某不是其职权的管理对象，对其多年的感情投资不是犯罪；其收受李某3的10万元与职务无关；李某1借给其奥迪车，没有具体请托事项。

二审法院认为，上诉人童某身为国家工作人员，利用职务上的便利，为他人谋取利益，或利用本人职权、地位形成的便利条件，通过其他国家工作人员职务上的行为，为请托人谋取不正当利益，多次非法收受他人给予的财物，折合人民币共计316万余元，数额特别巨大，其行为已构成受贿罪，依法应予惩处。

关于童某及其辩护人针对其收受李某1轿车的辩解和辩护意见。经查，李某1所在的企业从事医药行业，2002年下半年童某向李某1表示即将调往国家食药局工作，李某1为使童某对其将来企业的发展有所帮助，购买轿车后交给童某使用，后被过户至童某的学生名下，直至案发。童某收受李某1轿车的行为已符合国家工作人员收受具有行政管理关系的被管理人员的财物价值较大，可能影响职权行使，应视为承诺为他人谋取利益，童某的行为已构成受贿罪。故以上辩解及辩护意见不能成立，法院不予采纳。

关于童某及其辩护人针对其收受陈某钱款的辩解和辩护意见。经查，童某在陈某提出加快审评的请托时答应帮忙，应视为承诺违规为他人谋取不正当利益，其在此前后多次收受陈某60余万元的现金或存款，超出私人友谊的范围，应认定为系陈某为请托事项支付的对价。故以上辩解及辩护意见不能成立，法院不予采纳。

关于童某及其辩护人针对其收受李某3钱款的辩解和辩护意见。经查，童某受李某3的请托，通过下级单位的国家工作人员打招呼，帮助王某在招录工作中谋取不正当利益，事后童某收受李某3给予的10万元，已构成受贿罪。李某3的证言否认与童某有过炒股合作，童某亦承认其并未出资合作炒股，李某3给其银行卡是为了感谢其曾联系甘肃省委副书记关照李某 3 的企业和帮王某安排工作。故以上辩解及辩护意见不能成立,法院不予采纳。

综上,二审法院根据上诉人童某犯罪的事实、犯罪的性质、情节和对于社会的危害程度,依法所作的判决事实清楚,证据确实、充分,定罪及适用法律正确,量刑适当,审判程序合法,应予维持。裁定驳回童某的上诉,维持原判。

例案二 | 陈某受贿案

【法院】

广东省高级人民法院

【案号】

(2016)粤刑终 1478 号

【诉讼主体】

原公诉机关:广东省韶关市人民检察院

上诉人(原审被告人):陈某

【基本案情】

陈某于 1998 年至 2015 年先后担任广东省劳动教养工作管理局办公室主任、政委、副局长、广东省妇女劳动教养所筹建领导小组办公室主任及广东省戒毒管理局(广东省劳动教养工作管理局)局长。在此期间,陈某利用职务便利,为他人谋取利益,多次收受他人财物共计人民币 160.3 万元。具体分述如下:

1. 1998 年,上诉人陈某利用担任广东省妇女劳动教养所筹建领导小组办公室主任的职务便利,为广东省佛山市三水庆业土石方工程有限公司在广东省妇女劳动教养所土方工程项目建设中提供便利,先后两次收受该公司负责人陈某贿送的人民币共计 100 万元。

2. 1999 年,上诉人陈某利用担任广东省妇女劳动教养所筹建领导小组办公室主任的职务便利,为佛山市三水区西南建筑工程有限公司在广东省妇女劳动教养所土建工程项目建设中提供便利,收受上述公司谢某 1 贿送的人民币 10 万元。

3. 1999 年至 2015 年,上诉人陈某利用职务便利,收受下属孔某 8 万元、马某 5.5 万元、竺某 12 万元、李某 1 2.5 万元、廖某 5 万元、林某 3.8 万元、李某 2 2.7 万元、吴某 1.6 万元、何某 2 万元、李某 3 2000 元、曾某 4000 元、黄某 1 5000 元、谢某 2 2000 元、靖某 6000 元、肖某 1.5 万元、许某 4000 元、刘某 3000 元、黄某 2 7000

元、黄某 3 2000 元、赵某 8000 元、徐某 7000 元、李某 4 2000 元、梁某 2000 元、张某 3000 元等，共计人民币 50.3 万元。

【案件争点】

被告人陈某收受下属孔某等人钱款的行为是否构成受贿罪。

【裁判要旨】

一审法院认为被告人陈某无视国家法律，利用职务之便，收受他人财物，数额巨大，其行为已构成受贿罪。根据被告人陈某的犯罪事实、情节、悔罪表现及社会危害性，判决：一、被告人陈某犯受贿罪，判处有期徒刑八年，并处没收财产人民币 30 万元。二、涉案赃款人民币 160.3 万元继续追缴。

上诉人陈某上诉称，原判认定事实不清，其并未利用职务之便为他人谋利，其在受到胁迫下的违心供述不能作为认定其受贿的证据，请求二审对其依法判处。

二审法院认为，证人陈某 1、谢某 1、卜某、黎某、孔某、马某等人的证人证言以及陈某的供述一致证明陈某收受陈某 1 100 万元人民币、收受谢某 1 10 万元人民币，以及孔某、马某等单位下属贿送红包礼金 50.3 万元。陈某在组织审查期间自书材料亦客观反映其收受陈某 1、谢某 1 贿送款项以及孔某等人贿送的红包礼金相关事实。上述证据之间能够相互印证，并形成证据链条，原判认定的事实足以认定。陈某 1、谢某 1、孔某、马某等人的证言以及陈某的供述均证实，陈某利用职务便利，非法收受上述行贿人贿送的财物，为他人谋取利益，陈某的行为符合受贿罪的犯罪构成和特征，应以受贿罪对陈某的行为定罪处罚。上诉人陈某及其辩护人所提意见不能成立，不予采纳。

上诉人陈某无视国家法律，身为国家工作人员，利用职务上的便利，非法收受他人财物，为他人谋取利益，数额巨大，其行为已构成受贿罪。原判认定事实清楚，证据确实、充分，定罪准确，量刑适当，审判程序合法。上诉人陈某上诉及辩护人辩护所提意见不成立，不予采纳。裁定驳回上诉，维持原判。

例案三 | 许某业受贿案

【法院】

广东省高级人民法院

【案号】

(2018)粤刑终 1044 号

【诉讼主体】

原公诉机关:广东省阳江市人民检察院

上诉人(原审被告人):许某业

【基本案情】

被告人许某业在2004年2月至2007年4月任广东省某县县长、2011年7月至2016年7月任中共广东省某县县委书记,先后收受富某公司老板陈某富362万元港币、耀某公司老板陈某梅740万元人民币、粤某公司老板余某伟512万元人民币、裕某公司老板冯某明520万元人民币、月某湾公司老板高某辉30万元港币、双某公司老板张某8万美元、银某公司老板姚某赏200万元港币。综上,被告人许某业共收受人民币1772万元,港币592万元(折合人民币490.0422万元),8万美元(折合人民币49.1016万元),上述款项共折合人民币2311.1438万元。具体犯罪事实如下:

1. 2004年至2007年中秋节或春节前,许某业任广东省某县县长期间,分四次每次2万元港币,共收受陈某富给付的8万元港币。2011年中秋节及2012年春节前,许某业任中共广东省某县县委书记期间,分两次每次2万元港币,共收受陈某富给付的4万元港币。2011年中秋节前,许某业在广州某酒店收受陈某富给付的350万元港币。许某业在任中共某县县委书记期间,利用职务之便帮助陈某富将其位于某县人民检察院对面约300亩的土地纳入三旧改造范围以解决之前该地无法办理国有土地使用权证的问题。

2. 从2011年中秋节至2016年春节等节日期间,许某业先后九次在其办公室或家里共收受陈某梅740万元人民币。许某业在任中共广东省某县委书记期间,利用其职务之便帮助陈某梅处理拆迁纠纷问题、改善凯某豪庭商业广场周边的道路环境、化解其小区业主冲突事端、出面帮忙招引商家、向某县税务部门协调税务等事宜。

3. 2012年春节前,许某业在其家庭小区的地下停车场收受余某伟200万元人民币;另于2014年初通过虚增钢材款形式收受余某伟300万元人民币;2011年中秋节至2014年春节先后四次共收受余某伟12万元人民币,许某业在任中共某县县委书记期间,利用其职务之便帮助余某伟顺利中标某县新325国道线工程、某县S282线改造工程以及取得某某广场项目土地,并将用于S282(BT工程)建设的财政沉淀资金7000万元人民币借给某某公司使用。

4. 从2012年春节至2015年春节,许某业在其家里先后六次共收受冯某明520

万元人民币。许某业在任中共某县县委书记期间，利用其职务之便帮助冯某明顺利中标某县向阳路升级改造工程、白土联围水利工程、县城东片排水工程、看守所迁建工程、西湖人防工程、沙扒镇基础设施项目六个工程，并帮助解决其在施工过程中遇到的问题，另将上级补助给某县看守所工程的财政沉淀资金894万元人民币借给冯某明挂靠的新某恒公司使用。

5. 2011年中秋节、2012年春节和2012年中秋节，许某业先后三次在其办公室各收受高某辉10万元港币，合计30万元港币。许某业在任中共某县委书记期间，利用其职务之便帮助高某辉解决其在开发某县月亮湾滨海旅游度假项目时所遇到的征地遗留问题及经营中遇到的问题。

6. 2013年年底或2014年元旦前的一天，许某业在其办公室收受张某8万美元。许某业在任中共某县委书记期间，利用其职务之便帮张某的咸水矿温泉旅游项目搬迁扩建发展，并解决其温泉矿区因受到过度抽取河砂和人为破坏等影响其温泉生意的问题。

7. 在2012年春节前、2012年6月，许某业先后两次在其家里和省委党校住所各收受姚某赏100万元港币，合计200万元港币。许某业在任中共某县委书记期间，利用职务之便帮助姚某赏从中某公司购得位于某县某某中学东侧大坎岭A－06(YX－D－41B)号地块和同意其个人找公司探查温泉资源。

另查明，2017年4月19日，经某某市纪委通知，许某业主动到某某市纪委办案点交代其本人的犯罪事实。案件审查期间，许某业向某某市纪委退出赃款人民币2613万元。案件侦查期间，办案单位冻结了实际为许某业所有，但以冯某明名义开立的银行卡(卡号:62×××45)内的存款。

【案件争点】

陈某业在节假日收受陈某富的港币8万元、收取余某伟12万元是否作计入受贿犯罪数额。

【裁判要旨】

一审法院认为，被告人许某业身为国家工作人员，利用职务上的便利，为他人谋取利益，多次非法收受他人财物人民币1772万元，港币592万元，8万美元，共折合人民币2311.1438万元，数额特别巨大，其行为已构成受贿罪。被告人许某业构成自首，退清涉案赃款，庭审中自愿认罪、悔罪，判决：被告人许某业犯受贿罪，判处有期徒刑十二年，并处罚金人民币400万元。

许某业上诉提出，其收受陈某富的港币8万元是中国民俗节假的“利是”，并未为当事人谋取任何利益，不应认定为受贿。其辩护人提出如下辩护意见：(1)一审认定其收受陈某富 362 万元港币的行为构成受贿，辩护人对行为定性无异议，但对受贿金额有异议，对于许某业收受陈某富贿送的第一部分 8 万元港币，因陈某富当时并无具体请托事项，许某业收受的该部分款项系违纪款项，不构成受贿；(2)许某业在 2012 年至 2014 年春节或中秋节期间收受余某伟共计 12 万元人民币，系年节红包性质，是人情往来性质，不是受贿款。

二审法院认为，关于许某业收受陈某富贿送的港币 8 万元的行为性质。经查，陈某富经营的富和公司成立于 1999 年，其房地产开发经营范围主要在某县内，陈某富作为富和公司的实际负责人，通过年节送礼的形式向时任某县县长的许某业贿送钱款。一方面，二人系某县辖区内的行政管理关系；另一方面，陈某富是基于许某业的职权对于富某公司经营所能带来的利益而送，并非正常的人情往来，且可能影响到许某业的职权行使。陈某富亦证实，在许某业调任某县委书记后，其能够顺利向许某业提出请托事项也正是基于此前与许某业建立的“良好往来关系”。因此，许某业在 2004 年至 2007 年收受陈某富港币 8 万元的行为，符合《贪污贿赂案件解释》第 13 条第 2 款关于“国家工作人员索取、收受具有上下级关系的下属或者具有行政管理关系的被管理人员的财物价值三万元以上，可能影响职权行使的，视为承诺为他人谋取利益”的规定，属于受贿性质。许某业及其辩护人所提许某业收受上述港币 8 万元系人情往来，并非受贿的辩解及辩护意见缺乏事实和法律依据，不能成立。

关于许某业在 2012 年至 2014 年六次收取余某伟给付共计 12 万元的行为性质。经查，上述 12 万元系余某伟向许某业在工程项目等方面提出请托事项的期间所送，许某业明知余某伟有具体的请托事项，仍在办理请托事项前后连续收受余某伟财物的行为，虽冠以节日红包名义，但实属权钱交易本质，依法应当认定为受贿。许某业的辩护人对此所提异议不成立，不予采纳。

上诉人许某业身为国家工作人员，利用职务上的便利，为他人谋取利益并非法收受他人给予的财物共计折合人民币 2311.1438 万元，数额特别巨大，其行为已构成受贿罪。上诉人许某业有自首情节并退清全部赃款，依法可以从轻处罚。原审判决认定的事实清楚，证据确实、充分，定罪准确，量刑适当，审判程序合法。裁定驳回上诉，维持原判。

三、裁判规则提要

根据《刑法》第 385 条的规定，国家工作人员利用职务上的便利，索取他人财物，或者非法收受他人财物为他人谋取利益的，属于受贿。无论是索取还是收受贿赂，一般基于对方有求于己或者存在具体请托事项。如果对方暂未有求于己或无具体请托事项，但索取、收受财物行为又与国家工作人员的职务行为存在关联的所谓“感情投资”，能否直接以受贿论处。《贪污贿赂案件解释》第 13 条第 2 款明确规定“国家工作人员索取、收受具有上下级关系的下属或者具有行政管理关系的被管理人员的财物价值三万元以上，可能影响职权行使的，视为承诺为他人谋取利益”。如果构成受贿罪，亦被称为“感情投资”型受贿罪。

（一）“感情投资”并非人情往来

“感情投资”型受贿是收受红包、礼金这一社会现象的俗称，主要表现为国家工作人员于逢年过节、婚丧嫁娶、生病住院等特定时机收受单位或者个人的礼金、礼包，行送人通常没有具体的请托事项，只是偶有提出“关照”之意。看似行送人一无所求，实质是将“短线交易”换成“长线投资”，这种在向国家工作人员提出请托之前进行的先期感情投资行为，是隐蔽的行贿行为。从行贿者角度看，为了谋求利益，往往对受贿人进行感情投资，甚至进行长期铺垫、建立密切稳定的关系以“放长线、钓大鱼”，并以此掩盖权钱交易。“感情投资”绝非人情往来，人情往来是指人们之间的感情联络。人情，就是人的感情，即所谓的“人之常情”。人情往来具有互动、双向的特征。“感情投资”则是“投资者”基于对特定利益的长远打算，对拥有特定职务的国家工作人员所进行的长期且单向的“投资”行为，即使出现双方互有往来的情形，也必然存在双方所赠财物价值严重失衡的事实。这种单向“投资”的起始与双方之间利益关系的消长紧密相连，始于对方具有为自己谋利的身份，也会随着对方身份的消失或者贿赂目的的达成而终结。另外，“感情投资”所赠的财物一般都超出了正常馈赠范围。比如，某领导结婚，有六成人参与婚礼时所赠礼金的数额超出一般同事间所赠的礼金数额，且高出的数额最高可达 10 倍。这种高于一般礼金数额的“份子钱”早已失去了原有的承载美好祝福的意义，成为变相行贿的渠道。虽然行为人在进行“感情投资”时没有提出具体的请托事项，但行为人双方都知晓这种“投资”所期待的收益并非是培养感情，其真正所图的只是国家工作人员手中所掌握的职权。“感情投资”是一种刻意将“受财”与“谋利”隔离开来的权钱交易行为，双方在“受财”之时心照不宣，他日“谋利”之时依旧心照不宣。

（二）认定“感情投资”型受贿罪需具备对象要件、数额要件、职权要件

以“感情投资”方式收受财物行为无疑属于违纪行为，但并不当然属于受贿行

为。根据《贪污贿赂案件解释》的规定，感情投资型索取、收受财物行为如具备“国家工作人员索取、收受具有上下级关系的下属或者具有行政管理关系的被管理人员的财物”“索取、收受的财物价值3万元以上”以及“可能影响职权”三要件的，视为承诺为他人谋取利益，从而满足受贿罪的构成要件，可认定为“感情投资”型受贿罪。

1. 对象要件，即国家工作人员索取、收受具有上下级关系的下属或者具有行政管理关系的被管理人员的财物

“上下级关系”强调人在组织系统中的角色与定位，可以是领导与被领导关系，也可以是指导与被指导关系。“下属”即下级，同一组织系统中等级低的组织或人员。狭义说认为，与国家工作人员“具有上下级关系的下属”，是指同一单位中处于该国家工作人员领导之下的工作人员。此处的“下属”与该国家工作人员系同事关系。广义说则认为，“下属”即下级，除了狭义说所称人员外，还应包括处于该国家工作人员领导或者指导之下的下级单位工作人员。下级单位工作人员对于上级单位领导而言本就属于下级，而且实践中下级单位工作人员对上级单位领导进行感情投资的并不鲜见。故此，广义说中的下属既包括属于同事关系的下属，也包括不属于同事但系下级单位的工作人员。司法实践中，将下级单位工作人员纳入上级单位领导的下属范畴，有利于惩处“感情投资型”受贿行为。因此，与国家工作人员具有上下级关系的下属，既包括同一单位中处于该国家工作人员领导之下的工作人员，也包括处于该国家工作人员领导或者指导之下的下级单位工作人员。具体而言，第一，同一单位中该国家工作人员的下级工作人员，不仅包括该国家工作人员主管或者分管的工作人员，也应包括不属于该国家工作人员主管或者分管的下级工作人员。比如，并未主管或者分管农业的副省长，利用职务上的便利，索取农业部门工作人员的财物，或者非法收受其财物为其谋取利益的，无疑属于受贿。第二，上下级关系是一种纵向关系，在同一单位内国家工作人员与其具有上下级关系的下属之间属于领导与被领导的关系。但国家工作人员与其下级单位工作人员之间，有的属于领导与被领导的关系，如省长与其辖区内的地级市市长之间；有的属于指导与被指导的关系，如教育部部长与省教育厅厅长之间。

与国家工作人员“具有行政管理关系的被管理人员”通常是指基于法律、法规、规章等确认的监管关系。但随着社会的发展，行政管理的对象日益广泛，包括经济建设、文化教育、市政建设、社会秩序、公共卫生、环境保护等各个方面。例如，食品药品监管部门依法依规对其辖区内的食品、药品企业具有监管职责，相关食品、药

品企业中的负责人对于负责监管该企业的国家工作人员而言,就属于具有行政管理关系的被管理人员。再如,国有企业依法招标公司进行施工工程,那么国有企业中的国家工作人员对其负责施工工程公司负责人而言,就属于具有行政管理关系的被管理人员。与国家工作人员具有行政管理关系的被管理人员和与国家工作人员具有上下级关系的下属,显然属于不同的范畴,不存在交集。"下属"与国家工作人员属于同一单位人员或者同一组织系统内的人员,而"被管理人员"对于国家工作人员而言属于外部人员。因此,"感情投资"型受贿将索取、收受内部人员以及外部人员财物均纳入打击范围,严密了贿赂犯罪的法网。

例案二中,陈某于 1998 年至 2015 年先后担任广东省劳动教养工作管理局办公室主任、政委、副局长、广东省妇女劳动教养所筹建领导小组办公室主任及广东省戒毒管理局(广东省劳动教养工作管理局)局长,其利用职务之便收取下属孔某等人钱款,符合"感情投资"型受贿的对象要件。

2. 数额要件,即索取、收受的财物价值在 3 万元以上

(1)"3 万元以上"是一般违纪行为上升到受贿犯罪行为的分界数额,即国家工作人员索取、收受的财物价值在 3 万元以上的,社会危害性达到了可能构成受贿罪的程度。此处为"可能",是基于感情投资型索取、收受财物行为的入罪,除了要求"3 万元以上"的数额要件外,还要求具备其他要件。反之,不满 3 万元的,则不能构成受贿罪,属于一般违纪行为。因此,国家工作人员索取、收受的财物价值是否达到 3 万元,将涉及行为的不同性质。

(2)"3 万元以上"可以是单笔数额也可以是累计数额。在感情投资型受贿中,不要求索取、收受的财物价值单笔达到 3 万元以上,而可以是二次以上索取、收受的财物价值累计达到 3 万元以上。

(3)"3 万元以上"应是针对一个行贿人累计。对于"3 万元以上"是针对 1 人行贿人累计,还是不同行贿人累计,有不同的观点。但原则上不能针对不同的人进行累计,如果针对不同的下属或者被管理人员进行累计,结果分散到某个送礼人那里数额会很小,按受贿认定会显得不合理,设定 3 万元这个数额界限也就没有意义了。3 万元这个数额界限的意义在于,这是一个"超出人情往来"的数据,应当认定为贿赂。

(4)"3 万元以上"须排除正常人情往来的财物价值数额。对属于正常人情往来的财物,因"礼尚往来",即使价值在"3 万元以上",因与国家工作人员的职权行使无关,不能视为承诺为他人谋取利益,即不应计入感情投资型受贿的数额。参照

2008 年《商业贿赂案件适用法律的意见》第 10 条的规定，区分感情投资型受贿与正常人情往来，主要应当结合以下因素全面分析、综合判断：第一，发生财物往来的背景，如双方是否存在亲友关系及历史交往的情形和程度；第二，往来财物的价值；第三，财物往来的缘由、时机和方式，提供财物方对于接受方有无职务上的请托；第四，接受方是否利用职务上的便利为提供方谋取利益。比如，某富商甲与当地高官乙原来为朋友关系，在乙还不是高官时就时常有往来，逢年过节甲都会送与乙 3000 元，高官乙也经常回礼在 2000 元到 3000 元不等，这种联系延续至今，那么此时富商甲与高官乙之间就属于正常人情往来，乙每次收受的 3000 元就不能计算在受贿的数额中。对于兼具感情投资因素与正常人情往来因素的情形，如国家工作人员曾经参加其下属婚宴，送红包 1000 元，后该国家工作人员生病住院，该下属还人情，送红包 1 万元。显然，下属送红包 1 万元既有还人情因素更有向领导进行感情投资的意思。对此，应当分析两者所占的比重。如主要系正常人情往来因素的，以全部不计入感情投资型受贿数额为宜，可以通过党纪政纪手段处理；如主要系感情投资因素的，则以全部计入感情投资型受贿数额为宜，构成犯罪的，量刑时需考虑正常人情往来因素，如刚达到入罪起点数额 3 万元或者导致法定刑升格的，从刑法谦抑角度，一般以不计入感情投资型受贿数额为宜。

3. 职权要件，须可能影响职权行使

国家工作人员索取、收受其下属或者被管理人员的财物价值 3 万元以上，“须可能影响职权行使的”，才视为承诺为他人谋取利益，若不可能影响职权行使的，即使索取、收受的财物价值在 3 万元以上，也不存在利用职务便利为他人谋取利益的问题，当然不成立“感情投资型”受贿罪。国家工作人员与其下属、被管理人员之间关系特殊，容易因职务行为产生行贿、受贿，实践中也是贿赂犯罪的高发区。国家工作人员本应恪守职务行为的廉洁性和不可收买性，如无正当理由索取、收受下属或者被管理人员的财物，一般应推定“可能影响其职权的行使”，除非以正当理由进行反证。因此，如果想推定为“感情投资型”受贿罪就需要有“可能影响职权行使”的高度盖然性。虽说“行贿与受贿双方之间的关系”与“财物价值在 3 万元以上”单独来看也都能推定出“可能影响职权行使”，但其程度明显没有达到高度盖然性，毕竟司法实践中的情况太过于复杂。实践中，应综合各种因素，全面客观地分析国家工作人员索取、收受财物后是否可能影响其职权的行使，其中需要重点考察国家工作人员与其下属或者被管理人员之间是否存在人际交往、正常人情往来等因素。这应结合人情往来的实质来进行判断，合情合理的礼是正常的人情往来意义上的礼,违背一个国家或地区的法律与习俗的礼就是行贿、受贿。一般而言,国家工作人员与其下属之间,特别是与属于同事关系的下属之间,很可能基于“人情”而发生财物往来,尤其涉及众多下属的情形,需要甄别是否存在正常人情往来因素,而不能简单地“唯数额论”。相较而言,国家工作人员与其被管理人员之间,很可能基于“事情”而发生财物的往来,此时除了需要判断是否属于正常人情往来外,更需要分析判断被管理人员与国家工作人员之间是否存在谋利事项的可能性,或者推断被管理人员给付财物是否有对国家工作人员的职务行为施加影响的意图。对此,可以从“送礼的动机”“送礼的意愿情况”“送方与接收方之间的情感状况”“送方自身的经济实力”与“礼金数额大小或礼品价值大小”等方面来分析,以此来界定是否“可能影响职权”。在具体认定中还需要注意以下两点:一是,行为人需要具有利用职务的故意,也就是需要具有使该行为与职务相关联这样一个意愿。因为如果没有利用职务的故意,而过失、意外就不可能成立“感情投资型”受贿罪。二是,行为人需要具有客观上能够利用职务的可能性。即接受财物的一方本身应当具有相应的职权,具有行使职务的便利的可能性。如果行为人客观上没有利用职权的这种可能性,那么行为人的行为就不可能与职务相关联。

例案一中,童某时任国家食药局国家食品安全监察专员、食品安全监察司副司长、司长、食品许可司司长、保化司司长、国家食药总局医疗器械监管司副司长、司长等职务,陈某系广州欧化药业有限公司董事长,故童某与陈某所在公司属于有行政管理关系。陈某作为董事长,多次在节假日期间行送财物,超过 3 万元,超出了人情往来范围,并且有利用童某职务之意,与童某职权有关联性,可能影响童某行使职权,故在有具体请托事项之前收受陈某财物的行为属于“感情投资”型受贿。

例案三中,陈某富经营的富和公司就在许某业担任县长的县内,二人系某县辖区内的行政管理关系,虽然是节假日送礼,但陈某富是基于许某业的职权而送,并非正常的人情往来,且可能影响到许某业的职权行使。因此,许某业在 2004 年至 2007 年收受陈某富港币 8 万元的行为,具备“感情投资”型受贿的三个要件。

(三)无具体请托事项时,时间要件、数额要件、职权要件不同时具备时,不以受贿罪论处。但如果一般受贿与“感情投资”型受贿同时存在时,犯罪数额根据不同情况加以计算

“国家工作人员索取、收受具有上下级关系的下属或者具有行政管理关系的被管理人员的财物”“索取、收受的财物价值 3 万元以上”以及“可能影响职权行使”

三要件之间，属于并列关系而非递进关系，需要同时具备才能视为承诺为他人谋取利益。反之，如果并不同时具备，即只具备其中之一或者之二的，均不能视为承诺为他人谋取利益，当然就不符合受贿罪的构成要件，不以受贿罪论述，而属于一般违纪行为。

1. 无具体请托事项，国家工作人员索取、收受其下属、被管理人员以外的“其他人员”的财物，即使价值在3万元以上，也不能视为承诺为他人谋取利益，不以受贿论处

如果存在具体请托事项，国家工作人员利用职务上的便利，索取其下属、被管理人员以外的“其他人员”的财物，或者非法收受其财物为其谋取利益，数额在3万元以上，或者具有《贪污贿赂案件解释》第15条第2款规定的情节，数额在1万元以上的，构成受贿罪。如果不存在具体请托事项，因国家工作人员与“其他人员”之间不具有上下级关系或者行政管理关系，即不具有职务上的制约关系，也即未利用职务上的便利，故难以认定双方之间是否存在权钱交易，不能认定为受贿，属于一般违纪行为。

当然，根据《贪污贿赂案件解释》第15条第2款，即“国家工作人员利用职务上的便利为请托人谋取利益前后多次收受请托人财物，受请托之前收受的财物数额在一万元以上的，应当一并计入受贿数额”的规定，如果国家工作人员之前无具体请托事项，接受了没有隶属关系和行政管理人员以外的“其他人员”的感情投资，但因人事变动，当初不属于下属、被行政管理的人与国家工作人员存在职务上的制约关系，此时如果国家工作人员利用职务上的便利为他人谋取利益并收受财物，受请托之前收受的财物数额在1万元以上的，应当一并计入受贿数额。

2. 无具体请托事项，国家工作人员索取、收受其下属或者被管理人员的财物价值不满3万元，即使可能影响职权行使的，也不能视为承诺为他人谋取利益，不以受贿论处

感情投资型索取、收受财物构成受贿罪，财物价值达到3万元以上是必要条件。不满3万元，即使可能影响职权行使的，也不能视为承诺为他人谋取利益，故不属于感情投资型受贿，不构成受贿罪，而属于一般违纪行为。

如果感情投资型索取、收受财物价值2万元与存在具体请托事项而收受其他人员贿赂1万元，或者感情投资型索取、收受财物价值1万元与存在具体请托事项而收受其他人员贿赂2万元并存的案件中，能否累计为3万元以受贿论处？在司法实践中，对此种情况犯罪数额不能加以累计以受贿罪处理。主要理由为：第一，

《贪污贿赂案件解释》明确"感情投资"型受贿,就是为了较好地区分一般受贿犯罪与正常人情往来以及违纪行为的政策法律界限,即财物价值达到 3 万元以上,是"感情投资"型受贿罪入罪的必备要件,如不满 3 万元的,即使具备"对象要件"和"职权要件",也不足以视为承诺为他人谋取利益,不以受贿论处;如排除正常人情往来的,属于违规收受礼金行为。也就是说,"3 万元以上"视为一个整体,具有不可分割性;不满 3 万元的,至多是违纪,显然在性质上不同于受贿行为。具体而言,感情投资型索取、收受财物"2 万元或者 1 万元",如排除正常人情往来的,属于违纪行为,而存在具体请托事项而收受的其他人员的"1 万元或者 2 万元"属于受贿行为,两种行为属于不同种类的行为。在刑法中,"同类同种数额、同类不同种数额,不论是违法数额还是犯罪数额,只要未经处理的,可以累计计算",但对不同种类的数额,不能累计处理,故不能将前述两种数额累计为 3 万元以受贿罪论处。第二,在感情投资型索取、收受财物行为与一般受贿行为并存的场合,如果累计数额达到 3 万元以上的,虽然较之单一的感情投资型索取、收受财物价值 3 万元以上的行为,社会危害性更严重,但由于《贪污贿赂案件解释》是将"感情投资"型索取、收受财物价值达到 3 万元以上的行为才纳入刑法评价,这样规定体现了刑法的谦抑精神,所以不能予以累计。同理,如无《贪污贿赂案件解释》规定的情节,在感情投资型索取、收受财物价值 2 万元与存在具体请托事项而收受其他人员贿赂 19 万元的场合,不能累计为 21 万元而升格判处 3 年以上 10 年以下有期徒刑。

当然,如果"感情投资"型受贿达到 3 万元以上,此时因行为性质已变为受贿,则应当和其他类型的受贿数额累计处理。

3. 无具体请托事项,国家工作人员索取、收受其下属或者被管理人员的财物价值在 3 万元以上,但不可能影响职权行使的,也不能视为承诺为他人谋取利益,不以受贿论处

"感情投资型"受贿仍然体现了权钱交易的本质。国家工作人员索取、收受其下属或者被管理人员的财物,尽管价值 3 万元以上,但不可能影响其职权行使的,当然就不存在承诺为他人谋利益的权钱交易问题,故不构成受贿罪。如属于违规收受礼金的,按违纪处理。

例案三中,许某业收受余某伟钱款时许某业明知余某伟有具体的请托事项,仍在办理请托事项前后连续收受余某伟财物的行为,虽冠以节日红包名义,但实属权钱交易本质,构成受贿。

（四）“感情投资”型受贿向一般受贿转化时，应当将多次收受的财物数额予以累计，以受贿罪论处

国家工作人员的下属或者被管理人员，如无具体请托事项，首先对国家工作人员进行感情投资，之后基于具体请托事项继续给予国家工作人员财物，或者国家工作人员明知其有具体请托事项而继续索取、收受其财物的，此时“感情投资”型受贿已向一般受贿行为转化。一般而言，之前的感情投资是为了之后具体请托做准备，所以对国家工作人员的行为应整体认定为一般受贿。此时，应将因感情投资索取、收受的财物，无论是否满 3 万元，都应计入一般受贿的犯罪数额中。当然，如果下属或者被管理人提出具体请托事项或者国家工作人员明知下属或者被管理人有具体请托事项后予以拒绝并不再索取、收受其财物的，则感情投资型索取、收受财物行为并未向一般受贿行为转化。如果财物价值超过 3 万元且可能影响其职权行使的，视为承诺为他人谋取利益，构成“感情投资”型受贿，否则不构成受贿罪，属于一般违纪行为。

实践中，有的观点认为，根据我国《贪污贿赂案件解释》第 15 条第 2 款的规定：“国家工作人员利用职务上的便利为请托人谋取利益前后多次收受请托人财物，受请托之前收受的财物数额在一万元以上的，应当一并计入受贿数额。”当“感情投资”型受贿向一般受贿行为转化的，应适用《贪污贿赂案件解释》第 15 条第 2 款的规定，即受请托之前因感情投资型索取、收受的财物数额在 1 万元以上的一并计入受贿数额，不满 1 万元的无须计入受贿数额。此种观点没有区别二者的关系。事实上，因为在“感情投资型”受贿向一般受贿行为转化的情形下，存在具体请托事项之前有感情投资型索取、收受财物的行为，不同于《贪污贿赂案件解释》第 15 条第 2 款规定的历史性收受财物行为，所以对于前者，将感情投资索取、收受财物的数额一并计入受贿数额处理，而对于后者，仅将之前收受的财物数额在 1 万元以上的一并计入受贿数额。《贪污贿赂案件解释》第 15 条第 2 款的规定，意在规制国家工作人员与其下属或者被管理人员之外的“其他人员”之间、超出正常人情往来的连续给予或收受财物的行为，因国家工作人员与“其他人员”之间不具有职务上的制约关系，如果无具体请托事项而发生财物往来，即使涉案财物超过 3 万元，因难以证明该行为与国家工作人员的职务有关联性，存在权钱交易，故不能以受贿论处。但是，在国家工作人员利用职务上的便利为“其他人员”谋取利益前后多次收受其财物的，尽管之前收受的财物与具体请托事项难以一一对应，但只要能

够证明与具体请托事项相关,而且超出正常人情往来范围,数额在 1 万元以上的,说明之前收受的财物与职务具有关联性,符合权钱交易的本质特征,故应一并计入受贿数额。

例案一中,童某与陈某属于有行政管理关系,陈某在无具体请托事项时,多次在节假日给予童某财物,与童某的职权有关联性,构成了"感情投资"型受贿,但 2008 年 7 月,陈某因欧化药业公司在国家食药局申请注册枸橼酸铋雷尼替丁胶囊,多次请求童某帮忙加快公司枸橼酸铋雷尼替丁的审评进度,童某答应帮忙,故童某承诺为他人谋取利益,接受了请托,故之前"感情投资"收受的财物,已超出人情往来范围,应当将请托前收受的财物累计,计入受贿罪的犯罪数额。

例案三中,关于许某业收受陈某富贿送的港币 8 万元的行为性质。经查,陈某富经营的富和公司成立于 1999 年,其房地产开发经营范围主要在某县内,陈某富作为富和公司的实际负责人,通过年节送礼的形式向时任某县县长的许某业贿送钱款,一方面,陈某富与许某业在某县辖区内系行政管理关系,其行送钱款的行为可能影响到许某业的职权行使,故属于"感情投资"型受贿。另一方面,2011 年中秋节前,许某业在广州某酒店收受陈某富给付的 350 万元港币。许某业在任中共某县委书记期间,利用职务之便帮助陈某富将其位于某县人民检察院对面约 300 亩的土地纳入三旧改造范围以解决之前该地无法办理国有土地使用权证的问题。故属于"感情投资型"受贿向一般受贿的转化,在有具体请托事项时,对在此前后收受的数额应一并计入受贿犯罪数额。

四、辅助信息

高频词条:

《刑法》

第 385 条 国家工作人员利用职务上的便利,索取他人财物的,或者非法收受他人财物,为他人谋取利益的,是受贿罪。

国家工作人员在经济往来中,违反国家规定,收受各种名义的回扣、手续费,归个人所有的,以受贿论处。

第 386 条 对犯受贿罪的,根据受贿所得数额及情节,依照本法第三百八十三条的规定处罚。索贿的从重处罚。

《贪污贿赂案件解释》

第 2 条 贪污或者受贿数额在二十万元以上不满三百万元的,应当认定为刑法第三百八十三条第一款规定的“数额巨大”，依法判处三年以上十年以下有期徒刑，并处罚金或者没收财产。

贪污数额在十万元以上不满二十万元，具有本解释第一条第二款规定的情形之一的，应当认定为刑法第三百八十三条第一款规定的“其他严重情节”，依法判处三年以上十年以下有期徒刑，并处罚金或者没收财产。

受贿数额在十万元以上不满二十万元，具有本解释第一条第三款规定的情形之一的，应当认定为刑法第三百八十三条第一款规定的“其他严重情节”，依法判处三年以上十年以下有期徒刑，并处罚金或者没收财产。

第 13 条　具有下列情形之一的，应当认定为“为他人谋取利益”，构成犯罪的，应当依照刑法关于受贿犯罪的规定定罪处罚：

（一）实际或者承诺为他人谋取利益的；

（二）明知他人有具体请托事项的；

（三）履职时未被请托，但事后基于该履职事由收受他人财物的。

国家工作人员索取、收受具有上下级关系的下属或者具有行政管理关系的被管理人员的财物价值三万元以上，可能影响职权行使的，视为承诺为他人谋取利益。

第 15 条　对多次受贿未经处理的，累计计算受贿数额。

国家工作人员利用职务上的便利为请托人谋取利益前后多次收受请托人财物，受请托之前收受的财物数额在一万元以上的，应当一并计入受贿数额。

《全国法院审理经济犯罪案件工作座谈会纪要》

三、关于受贿罪

（一）关于“利用职务上的便利”的认定

刑法第三百八十五条第一款规定的“利用职务上的便利”，既包括利用本人职务上主管、负责、承办某项公共事务的职权，也包括利用职务上有隶属、制约关系的其他国家工作人员的职权。担任单位领导职务的国家下作人员通过不属自己主管的下级部门的国家工作人员的职务为他人谋取利益的，应当认定为“利用职务上的便利”为他人谋取利益。

（二）“为他人谋取利益”的认定

为他人谋取利益包括承诺、实施和实现三个阶段的行为。只要具有其中一个阶段的行为，如国家工作人员收受他人财物时，根据他人提出的具体请托事项，承诺为他人谋取利益的，就具备了为他人谋取利益的要件。明知他人有具体请托事项而收受其财物的,视为承诺为他人谋取利益。

(三)“利用职权或地位形成的便利条件”的认定

刑法第三百八十八条规定的“利用本人职权或者地位形成的便利条件”,是指行为人与被其利用的国家工作人员之间在职务上虽然没有隶属、制约关系,但是行为人利用了本人职权或者地位产生的影响和一定的工作联系,如单位内不同部门的国家工作人员之间、上下级单位没有职务上隶属、制约关系的国家工作人员之间、有工作联系的不同单位的国家工作人员之间等。

(四)离职国家工作人员收受财物行为的处理

参照《最高人民法院关于国家工作人员利用职务上的便利为他人谋取利益离退休后收受财物行为如何处理问题的批复》规定的精神,国家工作人员利用职务上的便利为请托人谋取利益,并与请托人事先约定,在其离职后收受请托人财物,构成犯罪的,以受贿罪定罪处罚。

《商业贿赂案件适用法律的意见》

十、办理商业贿赂犯罪案件,要注意区分贿赂与馈赠的界限。主要应当结合以下因素全面分析、综合判断:

(1)发生财物往来的背景,如双方是否存在亲友关系及历史上交往的情形和程度;

(2)往来财物的价值;

(3)财物往来的缘由、时机和方式,提供财物方对于接受方有无职务上的请托;

(4)接受方是否利用职务上的便利为提供方谋取利益。

贪污贿赂案件裁判规则第 13 条：

收受有具体金额会员卡、代币卡（券）、旅游费用等具有财产性利益的，受贿数额以实际支付或应当支付的资费计算。收受无具体金额会员卡的，受贿数额以实际消费的资费为准

〔**规则描述**〕：收受房屋装修、含有金额的会员卡、代币卡（券）、旅游费用等具有财产性利益，可以用金钱衡量，受贿数额以实际支付或应当支付的资费来计算。而对于收受无具体金额会员卡，应该先委托鉴定机构进行价格评估，可以评估其价值的按照评估数额，无法评估其价值的按照实际消费数额，来计算受贿金额。

一、类案检索大数据报告

时间：2020 年 11 月 27 日之前，案例来源：Alpha 案例库，案件数量：183 件，数据采集时间：2020 年 11 月 27 日，本次检索共获取 2020 年 11 月 27 日前认定收受会员卡等财产性利益的犯罪数额的裁判文书有 183 篇，整体情况如图 13－1 所示，从案件年份分布可以看到当前条件下案例数量的变化趋势。

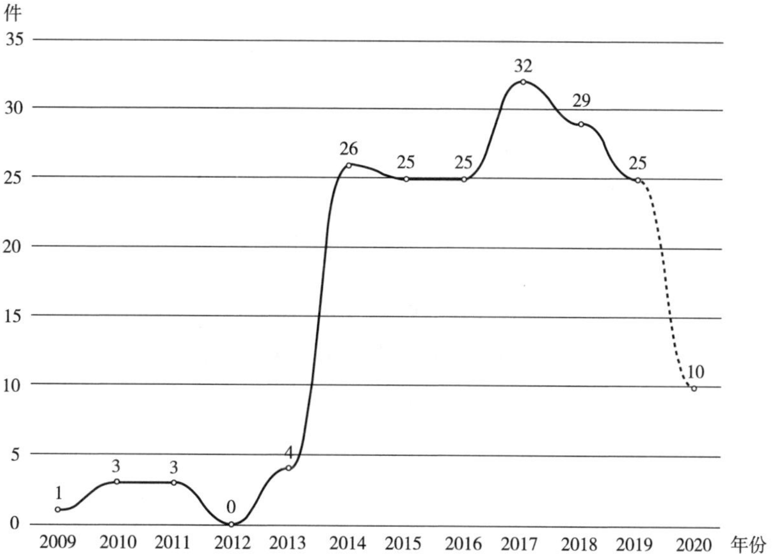

图 13－1　案件年份分布情况

如图 13 -2 所示,从案件地域分布来看,当前案例主要集中在安徽省、广东省、浙江省,分别占比 10.93%、10.38%、8.74%。其中安徽省的案件量最多,达到 20 件。(注:此处显示该条件下案例数量排名前五的省份。)

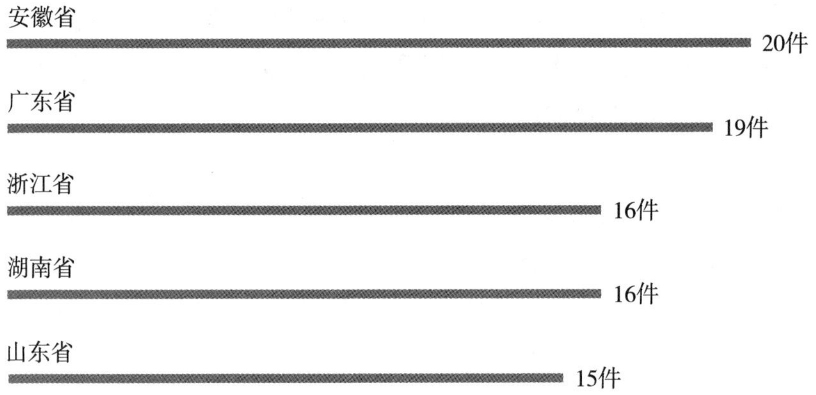

图 13 -2　案件地域分布情况

如图 13 -3 所示,从案由分类情况可以看到,当前的案由分布由多至少分别是刑事,民事。

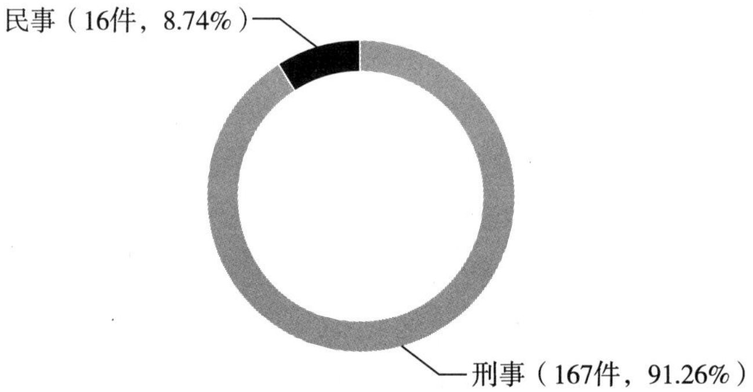

图 13 -3　案件案由分类情况

如图 13 -4 所示,从案件程序分类统计可以得出当前的审理程序分布状况。其中,一审案件有 143 件,二审案件有 39 件,再审案件有 1 件,并能够推算出一审上诉率约为 27.27%。

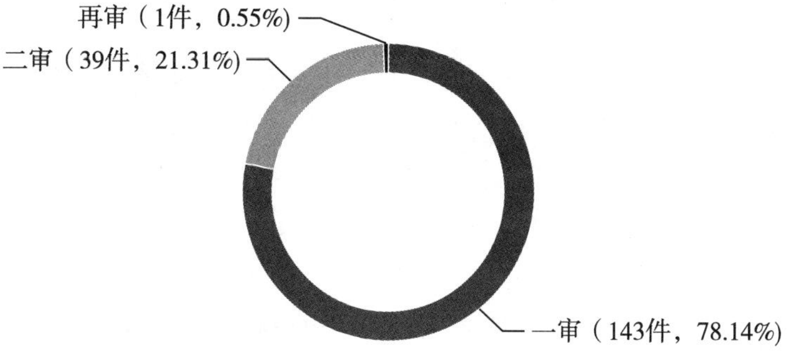

图13－4　案件程序分类情况

如图13－5所示,通过对主刑的可视化可以看到,当前条件下包含有期徒刑的案件有130件,包含拘役的案件有3件,包含无期徒刑的案件有3件。其中,包含缓刑的案件有18件,免予刑事处罚的案件有9件。

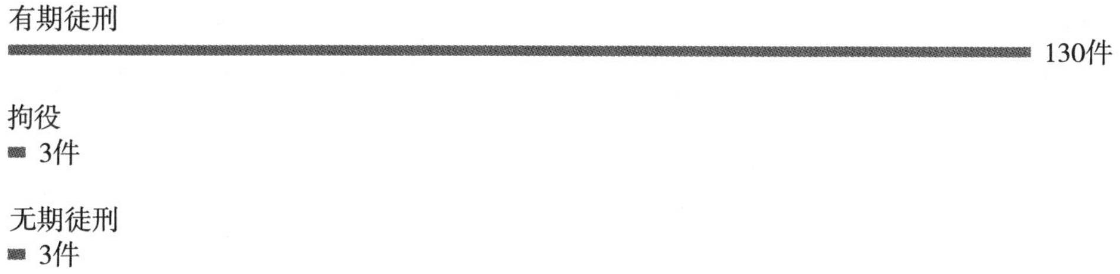

图13－5　案件判决主刑情况

二、可供参考的例案

例案一 | 梁某琦受贿案

【法院】

重庆市第一中级人民法院

【案号】

(2008)渝一中法刑初字第149号

【诉讼主体】

公诉机关:重庆市人民检察院第一分院

被告人:梁某琦

【基本案情】

1. 被告人梁某琦于2002年至2008年1月先后担任重庆市规划局总规划师、副局长和重庆市江北城开发投资有限公司董事长期间,利用审批规划调整、建设工程选址定点和检查董事会决议执行、签署董事会文件文书等职权,27次为请托人谋取利益,非法收受财物折合人民币1370万余元。

2. 2005年年初,梁某琦应重庆国际高尔夫俱乐部有限公司总经理杨某全的请托,调整了国际高尔夫俱乐部的规划,增加了居住用地、商业用地和公共绿地。为此,杨某全送给梁某琦人民币18万元和一张免费高尔夫荣誉会员消费卡,梁某琦使用该卡实际消费人民币12,292元。

3. 2005年下半年,梁某琦应重庆浦辉房地产开发公司董事长曾某浦的请托,通过调整规划,将该公司开发的"海棠晓月"商业街二期17号楼、18号楼,改建为滨江温泉大酒店,并扩大了"海棠晓月"B区城市之窗滨江花园商务区项目建设用地规模。同年9月,曾某浦将其公司开发的"海棠晓月"B区2号楼2套住宅以每平方米人民币3000元,总价人民币86.32万元的价格销售给梁某琦。梁某琦安排妻子于2005年9月24日支付了全额房款,重庆浦辉房地产开发公司开具了销售不动产专用发票。经鉴定,该房在价格鉴定基准日(2005年9月24日)的价格为人民币186.5万元。此外,曾某浦还两次送给梁某琦人民币共计21.5万元。

4. 2005年,梁某琦应重庆中渝物业发展有限公司总经理曾某才的请托,通过调整规划,将该公司渝北区新溉路北侧18号地块、19号地块内的学校用地规模减小,开发用地增加,容积率上调,满足了该公司的要求,并为曾某才的加州高尔夫练习场搬迁选址提供了帮助。2007年5月,梁某琦得知一只港股要涨一倍多,在没有给付股本金的情况下,让曾某才在我国香港特别行政区帮其买100万股,同年7月又让曾某才将该股卖出,获利50万港元,后曾某才将50万港元按照梁某琦的指示换成50万元人民币交给梁某琦。另外,曾某才还先后送给梁某琦人民币20万元和港币5万元。

被告人梁某琦将收受他人的财物用于个人购房、购买股票、家庭日常开支、借与他人等,案发后已收缴涉案的款物折合人民币共计900余万元。

【案件争点】

收受无具体金额的会员卡应如何计算受贿的数额。

【裁判要旨】

一审法院认为,被告人梁某琦利用其职务上的便利,为他人谋取利益,共计收受他人财物折合人民币 1589.3836 万元,其行为已构成受贿罪,情节特别严重,依法应予惩处。鉴于其案发后认罪态度较好,积极配合司法机关追回赃款赃物,有一定悔罪表现,可对其判处死刑,不立即执行。判决被告人梁某琦犯受贿罪,判处死刑,缓期二年执行,剥夺政治权利终身,并处没收个人全部财产。对违法所得人民币 1589.3836 万元予以追缴。

一审宣判后,被告人梁某琦未提出上诉,检察院未提出抗诉,该判决已被重庆市高级人民法院核准生效。

例案二 | 崔某正受贿案

【法院】

克拉玛依市中级人民法院

【案号】

(2017)新 02 刑终 27 号

【诉讼主体】

原公诉机关:克拉玛依市白碱滩区人民检察院

上诉人(原审被告人):崔某正

【基本案情】

2009 年 1 月至 2016 年 2 月,被告人崔某正在任新疆石油管理局白碱滩基地服务公司书记、经理、新疆油田公司白碱滩物业管理公司党委副书记期间,利用全面负责公司行政管理、生产经营工作的职务便利,非法收受相关业务关系人所送财物价值人民币 663,000 元,并为他人谋取利益。具体如下:

1. 2009 年 1 月,被告人崔某正收受曾某所送现金 50,000 元。

2. 2010 年 5 月,被告人崔某正收受克拉玛依市世纪方圆园林工程有限责任公司董事长彭某所送现金 25,000 元。

3. 2011 年 12 月,克拉玛依市世纪方圆园林工程有限责任公司董事长彭某替被告人崔某正及其朋友陈某支付价值 268,000 元高尔夫会员卡。2012 年 1 月,被告人崔某正将陈某归还的 134,000 元占为已有。

4. 2013 年 1 月,被告人崔某正收受曾某所送现金 50,000 元。

5. 2014 年 4 月,被告人崔某正收受克拉玛依市力创园林建筑工程有限责任公司经理刘某 1 所送现金 250,000 元。

6. 2016年1月，被告人崔某正收受曾某所送现金20,000元。

2016年10月19日，被告人崔某正在新疆油田公司纪律检查委员会工作人员的陪同下，主动到克拉玛依市白碱滩区人民检察院反贪局投案。到案后，如实供述了上述犯罪事实，其家人主动退还了全部赃款。

【案件争点】

收受高尔夫会员卡时可以评估出其价值的，受贿具体金额是否可以按照当时评估的价值来计算。

【裁判要旨】

一审法院认为，被告人崔某正身为国有控股公司中从事公务的人员，利用职务便利，非法收受他人财物共计663,000元，并为他人谋取利益，数额巨大，其行为已构成受贿罪。判决：一、被告人崔某正犯受贿罪，判处有期徒刑四年，并处罚金300,000元。二、被告人崔某正受贿所得人民币663,000元予以追缴，并上缴国库。

宣判后被告人崔某正提出上诉，其上诉理由如下：(1)其收受行贿人彭某为其与朋友陈某垫付高尔夫球卡费用268,000元应属于借款，原审将该起事实认定为受贿行为有失妥当。(2)其收受三名行贿人给予的钱款均是被动收受，其并未给行贿人谋取非法利益，也未给单位造成任何经济损失，故主观恶性程度较小，危害后果相对较轻。(3)其具有自首、退赃的从轻、减轻情节，又系初犯偶犯，造成的社会危害性不大，认罪态度好，有深刻的悔罪表现，加之一贯工作表现良好，成绩突出。(4)原审在对其量刑时未考虑其自首，全部退赃，并愿意向法院交纳所判的罚金等法定减轻、从轻处罚之情节，属于量刑过重。请求本院本着“教育为主、惩罚为辅”“宽严相济”的刑事政策，对其从轻、减轻处罚并适用缓刑。

二审法院经审理认为，上诉人崔某正身为国有控股公司中从事公务的人员，利用职务便利，非法收受他人财物共计663,000元，并为他人谋取利益，数额巨大，其行为已构成受贿罪。关于上诉人崔某正以及辩护人提出的克拉玛依市世纪方圆园林工程有限责任公司董事长彭某替被告人崔某正及其朋友陈某支付价值268,000元高尔夫会员卡的费用系借款而非受贿款的上诉意见及辩护意见。经审查后认为，2011年12月，克拉玛依市世纪方圆园林工程有限责任公司董事长彭某替上诉人崔某正及其朋友陈某支付价值268,000元高尔夫会员卡。2012年春节前，陈某妻子颜某将134,000元交给上诉人崔某正，让其代为归还。而在此之后4年多的时间里，上诉人崔某正虽曾有“还款”的口头表示，但无还款的实际行动。而行贿人彭某作为克拉玛依市世纪方圆园林工程有限责任公司法定代表人，其所在公司与上诉人崔某正为法定代表人的新疆石油管理局白碱滩区基地服务公司，自 2010 年至 2016 年持续签有绿化工程合同或修缮、承揽合同。即行贿人公司与上诉人所在的公司有长期、稳定的业务往来。因此，可以认定上诉人崔某正接受行贿人彭某为其办理的价值 134,000 元的高尔夫会员卡一张以及将陈某归还彭某的 134,000 元的借款占为已有的行为为受贿行为。上诉人崔某正以及辩护人关于此点的上诉理由以及辩护意见不能成立，不予采纳。上诉人崔某正因认可其于 2011 年 12 月，接受与其有业务往来的克拉玛依市世纪方圆园林工程有限责任公司董事长彭某为其办理的价值 134,000 元高尔夫会员卡一张的事实，同时还认可了 2012 年 1 月，其将陈某归还彭某的 134,000 元占为已有直至案发没有归还的事实，其对该款项虽辩解为借款，但根据法律的规定，对其行为性质的辩解不影响其自首的成立。原审为了保护国家工作人员的职务廉洁性，打击刑事犯罪，综合上诉人崔某正的犯罪事实、犯罪性质、犯罪情节以及对社会的危害程度，定罪及适用法律正确，程序合法。但鉴于上诉人崔某正犯罪后，能主动投案，有自首情节。到案后，其家人已全部退赃，认罪、悔罪态度好，故可依法从轻处罚。同时，根据宽严相济的刑事政策，原审对其量刑时没有充分考虑其具有的上述诸多法定减轻、从轻处罚之情节，属于量刑过重。上诉人崔某正及其辩护人关于原审量刑过重的上诉理由成立，依法予以采纳。改判上诉人崔某正犯受贿罪，判处有期徒刑二年六个月，并处罚金 300,000 元；上诉人崔某正受贿所得人民币 663,000 元予以追缴，并上缴国库。

例案三 | 李某钧受贿案

【法院】

上海市第二中级人民法院

【案号】

（2017）沪 02 刑终 948 号

【诉讼主体】

原公诉机关：上海市普陀区人民检察院

上诉人（原审被告人）：李某钧

【基本案情】

李某钧于 2004 年 9 月起任上海市普陀区市容局副局长；2009 年 3 月，上海市普陀区绿化局和市容局合并成立绿化市容局，李某钧被任命为副局长，直至 2011

年8月31日。

李某钧在担任上述职务期间，利用其分管市容景观所，负责景观灯光工程建设的职务便利，为上海夏雨岛环境艺术工程有限公司（以下简称夏雨岛公司）、上海瞬通景观照明工程有限公司（以下简称瞬通公司）、上海慎通景观照明工程有限公司（以下简称慎通公司）在景观灯光工程的项目分包、工程监理验收、工程款结算等方面提供帮助。2010年10月至2015年9月，李某钧先后多次收受夏雨岛公司法定代表人张某1（另案处理）、瞬通公司和慎通公司法定代表人张某2（另案处理）给予的贿赂，具体分述如下：

1. 2010年10月，李某钧及家人接受张某1的安排赴泰国旅游（旅游费用价值人民币21,000余元），并收受张某1给予的1000美元（折合人民币6600余元）。

2. 2011年3月至2012年6月，李某钧接受夏雨岛公司出资为其位于江苏省昆山市花桥镇的房屋进行装修（包括空调6台），经鉴定共计价值人民币228,800余元；并收受了价值人民币13,000余元的三星液晶电视机4台。

3. 2011年8月，李某钧收受张某2给予的10,000英镑（折合人民币103,000余元）；2013年2月，收受张某2给予的10,000欧元（折合人民币82,000余元）；2015年8月，收受张某2给予的10,000欧元（折合人民币66,000余元）。

4. 2014年1月至2015年9月，李某钧先后分别收受张某1、张某2以红白喜事为名给予的人民币40,000元、20,000元。

2016年9月22日，李某钧自动到检察机关投案，到案后如实供述了自己的犯罪事实，并在案发后退缴了全部赃款。

【案件争点】

提供免费旅游、装修房屋服务，受贿金额应如何计算。

【裁判要旨】

一审法院认为，被告人李某钧身为国家工作人员，利用职务上的便利，为他人谋取利益，收受贿赂，数额巨大，其行为已构成受贿罪，依法应予处罚。李某钧系初犯，有自首情节，依法可以减轻处罚，李某钧家属代为退赔了全部赃款，依法可以对被告人酌情从轻处罚。以受贿罪判处李某钧有期徒刑二年六个月，并处罚金人民币150,000元；扣押在案的赃款人民币580,000元依法没收。

宣判后，李某钧以原判量刑过重为由提出上诉。辩护人同意上诉人的意见，并提出，李某钧及家人接受张某1的安排赴泰国旅游是张某1所属夏雨岛公司完成景观灯光工程后的庆功行为，并非受贿；原判认定夏雨岛公司为李某钧装修房屋的费用过高。

二审法院经审理认为，针对李某钧辩护人对案件事实与定性方面所提出的辩护意见，评判如下：(1)关于李某钧及家人接受张某1的安排赴泰国旅游是不是受贿行为的认定。李某钧利用职务上的便利为张某1谋取利益，且李某钧及家人接受张某1的安排赴泰国免费旅游，省却了旅游费用，其获得的利益属于受贿中的"财物"，而且在旅游期间，还收受张某1给予的1000美元，李某钧在主观上也知道该免费旅行安排及收受美金的行为与自己的职务有关联，其行为应当被认定为受贿。辩护人的相关意见，缺乏法律依据，不予采纳。(2)关于夏雨岛公司出资为李某钧装修房屋费用的认定。原判认定，夏雨岛公司出资为李某钧位于江苏省昆山市花桥镇的房屋装修，花费人民币228,800余元，该事实由房屋装修价格鉴定结论书、发票、住宅装修照片等证据予以证明，且该鉴定机构和鉴定人具有法定的资质，鉴定程序合法，鉴定过程和方法符合相关专业的规范要求，其鉴定结论合法有效，予以认可。辩护人关于房屋装修费用过高的意见，缺乏事实依据，不予采纳。上诉人李某钧身为国家工作人员，利用职务上的便利，为他人谋取利益，非法收受他人财物共计人民币58万余元，数额巨大，其行为已构成受贿罪，依法应予惩处。原判认定事实和适用法律正确，量刑适当，诉讼程序合法。裁定驳回上诉，维持原判。

三、裁判规则提要

（一）会员卡、购物卡、消费券具有财产性利益属性，可成为贿赂犯罪客观要件

随着我国社会经济的快速发展变化，人们的消费观念也不断在改变，会员卡、购物卡、消费券、商业预付卡和电子礼品卡等卡片，由于具有体积小、携带方便、耐磨损等特点，送价值不菲的会员卡、购物卡的行贿方式逐渐成为行贿人的首选；还有一些人为了规避法律制裁，采用除货币、物品之外的更隐蔽的方式贿赂对方，比如提供房屋装修、旅游服务等；甚至还有人通过虚设债权、减免债务的方式行受贿。这些方式归根结底就是增加了对方的财产价值。特别是近年来已经开始采取传统方式以外的手段进行行贿受贿，贿赂犯罪由以前的权钱交易发展到权力交易、权色交易，行贿人用虚设债权、使用权、提供无偿劳务、免费旅游等财产性利益，发展到通过权力交易、招工晋职、户口迁移、出国留学、女色服务等非财产性利益进行贿赂。

2005年12月14日，《联合国反腐败公约》正式生效。这是联合国历史上通过

的第一个用于指导国际反腐败斗争的法律文件，对预防腐败、界定腐败犯罪、反腐败国际合作、非法资产追缴等问题进行了法律上的规范，对各国加强国内的反腐行动、提高反腐成效、促进反腐国际合作具有重要意义。2005 年 10 月 27 日，第十届全国人大常委会第十八次会议以全票通过决定，批准加入《联合国反腐败公约》，于 2006 年 2 月 12 日对我国生效。根据《联合国反腐败公约》的相关规定，贿赂可以是任何不正当好处，也就是说，贿赂犯罪的对象并不限于财物。2008 年《商业贿赂案件适用法律的意见》对商业贿赂领域的财物作出了扩大解释，即贿赂的范围由财物扩大至财产性利益。财产性利益的数额认定，以实际支付的资费为准。收受银行卡的，不论受贿人是否实际取出或者消费，卡内的存款数额一般应全额认定为受贿数额。使用银行卡透支的，如果由给予银行卡的一方承担还款责任，透支数额也应当认定为受贿数额。2016 年《贪污贿赂案件解释》第 12 条规定："贿赂犯罪中的'财物'，包括货币、物品和财产性利益。财产性利益包括可以折算为货币的物质利益如房屋装修、债务免除等，以及需要支付货币的其他利益如会员服务、旅游等。后者的犯罪数额，以实际支付或者应当支付的数额计算。"由此可知，会员卡、购物卡、消费券均具有财产性利益属性。

（二）收受会员卡、购物卡、消费券等，受贿数额以实际支付或应当支付的资费计算。收受无具体金额会员卡的，受贿数额以实际消费的资费为准

会员卡是指娱乐、健身、美容、旅游、餐饮等行业机构以及商场、会所、宾馆、俱乐部等发行的，具有一定价值、金额或消费次数，供持卡人在消费活动中进行会员身份认证识别，并凭此消费、免于付费或享受折扣的凭证。购物卡是发行商（可以是商场、超市、宾馆等第三产业的任一服务商）在收受购卡人一定金额现金后，向购卡人出具的一种附有权利义务的收款凭证，该卡证明在将来一定期限内发行商有义务向持卡人提供等价的商品或服务，持卡人在约定期限内可自由选择在发行商营业场所内进行消费的方式，包括消费商品种类、消费次数等，但若该购物卡没有在有效期内被使用，发行商将免除提供商品或服务的义务。由于会员卡、购物卡、消费券等具有携带方便、体积小等诸多优点，目前已成为日常生活中人们经常使用的一种有价凭证。

对于会员卡、购物卡、消费券等贿赂，应当根据具体案件的不同情况来作出不同的认定：

1. 对于能够确定市场价值的会员卡、购物卡，应当以受贿当时的价值确定具体的受贿金额

预存金额明确的购物卡、会员卡，其市场价值具有直接的可计算性，可以按照购物卡内充值的金额予以认定受贿数额。对于难以明确认定市场价值的购物卡、会员卡，司法机关可以委托价格鉴定机构进行估价，计算当时的市场价格。比如例案二中，克拉玛依市世纪方圆园林工程有限责任公司董事长彭某替被告人崔某正及其朋友陈某支付价值268,000元高尔夫会员卡，该高尔夫会员卡就有其实际价值金额268,000元，故应按当时办理的价值金额来认定受贿数额。但我们应该注意到可能会出现以下情况，有些时候请托人购买会员卡、购物卡所花费的费用会要小于卡内的金额。例如，有些时候商场推出充值优惠活动，办卡人可能用4500元就可以买到面值5000元的购物卡，即使受贿人主观上明知收受的购物卡面值5000元，客观上持此卡也可在商家消费5000元，此时，如果仍以卡内金额来认定受贿数额，对于受贿人来说就会显得很不公平。这时候应当按照行贿人购卡时实际支付资费认定受贿数额比较妥当。

2. 对于收受具有市值面额的消费券、代金券，应该按受贿人实际消费数额来认定受贿金额

消费券一般有固定的面额，对于贿赂犯罪中也具有代币功能，但只能用来买商品，不能兑换成现金。消费券一般都会指定购物地点，在指定的商场才可以购买商品，而且要一次性消费完毕，不设找零。但是，消费券没有货币使用方便，但也属于财产性利益的一种，如果折现或者实际消费，应该按照折现金额或者实际消费金额来计算受贿数额，而不应按照消费券或者代金券的面额来认定受贿数额。

3. 受贿人收受的购物卡、会员卡无具体金额，应以行为人持该卡实际消费的资费计算受贿金额

《商业贿赂案件适用法律的意见》第7条规定："商业贿赂中的财物，既包括金钱和实物，也包括可以用金钱计算数额的财产性利益，如提供房屋装修、含有金额的会员卡、代币卡(券)、旅游费用等。具体数额以实际支付的资费为准。"实践中，无具体金额的会员卡并不意味着其卡内没有金额或是不能进行相应的消费。事实上此类持卡人完全可以持卡进行正常消费，而消费所产生的相关费用则全部由请托人来负担。有的案件，行贿人与受贿人为规避法律制裁，往往将卡面标注金额远远低于可以实际消费的金额，甚至不标注金额而让持卡人无限制地消费，这时仍以标注金额计算受贿金额明显不符合案件的客观事实，而以"以实际消费的资费为

准”来计算具体受贿数额,符合主客观一致原则。

如例案一,被告人梁某琦收受的是一张高尔夫俱乐部荣誉会员卡,该卡并无充值金额,只承诺持卡人在该高尔夫俱乐部所有消费均享受免费待遇。当办案机关申请鉴定机构评估其价值时,由于该俱乐部所有会员卡均没有对外实际销售,无法对该卡价值进行鉴定和价格评估,该会员卡的价值无法确定,此时,以被告人梁某琦持该卡在俱乐部签单消费金额来认定受贿金额比较妥当。也就是说,当办案机关遇到收受无具体面额会员卡的,应该先委托鉴定机构进行鉴定和价格评估,如果可以评估其价值的按照评估金额计算受贿数额,如无法对该会员卡评估价值的,应以持卡人在实际消费金额计算受贿金额。

我们还需要注意以下这种情况,在实践中,可能出现行贿人故意用空卡或已过期的购物卡向受贿人行贿的行为。在这种情况下,受贿人虽然接受了该卡片,但因为卡片是空卡或者卡片无效无法使用,受贿人无法获取购物卡面值金额的物质利益。从主观上来看,受贿人想得到这笔贿赂利益,因其意志以外的原因,导致无法获得,属于对象不能犯的犯罪未遂,其收受购物卡的行为仍应当依受贿未遂来追究责任。

(三)收受银行卡的,犯罪数额的认定

银行卡是指经批准由商业银行向社会发行的具有消费信用、转账结算、存取现金等全部或部分功能的信用支付工具,银行卡可分为借记卡和信用卡两种。借记卡不能透支,而信用卡可以透支。《商业贿赂案件适用法律的意见》第8条规定,收受银行卡的,不论受贿人是否实际取出或者消费,卡内的存款数额一般应全额认定为受贿数额。使用银行卡透支的,如果由给予银行卡的一方承担还款责任,透支数额也应当认定为受贿数额。该条对收受银行卡的贿赂数额的认定作出了明确规定,但将银行卡内的存款数额一律作为受贿数额认定的做法还需要个案具体分析。同时,对于收受信用卡透支的数额认定,也需要做进一步的细化。

1. 收受借记卡犯罪数额的认定

一般来说,行贿人、受贿人对以送卡的方式行贿、受贿的意思明确、真实,且行贿人提供了完全充分的信息足以保证受贿人完全取出卡内存款或者进行消费的,受贿人就实现了对卡内钱款的实际控制。在认定受贿数额时,不论受贿人是否实际取出或消费,卡内的存款数额都应全额认定为受贿数额。即使由于银行技术故障、银行卡消磁等银行方面的原因,或者由于受贿人自身操作问题如记错密码、密

码丢失，导致不能取出存款，仍应认定为受贿既遂，受贿数额为卡内存款数额。这是因为，行贿人将银行卡送给受贿人并告知其相关信息后，银行卡所对应的财物控制权便已转移，受贿人随时可以取出存款或者刷卡消费。银行出现技术故障、个人出现操作失误等原因，并不能从实质上阻碍对财物的控制权。

但是，银行卡不同于一般的财物，其本身并无太大价值，它只是钱款的一个载体，受贿人实际收受的是卡内的钱款，而非卡本身。在现实生活中，会出现一些特殊情况下，即使受贿人实际占有银行卡并获得了卡的密码，也不一定对卡内钱款实现完全占有。如果该银行卡以行贿人的名义办理，其将银行卡送出后，还能通过手机银行、网上银行、挂失补卡等诸多方式将卡内存款取出或消费，从而阻碍受贿人对卡内钱款的实际控制占有。此时，行贿人实际上是和受贿人在共同控制卡内的钱款。在这种情况下，只有案情证明行贿人已放弃控制权，这时卡内全款完全处于受贿人控制之下，才能认定对卡内钱款全部为犯罪数额。如果行贿人送卡后抽回存款或者以挂失等方式阻碍受贿人取款或者消费的，受贿数额虽然仍为收卡时卡内的全部钱款，但是受贿既遂的数额应扣除因行贿人（卡主）的原因致使受贿人客观上无法占有、控制的部分。这部分数额宜按受贿未遂论，只有这样才能避免主观归罪，达到主客观一致的要求。

2. 收受信用卡贿赂数额认定问题

对于收受信用卡贿赂数额的认定，也应当区分不同情况。假如受贿人使用行贿人提供的信用卡进行透支消费的，并且行贿人就受贿人透支消费的部分向银行承担还款责任，这种情况下就可以认定受贿人在主观上具有占有透支金额的犯罪故意。此时，应当把受贿人透支消费的金额计算到受贿数额中。但是，如果受贿人仅仅是知道行贿人送的信用卡具有透支功能和透支额度，但在使用消费的过程中从未进行过透支，或透支后及时自行还款。在这种情况下，受贿人没有占有透支额度内钱款的主观故意和客观行为，行贿人客观上也没有为该卡的透支额度支付相应价款。在这种情况下，我们就不能把信用卡的透支额度作为受贿的数额来认定。需要注意的是，有证据证明受贿人事先明知收受的信用卡透支额度，事后打算使用，具有占有透支额度的故意，由于实际持卡人在透支数额的授信额度内可以像存款一样进行透支使用，故与占有卡内存款具有同样的社会危害性与主观恶意，即使实际并未使用，也应当对透支数额承担刑事责任。

(四)提供免费旅游、装修房屋、免费劳务、出国留学等财产性利益行为,犯罪数额的认定

对于向受贿人支付旅游费用的贿赂行为,受贿金额应当如何认定,在刑法理论界还是存在一定的争议和分歧的。实践中应该分情况区别对待:第一种情况,当行贿人出资承担机票、门票、酒店食宿等全程的旅游费用,而由受贿人独自享受免费旅游服务的,属于受贿人接受了行贿人给予的财产性利益,这种情况下应当认定行贿人出资金额为受贿数额。第二种情况,行贿人陪同受贿人一起出行旅游的,如果双方在旅游过程中都承担了一定的费用,并且也没有证据确定受贿人在旅游中财产性支出比例,那么就不能将该次旅游认定为贿赂。如果有证据能证明旅游中某项费用主要或完全由行贿人支付,则可以认定为贿赂行为,应当按照证据表明的受贿人实际得到的服务费用计算犯罪数额。第三种情况,如若受贿人携带特定关系人共同出行旅游,行贿人负担了全程旅游费用的,在计算犯罪数额时,应当将旅游的消费全部数额认定为受贿人从请托人处收取受贿数额。如例案三中,被告人李某钧及家人接受张某1的安排赴泰国旅游,其旅游费用价值人民币21,000余元,全部认定为被告人李某钧受贿数额。

对于为受贿人购买的房屋进行装修而不收取费用的,为受贿人的子女进入重点学校学习提供赞助费或者为其出国留学提供学费、生活费费用的,为受贿人提供免费劳务的,这些行为本质上还是通过资助财物兑换到的一种享受或资格,虽然在形式上与传统贿赂犯罪直接给付财物的方式大不相同,但是在本质上还是通过财物转化成其他方式的一种变相贿赂,为受贿人减少了相关费用的支出,也就等于是变相地增加了受贿人的财产,行贿人支出的一定数额的费用。笔者认为,可以认定为受贿犯罪数额。

四、辅助信息

高频词条:

《刑法》

第382条 国家工作人员利用职务上的便利,侵吞、窃取、骗取或者以其他手段非法占有公共财物的,是贪污罪。

受国家机关、国有公司、企业、事业单位、人民团体委托管理、经营国有财产的人员,利用职务上的便利,侵吞、窃取、骗取或者以其他手段非法占有国有财物的,

以贪污论。

与前两款所列人员勾结,伙同贪污的,以共犯论处。

第383条 对犯贪污罪的,根据情节轻重,分别依照下列规定处罚:

(一)贪污数额较大或者有其他较重情节的,处三年以下有期徒刑或者拘役,并处罚金。

(二)贪污数额巨大或者有其他严重情节的,处三年以上十年以下有期徒刑,并处罚金或者没收财产。

(三)贪污数额特别巨大或者有其他特别严重情节的,处十年以上有期徒刑或者无期徒刑,并处罚金或者没收财产;数额特别巨大,并使国家和人民利益遭受特别重大损失的,处无期徒刑或者死刑,并处没收财产。

对多次贪污未经处理的,按照累计贪污数额处罚。

犯第一款罪,在提起公诉前如实供述自己罪行、真诚悔罪、积极退赃,避免、减少损害结果的发生,有第一项规定情形的,可以从轻、减轻或者免除处罚;有第二项、第三项规定情形的,可以从轻处罚。

犯第一款罪,有第三项规定情形被判处死刑缓期执行的,人民法院根据犯罪情节等情况可以同时决定在其死刑缓期执行二年期满依法减为无期徒刑后,终身监禁,不得减刑、假释。

第385条 国家工作人员利用职务上的便利,索取他人财物的,或者非法收受他人财物,为他人谋取利益的,是受贿罪。

国家工作人员在经济往来中,违反国家规定,收受各种名义的回扣、手续费,归个人所有的,以受贿论处。

第386条 对犯受贿罪的,根据受贿所得数额及情节,依照本法第三百八十三条的规定处罚。索贿的从重处罚。

第388条 受贿罪国家工作人员利用本人职权或者地位形成的便利条件,通过其他国家工作人员职务上的行为,为请托人谋取不正当利益,索取请托人财物或者收受请托人财物的,以受贿论处。

《商业贿赂案件适用法律的意见》

七、商业贿赂中的财物,既包括金钱和实物,也包括可以用金钱计算数额的财产性利益,如提供房屋装修、含有金额的会员卡、代币卡(券)、旅游费用等。具体数额以实际支付的资费为准。

八、收受银行卡的,不论受贿人是否实际取出或者消费,卡内的存款数额一般应全额认定为受贿数额。使用银行卡透支的，如果由给予银行卡的一方承担还款责任，透支数额也应当认定为受贿数额。

《贪污贿赂案件解释》

第12条 贿赂犯罪中的“财物”，包括货币、物品和财产性利益。财产性利益包括可以折算为货币的物质利益如房屋装修、债务免除等，以及需要支付货币的其他利益如会员服务、旅游等。后者的犯罪数额，以实际支付或者应当支付的数额计算。

《联合国反腐败公约》

第2条 术语的使用

在本公约中：

（一）“公职人员”系指：1. 无论是经任命还是经选举而在缔约国中担任立法、行政、行政管理或者司法职务的任何人员，无论长期或者临时，计酬或者不计酬，也无论该人的资历如何；2. 依照缔约国本国法律的定义和在该缔约国相关法律领域中的适用情况，履行公共职能，包括为公共机构或者公营企业履行公共职能或者提供公共服务的任何其他人员；3. 缔约国本国法律中界定为“公职人员”的任何其他人员。但就本公约第二章所载某些具体措施而言，“公职人员”可以指依照缔约国本国法律的定义和在该缔约国相关法律领域中的适用情况，履行公共职能或者提供公共服务的任何人员；

……

（四）“财产”系指各种资产，不论是物质的还是非物质的、动产还是不动产、有形的还是无形的，以及证明对这种资产的产权或者权益的法律文件或者文书；

（五）“犯罪所得”系指通过实施犯罪而直接或间接产生或者获得的任何财产。

贪污贿赂案件裁判规则第 14 条：

事后收受财物时知道或应当知道对方送的财物是因为自己的职务行为的，应以受贿罪论处

〔**规则描述**〕：国家工作人员利用职务上的便利为他人谋取利益，在为他人谋取利益之时或者之前并未收受财物，在为他人谋取利益之后收受财物，没有充分证据证明在利用职务便利为他人谋取利益时就意在以后收受对方财物，但事后收受对方财物时，知道或应当知道对方送的财物是因为自己的职务行为的，认定为事后受财，应以受贿罪论处。

一、类案检索大数据报告

时间：2020 年 11 月 27 日之前，案例来源：Alpha 案例库，案件数量：25，015 件，数据采集时间：2020 年 11 月 27 日，本次检索共获取 2020 年 11 月 27 日前认定为他人谋取利益之后收受财物的行为的裁判文书有 25，015 篇，整体情况如图 14－1 所示，从案件年份分布可以看到当前条件下案例数量的变化趋势。

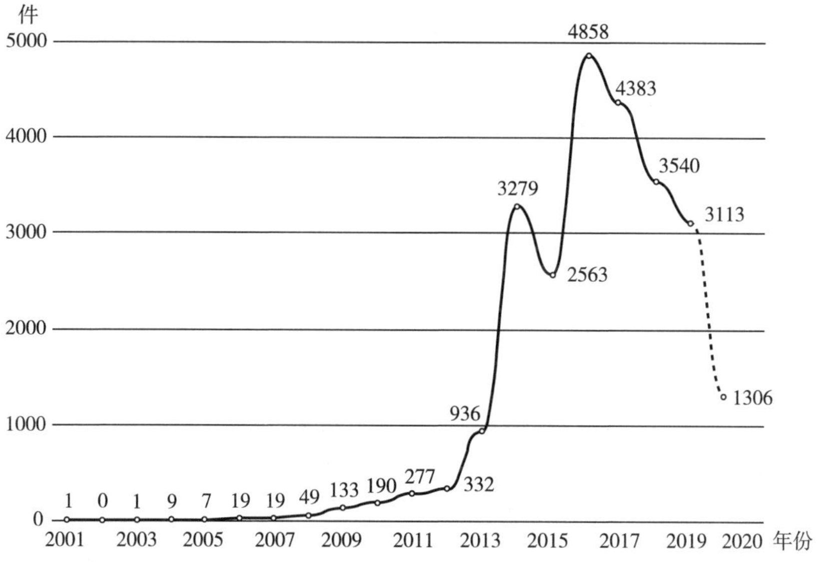

图 14－1　案件年份分布情况

如图 14－2 所示，从案件地域分布来看，当前案例主要集中在广东省、湖南省、安徽省，分别占比 9.42%、8.47%、7.84%。其中，广东省的案件量最多，达到 2357 件。（注：此处显示该条件下案例数量排名前五的省份。）

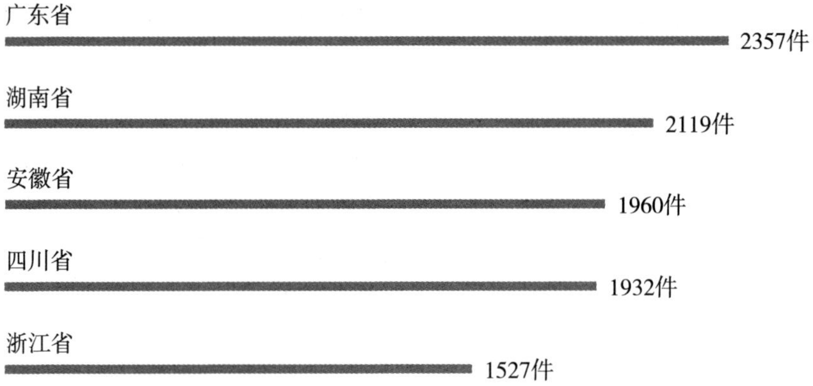

图 14－2　案件地域分布情况

如图 14－3 所示，从案件案由分类情况可以看到，当前最主要的案由是刑事，有 24,878 件，占一半以上；其次是民事，国家赔偿，行政，执行。

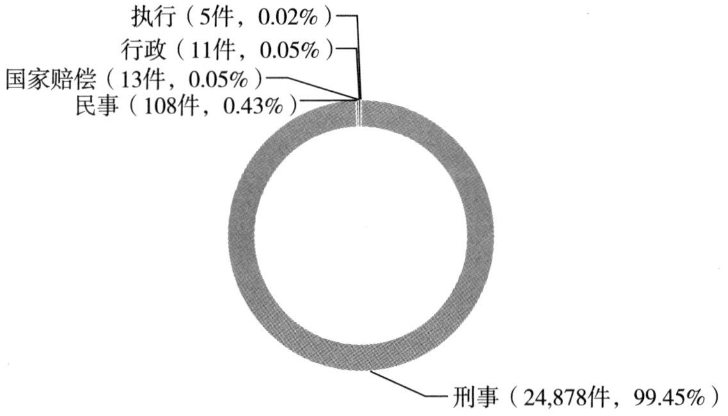

图 14－3　案件案由分类情况

如图 14－4 所示，从案件程序分类统计可以看到当前的审理程序分布状况。其中，一审案件有 18,319 件，二审案件有 6329 件，再审案件有 334 件，执行案件有 7 件。

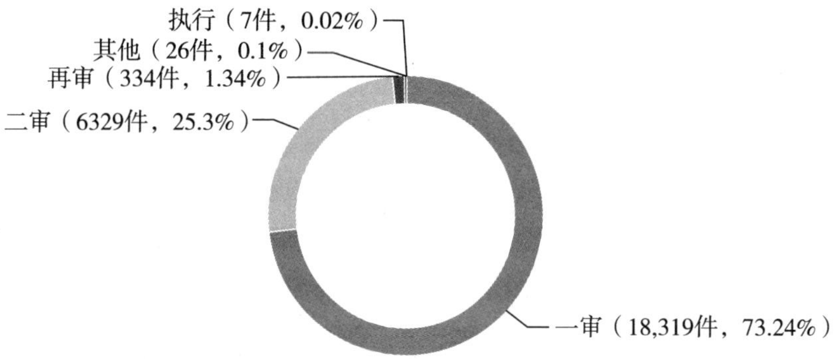

图 14－4　案件程序分类情况

如图 14－5 所示，通过对主刑的可视化可以看到，当前条件下包含有期徒刑的案件有 18，404 件，包含拘役的案件有 841 件，包含无期徒刑的案件有 148 件。其中，包含缓刑的案件有 4765 件，免予刑事处罚的案件有 1828 件。

图 14－5　案件判决主刑情况

二、可供参考的案例

例案一｜尹某某受贿案

【法院】

山东省济南市中级人民法院

【案号】

（2017）鲁 01 刑终 331 号

【诉讼主体】

原公诉机关:济南市长清区人民检察院

上诉人(原审被告人):尹某某

【基本案情】

被告人尹某某2003年7月至2012年9月担任国有济南第六机床厂副厂长,分管技术科等科室。

1. 2009年,济南第六机床厂承接厦门市顺峰包装材料有限公司(以下简称顺峰公司)4.6米BOPP双拉生产线项目,被告人尹某某作为项目负责人,负责组织技术设计,现场安装调试,监督施工质量、进度,保管项目技术资料。2011年9月,尹某某带队到厦门市为顺峰公司快速、顺利地完成了该生产线安装调试工作后,该公司经理罗某某为表示感谢,通过银行转款方式,于同年9月28日送给尹某某15万元。尹某某将该款用于家庭开支。

2. 2012年1月、2月,被告人尹某某在青岛顺德塑料机械有限公司(以下简称顺德公司)经理赵甲提出送给其现金100万元,取得济南第六机床厂4.6米BOPP双向拉伸薄膜生产线电子技术资料后,利用保管本单位4.6米BOPP双向拉伸薄膜生产线电子技术资料的职务便利,将上述技术资料电子版拷贝交给赵甲。后尹某某分4次收取顺德公司通过银行转款的方式所送的现金100万元。尹某某将其中20万元送给其女儿尹甲,余款用于购买、装修其在济南市章丘区中国·诺贝尔城×幢×单元×室住房,案发后该住房已被查封。

2015年1月29日,被告人尹某某涉嫌犯罪被检察机关立案后,尹某某逃匿;同年6月27日,尹某某主动投案,如实供述了全部受贿事实。

【案件争点】

为他人谋取利益后,非法收取他人财物,是否构成受贿罪。

【裁判要旨】

一审法院认为,被告人尹某某的行为构成受贿罪。鉴于其案发后有自首情节,退缴部分赃款,对其依法从轻处罚。判决:被告人尹某某犯受贿罪,判处有期徒刑五年,并处罚金60万元;被告人尹某某之女尹甲退缴的案款17万元予以没收,上缴国库。被告人尹某某用受贿款购买的位于章丘市的中国·诺贝尔城×幢×单元×室依法变卖,所得款项用于追缴赃款。以上二项追缴后,被告人尹某某仍未退还的受贿款,依法予以追缴。

宣判后,原审被告人尹某某不服判决,以原审判决认定事实不清,定罪错误,量刑过重等为由，提出上诉。具体理由：(1)关于原判认定收受15万元的事实。其在为顺峰公司调试安装生产线过程中，个人向该公司提供了合同项目以外的挤出系统中计量泵等技术服务，并致耳朵划伤，顺峰公司经理罗某某个人为感谢其提供的合同外技术服务，并且是在安装调试项目结束后所送，其收取该款与职务、职权无关，原判认定其收取该款与职务有关，构成受贿犯罪错误。(2)关于原判认定收受100万元的事实。其提供给顺德公司的技术资料是因安装生产线获得的，并非是利用职务便利取得，其没有保管单位技术资料的职权，其个人已经并且还将继续为赵甲的公司提供技术服务，没有利用职权为赵甲谋取利益，并且是其退休后收受，其行为不符合受贿犯罪主客观要件，原判认定其此行为构成受贿罪和侵犯商业秘密罪，并择一重罪处罚，适用法律错误。

二审法院认为，上诉人尹某某身为国有企业中从事公务的人员，利用职务便利，为他人谋取利益，收受他人财物，数额巨大，原审判决认定上诉人尹某某的行为构成受贿罪正确。

关于上诉人尹某某及其辩护人提出的尹某某收受顺峰公司15万元是尹某某在为顺峰公司调试安装生产线过程中，个人向该公司提供了合同项目以外的挤出系统中计量泵等技术服务，并致耳朵划伤，顺峰公司经理罗某某个人为感谢其提供的合同外技术服务，并且是在安装调试项目结束后所送，其收取该款与职务、职权无关，不构成受贿犯罪的问题。经查，首先，济南第六机床厂与顺峰公司签订的生产线设计安装合同明确约定，济南第六机床厂负责生产线的设计制造、包装运输、安装、调试与技术培训等，其中生产线挤出系统中的计量泵由济南第六机床厂负责拟定技术要求，由顺峰公司负责配备；同时双方约定，在设备总成过程中若顺峰公司提出需安装向其他供应配套商购买的设备，济南第六机床厂应予以完全配合，并负责合同标的物设备各相关配套厂家(供应配套商)的技术交流和进度协调，使合同标的物与其他设备能配套使用，保持正常安全工作，方可通过验收。上述内容说明，济南第六机床厂为保持生产线正常安全使用，对顺峰公司配备的生产线计量泵有责任进行技术帮助，而并非完全属于合同项目以外的技术服务。其次，济南第六机床厂安排尹某某作为项目负责人，组织、带领本单位技术人员到顺峰公司进行现场安装调试生产线设备，并监督施工质量、进度，其上述行为属于履行职务行为。再次，顺峰公司经理罗某某证明其为对尹某某在安装调试生产线过程中快速、顺利地完成工作表示感谢，送给尹某某15万元。对此，尹某某归案后在侦查机关不掌握该笔事实的情况下主动交代时也是如此供述的。最后，尹某某明知对方所送财物的目的与自己的职务行为有关而予以收受,不论是事前还是事后收受财物,都是对廉洁制度的危害,并不影响对其行为性质的认定。因此,尹某某利用职务便利,为顺峰公司谋取利益,收受该公司经理罗某某所送财物的行为具备受贿罪的构成特征,尹某某和辩护人提出的此条辩解和辩护意见均不能成立。

关于上诉人及其辩护人提出的尹某某收受顺德公司100万元,尹某某提供给顺德公司的技术资料是因安装生产线获得的,并非是利用职务便利取得,其没有保管单位技术资料的职权,没有利用职权为赵甲谋取利益,其行为不符合受贿犯罪主客观要件,原判认定其此行为构成受贿罪和侵犯商业秘密罪,并择一重罪处罚,适用法律错误的问题。经查,首先,上诉人尹某某系基于担任该厂副厂长,继而担任项目负责人,取得、保管本单位技术资料,具有职务上的便利;其次,尹某某违反本单位技术保密规定,将本单位技术资料提供给请托人使用,为他人谋取利益,收取100万元的行为,侵犯的客体既包含本单位的商业秘密,又包含国有公司正常工作秩序和廉政制度,分别符合侵犯商业秘密罪和受贿罪的构成要件,原判按照相关的刑罚原则,对其择一重罪处罚是正确的。尹某某及其辩护人提出的此条上诉理由和辩护意见不能成立,不予采纳。

关于上诉人及其辩护人提出的尹某某收取顺德公司100万元是其个人已经并且还将继续为赵甲提供技术服务,且是其退休后收受的问题。经查,首先,尹某某虽然于2011年11月达到法定退休年龄,但其并未实际办理退休手续,其单位也未免除其副厂长职务,收受贿赂期间,其仍然担任济南第六机床厂副厂长并行使相关职权;其次,尹某某将本厂技术资料提供给顺德公司后,又为顺德公司技术人员针对其提供的资料所提出的问题进行的说明和解释,并非属于个人提供其他技术服务;最后,证人赵甲的证言证明,其支付给尹某某100万元就是为获取济南第六机床厂技术资料,不存在让尹某某提供个人技术服务的请求,且2012年10月,顺德公司已将生产线交付给客户,也不存在让尹某某对生产线安装调试进行指导的约定及可能性。因此,上诉人尹某某及其辩护人提出的上述辩解和辩护意见均不能成立,不予采纳。

综上,上诉人尹某某收受贿赂后将本单位的技术资料提供给他人使用,侵犯了本单位的利益,鉴于其自动归案,如实供述全部受贿事实,其辩解不构成受贿犯罪的意见和理由,属于对其行为性质的辩解,不影响对其构成自首的认定,依法可以从轻处罚。原审判处的刑罚没有充分体现,原判量刑失当,上诉人尹某某及其辩护人提出的原判量刑过重的上诉理由和辩护意见予以采纳。原判认定的犯罪事实清楚，证据充实、确实，定罪准确，审判程序合法。根据上诉人尹某某犯罪的具体事实、情节、社会危害及归案后认罪态度，改判上诉人尹某某犯受贿罪判处有期徒刑三年。

例案二 | 赖某洪受贿案

【法院】

广东省汕尾市中级人民法院

【案号】

(2013)汕尾中法刑二初字第 20 号

【诉讼主体】

公诉机关：广东省汕尾市人民检察院

被告人：赖某洪

【基本案情】

被告人赖某洪于 2010 年，接受广东建艺石材有限公司(以下简称建艺公司)董事长凌某的请托，利用其担任梅州市平远县副县长，分管企业招商引资、信访等工作的职务便利，找到平远县仁居镇党委书记林某、仁居镇村民杨某等人，为建艺公司在仁居镇凤仪村开办采石场遇到的征地问题出面协调，顺利做通当地村民的思想工作，使建艺公司顺利解决了凤仪村采石场的征地问题。为感谢被告人赖某洪的帮忙，凌某于 2012 年春节期间的一天晚上，邀请被告人赖某洪到其位于平远县城南湖的家中喝茶，开车送被告人赖某洪回家途中，凌某在车上送给被告人赖某洪现金人民币 10 万元，被告人赖某洪收下该 10 万元现金，并全部用于个人日常花费。案发后，被告人赖某洪的亲属已退清全部赃款。

【案件争点】

事先无约定，利用职务职便利为他人谋取利益后，非法收取他人财物，是否构成受贿罪。

【裁判要旨】

法院审理认为，对于被告人赖某洪的辩护人提出赖某洪是事后被动受贿，主观恶性较小的辩护意见。经查，被告人赖某洪作为平远县副县长，在履行了工作职责后，明知对方送钱是为了感谢自己，仍然予以接受。其事后收受财物行为同样侵犯了国家工作人员职务的廉洁性，不能作为从轻处罚情节的理由。

对于被告人赖某洪的辩护人提出赖某洪具有自首情节、悔罪表现好、退清赃款的辩护意见。经查,有纪检部门出具的《关于赖某洪到案情况的说明》及《谈话笔录》,证实被告人赖某洪在协助纪检部门调查其他案件过程中,主动交代了办案组尚未掌握的其利用职务便利收受他人贿赂的犯罪事实,其行为符合自首的构成要件,应认定为自首;有扣押物品、文件清单附卷,证明案发后,赖某洪的亲属已为其退清全部赃款;在庭审过程中,被告人赖某洪对公诉机关的指控不持异议,认罪悔罪。故以上辩护意见成立,本院予以采纳。

被告人赖某洪身为国家工作人员,利用职务上的便利,为他人谋取利益,非法收受他人人民币10万元,其行为已构成受贿罪,应依法惩处。公诉机关指控被告人赖某洪犯受贿罪的事实清楚,证据确实、充分,指控的罪名成立,本院予以支持。鉴于被告人赖某洪在办案机关调查谈话期间,主动交代了办案机关尚未掌握的其收受他人贿赂的涉嫌犯罪事实,具有自首情节,并退清全部赃款,确有悔罪表现,可依法予以减轻处罚。被告人赖某洪的辩护人请求对被告人减轻处罚的辩护意见,本院予以采纳。根据被告人的犯罪事实、性质、情节和对社会的危害程度、悔罪表现等,判决被告人赖某洪犯受贿罪,判处有期徒刑五年,并处没收个人财产人民币2万元。

例案三 | 谭某辉受贿案

【法院】

广东省江门市中级人民法院

【案号】

(2014)江中法刑二终字第115号

【诉讼主体】

原公诉机关:广东省台山市人民检察院

上诉人(原审被告人):谭某辉

【基本案情】

2011年至2013年,被告人谭某辉利用其担任台山市台城镇住宅建设公司经理兼法定代表人的职务之便,在该公司与林某某(另案处理)合作开发由该公司提供的台山市台城香雁湖村委会西湖村朗底洞83.10亩土地及台城城南管理区五福村猪山59.71亩土地过程中,为林某某提供帮助,使林某某以低于市场价格获得上述两块土地的开发权，并提供土地使用权证等资料，帮助林某某以台城香雁湖村委会西湖村朗底洞 83.10 亩土地作为抵押担保，向中国建设银行台山市支行贷款 4500 万元。为感谢被告人谭某辉的帮助，林某某先后于 2012 年中秋节前和 2013 年春节前，在其办公室送给被告人谭某辉好处费共 9 万元。

【案件争点】

利用职务便利，为他人谋取利益时未收受他人财物，但事后收受他人财物，是否构成受贿罪。

【裁判要旨】

一审判决认为，被告人谭某辉身为国家工作人员，利用职务上的便利，非法收受他人财物，为他人谋取利益，其行为已构成受贿罪。公诉机关指控被告人的犯罪事实清楚，证据确实、充分，罪名成立。鉴于被告人谭某辉犯罪后有自首情节，可以从轻或者减轻处罚；其案发后积极退赃，又可以酌情从轻处罚，决定对被告人谭某辉减轻处罚。对于被告人谭某辉提出的对其从轻处罚的相应辩解意见，理据不足，该院不予采纳。判决被告人谭某辉犯受贿罪，判处有期徒刑三年三个月。

宣判后，谭某辉提出上诉，认为其是事后收取林某某的款项，事前及过程中从未向林某某索贿。原审法院在判决中也未查明此事实，与同类型案件相比本案社会危害性也不大，原审法院未予采纳这一抗辩意见不合理。谭某辉有自首情节，并积极退赃，加上家庭有重大变故，父母患病，法院应全面考虑，判决谭某辉缓刑。

二审法院认为，关于上诉人谭某辉提出的原判对其量刑过重，要求判处缓刑的上诉理由。对于谭某辉辩称其只能按上级的指示进行工作。法院认为，按照上级的指示进行工作，也只能在合法的范围内进行工作，无证据显示是上级指示谭某辉违法进行工作和收受贿赂，谭某辉不能因执行上级的指示而减轻或从轻处罚。对于谭某辉辩称其是事后受贿，并没有事前索贿。对此，法院认为，索贿是受贿罪的从重处罚情节，但没有索贿并不是受贿罪的减轻或从轻处罚情节。因此，谭某辉不能因为没有索贿而减轻或从轻处罚。对于谭某辉辩称其有自首情节、积极退赃、家庭困难，应判处缓刑。对此，原审法院量刑时已综合考虑谭某辉的自首、退赃情节，量刑适当。谭某辉要求判处缓刑没有法律依据。综上，谭某辉的上诉理由理据不足，应不予支持。

被告人谭某辉作为国家工作人员，利用职务上的便利，为他人谋取利益，非法收受他人财物，其行为已触犯刑法规定的受贿罪，应依法惩处。鉴于被告人谭某辉案发后积极退赃，可以酌情从轻处罚。对于被告人谭某辉提出的应对其判处缓刑的上诉意见,理据不足,本院不予支持。原审判决认定事实基本清楚,证据确实充分,定罪准确,审判程序合法。据此裁定:驳回上诉,维持原判。

三、裁判规则提要

受贿罪是指国家工作人员利用职务上的便利,索取他人财物的,或者非法收受他人财物,为他人谋利益的行为。根据受财时间不同,对于受财行为可分为事前受财和事后受财。事前受财是指与行贿人约定,在为他人谋取利益之前收受贿赂;而事后受财是指国家工作人员在无受财意图的情况下,利用职务之便,为他人谋取利益,并在事后索取或者非法收受他人财物的行为。事前受财,为他人谋取利益,构成受贿罪是没有争议的。但事后受财,根据是否以有事先约定为前提条件,目前实践中有两种观点,第一种观点认为,国家工作人员即使没有事先约定为行贿人谋取利益后收取非法报酬,也应按照受贿罪认定;第二种观点认为,在事先没有约定的情况下,非法利益的获得不是国家工作人员实施某种职务行为的动机,工作人员并不是按照受贿罪具有收受财物的故意行为,而是基于本身的职责执行的,不能把这种行为看作受贿。根据上述两种观点来看,事后受财行为人是否有受贿的主观故意,是否符合受贿罪"权钱交易"特征,是否侵害了国家工作人员的职务行为廉洁性,对于认定此类案件有重要意义。

(一)事后受财具备受贿罪的主观故意

首先,受贿罪主观方面属于故意犯罪。就受贿罪而言,受贿往往表现为一个人从为他人谋取利益到收受他人财物,或者从收受他人财物到谋取利益这个过程中,行为人主观上总会把办事和受财联系起来,构成其故意内容。至于收受他人财物的故意是产生在为他人谋取利益之前还是在为他人谋取利益之后,并无本质区别。如果行为人为他人谋取利益之前收受财物,其受贿故意是瞬时形成的,即明知接受行贿人的财物就是要为行贿人谋取相关利益,其权钱交易的故意瞬时就会联系在一起,形成受贿故意。事前无约定而事后受财的,其故意的表现形式则表现为历时,只要行为人认识到他人交付的财物是对自己职务行为的不正当的报酬,就可以认定其主观上有受贿的故意。

其次,我国《刑法》第385条规定的受贿罪,并不是说"非法收受他人财物"必须在"为他人谋取利益"之前发生,即刑法的规定并未限制两者发生的先后顺序。非法收受他人财物是受贿罪的目的行为,而利用职务上的便利为他人谋取利益则是其手段行为,二者是相互联系的,构成一个有机的整体。这类犯罪,在刑法上有很多,比如强奸、抢劫罪,由于两种行为的联系,行为人的犯罪故意在实施手段行为时就确定了,这一故意一直延续到目的行为实施终了,因此行为人的故意的实施目的行为和手段行为是一致的。但是有些情况下,会出现二者故意不一致的情况,这就是手段行为基于其他故意实施完毕,产生故意并实施目的的行为,但这一情况并不影响对该行为的定性。如行为人基于伤害的故意控制了被害人,但未形成伤害后果,后行为人故意发生了变化,产生抢劫故意,实施了抢劫的行为,对于这种情况应定为抢劫罪。因此,手段行为和目的行为并非总是一致的。受贿罪中有时表现为"先谋后收",有时表现为"先收后谋",有时也表现为"边收边谋"。事后受贿中行为人的主观故意是直接故意,也就是对收受贿赂的行为持希望发生的态度,这里的故意只是对非法收受贿赂行为本身,而不是对他人谋取利益。

例案一中,被告人尹某某作为项目负责人,组织、带领本单位技术人员到顺峰公司进行现场安装调试生产线设备,并监督施工质量、进度,属于履行职务行为。顺峰公司经理为感谢尹某某在安装调试生产线过程中快速、顺利地完成送给尹某某 15 万元,虽然尹某某与顺峰公司事先无约定,但罗某某给尹某某钱款时,尹某某是应当认识到顺峰公司给付的钱款是对自己职务行为的不正当的报酬,所以其主观上有受贿的故意。

例案二中,赖某洪作为平远县副县长,在履行了工作职责后,明知对方送钱是为了感谢自己,仍然予以接受,其主观上有非法收受他人财物的故意,构成受贿罪。

(二)事后受财构成受贿罪不以事前约定为前提

权钱交易是受贿罪的本质特征,无论国家工作人员何时具有收受财物的意图,只要行为人认识到他人给予财物的行为是对自己先前所实施的职务行为的不正当报酬,就是具有利用自己的职权与他人财物相交换的意图,就可以认为是权钱交易。无论主观故意产生的时间是事前、事中还是事后,只要行为人知道收受财物与自己先前的职务行为具有关联性,或者将二者联系起来,就可以认定为行为人具有主观故意,行为人具有主观故意就符合受贿罪的主观构成要件,也符合受贿罪的本质特征。

从某种意义上讲,事前的约定只是一张没有效力的废纸,无论从道德上,还是法律上它都受不到保护,因为"约定"的内容是违法的。而且即使双方都认可并彼此承认“约定”的“效力”,约定的内容仍然处于不确定状态,行为人在事后可以基于任何一个理由毁“约”。在国家工作人员正当履行职务的情况下,正当履行职务的行为是国家工作人员的职责所在,不向相对人索要财物以及非法收受他人财物也是其应当做的;在国家工作人员不正当履行职务的情形下,其行为本身就包含了不正当的目的,如其又索取或者非法收受了他人财物,其收受贿赂的主观故意就更加明确。因此,“约定”是可有可无的,如果以事前有“约定”作为认定受贿的成立条件,无疑是对受贿罪附加了条件,不仅与法理不符,而且与受贿的实际情况不符,在司法实践中难以执行,同时也会造成对受贿的打击不力。

例案三中,被告人谭某辉利用职务之便,为林某某提供帮助,虽事先无约定,但林某某为感谢其帮助,送给被告人好处时,谭某辉是知道收受财物与自己先前的职务行为具有关联性的,其主观犯罪故意是在收受财物时产生,符合受贿罪的构成要件,构成受贿罪。

(三)事后受财同样出卖了受贿罪所保护的法益

受贿罪所保护的法益是国家工作人员职务行为的不可出卖性,国家工作人员有责任和义务保证自己的职务行为不被出卖。刑法对受贿罪规定了利用职务便利为他人谋利的要件,却未要求必须是不正当履行职务或是谋取不正当利益,所以如果侵犯了职务的不可出卖性,就成立犯罪。因此,国家工作人员对职务行为的出卖是受贿罪危害性的集中体现,受贿罪打击的重点正在于对职务行为的出卖,即“收财”,而非“谋利”。事后受财情形中,国家工作人员虽然在实施职务行为之前和实施职务行为之时没有将自己所实施的职务行为进行出卖的意图,但是事后他人利用财物或者财产性利益“答谢”国家工作人员时,国家工作人员已经意识到他人的“答谢”与自己先前实施完毕的职务行为有客观上的因果关系,或者意识到有一定的关联,这说明行为人在此种情形下已经具有出卖自己利用职权所实施行为的意识。在这种意识的支配下,国家工作人员依然收取了他人的报酬,就是对自己先前实施的职务行为的一种出卖,虽然职务行为实施在先,出卖故意在后,仍然侵犯了受贿罪的所保护的法益,可以认定为受贿行为。

尽管事后受财行为与主动索取钱财、收受贿赂后违法行使职权等行为相比,其主观恶性、对公务活动的危害要小,但对廉洁制度同样形成了危害,因为按照廉洁制度的要求,国家工作人员不允许因其职务行为非法收受他人财物。事后收财的情形下,行为人已经为他人谋取利益,而且事实上他也接受了他人财物。在客观上，相比许诺谋取利益，正在谋取利益，以及谋取了部分利益而言，其行为更是对国家工作人员职务行为廉洁的侵犯。

例案一中，被告人尹某某作为项目负责人，虽然其履行的是正当职务行为，但其收受了顺峰公司给予的不正当的报酬，其行为侵犯了国家工作人员的廉洁性。例案二中，赖某洪作为平远县副县长，虽然在实施职务行为之前和实施职务行为之时没有将自己所实施的职务行为进行出卖的意图，但是事后非法收受他人财物，说明其在此种情形下已经具有出卖自己利用职权所实施行为得意识，在这种意识的支配下国家工作人员依然收取了他人的报酬，就是对自己先前实施的职务行为的一种出卖，构成受贿罪。

四、辅助信息

高频词条：

《刑法》

第 385 条 国家工作人员利用职务上的便利，索取他人财物的，或者非法收受他人财物，为他人谋取利益的，是受贿罪。

国家工作人员在经济往来中，违反国家规定，收受各种名义的回扣、手续费，归个人所有的，以受贿论处。

第 386 条 对犯受贿罪的，根据受贿所得数额及情节，依照本法第三百八十三条的规定处罚。索贿的从重处罚。

《贪污贿赂案件解释》

第 2 条 贪污或者受贿数额在二十万元以上不满三百万元的，应当认定为刑法第三百八十三条第一款规定的“数额巨大”，依法判处三年以上十年以下有期徒刑，并处罚金或者没收财产。

贪污数额在十万元以上不满二十万元，具有本解释第一条第二款规定的情形之一的，应当认定为刑法第三百八十三条第一款规定的“其他严重情节”，依法判处三年以上十年以下有期徒刑，并处罚金或者没收财产。

受贿数额在十万元以上不满二十万元，具有本解释第一条第三款规定的情形之一的，应当认定为刑法第三百八十三条第一款规定的“其他严重情节”，依法判处三年以上十年以下有期徒刑，并处罚金或者没收财产。

第 13 条 具有下列情形之一的，应当认定为“为他人谋取利益”，构成犯罪的，应当依照刑法关于受贿犯罪的规定定罪处罚：

(一)实际或者承诺为他人谋取利益的;

(二)明知他人有具体请托事项的;

(三)履职时未被请托,但事后基于该履职事由收受他人财物的。

国家工作人员索取、收受具有上下级关系的下属或者具有行政管理关系的被管理人员的财物价值三万元以上,可能影响职权行使的,视为承诺为他人谋取利益。

第15条 对多次受贿未经处理的,累计计算受贿数额。

国家工作人员利用职务上的便利为请托人谋取利益前后多次收受请托人财物,受请托之前收受的财物数额在一万元以上的,应当一并计入受贿数额。

《全国法院审理经济犯罪案件工作座谈会纪要》

三、关于受贿罪

(一)关于"利用职务上的便利"的认定

刑法第三百八十五条第一款规定的"利用职务上的便利",既包括利用本人职务上主管、负责、承办某项公共事务的职权,也包括利用职务上有隶属、制约关系的其他国家工作人员的职权。担任单位领导职务的国家工作人员通过不属自己主管的下级部门的国家工作人员的职务为他人谋取利益的,应当认定为"利用职务上的便利"为他人谋取利益。

(二)"为他人谋取利益"的认定

为他人谋取利益包括承诺、实施和实现三个阶段的行为。只要具有其中一个阶段的行为,如国家工作人员收受他人财物时,根据他人提出的具体请托事项,承诺为他人谋取利益的,就具备了为他人谋取利益的要件。明知他人有具体请托事项而收受其财物的,视为承诺为他人谋取利益。

(三)"利用职权或地位形成的便利条件"的认定

刑法第三百八十八条规定的"利用本人职权或者地位形成的便利条件",是指行为人与被其利用的国家工作人员之间在职务上虽然没有隶属、制约关系,但是行为人利用了本人职权或者地位产生的影响和一定的工作联系,如单位内不同部门的国家工作人员之间、上下级单位没有职务上隶属、制约关系的国家工作人员之间、有工作联系的不同单位的国家工作人员之间等。

(四)离职国家工作人员收受财物行为的处理

参照《最高人民法院关于国家工作人员利用职务上的便利为他人谋取利益离退休后收受财物行为如何处理问题的批复》规定的精神,国家工作人员利用职务上的便利为请托人谋取利益，并与请托人事先约定，在其离职后收受请托人财物，构成犯罪的，以受贿罪定罪处罚。

《受贿案件适用法律的意见》

十、关于在职时为请托人谋利，离职后收受财物问题

国家工作人员利用职务上的便利为请托人谋取利益之前或者之后，约定在其离职后收受请托人财物，并在离职后收受的，以受贿论处。

国家工作人员利用职务上的便利为请托人谋取利益，离职前后连续收受请托人财物的，离职前后收受部分均应计入受贿数额。

十二、关于正确贯彻宽严相济刑事政策的问题

依照本意见办理受贿刑事案件，要根据刑法关于受贿罪的有关规定和受贿罪权钱交易的本质特征，准确区分罪与非罪、此罪与彼罪的界限，惩处少数，教育多数。在从严惩处受贿犯罪的同时，对于具有自首、立功等情节的，依法从轻、减轻或者免除处罚。

贪污贿赂案件裁判规则第 15 条：
国家工作人员收受请托人财物后及时归还或者上交的，不是受贿，但国家工作人员受贿后，因自身或者与其受贿有关联的人、事被查处，为掩饰犯罪而退还或者上交财物的，不影响认定受贿罪

〔**规则描述**〕：案发前主动退回贿赂款的，也可构成受贿。国家工作人员收取他人财物后，在没有任何客观障碍的情况下及时归还或者上交的，不认为主观上具有受贿故意，不认定为受贿罪。但是，在闻知自己或行贿人可能被审查或感觉可能要东窗事发而上交的或者超过合理期限后上交的，不影响认定受贿罪，其上交的财物应认定为受贿犯罪数额。

一、类案检索大数据报告

时间：2020 年 11 月 27 日之前，案例来源：Alpha 案例库，案件数量：25，218 件，数据采集时间：2020 年 11 月 27 日，本次检索共获取 2020 年 11 月 27 日前认定受贿后返还赃款的行为的裁判文书有 25，218 篇，整体情况如图 15－1 所示，从案件年份分布可以看到当前条件下案例数量的变化趋势。

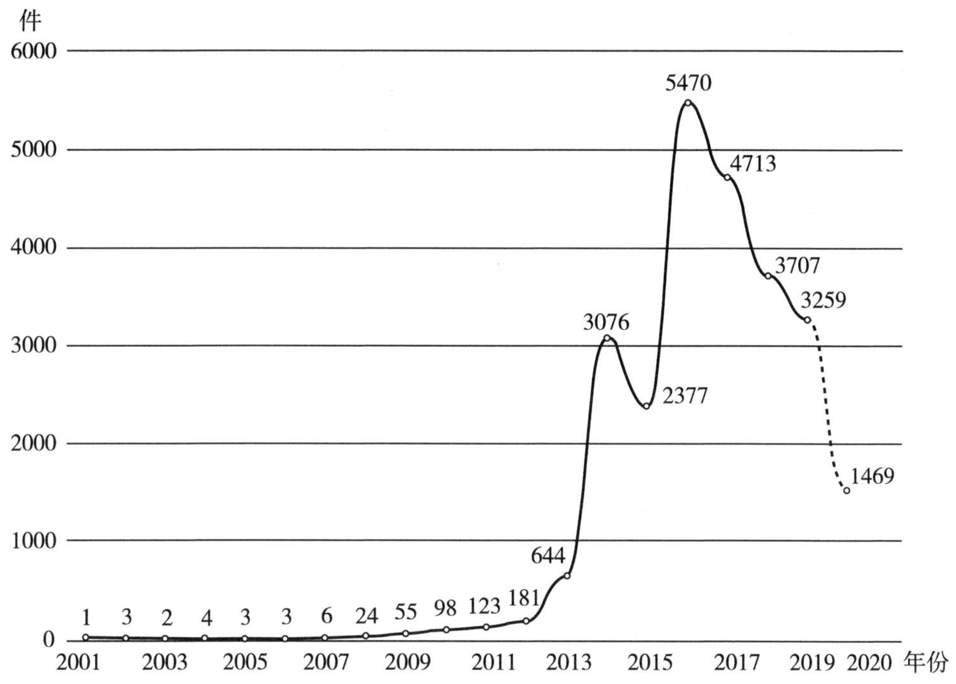

图 15－1　案件年份分布情况

如图 15－2 所示，从案件地域分布来看，当前案例主要集中在安徽省、福建省、四川省，分别占比 12.13%、11.40%、10.97%。其中，安徽省的案件量最多，达到 3060 件。（注：此处显示该条件下案例数量排名前五的省份。）

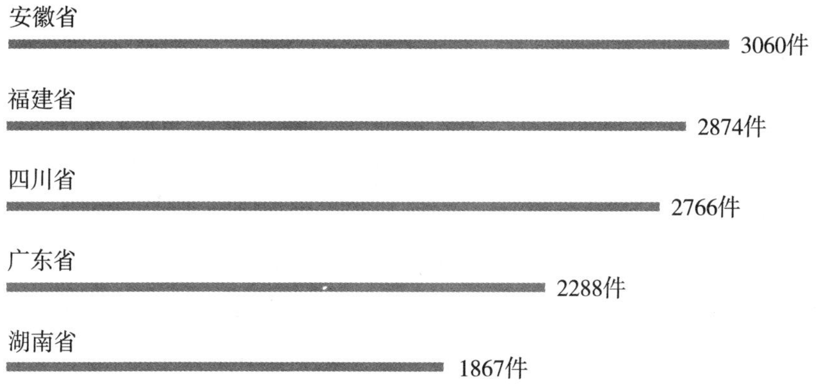

图 15－2　案件地域分布情况

如图 15 －3 所示，从案件案由分类情况可以看到，当前最主要的案由是刑事，有 24,759 件，占一半以上；其次是民事，执行，国家赔偿，行政。

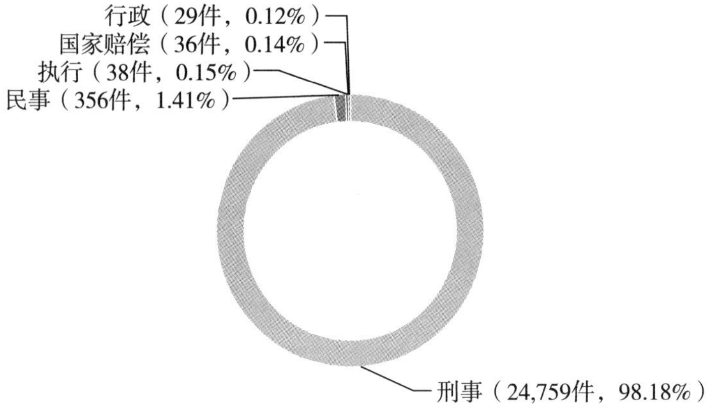

图 15 －3　案件案由分类情况

如图 15 －4 所示，从案件程序分类统计可以得出当前的审理程序分布状况。其中，一审案件有 20,646 件，二审案件有 3992 件，再审案件有 247 件，执行案件有 303 件，国家赔偿与司法救助案件有 30 件，并能够推算出一审上诉率约为 19.34%。

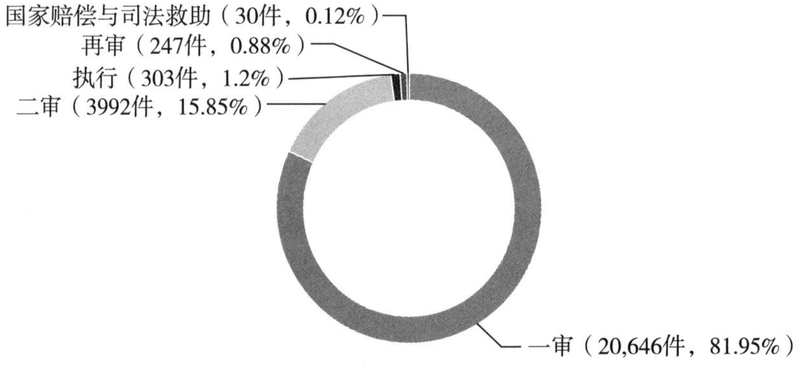

图 15 －4　案件程序分类情况

如图 15 －5 所示，通过对主刑的可视化可以看到，当前条件下包含有期徒刑的案件有 19,389 件，包含拘役的案件有 1205 件，包含无期徒刑的案件有 145 件。其中，包含缓刑的案件有 6879 件，免予刑事处罚的案件有 1979 件。

图15-5　案件判决主刑情况

二、可供参考的例案

例案一 | 丁某受贿案

【法院】

江苏省启东市人民法院

【案号】

(2009)启刑初字第0160号

【诉讼主体】

公诉机关:江苏省启东市人民检察院

被告人:丁某

【基本案情】

被告人丁某于2006年年底至2009年1月,利用担任启东市汇龙镇人民政府副镇长、江苏省启东市经济开发区城北工业园及启东市科技创业园管委会副主任的职务之便,先后收受陈某、成某、吉某的贿赂共计人民币78,000元,并为三人谋取利益。具体犯罪事实分述如下:

1. 被告人丁某于2006年年底至2008年上半年,利用职务之便,三次收受在江苏省启东市经济开发区城北工业园承接道路工程的陈某所送人民币共计7万元。分别是:被告人丁某在工程款审批、工程质量监督等方面给予了陈某照顾。(1)被告人丁某于2006年年底某日,在其办公室收受陈某所送人民币2万元。(2)被告人丁某于2007年年底某日,在其办公室收受陈某所送人民币3万元。(3)被告人丁某于2008年上半年某日，在其办公室收受陈某所送人民币2万元。

2. 被告人丁某于2009年1月某日，利用职务之便，在本市汇龙镇恺撒咖啡馆收受在启东市科技创业园承接监控系统工程的成某所送人民币5000元。被告人丁某在工程款审批方面给予了成某照顾。

3. 被告人丁某于2009年1月某日，利用职务之便，在本市汇龙镇红泥泡脚房收受在启东市科技创业园承接展厅装饰工程的吉某所送人民币3000元。被告人丁某在工程款审批方面给予了吉某照顾。

案发后，被告人丁某退回全部赃款。

另查明，2009年2月20日，启东市纪委开始对南通通汇建设工程有限公司法定代表人陈某的有关经济问题进行审查谈话。同年2月23日，陈某交代了其向被告人丁某行贿7万元的事实。同年2月24日启东市纪委找被告人丁某谈话，经说服教育，被告人丁某交代了其收受陈某7万元的犯罪事实。

再查明，被告人丁某于2009年4月18日在启东市看守所向管教民警检举同监犯黄某荣等人的一条诈骗犯罪线索。该线索虽已基本查证属实，但系被告人丁某通过非法手段所获取。

【案件争点】

被告人丁某在纪委招谈前上交至510廉政账户的3万元应如何定性，应否认定为受贿数额。

【裁判要旨】

江苏省启东市人民法院认为，被告人丁某身为国家工作人员，利用职务上的便利，非法收受他人财物合计人民币78,000元，为他人谋取利益，其行为构成受贿罪，依法应当追究其刑事责任。对被告人丁某委托他人于2月24日上交510廉政账户的人民币3万元，系被告人丁某因与其受贿有关联的人、事被查处，为掩饰犯罪而退还或者上交的，依据《受贿案件适用法律的意见》第9条的规定，对该3万元人民币不认定为及时上交，仍作为对被告人丁某定罪和量刑的犯罪数额。判决丁某犯受贿罪，判处有期徒刑五年，并处没收个人财产80,000元，并对丁某受贿所得人民币78,000元予以没收，上缴国库。

例案二 | 陈某松受贿案

【法院】

湖南省高级人民法院

【案号】

(2009)湘高法刑终字第85号

【诉讼主体】

原公诉机关：湖南省邵阳市人民检察院

上诉人(原审被告人)：陈某松

【基本案情】

陈某松于2002年2月8日担任中共湖南省绥宁县县委副书记、湖南省绥宁县人民政府县长，2005年3月16日担任中共湖南省绥宁县县委书记。2003年11月至2007年8月，陈某松利用担任上述职务便利，在矿产资源开采、工程项目建设、干部职务提拔等方面为他人谋取利益，先后19次收受吴某发、马某晴、吴某金等十一人送的钱物，共计人民币473,600元、21,800美元，上述财物折合人民币共计648,674.1元。具体犯罪事实如下：

(一)2005年9月，江西省于都县居民吴某发、刘某辉、卢某斌合伙共同出资780万元私下整体收购了湖南省绥宁县红岩铜多金属矿(后改名为绥宁县红岩金属矿业公司)。吴某发、刘某辉考虑到3名合伙人均是外地人，且收购该矿只通过邵阳市国土资源局的同意，没有经过绥宁县人民政府。为取得绥宁县委、政府的支持与关照，决定送钱给时任县委书记的陈某松，并将送钱的打算通过电话告诉了在江西的合伙人卢某斌，卢某斌表示同意。同年9月的一天，吴某发、刘某辉提着一个公文包来到绥宁县武装部陈某松的住房。吴某发、刘某辉向陈某松提出自己是外地人，到绥宁县投资矿山需要得到陈某松的支持和关照，然后刘某辉将公文包留下后就离开了陈某松住处。吴某发便从公文包内取出装有10万元人民币的黑色塑料袋放到陈某松卧室的书桌上，陈某松见状要吴某发拿走。吴某发说："我们是外地来投资的，给你点小意思是不会有问题的。"陈某松便收下了这10万元。次日中午，吴某发、刘某辉两人再次到陈某松住房，提出要陈某松介绍绥宁县金屋塘乡党委书记费某功来见面。陈某松随即打电话将费某功叫到住房，并对费某功说，"吴老板他们来投资，你们要多关照，为县里多创税收"。费某功当即表示支持。此后，在陈某松的支持下，绥宁县委、县政府将绥宁县红岩金属矿业公司作为绥宁县招商引资项目与江西省盘古山钨业公司签订了招商引资合同,促使吴某发、刘某辉、卢某斌与江西省盘古山钨业有限公司合资成立了绥宁县红岩矿业有限公司,其中江西省盘古山钨业有限公司占51%的股份,吴某发、刘某辉、卢某斌以吴某发个人的名义占49%的股份。此外,陈某松还安排绥宁县政府相关人员对绥宁县红岩金属矿业有限公司周边乱采乱挖现象进行了集中整治。

2006年1月的一天,陈某松等人到江西省盘古山钨业有限公司进行考察,该公司总经理王某东出面进行接待,吴某发陪同。次日中午,王某东安排陈某松一行在江西省赣州市吃中饭。饭前,吴某发将装有1万元人民币的信封递给王某东,委托王某东帮忙将钱转交给陈某松,王某东表示同意并当着吴某发的面将该信封转交给了陈某松,陈某松予以收受。

2007年10月的一天,卢某斌就吴某发、刘某辉因行贿被湖南省邵阳市人民检察院羁押一事通过电话向陈某松寻求帮助。陈某松得知吴某发、刘某辉被查处后,害怕自己收受吴某发、刘某辉贿赂一事败露,即将卢某斌的电话告诉其弟陈某杨,让陈某杨找到卢某斌退还10万元。陈某杨遂通过电话与正在邵阳市的卢某斌取得联系。之后陈某杨在邵阳市金龙宾馆的住房,退给卢某斌人民币10万元。陈某杨当即要卢某斌出具了收条,并将收款日期提前到2007年6月。2007年11月的一天,陈某松与妻子谢某娃、弟弟陈某杨及其秘书朱某军在邵阳市的家中商量对策,虚构了"陈某松早于2006年正月的时候就将钱交给陈某杨,委托陈某杨去退吴某发的10万元现金,但因陈某杨的小孩身体不好而未去退,后朱某军于2006年5月6日陪同陈某杨代陈某松找到开车来绥宁县参加'4·8'姑娘节的卢某斌退还了10万元赃款"的事实,以对付有关部门的查处。2007年12月初,陈某松想到还有在江西收受吴某发等人的1.76万元(公诉机关对其中的0.76万元没指控)没有退,又安排陈某杨去找卢某斌退钱。陈某杨到绥宁县商城宾馆找到卢某斌,退给卢某斌1.76万元,并将虚构退钱的情况告诉卢某斌,叮嘱卢某斌在有人对他进行调查时即按陈某杨提供的情况证明。卢某斌表示同意,并按陈某杨的要求写下了"今收到陈某杨人民币117,800元"的收条,署下的收款日期为"2006年5月6日"。尔后,陈某松在2006—2007年度的工作笔记本上补记了"托陈某杨退江某11.76万元"的记录,并将退钱时间记为2006年2月27日。

(二)2002年,绥宁县人民政府决定对县城所在的川石村土地进行开发建设,并通过媒体发布对外公开招商公告,但仅有湖南金丰达置业发展有限公司董事长马某晴报名参与。为此,绥宁县人民政府确定湖南金丰达置业发展有限公司作为川石开发区建设的土地开发商。由于川石开发区的建设进度缓慢,自2003年3月18日起,陈某松按照绥宁县人民政府《关于加快川石小区开发建设的若干规定》要求县政府各部门给予大力支持,决定给予川石开发区开发期内实行土地开发建设税费即征即返(无费区)的优惠政策,2003年表态同意让国土部门违规为马某晴办理土地使用权抵押贷款手续,2004年力促绥宁县教育局、检察院、地税局等单位到川石开发区购地等。2004年3月10日中共绥宁县委、绥宁县人民政府在邵阳市国土资源局、市监察局联合调查组调查后向中共邵阳市委、邵阳市人民政府作出《关于绥宁县城川石小区扩建违法国土法规的检讨》,在该检讨中载明:(1)没有严格坚持招拍挂出让规定,违规出让国有土地给湖南金丰达置业发展有限公司347亩;(2)没有严格坚持办证程序,违规发放国有土地使用权证给湖南金丰达置业发展有限公司。湖南金丰达置业发展有限公司董事长马某晴为感谢陈某松的关照,自2003年11月至2007年7月先后五次共送给陈某松人民币230,000元及奥运火炬彩色纪念金条两块价值19,000元,陈某松均予以收受,具体犯罪事实如下:

1. 2003年11月的一天,马某晴驾车送时任绥宁县县长的陈某松到邵阳市宝庆路城南公园地段时,以提前庆贺陈某松生日为名,将一个装有1万元人民币的红包塞到陈某松的衣服里,陈某松予以收受。

2. 2005年农历年底的一天,马某晴驾车来到邵阳市委大院内陈某松家中,见只有陈某松一人在家,马某晴即以提前拜年为名,将一个装有1万元人民币的红包送给时任绥宁县县委书记的陈某松,陈某松予以收受。

3. 2007年正月的一天,马某晴来到邵阳市市委大院陈某松家,见陈某松家有很多朋友在聚会,便将陈某松喊到门口,以拜年为名送给陈某松一个装有1万元人民币的红包,陈某松予以收受。

4. 2007年7月的一天,陈某松为女儿上大学之事住在长沙市高原红大酒店。陈某松通过电话得知马某晴也在长沙后,将马某晴喊到自己住的酒店来。马某晴即携带两块奥运火炬彩色纪念金条赶到陈某松住宿的房间,将两块金条送给陈某松,陈某松予以收受。后来陈某松将金条交给妻子谢某娃保管。案发后检察机关已提取该两块金条,在该金条所付的鉴定证书载明,两块金条的号码分别为101128××××2806和101128××××2807,每块重为50克,含金量为99.99,最低价为190元/克,共计价值19,000元。经湖南省黄金宝石制品质量监督检验授权站进行了鉴定,该金条重50.055克,含金量为99.990%。

5. 2003年8月,时任绥宁县人民政府县长的陈某松与刘某蓉(原为邵阳市大祥区一中教师,后辞职经商)发展成情人关系后,刘某蓉在武冈市开办"湘里人家"连锁酒店,并于2004年4月开始营业。2004年7月,刘某蓉将酒店折价80万元吸收陈某松的同学陈某黔、陈某平姐弟出资24万元入股,其中刘某蓉占股70%,陈某黔、陈某平姐弟占股30%,陈某黔参与酒店管理。到2004年年底,酒店生意冷淡,陈某黔向刘某蓉提出将酒店转让出去的想法,刘某蓉告诉陈某黔此时转让酒店,转让价格只有50万元。2005年下半年,刘某蓉与陈某松经常发生矛盾,给陈某松带来了不少负面影响,陈某松为避免出事决定与刘某蓉分手,要求刘某蓉离开邵阳市。刘某蓉亦感觉到陈某松想摆脱其纠缠,也想结束这种关系,但因经营的酒店尚未转手,刘某蓉无法脱身离开邵阳市。刘某蓉见无人愿意购买"湘里人家"酒店,即要求陈某松安排马某晴购买。2005年9月下旬的一天,陈某松打电话给马某晴,将马某晴喊到邵阳市政府对面的一个茶楼包厢里和刘某蓉三人一起商量转让"湘里人家"酒店之事。刘某蓉提出转让费要80万元,马某晴讲该店只值40万元,陈某松就对马某晴说:"马总,干脆70万元算了,多出的20万元我负责。"马某晴听后,即表示愿意由自己一个人以68万元的价格受让"湘里人家"酒店,但要求刘某蓉转让酒店后离开邵阳,不得再纠缠陈某松。2005年9月30日,马某晴安排湖南金丰达置业发展有限公司的王某进代表公司到武冈县接手"湘里人家"酒店。王某进首先付清该店所欠的货款、租金等共20万元,余款由马某晴打下48万元的欠条。2006年1月,马某晴开始经营"湘里人家"酒店,但生意仍然不好,便在将店内的酒水、新餐具等变卖了6万元后,将酒店以20.8万元转让给房主夏某讪。经过刘某蓉的多次催促,马某晴在2007年1月,才将未付的48万元陆续付给了刘某蓉。2007年12月初,陈某松担心组织上查自己的问题,便通过电话与马某晴商量退钱的事情。2007年12月11日,陈某松和马某晴安排陈某柏、陈某杨和王某进携带20万元赶往广州市找到刘某蓉,要求刘某蓉亲手将这20万元退还给马某晴以应付调查,刘某蓉予以拒绝。12月13日,马某晴要王某进到陈某杨处领取了20万元。

(三)2003年,浙江省松阳县工商联副会长吴某金在绥宁县投资600万元成立了湖南金宁木业有限公司,经营木材加工、销售等业务。吴某金为了获得时任绥宁县县长陈某松的关照,于2003年农历12月底的一天晚上,来到陈某松绥宁县武装部的住房,以提前拜年为名将一个装有1800美元的信封送给陈某松,陈某松予以了收受。

2005年8月的一天,吴某金来到陈某松绥宁县武装部的住房,向时任绥宁县县委书记的陈某松提出金宁木业有限公司想购买绥宁县堡子岭林场做该公司的生产基地，请陈某松帮助促成此事，陈某松答应过问一下。于是吴某金拿出一个装有2万美元的信封送给陈某松，陈某松予以收受。在陈某松担任县长和书记期间陈某松同意吴某金的企业进入湘西开发范围，享受贴息贷款等优惠政策。同时，在处理周边关系改善投资环境等方面给予吴某金的企业大量的支持和关照。2006年9月初的一天，陈某松携带该2万美元找到在长沙市工作的表弟尹某文，要尹某文将美元兑换成人民币后凑足16万元交给刘某蓉。2000年9月12日，尹某文到中国银行湖南分行营业部将9000美元兑换成人民币，然后凑足人民币16万元存入长沙市商业银行，并于2006年10月16日在长沙将该16万元交给了刘某蓉。上述21,800美元，按照当时外汇牌价计算，折合人民币175,074.1元。

（四）湖南省邵阳市北塔区工商联会长谢某军与陈某松关系比较好。2002年陈某松担任绥宁县县长后，谢某军曾多次要求陈某松为他在绥宁县找些工程项目投资，陈某松告诉谢某军绥宁县有大批厂矿企业要进行整体转让，让谢某军介绍有实力的老板到绥宁县考察投资。之后谢某军陪同朋友苏某凡到绥宁县考察投资项目，发现绥宁县工程机械厂有投资价值，便打算将该厂买下，对该厂土地进行商住楼房项目开发。谢某军将此想法告诉了陈某松，陈某松即告诉他该厂整体拍卖条件还不成熟，开发项目短时间内难以启动。2004年下半年，绥宁县原县委书记调离绥宁县后，由县长陈某松负责主持绥宁县的全面工作。为了能使陈某松争取到绥宁县委书记这一职务，以便在陈某松的关照下尽快启动绥宁县工程机械厂开发项目，谢某军于2005年春节前的一天，请陈某松到邵阳市江北台北雨季卡拉OK厅唱歌。唱完歌后，谢某军将一个装有2万元人民币的黑色塑料袋送给陈某松，陈某松予以收受。

（五）2004年8月20日，绥宁县人民政府为规范县城客运秩序，取缔绥宁县城三轮摩托车、二轮摩托车和农用车载客现象，决定成立县城出租车客运公司。为此，绥宁县人民政府成立了“绥宁县城市客运秩序整顿领导小组”，由时任绥宁县县长的陈某松任组长，李某红（绥宁县副县长）、李某等人任副组长，领导小组下设办公室，由时任绥宁县建设局局长王某海任办公室主任。对于出租车公司使用何种车型将由领导小组考察划定范围后再由绥宁县政府统一采购。湖南省邵阳市龙宇汽车销售有限公司的经销商龙某得知这一信息后，即以公司名义用“千里马”作为出租车型报名参与竞标。龙某为能够竞标成功，通过陈某松的好友许某安向陈某松就采购出租车车型一事要求予以关照，陈某松表示到时候再说。之后，王某海代表领导小组就出租车使用何种车型到外地考察，确定了车型范围为“千里马、捷达、普桑、富康”四种。2004 年 9 月，李某红与王某海一同到陈某松的办公室，由王某海向陈某松汇报了上述四种车型的考察情况。陈某松听完汇报后，当即表态决定将“千里马”汽车作为绥宁县出租车公司的出租车。龙某因此得以用每台 7.6 万元的价格卖给绥宁县正杨出租车公司 78 台“千里马”汽车。事后，龙某为感谢陈某松的关照，将 5 万元人民币交给了许某安，托许某安送给陈某松。许某安收到 5 万元后，多次打电话给陈某松，让陈某松将钱拿走，陈某松要许某安先保管，等他需要钱时再说。2005 年至 2006 年，因刘某蓉提出要分手费，陈某松便安排刘某蓉于 2005 年年底、2006 年“五一”前分两次从许某安处拿走了该 5 万元。

（六）湖南省洞口县运管所所长谢某前是陈某松以前在邵阳市商业技校任教时的学生。2006 年 11 月的一天，谢某前因有一绥宁县的亲戚想应征入伍，即通过电话请求陈某松在其亲戚入伍一事上给予关照。后经陈某松与绥宁县武装部的领导打招呼，谢某前的亲戚得以顺利参军入伍。2006 年年底，谢某前在陈某松从绥宁县回邵阳市途经洞口时，约陈某松在洞口县武装部对面的马路上见面。双方见面后，谢某前送给陈某松人民币 5000 元。

（七）2006 年农历正月的一天，时任绥宁县水务局局长的陆某峰在邵阳市开会，为获得时任县委书记陈某松的关照，便准备好 6000 元人民币的红包及烟酒，和时任绥宁县副县长袁某甫到邵阳市委大院陈某松家中，以拜年的名义将 6000 元红包及烟酒送给陈某松，请求陈某松对其岗位进行调整，找一个效益比较好的单位，陈某松同意考虑。2006 年 6 月 30 日陆某峰被调整为绥宁县卫生局局长。2006 年农历年底的一天，陆某峰约陈某松在绥宁县杉木坳酒店吃饭，饭后陆某峰送给陈某松 3600 元人民币的红包及烟酒礼品，以感谢陈某松对他的关照，陈某松予以了收受。

（八）2006 年农历 12 月底的一天，时任绥宁县黄桑坪乡党委书记的黄某亨为得到陈某松的关照，在邵阳市委大院陈某松的家中，送给陈某松 5000 元人民币及烟酒礼品，陈某松予以收受。2007 年 10 月 12 日黄某亨被调整为绥宁县乐安铺乡党委书记。

（九）2007 年 8 月，洞口县平溪江置业发展有限公司董事长蒲某胜得知陈某松在洞口县参加会议，便约陈某松在洞口宾馆见面。见面后，蒲某胜即向陈某松提出到绥宁县进行房地产开发，希望陈某松能给予关照，并以祝贺陈某松的女儿考上大学为名送给陈某松人民币 1 万元，陈某松予以了收受。之后由于陈某松案发，蒲某胜的项目并未得到落实。

（十）湖南省武冈市大圳管理局的干部邱某刚 2003 年 5 月与他人合伙在绥宁县关峡乡投资开办了湘鄂铁合金有限公司，总投资 200 余万元，邱某刚任董事长。陈某松对邱某刚所在的公司一直给予关照，特别是在处理公司与周边群众矛盾时尤为关照与支持。邱某刚为感谢陈某松和继续得到陈某松的关照，2004 年农历年底的一天，到绥宁县武装部陈某松的住处，以拜早年的名义送给陈某松人民币 6000 元，陈某松予以收受。

2006 年农历年底的一天，邱某刚为请求陈某松帮助解决公司与周边群众的矛盾纠纷问题，到绥宁县武装部陈某松的住处，以拜早年的名义送给陈某松人民币 5000 元及烟酒礼品，陈某松予以收受。

2007 年 5 月的一天，邱某刚利用陈某松之母八十大寿之机，到邵阳县金称市镇陈某松的家乡，以贺寿的名义送给陈某松人民币 4000 元，陈某松予以收受。邱某刚先后三次共送给陈某松人民币 1.5 万元。

另查明，陈某松到案后，积极检举揭发了原中共绥宁县委常委、政法委书记刘某昌、绥宁县林业局局长刘某松的有关受贿线索，经查证属实。

【案件争点】

被告人陈某松退回收受的吴某发等人所送人民币 11 万元，退还收受的马某晴 20 万元的相关事实，应否认定为受贿。

【裁判要旨】

一审法院认为，被告人陈某松利用担任湖南省绥宁县县长、中共湖南省绥宁县县委书记便利，于 2003 年 11 月至 2007 年 8 月在该县矿产资源开采、工程项目建设、干部职务提拔等方面为他人谋取利益，先后十九次收受吴某发、马某晴、吴某金等十一人送的钱物，共计人民币 473,600 元、21,800 美元，其行为已构成受贿罪，判处被告人陈某松有期徒刑十年，并处没收个人财产人民币 20 万元，对随案移送的赃物两块奥运火炬彩色纪念金条予以没收，上缴国库，对其他受贿的赃款继续予以追缴，上缴国库。

一审宣判后，陈某松提出上诉称“收受吴某发等人所送人民币 11 万元已经退回，不应认定受贿；马某晴购买刘某蓉的店是一种市场行为，且已退还马某晴 20 万元，不应认定受贿；收受马某晴 2005 年农历送的 1 万元没有此事；收受吴某金的 1800 美元是红包礼金，2 万美元是借贷关系；收受马某晴 2003 年 11 月的 1 万元、谢某军的 2 万元、陆某峰的 9600 元、黄某亨的 5000 元、龙某 5 万元、蒲某胜 1 万元和邱某刚 1.5 万元是红包礼金；主动向纪检部门交代了自己的受贿事实，应属自首;口供是刑讯逼供产生的;原判处罚过重,请求改判”。其辩护人谭某军认为“陈某松有自首情节;陈某松收受谢某军、陆某峰、黄某亨、蒲某胜和邱某刚的财物时并未为他们谋取利益,不是受贿;认定马某晴购买刘某蓉的店多支付的20万元的事实的证据不足;请求对陈某松减轻处罚”。

二审法院认为,针对陈某松上诉提出“收受吴某发等人所送人民币11万元已经退回,不应认定受贿;马某晴购买刘某蓉的店是一种市场行为,且已退还马某晴20万元,不应认定受贿”的理由。根据《受贿案件适用法律的意见》第9条规定:“国家工作人员收受请托人财物后及时退还或者上交的,不是受贿。国家工作人员受贿后,因自身或者与其受贿有关联的人、事被查处,为掩饰犯罪而退还或者上交的,不影响认定受贿罪。”陈某松受收吴某发和马某晴贿赂的时间都是2005年9月间,而退回贿赂款的时间是2007年10月之后才陆续将贿赂款退给行贿人。同时,陈某松退回贿款的原因是由于吴某发、刘某辉行贿之事已经被有关机关查处,陈某松害怕案发,才将受贿款退还的,应当认定陈某松为受贿。此外,根据《受贿案件适用法律的意见》第7条规定:“国家工作人员利用职务上的便利为请托人谋取利益,授意请托人以本意见所列形式,将有关财物给予特定关系人的,以受贿论处。”本案中马某晴以明显高于市场价从刘某蓉手上购买酒店,尽管多支付的20万元现金是刘某蓉收受的,但是由于刘某蓉是陈某松的情妇,且陈某松参与了酒店的转让,又利用职务上的便利为马某晴谋取利益,因此陈某松利用刘某蓉这种“特定关系人”收受马某晴以明显高于市场价购买酒店多支付的20万元的行为,应当认定为受贿。

例案三 | 陈某飞受贿案

【法院】

江西省赣州市中级人民法院

【案号】

(2013)赣中刑二终字第18号

【诉讼主体】

原公诉机关:江西省信丰县人民检察院

上诉人(原审被告人):陈某飞

【基本案情】

2008年9月某日晚上，曹某为感谢时任江西省信丰县教育局局长的被告人陈某飞在其竞聘某小学校长中的关照，送给陈某飞现金3万元。2012年3月3日，陈某飞知道江西省赣州市委专案组找了其后任教育局局长王某谈话，遂将该3万元现金退还。此外，陈某飞因相同原因在2012年2月14日将请托人张甲于2011年4月所送的3万元退还、在2012年2月22日将请托人张乙于2011年1月底和5月底分两次所送的15万元退还。经查，王某案与陈某飞收受上述三人财物的行为没有关联，陈某飞系在其涉嫌受贿案案发之前将上述21万元退还；现有证据不能证明陈某飞有拒绝接受财物的意思表示和行为，也不存在客观合理事由阻却其退还该21万元。

此外，陈某飞还多次利用职务上的便利，收受其他人财物共计19.13万元，在提拔干部、调整和调动教师、租赁场地、采购物品和支付工程款中为他人谋取利益。

【案件争点】

被告人陈某飞丁案发前主动退还的收受曹某、张甲、张乙三人共计21万元应否计入受贿数额。

【裁判要旨】

一审法院审理认为，被告人陈某飞身为国家工作人员，利用职务之便，在提拔干部、调整和调动教师、租赁场地、采购物品和支付工程款过程中，收受他人钱物共计人民币40.13万元，其行为构成受贿罪。判决被告人陈某飞犯受贿罪，判处有期徒刑十年六个月，并处没收财产3万元。

陈某飞上诉称，他收受曹某、张甲、张乙三人共计21万元，在案发前已主动退还，根据《受贿案件适用法律的意见》第9条的规定，不应认定为受贿，该21万元应当从原判认定的受贿数额中剔除。

二审法院认为，根据《受贿案件适用法律的意见》第9条规定，"国家工作人员收受请托人财物后及时退还或者上交的，不是受贿。国家工作人员受贿后，因自身或者与自身受贿有关联的人、事被查处，为掩饰犯罪而退还或者上交的，不影响认定受贿罪"。陈某飞从收受上述三人财物到返还财物的时间间隔均在9个月以上，且未能提供证据证明其在此期间有合理的客观事由阻却其退回财物，故其退回财物不属于《受贿案件适用法律的意见》规定的"及时退还"，不影响受贿罪的成立。陈某飞的上诉意见不符合法律规定，不予采纳。陈某飞身为国家工作人员，利用职务上的便利，非法收受他人财物人民币40.13万元，为他人谋取利益，其行为构成受贿罪。裁定驳回上诉，维持原判。

三、裁判规则提要

国家工作人员收受请托人财物后及时退还或者上交的,不是受贿。在认定国家工作人员收受他人财物后是否属于及时退还或上交,即是否构成受贿罪时,应综合考虑主客观情况,根据受贿罪的犯罪构成要件进行分析,综合认定。只有在行为人确属无受贿故意时的退交,才属及时退交,否则应属既遂后的退赃。行为人收受贿赂后,退回贿款的原因是与其受贿有关联之人被有关机关查处,行为人因害怕案发,才将受贿款退还的,不影响受贿罪的认定。同时,如果超过合理期限,退还或上交行为在客观上足以反映出该国家工作人员主观上具有受贿的故意时,也不能认定为及时退还或上交,此时宜依法综合定性分析。

(一)关于“国家工作人员收受请托人财物后及时退还或者上交的,不是受贿”中“及时”的认定问题

《受贿案件适用法律的意见》第 9 条规定:“国家工作人员收受请托人财物后及时退还或者上交的,不是受贿。国家工作人员受贿后,因自身或者与其受贿有关联的人、事被查处,为掩饰犯罪而退还或者上交的,不影响认定受贿罪。”国家工作人员收受他人财物后,及时退还或者上交的,其主观上没有受贿故意,不认定为受贿。现代汉语词典对“及时”一词的解释是:“不拖延、马上、立刻。”此处,“及时”是一个时间性概念,从文义上理解,就是在国家工作人员在收受他人财物后,除遇到非主观可预见、控制、避免的客观障碍外,应迅速、立刻退还或者上交。只有这样,才能充分反映出其主观上没有受贿的故意,否则,无法排除具有受贿的主观故意。实践中,对及时退还或上交通常是一种事后判断,应把握的是,及时退还或上交不限于当时当刻退还或上交,因为收受人当时当刻可能会有客观方面的原因而未立刻退还或上交,如有碍于情面或担心给在场的亲戚、朋友造成不良影响等,但在客观原因消除之后,应立刻退还或者上交;或存在立刻退还或上交的准备行为,并在准备结束后的合理期限内退还或上交。《受贿案件适用法律的意见》没有对“及时”明确一个具体的期限,但该期限不能无缘由地过长,否则将会成为受贿人逃避惩罚的一个借口。

“及时退还或上交”还要求行为人心理上具有主动性,即要求行为人退还或上交财物是自觉自愿的,而不是受外部因素迫使的。换言之,只有自觉自愿地退还或上交才能体现行为人没有受贿的犯罪故意,如果是因自身或者与其受贿有关联的

人、事被查处，为掩饰犯罪而被动退还或者上交的，就不能认定为主动。主观方面要靠客观行为来证明，因此，主动性还应体现在及时性上。只有在客观障碍消除后迅速退还或上交才能说明行为人具有退还或上交的自觉自愿。

还应注意的是，及时退交应指行为人在无受贿故意下的退交。《受贿案件适用法律的意见》第 9 条第 1 款规定的非受贿行为，主要指客观上虽然收受了他人财物，但行为人在主观上无受贿故意的支配下主动及时地退交所收财物的行为。这类行为因行为人主观上没有受贿故意，即没有接受和非法占有请托人财物的故意，在犯罪客体上也相应地没有侵犯国家工作人员职务的廉洁性，其行为不符合受贿罪的主观和客体要件，因此不构成受贿罪。应说明的是，索贿的行为人在其实施接受财物之前的索贿行为时已经有受贿故意，已成立受贿罪，故索贿不适用《受贿案件适用法律的意见》第 9 条第 1 款的规定。

例案一中，行为人丁某分别于 2006 年年底某日、2007 年年底某日、2008 年上半年某日三次收受陈某所送人民币共计 7 万元。2009 年 2 月 20 日，丁某听说陈某被纪委审查，感觉可能要出事，才委托朋友将人民币 3 万元上交 510 廉政账户。在没有任何客观障碍的情况下，行为人丁某事隔一年多时间以后才上交部分贿款，而且是在闻知行贿人已被纪委审查感觉可能要东窗事发的情况下上交的，可谓既不及时也不主动。同样，例案二中，陈某松收受吴某发和马某晴贿赂的时间都是 2005 年 9 月间，而 2007 年 10 月之后才陆续将贿赂款退回给行贿人。同时，陈某松退回贿款的原因是吴某发、刘某辉行贿之事已经被有关机关查处，才将受贿款退还的。因此，行为人丁某与行为人陈某松均不具备《受贿案件适用法律的意见》第 9 条第 1 款“及时退还或者上交”的实质性条件，两人各自的受贿行为在客观上均处于既遂状态，故法院认定该两行为人退还的资金为受贿犯罪数额是正确的。例案三中，陈某飞从接受财物到退还财物的时间间隔至少在 9 个月以上，可以认定其退还不具有及时性，其退还 21 万元宜认定为受贿数额，不能剔除。

（二）不宜以行为人收到财物至退交财物时间间隔长短来认定行为人是否属于及时退交

司法实践中，有观点认为，可以借鉴国务院《国家行政机关及其工作人员在国内公务活动中不得赠送和接受礼品的规定》和中共中央办公厅、国务院办公厅《关于严禁党政机关及其工作人员在公务活动中接受和赠送礼金、有价证券的通知》中相关主体将所接受的财物必须在 1 个月内全部上交国库的规定，从而认为“及时”

应以1个月为限。此观点欠妥,属对党政机关“惩前毖后、治病救人”的组织人事处理原则的沿袭,系在无其他证据证明行为人主观受贿故意的前提下对行为人的一种事后性、宽口径的判断处理。

《受贿案件适用法律的意见》第9条第1款所规定的“及时”属规范的构成要件要素,与行为人从收到财物至退交财物时间间隔长短无必然联系,也不宜用一个统一的具体时间来界定,需要结合个案的情况进行专业判定。行为人及时退交的阻却条件之一即是行为人退交时是有受贿的主观故意。如行为人主观上一直无受贿的主观故意,且一直在尽力退交,但因客观合理事由阻却其退交,即使时隔多年,也可以认定为及时退交。反之,行为人先具有受贿故意,即使在时间上及时退交,但仍然不影响其受贿罪的成立。

三个例案中,虽然被告人均实施了上交或退还收受财物的问题,但既有证据和三案被告人收受财物后一段时间内的行为均能证明行为人主观上具有受贿故意。因此,对应的上交财物已处于受贿罪既遂状态,相关上交行为不属《受贿案件适用法律的意见》第9条所规定的情形,相关财物数额价值应认定为受贿数额。

(三)关于行为人退还财物时是否有受贿故意的认定问题

《受贿案件适用法律的意见》第9条第2款规定的行为,是指行为人主观上有受贿的故意,客观上也主动接受了请托人的财物,并积极为他人谋取利益,但在得知自己要被查处或与自己受贿有关联的人、事被查处后,为了掩饰自己的犯罪行为,害怕自己被司法机关查处而违心地交出请托人所送财物,其行为完全符合受贿罪的四个构成要件,受贿罪已经既遂,其退交财物的行为是既遂后的退赃行为,不影响受贿罪的成立。因此,殊为重要的是如何判断行为人退交财物时是否有受贿故意。对此,可从以下三个方面来进行认定:

其一,看行为人是否有拒绝接受财物的真实意思表示。若行为人在请托人通过明示或暗示的方式送给其财物时,明确表示拒绝接受,且这种意思表示不是半推半就等虚假的,而是一贯坚决的,可以认定其确有拒绝接受财物的真实意思表示。其二,看行为人是否有拒绝接受财物,即是否具有持续不断地退交财物实际行动。除了明确表示拒绝接受的意思表示外,还必须有持续不断地退交的行为才符合“及时退还或上交”的规定。这里的持续不断,是指行为人在知道收到财物后一有退交的机会便积极退交。遇到行为人因客观原因自身无法退交,但持续反复多次、态度严肃坚决催促对方取回财物,并积极通过交代自己的下属或家人等亲友去退交的,也可以认定行为人有退交财物的行为。其三，看是否存在无法退交的客观合理事由。实践中有时也会遇到行为人确实无受贿的故意，但因类似民法上的不可抗力等客观事由，导致行为人退交财物客观不能，如遭遇不可抗力导致所收财物毁损灭失等无法及时退交的客观合理事由，行为人在该原因消失后即持续不断地退交的，也应当认定为及时退还或上交。

对于行为人是否具备上述三个方面，要综合行为人的供述、请托人与行为人家属或亲友的证人证言，以及其他相关证据加以证明。

如既有证据不能证明行为人有拒绝接受财物的意思表示和行为，以及存在阻碍行为人退还的不可抗力等客观合理事由，则可认定行为人在收受财物时即有受贿故意，此时受贿既遂。例案三中，陈某飞从收受上述三人财物到退还财物的时间间隔均在9个月以上，且无证据证明其在收受他人财物时有拒绝接受的意思表示及持续不断退还的行为，或者在此期间存在不可抗力等合理的客观事由阻却其退还财物，可以认定陈某飞在刚收受财物时就已有受贿故意，其退还财物不属于《受贿案件适用法律的意见》规定的及时退还，其行为已经构成受贿罪，该21万元是既遂后的退赃行为，不能从法院认定的受贿总数额中剔除。

四、辅助信息

高频词条：

《刑法》

第383条 对犯贪污罪的，根据情节轻重，分别依照下列规定处罚：

（一）贪污数额较大或者有其他较重情节的，处三年以下有期徒刑或者拘役，并处罚金。

（二）贪污数额巨大或者有其他严重情节的，处三年以上十年以下有期徒刑，并处罚金或者没收财产。

（三）贪污数额特别巨大或者有其他特别严重情节的，处十年以上有期徒刑或者无期徒刑，并处罚金或者没收财产；数额特别巨大，并使国家和人民利益遭受特别重大损失的，处无期徒刑或者死刑，并处没收财产。

对多次贪污未经处理的，按照累计贪污数额处罚。

犯第一款罪，在提起公诉前如实供述自己罪行、真诚悔罪、积极退赃，避免、减少损害结果的发生，有第一项规定情形的，可以从轻、减轻或者免除处罚；有第二项、第三项规定情形的，可以从轻处罚。

犯第一款罪，有第三项规定情形被判处死刑缓期执行的，人民法院根据犯罪情节等情况可以同时决定在其死刑缓期执行二年期满依法减为无期徒刑后，终身监禁，不得减刑、假释。

第 385 条　国家工作人员利用职务上的便利，索取他人财物的，或者非法收受他人财物，为他人谋取利益的，是受贿罪。

国家工作人员在经济往来中，违反国家规定，收受各种名义的回扣、手续费，归个人所有的，以受贿论处。

第 386 条　对犯受贿罪的，根据受贿所得数额及情节，依照本法第三百八十三条的规定处罚。索贿的从重处罚。

《贪污贿赂案件解释》

第 1 条　贪污或者受贿数额在三万元以上不满二十万元的，应当认定为刑法第三百八十三条第一款规定的"数额较大"，依法判处三年以下有期徒刑或者拘役，并处罚金。

贪污数额在一万元以上不满三万元，具有下列情形之一的，应当认定为刑法第三百八十三条第一款规定的"其他较重情节"，依法判处三年以下有期徒刑或者拘役，并处罚金：

（一）贪污救灾、抢险、防汛、优抚、扶贫、移民、救济、防疫、社会捐助等特定款物的；

（二）曾因贪污、受贿、挪用公款受过党纪、行政处分的；

（三）曾因故意犯罪受过刑事追究的；

（四）赃款赃物用于非法活动的；

（五）拒不交待赃款赃物去向或者拒不配合追缴工作，致使无法追缴的；

（六）造成恶劣影响或者其他严重后果的。

受贿数额在一万元以上不满三万元，具有前款第二项至第六项规定的情形之一，或者具有下列情形之一的，应当认定为刑法第三百八十三条第一款规定的"其他较重情节"，依法判处三年以下有期徒刑或者拘役，并处罚金：

（一）多次索贿的；

（二）为他人谋取不正当利益，致使公共财产、国家和人民利益遭受损失的；

（三）为他人谋取职务提拔、调整的。

第 2 条　贪污或者受贿数额在二十万元以上不满三百万元的，应当认定为刑法第三百八十三条第一款规定的"数额巨大"，依法判处三年以上十年以下有期徒刑，并处罚金或者没收财产。

贪污数额在十万元以上不满二十万元，具有本解释第一条第二款规定的情形之一的，应当认定为刑法第三百八十三条第一款规定的“其他严重情节”，依法判处三年以上十年以下有期徒刑，并处罚金或者没收财产。

第 3 条第 1 款 贪污或者受贿数额在三百万元以上的，应当认定为刑法第三百八十三条第一款规定的“数额特别巨大”，依法判处十年以上有期徒刑、无期徒刑或者死刑，并处罚金或者没收财产。

第 4 条 贪污、受贿数额特别巨大，犯罪情节特别严重、社会影响特别恶劣、给国家和人民利益造成特别重大损失的，可以判处死刑。

符合前款规定的情形，但具有自首，立功，如实供述自己罪行、真诚悔罪、积极退赃，或者避免、减少损害结果的发生等情节，不是必须立即执行的，可以判处死刑缓期二年执行。

符合第一款规定情形的，根据犯罪情节等情况可以判处死刑缓期二年执行，同时裁判决定在其死刑缓期执行二年期满依法减为无期徒刑后，终身监禁，不得减刑、假释。

第 16 条 国家工作人员出于贪污、受贿的故意，非法占有公共财物、收受他人财物之后，将赃款赃物用于单位公务支出或者社会捐赠的，不影响贪污罪、受贿罪的认定，但量刑时可以酌情考虑。

特定关系人索取、收受他人财物，国家工作人员知道后未退还或者上交的，应当认定国家工作人员具有受贿故意。

第 18 条 贪污贿赂犯罪分子违法所得的一切财物，应当依照刑法第六十四条的规定予以追缴或者责令退赔，对被害人的合法财产应当及时返还。对尚未追缴到案或者尚未足额退赔的违法所得，应当继续追缴或者责令退赔。

第 19 条 对贪污罪、受贿罪判处三年以下有期徒刑或者拘役的，应当并处十万元以上五十万元以下的罚金；判处三年以上十年以下有期徒刑的，应当并处二十万元以上犯罪数额二倍以下的罚金或者没收财产；判处十年以上有期徒刑或者无期徒刑的，应当并处五十万元以上犯罪数额二倍以下的罚金或者没收财产。

对刑法规定并处罚金的其他贪污贿赂犯罪，应当在十万元以上犯罪数额二倍以下判处罚金。

《受贿案件适用法律的意见》

一、关于以交易形式收受贿赂问题

国家工作人员利用职务上的便利为请托人谋取利益，以下列交易形式收受请

托人财物的,以受贿论处:

(1)以明显低于市场的价格向请托人购买房屋、汽车等物品的;

(2)以明显高于市场的价格向请托人出售房屋、汽车等物品的;

(3)以其他交易形式非法收受请托人财物的。

受贿数额按照交易时当地市场价格与实际支付价格的差额计算。

前款所列市场价格包括商品经营者事先设定的不针对特定人的最低优惠价格。根据商品经营者事先设定的各种优惠交易条件,以优惠价格购买商品的,不属于受贿。

三、关于以开办公司等合作投资名义收受贿赂问题

国家工作人员利用职务上的便利为请托人谋取利益,由请托人出资,“合作”开办公司或者进行其他“合作”投资的,以受贿论处。受贿数额为请托人给国家工作人员的出资额。

国家工作人员利用职务上的便利为请托人谋取利益,以合作开办公司或者其他合作投资的名义获取“利润”,没有实际出资和参与管理、经营的,以受贿论处。

九、关于收受财物后退还或者上交问题

国家工作人员收受请托人财物后及时退还或者上交的,不是受贿。

国家工作人员受贿后,因自身或者与其受贿有关联的人、事被查处,为掩饰犯罪而退还或者上交的,不影响认定受贿罪。

十二、关于正确贯彻宽严相济刑事政策的问题

依照本意见办理受贿刑事案件,要根据刑法关于受贿罪的有关规定和受贿罪权钱交易的本质特征,准确区分罪与非罪、此罪与彼罪的界限,惩处少数,教育多数。在从严惩处受贿犯罪的同时,对于具有自首、立功等情节的,依法从轻、减轻或者免除处罚。

《全国法院审理经济犯罪案件工作座谈会纪要》

一、关于贪污贿赂犯罪和渎职犯罪的主体

(一)国家机关工作人员的认定

刑法中所称的国家机关工作人员,是指在国家机关中从事公务的人员,包括在各级国家权力机关、行政机关、司法机关和军事机关中从事公务的人员。

根据有关立法解释的规定,在依照法律、法规规定行使国家行政管理职权的组织中从事公务的人员,或者在受国家机关委托代表国家行使职权的组织中从事公务的人员,或者虽未列入国家机关人员编制但在国家机关中从事公务的人员,视为

国家机关工作人员。在乡(镇)以上中国共产党机关、人民政协机关中从事公务的人员，司法实践中也应当视为国家机关工作人员。

(二)国家机关、国有公司、企业、事业单位委派到非国有公司、企业、事业单位、社会团体从事公务的人员的认定

所谓委派，即委任、派遣，其形式多种多样，如任命、指派、提名、批准等。不论被委派的人身份如何，只要是接受国家机关、国有公司、企业、事业单位委派，代表国家机关、国有公司、企业、事业单位在非国有公司、企业、事业单位、社会团体中从事组织、领导、监督、管理等工作，都可以认定为国家机关、国有公司、企业、事业单位委派到非国有公司、企业、事业单位、社会团体从事公务的人员。如国家机关、国有公司、企业、事业单位委派在国有控股或者参股的股份有限公司从事组织、领导、监督、管理等工作的人员，应当以国家工作人员论。国有公司、企业改制为股份有限公司后，原国有公司、企业的工作人员和股份有限公司新任命的人员中，除代表国有投资主体行使监督、管理职权的人外，不以国家工作人员论。

(三)“其他依照法律从事公务的人员”的认定

刑法第九十三条第二款规定的“其他依照法律从事公务的人员”应当具有两个特征：一是在特定条件下行使国家管理职能；二是依照法律规定从事公务。具体包括：

(1)依法履行职责的各级人民代表大会代表；

(2)依法履行审判职责的人民陪审员；

(3)协助乡镇人民政府、街道办事处从事行政管理工作的村民委员会、居民委员会等农村和城市基层组织人员；

(4)其他由法律授权从事公务的人员。

(四)关于“从事公务”的理解

从事公务，是指代表国家机关、国有公司、企业、事业单位、人民团体等履行组织、领导、监督、管理等职责。公务主要表现为与职权相联系的公共事务以及监督、管理国有财产的职务活动。如国家机关工作人员依法履行职责，国有公司的董事、经理、监事、会计、出纳人员等管理、监督国有财产等活动，属于从事公务。那些不具备职权内容的劳务活动、技术服务工作，如售货员、售票员等所从事的工作，一般不认为是公务。

三、关于受贿罪

(一)关于“利用职务上的便利”的认定

刑法第三百八十五条第一款规定的“利用职务上的便利”，既包括利用本人职

务上主管、负责、承办某项公共事务的职权,也包括利用职务上有隶属、制约关系的其他国家工作人员的职权。担任单位领导职务的国家工作人员通过不属自己主管的下级部门的国家工作人员的职务为他人谋取利益的,应当认定为"利用职务上的便利"为他人谋取利益。

(二)"为他人谋取利益"的认定

为他人谋取利益包括承诺、实施和实现三个阶段的行为。只要具有其中一个阶段的行为,如国家工作人员收受他人财物时,根据他人提出的具体请托事项,承诺为他人谋取利益的,就具备了为他人谋取利益的要件。明知他人有具体请托事项而收受其财物的,视为承诺为他人谋取利益。

(五)共同受贿犯罪的认定

根据刑法关于共同犯罪的规定,非国家工作人员与国家工作人员勾结,伙同受贿的,应当以受贿罪的共犯追究刑事责任。非国家工作人员是否构成受贿罪共犯,取决于双方有无共同受贿的故意和行为。国家工作人员的近亲属向国家工作人员代为转达请托事项,收受请托人财物并告知该国家工作人员,或者国家工作人员明知其近亲属收受了他人财物,仍按照近亲属的要求利用职权为他人谋取利益的,对该国家工作人员应认定为受贿罪,其近亲属以受贿罪共犯论处。近亲属以外的其他人与国家工作人员通谋,由国家工作人员利用职务上的便利为请托人谋取利益,收受请托人财物后双方共同占有的,构成受贿罪共犯。国家工作人员利用职务上的便利为他人谋取利益,并指定他人将财物送给其他人,构成犯罪的,应以受贿罪定罪处罚。

贪污贿赂案件裁判规则第 16 条：

单位领导研究决定收受回扣款，并为少数领导私分的，应对单位具体参与的人员以个人受贿定罪处罚

〔**规则描述**〕：单位领导研究决定收受、私分回扣款的行为，署名为单位、实为单位领导个人谋取私利，不应认定为单位受贿，应对单位具体参与的人员以个人受贿罪定罪处罚。

一、类案检索大数据报告

时间：2020 年 11 月 27 日之前，案例来源：Alpha 案例库，案件数量：3107 件，数据采集时间：2020 年 11 月 27 日，本次检索共获取 2020 年 11 月 27 日前认定单位受贿罪与受贿罪的区别的裁判文书有 3107 篇，整体情况如图 16 －1 所示，从案件年份分布可以看到当前条件下案例数量的变化趋势。

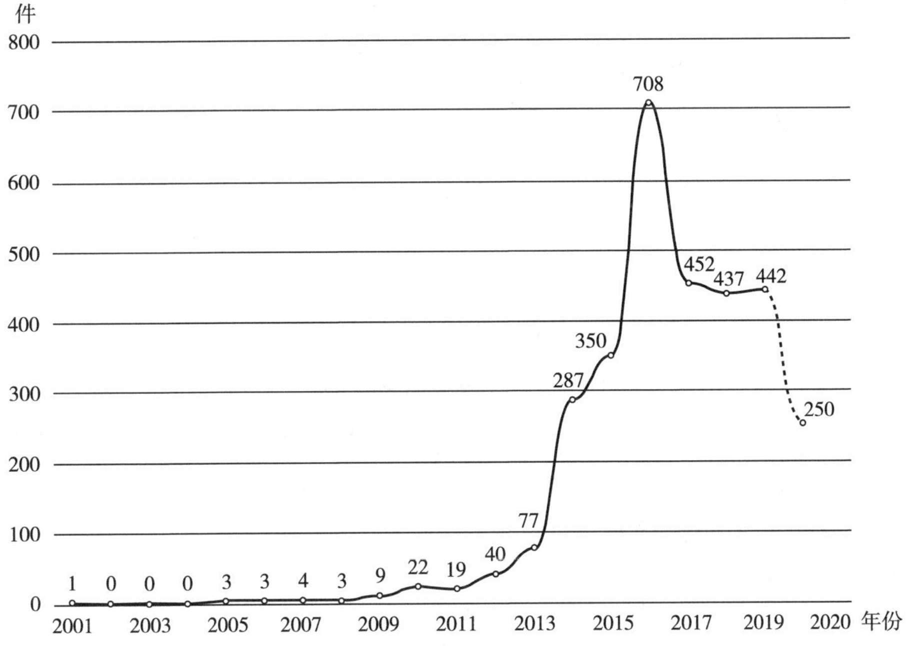

图 16 －1　案件年份分布情况

如图 16－2 所示，从案件地域分布来看，当前案例主要集中在最高人民法院、广东省、安徽省，分别占比 12.07%、11.75%、6.34%。其中，最高人民法院的案件量最多，达到 375 件。（注：此处显示该条件下案例数量排名前五的省份。）

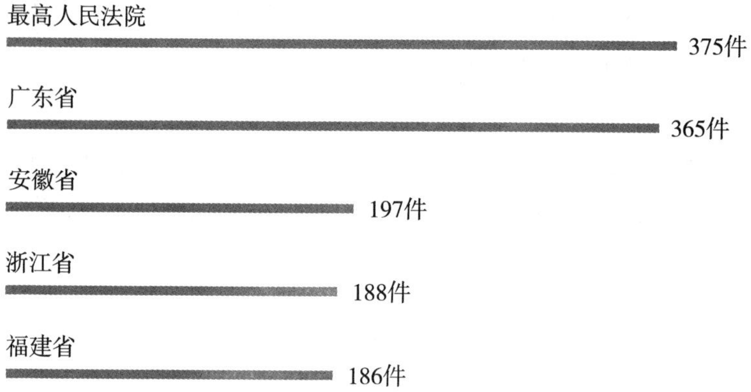

图 16－2　案件地域分布情况

如图 16－3 所示，从案件案由分类情况可以看到，当前最主要的案由是刑事，有 2114 件，占一半以上；其次是民事，国家赔偿，行政，执行。

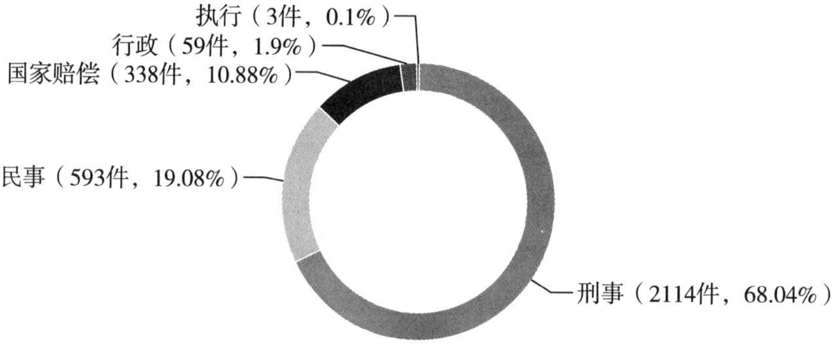

图 16－3　案件案由分类情况

如图 16－4 所示，从案件程序分类统计可以看到当前的审理程序分布状况。其中，一审案件有 1707 件，二审案件有 698 件，再审案件有 279 件，其他案件有 203 件，国家赔偿与司法救助案件有 220 件。

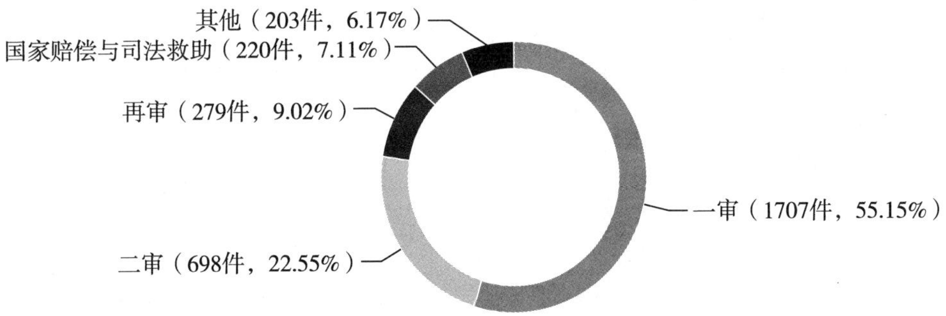

图 16－4　案件程序分类情况

如图 16－5 所示，通过对主刑的可视化可以看到，当前条件下包含有期徒刑的案件有 1533 件，包含拘役的案件有 93 件，包含无期徒刑的案件有 28 件。其中，包含缓刑的案件有 502 件，免予刑事处罚的案件有 199 件。

图 16－5　案件判决主刑情况

二、可供参考的例案

例案一｜唐某俊受贿案

【法院】

广西壮族自治区防城港市防城区人民法院

【案号】

(2011)防刑初字第 78 号

【诉讼主体】

公诉机关:广西壮族自治区防城港市防城区人民检察院

被告人:唐某俊

【基本案情】

被告人唐某俊在担任防城港市卫生监督管理所所长期间,于2010年6月5日至同月16日,利用职务之便,以执法为名,先后六次带领本所部分执法人员到东兴、那良等地帮助谢某艺押运非法运载的无检疫合格证明的“冻货”途经广西公安边防总队横江公安检查站和那梭公安检查站回防城港市港口区,并由本所出具相关手续放行,事后收受谢某艺给予的好处费共计166,500元。被告人唐某俊收款后将其中的75,000元作为罚款交给单位上缴国库,自己非法占有63,000元,分给杨某兴9500元,分给朱某明7500元,分给黄某7000元,分给缪某明4000元,分给钟某民500元。具体事实如下:

1. 2010年6月5日下午,沈某全按照事前约定打电话给被告人唐某俊,告诉唐某俊晚上在东兴水厂装“冻货”及装货车的车牌号,叫唐某俊做好押货准备。唐某俊即通知防城港市卫生监督管理所的执法人员黄某、杨某兴、朱某明、钟某民四人做好准备。当晚,唐某俊带领前述四人到东兴水厂将谢某艺非法运载的一车冻鸡脚押经横江公安检查站回到本单位附近,收受沈某全代谢某艺送的好处费人民币20,000元,将其中的10,000元作为罚款交给单位,随后将“冻货”放行。余下10,000元,唐某俊非法占有8000元,将2000元分给黄某、杨某兴、朱某明、钟某民每人500元。

2. 2010年6月9日凌晨1时许,被告人唐某俊按照与沈某全的电话约定,带领单位的黄某、杨某兴、朱某明到东兴大田货场帮助谢某艺把一车冻猪耳朵押经横江公安检查站回到防城港市港口区出海通道附近“大只佬”停车场,唐某俊收受沈某全代送的好处费20,000元,将其中的10,000元作为罚款交给单位,随后将货放行。余款10,000元,唐某俊非法占有8500元,分给黄某、杨某兴、朱某明每人500元。

3. 2010年6月13日,被告人唐某俊按照与沈某全的电话约定,带领其单位的朱某明、缪某明、黄某、杨某兴到东兴至那良沿边公路25千米处的小路口帮助谢某艺把三车非法运载的“冻货”押经那梭公安检查站回到防城港市港口区出海通道附近“大只佬”停车场,被告人唐某俊收受谢某艺的马仔“司令”代送的好处费35,000元,将其中的20,000元作为罚款交给单位,随后将货放行。余款

15,000元，被告人唐某俊非法占有11,000元，分给杨某兴2500元，朱某明、缪某明、黄某每人500元。

4. 2010年6月14日晚，被告人唐某俊按照与谢某艺及沈某全的电话约定，带领其单位的黄某、钟某民、朱某明、杨某兴、缪某明到防城区那良镇一货场帮助谢某艺把两车非法运载的"冻货"押经那梭公安检查站回到防城港市港口区"大只佬"停车场，唐某俊收受谢某艺的马仔"司令"代送的好处费35,000元，将其中的10,000元作为罚款交给单位，随后将"冻货"放行。余款25,000元，唐某俊非法占有21,000元，分给缪某明、黄某、朱某明、杨某兴每人1000元。

5. 2010年6月15日，被告人唐某俊按照与谢某艺和沈某全的电话约定，带领本单位的黄某、朱某明、杨某兴到防城区那良镇往东兴市马路镇方向5000米处一货场帮助谢某艺把三车非法运载的"冻货"押经那梭公安检查站回到防城港市港口区跨海大桥附近一练车场，被告人唐某俊收受沈某全代送的好处费20,000元，将其中的10,000元交给单位作为罚款后，将"冻货"放行。余款10,000元，唐某俊非法占有3000元，分给朱某明、杨某兴每人2500元，分给黄某2000元。此外，被告人唐某俊还收受谢某艺的马仔代送的好处费1500元。

6. 2010年6月16日，被告人唐某俊按照与谢某艺和沈某全的电话约定，带领本单位的黄某、朱某明、杨某兴、缪某明到防城区那良镇一货场帮助谢某艺把两车非法运载的"冻货"押经那梭公安检查站回到防城港市港口区出海通道附近"大只佬"停车场，被告人唐某俊收受沈某全代送的好处费人民币35,000元，将其中的15,000元作为罚款交给单位后，将"冻货"放行。余款20,000元，被告人唐某俊非法占有10,000元，分给朱某明、杨某兴、黄某、缪某明每人2500元。

案发后被告人唐某俊及有关人员杨某兴、朱某明、缪某明、钟某民、黄某已退出全部赃款。

【案件争点】

唐某俊的行为构成受贿罪还是单位受贿罪。

【裁判要旨】

一审法院审理认为，被告人唐某俊利用单位法定的动物卫生监督管理职权，事前私自与经营动物冻品的货主协商，同意以单位执法名义帮助货主将无检疫合格手续的动物冻品运出辖区，并商定了收费数额。被告人唐某俊在将动物冻品押运回港口区进行处罚时，收取货主好处费没有经过集体讨论决定，也没有将收取费用的数额告知同去的执法人员，而是将收取的费用部分作为罚款交给单位，部分分给同去的执法人员,大部分占为已有。因此,被告人唐某俊收受冻品货主的好处费并非单位行为,而是借单位执法之名收受他人钱财的个人行为。综上,被告人唐某俊身为国家机关工作人员,利用职务之便,收受他人财物,为他人谋取利益,其行为构成受贿罪,公诉机关指控的罪名成立。辩护人提出被告人唐某俊的行为是单位受贿或私分国有资产的违法行为,并不构成犯罪的意见,不予采纳。被告人唐某俊在办案机关掌握其犯罪事实后通知其调查谈话时能如实供认,案发后积极退出全部赃款,可酌情从轻处罚。根据本案的犯罪事实、情节及社会危害性,决定对其酌情从轻处罚。判决唐某俊犯受贿罪,判处有期徒刑六年,并处没收财产人民币20,000元;唐某俊退出赃款人民币63,000元,予以没收,上缴国库。

例案二 | 倪某民、刘某明、顾某兵、钱某铭受贿案

【法院】

上海市第一中级人民法院

【案号】

(2009)沪一中刑终字第557号

【诉讼主体】

原公诉机关:上海市浦东新区人民检察院

上诉人(原审被告人):倪某民

上诉人(原审被告人):刘某明

上诉人(原审被告人):顾某兵

上诉人(原审被告人):钱某铭

【基本案情】

2006年1月至2009年1月,被告人倪某民先后担任上海外高桥造船有限公司(以下简称外高桥造船公司)品质保证部检测技术室副主任、退休返聘专家,被告人顾某兵先后担任该室探伤员、副主任,被告人刘某明、钱某铭担任该室的探伤员。四名被告人在对本单位新建H1058号船无损检测工作进行监督管理过程中,利用职务之便,共同收受承接本单位无损检测业务的上海基实无损检测技术有限公司(以下简称基实公司)总经理钟某定以及上海船舶检测公司(以下简称船舶检测公司)焊接室主任陈某康按业务量的比例给予的回扣费,包括:多次收受钟某定给予的回扣费共计人民币72万元(以下币种均为人民币),其中16万元四人均分,6万

元私下分给科室其他工作人员，50万元用于共同炒股。共同或单独收受陈某康给予的回扣费70余万元，部分钱款归入被告人个人账户，部分用于共同炒股。案发时，上述共同炒股的钱款尚未予以私分。

案发后，倪某民、刘某明、顾某兵、钱某铭的家属分别帮助退还9.5万元、12.3万元、8万元、3万元。

【案件争点】

本案四被告人利用职务便利，共同收受回扣后归个人所有，是否构成个人受贿罪。

【裁判要旨】

一审法院经审理认为，被告人倪某民、刘某明、顾某兵、钱某铭身为国家工作人员，在经济往来中，违反国家规定，共同收受回扣归个人所有，其行为均已构成受贿罪，应依法处罚。倪某民、刘某明、钱某铭归案后，能主动交代司法机关尚未掌握的同种罪行，而倪某民、刘某明、顾某兵、钱某铭的家属分别帮助退出了部分钱款，应酌情从轻处罚。判决如下：被告人倪某民犯受贿罪，判处有期徒刑十一年六个月，剥夺政治权利三年，没收财产人民币3万元；被告人刘某明犯受贿罪，判处有期徒刑十一年六个月，剥夺政治权利三年，没收财产人民币3万元；被告人顾某兵犯受贿罪，判处有期徒刑十二年，剥夺政治权利三年，没收财产人民币3万元；被告人钱某铭犯受贿罪，判处有期徒刑十一年六个月，剥夺政治权利三年，没收财产人民币3万元。一审宣判后，被告人倪某民、刘某明、顾某兵、钱某铭分别提出上诉。其辩护人均认为被告人的行为应定性为单位受贿罪，而非个人共同受贿。

二审法院经审理认为，上诉人倪某民、刘某明、顾某兵、钱某铭利用职务上的便利，共同收受其他单位回扣费，因其行为既没有体现单位意志，所受钱款又未归单位所有，不构成单位受贿罪，而应认定为个人共同受贿。裁定驳回上诉，维持原判。

例案三 | 肖某林等受贿案

【法院】

四川省达州市中级人民法院

【案号】

(2020)川17刑终43号

【诉讼主体】

原公诉机关:四川省达州市通川区人民检察院

上诉单位(原审被告单位):达州市救助管理站(达州市流浪未成年人救助保护中心)

上诉人(原审被告人):肖某林

原审被告人:何某安

【基本案情】

一、单位受贿事实

达州市救助管理站(达州市流浪未成年人救助保护中心,以下简称市救助站)系达州市民政局直属正科级事业单位,编制人数28人,领导职数为1正2副。2011年3月29日,被告人何某安被聘任为站长,被告人肖某林为副站长;2012年12月,何某担任市救助站内勤科负责人;2013年1月8日,段某被聘任为副站长。

2012年2月9日,市救助站与达州职业技术学院附属医院(以下简称附属医院)签订了医疗救治协议,约定由附属医院负责对救助对象进行医疗救治。附属医院将费用结算资料交给市救助站后,经何某审核后报副站长肖某林、站长何某安审批支付。附属医院为了争取更多病员来增加收入,确保长期合作关系,经附属医院领导研究决定给市救助站一定的感谢费,对精神病人的医疗费每人每天只收取100元,将超出部分的金额作为回扣返给市救助站,被告人肖某林将此情况向被告人何某安作了汇报,何某安表示同意。随后附属医院领导安排原财务科长周某星以此标准分三次共给市救助站回扣5.43万元。该款由肖某林和何某一同到附属医院收取,未进入单位财务,由肖某林保管,何某安决定全部用于单位开支。

2013年年初,附属医院因与市救助站业务量增大,为了更好维系合作关系,经董事长杨某授意,附属医院财务科负责人杨某向肖某林提出以市救助站支付给附属医院医疗费用的15%作为回扣。肖某林向何某安汇报后,何某安表示同意。后何某安又将该情况告诉了时任副站长段某,段某也表示同意。2013年9月至2015年7月,附属医院自行收治的部分“三无人员”医疗费用无法解决,杨某又与肖某林商量由市救助站帮忙解决费用,并按照医疗费用的50%支付回扣。肖某林向何某安汇报后,何某安表示同意。2013年至2017年6月,附属医院以从市救助站收取的医疗费用的15%和50%给市救助站支付回扣共计98.03万元。上述款项经何某安安排,由肖某林和何某二人一起到附属医院收取,肖某林负责保管现金和记账,何某安负责统一安排开支,所收取的回扣款也未纳入单位财务。

2017年11月6日，达州市民政局党组会议决定免去何某安市救助站站长、支部书记职务，由副站长肖某林主持党政全面工作。2017年11月27日，达州市民政局同意何某安按期退休。2017年12月，附属医院再次按照上述比例向市救助站给予回扣8.34万元。

二、贪污事实

2014年至2018年1月，被告人何某安、肖某林和段某、何某多次以电话费、辛苦费、烟钱等名义从附属医院返给市救助站的回扣中共计私分31.75万元，其中何某安共分得10.55万元，肖某林共分得8.75万元，具体如下：

1. 2014年下半年，何某安、肖某林、何某分两次从附属医院给的"三无人员"医疗回扣中共拿出2万元予以私分，其中何某安分得1万元，肖某林分得0.6万元，何某分得0.4万元。

2. 2014年至2017年，经何某安同意，肖某林在逢年过节时以电话费、辛苦费名义分给何某现金共计1.8万元。

3. 2015年4月，何某安、肖某林、段某商议以电话费名义从附属医院给的回扣中拿出0.52万元进行私分，其中何某安每月0.2万元，肖某林和段某每月0.16万元。截至2017年10月，三人共分得现金15.6万元，其中何某安分得6万元，段某、肖某林每人分得4.8万元。

4. 2015年11月，何某安、肖某林、段某、何某商议，决定以辛苦费的名义每季度从附属医院给的回扣中拿出10,000元私分。截至2018年1月，四人共分得现金9.9万元。其中，何某安共分得2.9万元，肖某林分得2.55万元，段某分得2.45万元，何某分得2万元。

5. 2016年至2017年，经何某安同意，肖某林、何某每季度从附属医院的回扣中拿出0.2万元以解决烟钱名义私分，肖某林、何某每人累计分得0.8万元。

6. 2017年11月，何某安退休时以慰问费和请客的名义从附属医院回扣中分走0.65万元；同月段某调到达州市老年活动中心时，何某安安排肖某林从回扣中拿出0.2万元分给段某。

案发后，被告人何某安、肖某林的亲属已代其向渠县监察委员会退清各自的违法所得。渠县监察委员会从何某处扣押了笔记本电脑一台。

【案件争点】

被告人何某安、肖某林利用单位名义实施的犯罪，是单位受贿罪还是个人受贿罪。

【裁判要旨】

一审法院经审理认为,被告单位市救助站非法收受他人财物,为他人谋取利益,情节严重,其行为已构成单位受贿罪。被告人何某安作为市救助站的主管人员,被告人肖某林作为直接责任人员,其行为均已构成单位受贿罪。何某安、肖某林等人身为国家工作人员,利用职务上的便利,侵吞公共财物,数额巨大,其行为均已构成贪污罪。在贪污共同犯罪过程中,被告人何某安起主要作用,系主犯;被告人肖某林起次要作用,系从犯,依法对其减轻处罚。何某安、肖某林在提起公诉前如实供述自己罪行、真诚悔罪、积极退赃,可以从轻处罚。被告人何某安、肖某林一人犯数罪,应实行数罪并罚。根据相关法律规定判决:(1)被告单位市救助站犯单位受贿罪,判处罚金人民币40万元。(2)被告人何某安犯单位受贿罪,判处有期徒刑一年三个月;犯贪污罪,判处有期徒刑三年,并处罚金人民币20万元。决定执行有期徒刑三年六个月,并处罚金人民币20万元。(3)被告人肖某林犯单位受贿罪,判处有期徒刑一年;犯贪污罪,判处有期徒刑二年,并处罚金人民币10万元。决定执行有期徒刑二年六个月,并处罚金人民币10万元。(4)对被告人何某安、肖某林的违法所得予以没收,上缴国库;对扣押的笔记本电脑依法发还给市救助站。

一审宣判后,市救助站上诉提出,本案是何某安、肖某林利用其名义实施的个人犯罪,不应认定单位犯罪;原判认定从附属医院收取的80万余元回扣款用于单位开支的事实不清、证据不足;原审判处罚金过重。辩护人提出相同的辩护意见。上诉人肖某林提出,其到附属医院收取回扣是单位领导班子同意,受何某安的安排,其不构成单位受贿罪;原判认定其贪污罪的数额错误,应当扣除作为违纪处理的12.45万元;原判量刑及罚金过重,请求二审从轻处罚。辩护人补充提出,肖某林系从犯,有坦白、积极退赃从轻量刑情节,原判量刑过重,建议从轻判处。

二审法院针对上诉人及辩护人提出的上诉、辩护意见,根据本案的事实和证据,综合评判如下:(1)关于市救助站上诉及辩护人提出,本案是何某安、肖某林利用单位名义实施的个人犯罪,不应是单位犯罪;原判认定从附属医院收取的80万余元回扣款用于单位开支的事实不清、证据不足;原判罚金过重请求二审改判的意见。法院认为,附属医院为增加其收入,按一定比例以回扣方式给市救助站感谢费,市救助站收受后,由何某安统一安排,除部分回扣款由个人私分外,其余的80万余元均用于了单位开支,该事实有会议记录、医疗救治协议、结算资料、记账凭证等书证,何某安、肖某林的供述及证人杨某、段某等证言印证,原判对市救助站构成单位犯罪以及对犯罪金额的认定，事实清楚，证据确实、充分，故该上诉、辩护意见不能成立，法院不予采纳。关于市救助站及辩护人提出原判罚金过重的意见。法院认为，根据市救助站单位犯罪的事实、情节，原判判处罚金过重，应予调整，故该上诉、辩护意见成立，法院予以采纳。(2)关于肖某林上诉及辩护人提出，肖某林不构成单位受贿，原判认定贪污罪数额有误以及提出系从犯，有坦白、积极退赃情节，原判量刑及罚金过重，请求从轻处罚的意见。法院认为，肖某林作为市救助站副站长，同意接受附属医院对该站的贿赂，并负责收取、保管、记账，大部分款项用于单位开支，市救助站构成单位受贿，肖某林作为单位的直接责任人，按照刑法之规定，亦应承担相应的刑事责任，故该上诉、辩护意见不能成立，法院不予采纳。何某安、肖某林等人以非法占有的目的，商议将附属医院返给单位的部分回扣私分，系共同贪污犯罪，对肖某林贪污数额，应当按照其所参与的共同贪污的数额确定，原判认定犯罪数额正确，故该上诉及辩护意见不能成立，法院不予采纳。原判在量刑时，对肖某林系从犯，在提起公诉前有坦白、积极退赃等从轻、减轻情节予以了考虑，量刑适当，故请求二审从轻处罚的意见不能成立，法院不予采纳。

二审法院认为，上诉单位(原审被告单位)市救助站非法收受他人财物共计111.8万元，为他人谋取利益，情节严重，其行为构成单位受贿罪。原审被告人何某安作为直接负责的主管人员，上诉人(原审被告人)肖某林作为直接责任人员，其行为均构成单位受贿罪。同时，何某安、肖某林利用职务上的便利，侵吞公共财物，数额巨大，其行为构成贪污罪。何某安、肖某林一人犯数罪，依法应数罪并罚。在贪污的共同犯罪过程中，何某安起主要作用，系主犯；肖某林起次要、辅助作用，系从犯，依法应当从轻、减轻处罚。何某安、肖某林在提起公诉前如实供述自己罪行、真诚悔罪、积极退赃，依法可以从轻处罚。原判根据各被告人犯罪的事实、性质、情节和对于社会的危害程度所作出的判决，认定事实清楚，适用法律正确，审判程序合法，对市救助站判处罚金过重，予以纠正。据此，改判上诉单位市救助站犯单位受贿罪，判处罚金人民币20万元。维持被告人何某安、肖某林定罪量刑。

三、裁判规则提要

单位受贿罪是指国家机关、国有公司、企业、事业单位、人民团体，索取、非法收受他人财物，为他人谋取利益，情节严重的行为。

受贿罪是指国家工作人员利用职务上的便利，索取他人财物的，或者非法收受他人财物，为他人谋取利益的行为。

(一)单位受贿罪与受贿罪的区别

1. 主体不同

单位受贿罪主体为国家机关、国有公司、企业、事业单位、人民团体等国有单位。非国有单位,包括集体企业、其他事业单位、私营企业、社会团体以及个人都不能构成本罪。受贿罪的主体是国家工作人员,是自然人主体。

2. 主观内容不同

单位受贿和自然人受贿主观罪过虽然都是故意,但内容和形式不同。单位受贿罪的故意内容是单位的整体意志,是单位领导集体讨论决定或者是法定代表人、其他主要负责人以单位名义决定的,目的是单位的集体利益,从而也就成为单位成员的统一意志,具有单位的整体性;而受贿罪则是个人意志,不具有整体性。虽然自然人共同进行受贿罪,其主观方面也有一定的整体性,但是自然人共同进行受贿罪中的故意是在共同犯罪人合意的基础上形成的,共同故意形成的时间,有在犯罪之前的,也有在犯罪之中的。而单位受贿犯罪中的自然人的共同犯罪故意,则统一于单位整体犯罪意志,统一于单位决策,共同故意的内容体现在决策之中。在司法实践中,有的自然人也会假借法人名义索取、收受他人财物,但是它只是个人意志,而不是单位整体意志,只能是自然人受贿犯罪。

3. 受贿的非法所得归属不同

单位受贿,其非法所得虽然是由单位成员个人接受的,但它确实归单位集体所有;自然人受贿,其财物由其本人或者亲属接受,归个人所有。进行受贿犯罪活动而得到的非法财物的不同归属,是区分单位受贿和自然人受贿的一个重要标志。

4. 犯罪客观方面不同

单位受贿的客观方面表现为索取、非法收受他人财物,为他人谋取利益,情节严重的行为。与受贿罪相比,单位受贿行为主要有以下特点:(1)单位受贿犯罪是在单位意志直接支配下实施的;(2)单位受贿行为必须通过其法定代表人、主管责任人员或其他成员实施;(3)以单位名义实施;(4)受贿所得财物归单位所有。另外,单位受贿罪没有“利用职务之便”的要求,而受贿罪具有这一要求;并且,不论索贿还是收受贿赂,单位受贿罪都要为他人谋取利益,而受贿罪中索贿不需要为他人谋取利益即可成立受贿罪。再者,单位收受账中名义的回扣、手续费,即使是不合理或者说是非法的,并不一定构成犯罪,只有单位“账外”且“暗中”收受回扣、手续费方构成单位受贿罪。所以,立法者特别强调了“在账外暗中收受”的行为特征。

而国家工作人员在经济往来中，违反国家规定，收受各种名义的回扣、手续费，归个人所有的，均构成受贿罪。

5. 构成前提、情节不同

单位受贿罪没有要求构成此罪的单位必须具有利用本单位相关职务或职权的行为。受贿罪是行为犯，构成此罪要具有“利用职务便利”的行为，即利用自己职务上主管、负责或者承办某项公共事务的职权及其所形成的便利条件为他人谋利益的行为。

（二）判断单位成员实施的行为是单位行为还是其个人行为的标准

在司法实践中，经常会遇到以单位的名义收受回扣款，但却被少数人私分的案例。定性此类案件关键在于认清实施行为的主体究竟是单位还是单位成员个人。也就是说，究竟体现的是单位意志还是个人意志。单位不是一个生命的实体，其权利能力与行为能力乃是法律拟制的结果。因而，单位本身不可能产生意志，也无法实施任何行为。单位的意志必须通过作为自然人的单位成员的意志来体现。与此同时，单位的行为也必须由单位成员去具体实施。

在一般情况下，不是所有单位成员的行为都能视为单位本身的行为，而只有单位中的少部分成员，即处于决策地位或属于决策机构组成人员的单位成员（包括负责人与高级管理人员等），才能代表单位的意志。问题在于，即使是这些能够代表单位意志的单位成员，其所实施的行为也不能一律归于单位。因为这些单位成员具有双重的身份，即既是单位的决策机构成员，又是一般的自然人；他们既可能代表单位去实施相应的行为，也可能基于个人目的从事一定的活动，包括打着单位的幌子贯彻个人的意志。因此，在单位成员实施犯罪行为时，便会产生究竟是单位犯罪还是单位成员的个人犯罪的问题。

所以确定是否属于单位行为、构成单位犯罪，应从两方面来把握，一是，以单位名义实施犯罪，即由单位集体研究决定，或者由单位的负责人或被授权的其他人员决定、同意；二是，为单位谋取利益或者违法所得大部分归单位所有。

1. 以单位名义实施犯罪

行为究竟是以单位的名义实施还是以个人的名义实施，是认定单位犯罪时需要考虑的因素之一。据此，单位成员以个人名义实施的犯罪，或者为牟取私利，假借单位名义实施犯罪的，应认定为自然人犯罪。如例案二中，上诉人倪某民、刘某明、顾某兵、钱某铭利用职务上的便利，共同收受其他单位回扣费，因其行为既没有体现单位意志，所受钱款又未归单位所有，不构成单位受贿罪，而应认定为个人共同受贿。

以单位的名义对于认定单位犯罪具有重要的意义，但它并不必然导致最终的认定。通过以单位的名义能够洞悉单位的意志，但它只是单位意志的表现形式之一。

2. 为单位谋取利益或者违法所得大部分归单位所有

单位犯罪中，犯罪后的违法所得通常归单位所有，即因犯罪行为所产生的非法收益，受益对象是本单位或者本单位的多数员工；而自然人犯罪中，犯罪后的违法所得多半为自然人个人所有。因而，在一般情况下，从犯罪后的非法所得究竟归单位所有还是归个人所有，可以轻易地判断出单位成员的行为是否出于为单位谋取非法利益的目的，相应的行为是否代表单位的意志。正是基于此，司法解释在界定单位行为时特别看重这一因素，甚至将之作为区分单位犯罪与个人犯罪的标准。如在例案一中，从主观故意的意志因素来看唐某俊作为单位领导，收受了货主费用后，将其中63,000元占为己有，是自然人个人意志。从犯罪结果看，唐某俊个人占为己有的63,000元为中饱私囊，动物卫生监督管理所在整个犯罪过程中并没有得到这63,000元，因此唐某俊的行为属于典型的盗用单位的名义索取或者收受财物归个人所有，应该认定为受贿罪。据此，即使打着单位的名义，但如果违法所得为个人所占有而并没有归单位所有，则仍应认定为自然人犯罪。

值得注意的是，司法实践中存在这样的情况，即单位成员除了为单位谋取非法利益之外，还中饱私囊从中为自己谋利。对此，一种意见认为应认定自然人与单位的共同犯罪；另一种意见认为在认定构成单位犯罪的前提之下，私自截取部分违法所得的单位成员另外构成其他罪名。从实践中来看，更倾向于第二种定罪办法，这是因为相关的单位成员实际上实施的是两个犯罪行为，第一个是以单位名义代表单位意志实施的犯罪行为，第二个是基于个人的意志而实施的犯罪行为。如例案三中，被告人何某安作为市救助站的主管人员，被告人肖某林作为直接责任人员，同意接受附属医院对该站的贿赂，并负责收取、保管、记账，大部分款项用于单位开支，其行为均已构成单位受贿罪。何某安、肖某林等人身为国家工作人员，利用职务上的便利，以电话费、辛苦费、烟钱等名义从附属医院返给市救助站的回扣中共计私分31.75万元，其行为均已构成贪污罪，依法应数罪并罚。

四、辅助信息

高频词条：

《刑法》

第385条 国家工作人员利用职务上的便利，索取他人财物的，或者非法收受他人财物，为他人谋取利益的，是受贿罪。

国家工作人员在经济往来中，违反国家规定，收受各种名义的回扣、手续费，归个人所有的，以受贿论处。

第386条 对犯受贿罪的，根据受贿所得数额及情节，依照本法第三百八十三条的规定处罚。索贿的从重处罚。

第387条 国家机关、国有公司、企业、事业单位、人民团体，索取、非法收受他人财物，为他人谋取利益，情节严重的，对单位判处罚金，并对其直接负责的主管人员和其他直接责任人员，处五年以下有期徒刑或者拘役。

前款所列单位，在经济往来中，在帐外暗中收受各种名义的回扣、手续费的，以受贿论，依照前款的规定处罚。

最高人民检察院《关于人民检察院直接受理立案侦查案件立案标准的规定(试行)》

(三)受贿案(第385条、第386条，第388条，第163条第3款，第184条第2款)

受贿罪是指国家工作人员利用职务上的便利，索取他人财物的，或者非法收受他人财物，为他人谋取利益的行为。

“利用职务上的便利”，是指利用本人职务范围内的权力，即自己职务上主管、负责或者承办某项公共事务的职权及其所形成的便利条件。

索取他人财物的，不论是否“为他人谋取利益”，均可构成受贿罪。非法收受他人财物的，必须同时具备“为他人谋取利益”的条件，才能构成受贿罪。但是为他人谋取的利益是否正当，为他人谋取的利益是否实现，不影响受贿罪的认定。

国家工作人员在经济往来中，违反国家规定，收受各种名义的回扣、手续费，归个人所有的，以受贿罪追究刑事责任。

国有公司、企业中从事公务的人员和国有公司、企业委派到非国有公司、企业从事公务的人员利用职务上的便利，索取他人财物或者非法收受他人财物，为他人谋取利益，或者在经济往来中，违反国家规定，收受各种名义的回扣、手续费，归个人所有的，以受贿罪追究刑事责任。

国有金融机构工作人员和国有金融机构委派到非国有金融机构从事公务的人员在金融业务活动中索取他人财物或者非法收受他人财物，为他人谋取利益的，或者违反国家规定，收受各种名义的回扣、手续费归个人所有的，以受贿罪追究刑事责任。

国家工作人员利用本人职权或者地位形成的便利条件，通过其他国家工作人员职务上的行为，为请托人谋取不正当利益，索取请托人财物或者收受请托人财物的，以受贿罪追究刑事责任。

涉嫌下列情形之一的，应予立案：

1. 个人受贿数额在5千元以上的；

2. 个人受贿数额不满5千元，但具有下列情形之一的：

(1)因受贿行为而使国家或者社会利益遭受重大损失的；

(2)故意刁难、要挟有关单位、个人，造成恶劣影响的；

(3)强行索取财物的。

(四)单位受贿案(第387条)

单位受贿罪是指国家机关、国有公司、企业、事业单位、人民团体，索取、非法收受他人财物，为他人谋取利益，情节严重的行为。

索取他人财物或者非法收受他人财物，必须同时具备为他人谋取利益的条件，且是情节严重的行为，才能构成单位受贿罪。

国家机关、国有公司、企业、事业单位、人民团体，在经济往来中，在帐外暗中收受各种名义的回扣、手续费的，以单位受贿罪追究刑事责任。

涉嫌下列情形之一的，应予立案：

1. 单位受贿数额在10万元以上的；

2. 单位受贿数额不满10万元，但具有下列情形之一的：

(1)故意刁难、要挟有关单位、个人，造成恶劣影响的；

(2)强行索取财物的；

(3)致使国家或者社会利益遭受重大损失的。

《全国法院审理金融犯罪案件工作座谈会纪要》

关于单位犯罪问题

根据刑法和《最高人民法院关于审理单位犯罪案件具体应用法律有关问题的解释》的规定，以单位名义实施犯罪，违法所得归单位所有的，是单位犯罪。

1. 单位的分支机构或者内设机构、部门实施犯罪行为的处理。以单位的分支机构或者内设机构、部门的名义实施犯罪，违法所得亦归分支机构或者内设机构、部门所有的，应认定为单位犯罪。不能因为单位的分支机构或者内设机构、部门没有可供执行罚金的财产，就不将其认定为单位犯罪，而按照个人犯罪处理：

2. 单位犯罪直接负责的主管人员和其他直接责任人员的认定：直接负责的主

管人员，是在单位实施的犯罪中起决定、批准、授意、纵容、指挥等作用的人员，一般是单位的主管负责人，包括法定代表人。其他直接责任人员，是在单位犯罪中具体实施犯罪并起较大作用的人员，既可以是单位的经营管理人员，也可以是单位的职工，包括聘任、雇佣的人员。应当注意的是，在单位犯罪中，对于受单位领导指派或奉命而参与实施了一定犯罪行为的人员，一般不宜作为直接责任人员追究刑事责任。对单位犯罪中的直接负责的主管人员和其他直接责任人员，应根据其在单位犯罪中的地位、作用和犯罪情节，分别处以相应的刑罚，主管人员与直接责任人员，在个案中，不是当然的主、从犯关系，有的案件，主管人员与直接责任人员在实施犯罪行为的主从关系不明显的，可不分主、从犯。但具体案件可以分清主、从犯，且不分清主、从犯，在同一法定刑档次、幅度内量刑无法做到罪刑相适应的，应当分清主、从犯，依法处罚。

最高人民检察院研究室《关于国有单位的内设机构能否构成单位受贿罪主体问题的答复》

国有单位的内设机构利用其行使职权的便利，索取、非法收受他人财物并归该内设机构所有或者支配，为他人谋取利益，情节严重的，依照刑法第三百八十七条的规定以单位受贿罪追究刑事责任。

上述内设机构在经济往来中，在账外暗中收受各种名义的回扣、手续费的，以受贿论。

贪污贿赂案件裁判规则第 17 条：

只有行贿人的真实意图和受贿人行为指向相对应时，才能认定双方形成行受贿合意，才构成行贿罪、受贿罪

〔**规则描述**〕：具体行受贿犯罪中，受贿或索贿主体与行贿主体间，应当具有主观认知上的对应性和客观行为上的互动性。当行贿人真实意图和受贿人行为指向不相对应时，不应认定为受贿，否则会导致结论与事实和法律不符。

一、类案检索大数据报告

时间：2020 年 11 月 27 日之前，案例来源：Alpha 案例库，案件数量：292 件，数据采集时间：2020 年 11 月 27 日，本次检索共获取 2020 年 11 月 27 日前认定行受贿指向相对应的情形的裁判文书有 292 篇，整体情况如图 17 – 1 所示，从案件年份分布可以看到当前条件下案例数量的变化趋势。

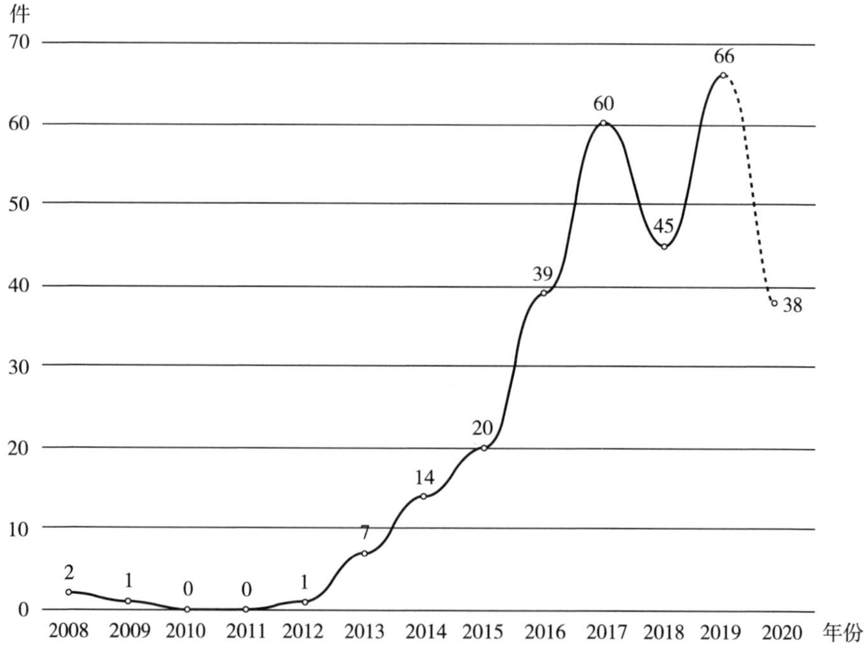

图 17 – 1　案件年份分布情况

如图 17－2 所示，从案件地域分布来看，当前案例主要集中在广东省、浙江省、北京市，分别占比 16.78%、10.27%、6.85%。其中，广东省的案件量最多，达到 49 件。（注：此处显示该条件下案例数量排名前五的省份。）

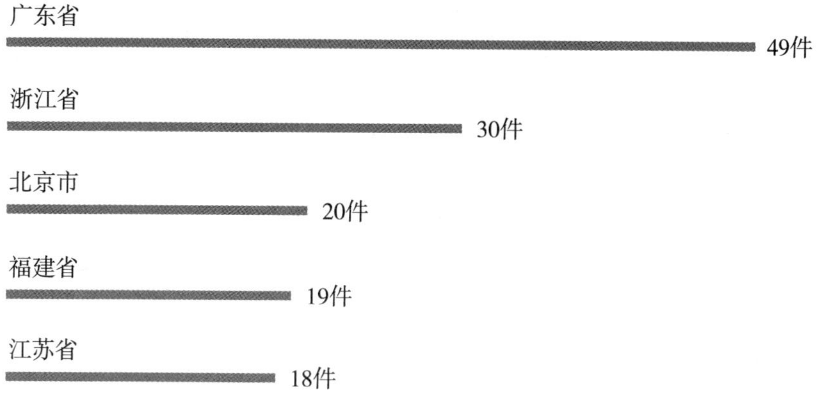

图 17－2　案件地域分布情况

如图 17－3 所示，从案件案由分类情况可以看到，当前的案由分布由多至少分别是刑事，民事，执行，行政，国家赔偿。

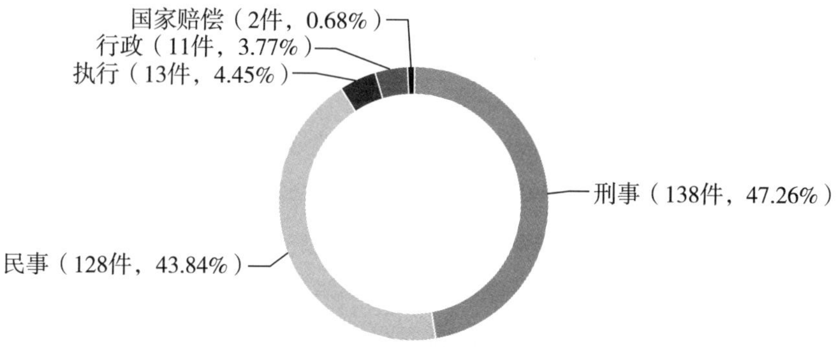

图 17－3　案件案由分类情况

如图 17－4 所示，从案件程序分类统计可以看到当前的审理程序分布状况。其中，一审案件有 144 件，二审案件有 86 件，再审案件有 26 件，执行案件有 17 件。

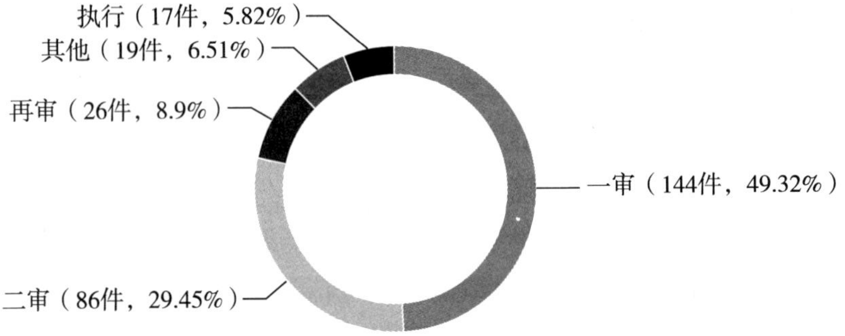

图 17－4　案件程序分类情况

如图 17－5 所示，通过对主刑的可视化可以看到，当前条件下包含有期徒刑的案件有 94 件，包含拘役的案件有 2 件，包含无期徒刑的案件有 1 件。其中，包含缓刑的案件有 27 件，免予刑事处罚的案件有 11 件。

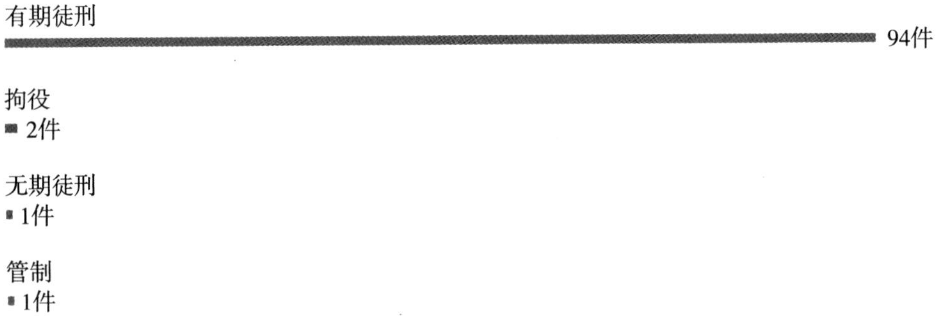

图 17－5　案件判决主刑情况

二、可供参考的例案

例案一｜王某文、刘某甲犯串通投标、受贿案

【法院】

湖南省长沙市中级人民法院

【案号】

(2014)长中刑二终字第 00402 号

【诉讼主体】

抗诉机关：湖南省长沙市人民检察院

上诉人（原审被告人）：王某文

上诉人（原审被告人）：刘某甲

【基本案情】

2009 年下半年，被告人王某文与时任湖南省高广投资有限公司（以下简称高广投，国有企业）董事长、湖南省醴茶高速公路建设开发有限公司（以下简称醴茶高速公司）总经理、法定代表人的彭某甲和时任高广投总经理的胡某甲进行商议，决定由被告人刘某甲代表三人承包高速公路的工程，所获利益由四人平分。在醴茶路土建工程 11 合同段（以下简称 11 标）的招投标过程中，被告人王某文通过其情人龚某甲联系湖南陆通公路物资有限公司（以下简称陆通公司）的龚某乙组织多家挂靠公司参与投标，被告人刘某甲根据王某文的安排联系上龚某乙，并由龚某乙组织五家公司参与投标，在其中的四家公司通过 11 标资格预审后，高广投下属的湖南宏源交通建设有限公司（以下简称宏源公司）以 450 万元和外加分包 5000 万元工程量的条件转得上述四家公司的 11 标预审资格。从 450 万元中扣除龚某乙组织五家公司投标产生的 107 万元费用，剩余 343 万元中的 300 万元由胡某甲提出用于炒股，彭某甲和被告人王某文均未提出异议，另 43 万元放在被告人刘某甲处，后被告人刘某甲又通过被告人王某文从彭某甲处将 300 万元取回。龚某乙则承包宏源公司分包的 5000 万元工程，并按工程量 10 个点的标准已支付 210 万元管理费给被告人刘某甲。

另外，被告人王某文利用其任湖南省高速公路建设养护工程有限公司法定代表人、湖南省常吉高速公路建设开发有限公司总监、湖南尚上公路桥梁建设有限公司、湖南尚上建设开发有限公司总经理、张家界阳和旅游建设投资有限公司董事长等职务上的便利，在工程、项目承发包及工程变更等过程中为他人谋取利益，并非法收受刘某乙人民币 10 万元、张某乙人民币 10 万元、郭某人民币 10 万元、章某人民币 7 万元、刘某丁人民币 5 万元、李某丙人民币 7 万元、龚某丁人民币 1 万元，共计收受人民币 50 万元。

【案件争点】

行贿人和受贿人均没有行贿、受贿意图，行受贿双方没有形成行受贿的合意，能否构成行贿罪、受贿罪。

【裁判要旨】

一审法院认为，被告人王某文、刘某甲串通投标，损害国家、集体、公民的合法利益，情节严重，其行为均已构成串通投标罪；被告人王某文身为国家工作人员，利用其职务上的便利,非法收受他人财物,并为他人谋取利益的行为已构成受贿罪。在串通投标的共同犯罪中,被告人王某文、刘某甲均系起主要作用的主犯。被告人王某文没有自动投案,但如实交代办案机关未掌握的受贿罪行,以自首论,可以从轻或者减轻处罚。被告人刘某甲到案后如实供述自己的罪行,认罪态度较好,具有坦白情节,可以从轻处罚。被告人王某文已退缴赃款50万元,可酌情从轻处罚,且该款项系其违法所得的财物,依法应当上缴国库;被告人刘某甲串通投标违法所得人民币343万元亦予以追缴。判决:一、被告人王某文犯串通投标罪,判处有期徒刑二年八个月,并处罚金人民币10万元;犯受贿罪,判处有期徒刑七年,并处没收财产10万元。决定执行有期徒刑八年,并处罚金人民币10万元、没收财产10万元。二、被告人刘某甲犯串通投标罪,判处有期徒刑二年十个月,并处罚金人民币15万元。三、没收被告人王某文受贿所得赃款人民币50万元,上缴国库;追缴被告人刘某甲串通投标违法所得人民币343万元,上缴国库。

宣判后,长沙市人民检察院提起抗诉,抗诉理由认为:(1)原审法院认为被告人王某文在串通投标中无受贿故意、被告人刘某甲无行贿故意,属认定事实错误。(2)湖南省高速公路管理局原局长冯某的介入并未对行贿、受贿双方权钱交易的本质产生影响,亦不影响其行贿罪、受贿罪的成立。(3)原审法院认为被告人刘某甲事实上对300万元无决定权、支配权,更无所有权,属认定事实错误。(4)虽然原审法院将被告人王某文、刘某甲实施串通投标非法获取343万元的行为评判为串通投标罪的违法所得,但未对其获取该343万元后将其中的300万元交由胡某甲等人炒股的行为予以评价,属适用法律错误。(5)原审法院对被告人刘某甲通过实施串通投标从龚某乙处所获取210万元违法所得未作评判,属审判程序违法。

原审被告人王某文辩称,其在未担任职务后所收受款项应从受贿款中予以剔除;部分款项属于人情往来,应从受贿款中予以剔除。其辩护人辩称:(1)原审判决认定串通投标罪的事实清楚,适用法律准确,审判程序合法,抗诉的300万元既是串通投标行为的违法所得,又是串通投标行为所得的分配,不应从343万元的整体中进行分割,如分割进行处罚,有对同一笔犯罪数额重复处罚之嫌,343万元来源于买标人,不是来源于刘某甲,刘某甲无行贿的故意,王某文亦无受贿的故意。(2)在共同串通投标犯罪中,王某文未利用职务便利,未接触赃款,未参与分赃,其起辅助作用,应认定其为从犯,对其从轻处罚。

原审被告人刘某甲辩称,其无行贿意图,其对343万元无所有权、决定权和支配权。其辩护人辩称,原审判决认定串通投标罪事实清楚,定罪准确;原审被告人刘某甲在串通投标过程中从事事务性工作，没有决策权，对违法所得无支配权，应认定其为从犯，从轻处罚。

二审法院经审理认为，经查原审被告人王某文、刘某甲及证人彭某甲、胡某甲的证言相互印证，能够证明原审被告人王某文、证人彭某甲、胡某甲与原审被告人刘某甲在相互纠集的过程中，四人只有结成利益共同体，均分利益的合意，刘某甲没有行贿意图，王某文、彭某甲、胡某甲没有受贿意图，行受贿双方没有形成行受贿的合意；343万元的产生是四人互相配合，共同串通投标的结果，其性质应为串通投标产生的违法所得，且资金来源于宏源公司，而非刘某甲，刘某甲只是代表利益体出面进行操作的中间环节，刘某甲对343万元没有处置权，如何处置均是由彭某甲、胡某甲、王某文三人商议后进行决定，这与行贿罪中行贿款系来源于行贿人，行贿的数额系由行贿人决定的基本特征不符；原审被告人刘某甲将获取的343万元中的300万元交由胡某甲等人炒股的行为，是刘某甲按照彭某甲、王某文、胡某甲的决定进行分赃的行为，不宜再以行贿罪、受贿罪分别追究原审被告人刘某甲、王某文的刑事责任。故长沙市人民检察院抗诉认为刘某甲给王某文等三人300万元构成行贿罪和受贿罪的理由不成立，不予支持；原审被告人王某文、刘某甲及其辩护人关于本案300万元不应定性为受贿罪、行贿罪的理由予以采纳。

原审被告人王某文、刘某甲伙同他人串通投标，损害其他投标人和国家利益，情节严重，其行为均已构成串通投标罪。原审被告人王某文身为国家工作人员，利用职务上的便利，非法收受他人财物，为他人谋取利益，其行为已构成受贿罪。在串通投标的共同犯罪中，原审被告人王某文、刘某甲均起主要作用，系主犯。原审被告人王某文到案后如实供述司法机关尚未掌握的受贿罪行，以自首论，可对其所犯受贿罪减轻处罚。原审被告人刘某甲到案后如实供述自己的罪行，可从轻处罚。原审被告人王某文退缴受贿违法所得50万元，可酌定从轻处罚。原审被告人王某文受贿犯罪所得50万元，应予没收，上缴国库。原审被告人刘某甲串通投标的违法所得人民币553万元应予以追缴，上缴国库。原审被告人王某文一人犯二罪，应当数罪并罚。原审判决认定事实清楚，证据确实充分，定罪准确，量刑适当，审判程序合法，但赃款追缴数额不当，应予改判，判决如下：一、维持长沙县人民法院(2014)长县刑初字第84号刑事判决的第一项、第二项。二、撤销长沙县人民法院(2014)长县刑初字第84号刑事判决的第三项。三、没收原审被告人王某文受贿犯罪所得人民币50万元，上缴国库；追缴原审被告人刘某甲串通投标犯罪所得人民币553万元，上缴国库。

例案二 | 惠某受贿案

【法院】

江苏省宿迁市中级人民法院

【案号】

(2013)宿中刑二终字第0006号

【诉讼主体】

原公诉机关:泗洪县人民检察院

上诉人(原审被告人):惠某

【基本案情】

2010年至2012年4月,被告人惠某在担任泗洪县城管局副局长期间,利用分管小区管理、广告等职务便利,收受他人贿赂款共计14.65万元,并为他人谋取利益。分述如下:

1. 被告人惠某分别于2011年4月收受胡某甲贿赂1万元、2011年7月收受胡某甲贿赂2万元、2011年10月收受胡某甲贿赂2万元、2012年年初左右收受胡某甲贿赂2万元。在此期间,被告人惠某利用担任泗洪县城管局副局长的职务便利,在小区物业管理招投标中,向招投标委员会成员打招呼,让其在被选为评委时,关照胡某甲要求帮忙的投标人,并送给评委1500元购物卡。被告人惠某利用担任泗洪县城管局副局长的职务便利,在广告牌审批中,为胡某甲谋取利益,并于2012年4月收受胡某甲贿赂6万元。

2. 被告人惠某利用担任泗洪县城管局副局长的职务便利,在规划执法大队拆迁柏某搭建的违章建筑中,受柏某的托请,通过向规划执法队打招呼,使柏某搭建的违章建筑未被拆除,被告人惠某分别于2010年夏天收受柏某贿赂2000元,2012年1月、2月收受柏某贿赂3000元。

3. 2011年3月,被告人惠某利用担任泗洪县城管局副局长的职务便利,收受钱某贿赂5000元现金,并承诺为钱某谋取利益。

4. 2012年4月,被告人惠某利用担任泗洪县城管局副局长的职务便利,为城管局职工郭某调整两块广告牌围挡,并收受郭某所送8000元现金。

【案件争点】

行贿人行贿意图明显,受贿人收钱后用于自己开支和借给他人,受贿意图明确,双方即形成了行受贿合意,是否可以认定两人的贿赂行为,是否构成贿赂犯罪。

【裁判要旨】

一审法院审理认为，被告人惠某身为国家工作人员，利用职务上的便利，非法收受他人财物，为他人谋取利益，其行为已构成受贿罪。被告人惠某如实供述了司法机关尚未掌握同种较重的罪行，应当从轻处罚。以受贿罪判处被告人惠某有期徒刑十年；对被告人惠某退出的违法所得人民币14.65万元，予以没收，上缴国库。

宣判后，被告人惠某上诉称，(1)原判认定自己收受胡某甲13万元，而自己仅收到胡某甲11万元，且前四次收到5万元是给评委的，后面收到的6万元是胡某甲的还款；(2)自己没有为钱某谋利，该起不属于受贿犯罪；(3)量刑太重。其辩护人提出，(1)胡某甲的证言证实在居民小区物业招投标以及申请广告业务审批过程中其给上诉人惠某13万元是“活动费用”，而不是给上诉人惠某的钱。另外，其日记本记载，其中一笔2万元、一笔6万元是还款，且上诉人惠某客观上对胡某甲拥有190万元的债权。因此，从两方面都能够证实胡某甲给惠某的钱不是对惠某的贿赂款。(2)上诉人惠某在居民小区物业招投标以及申请广告业务审批过程中均没有决定权，不具有利用职务便利为其谋利的条件。(3)上诉人惠某收受钱某5000元时没有为其谋利的打算，所说“以后帮忙”仅是推脱之词，没有承诺为其谋利，该起事实不构成犯罪。(4)在收受钱某5000元不构成犯罪的情况下，其他犯罪事实均系其主动交代，应属于自首。

二审法院审理认为，(1)上诉人惠某以往多次供述5次收受胡某甲共计13万元，与证人胡某甲当庭证言一致，故上诉人惠某关于仅收到11万元的上诉理由无事实依据，不予采信。(2)虽然上诉人惠某曾以其妻子周某甲名义借款190万元给胡某甲，且辩护人提交的惠某日记本中记载部分款项为还款，但根据上诉人惠某以往供述及证人胡某甲证言，本案所涉13万元均与借款无关，且上诉人惠某每次收取胡某甲款项均有明确对应的请托事项和谋利事实。另外，胡某甲将所借款项190万元用于放高利贷给开发商王某丁，惠某对此明知，亦期望从中获取高额利息。但当上诉人惠某发现所借资金向王某丁索还无望后，以“需要跑官”和还银行贷款为名向胡某甲索还借款，胡某甲两次另将自有资金22万元归还上诉人惠某。以上借款、还款事实能够得到上诉人惠某以往供述，证人胡某甲当庭证言，证人周某甲、朱某丁(胡某甲妻子)、王某丁的证言笔录相互印证，故对上诉人惠某和辩护人对所谓还款的上诉理由和辩护意见不予采信。(3)关于胡某甲给惠某的钱款是否属于对惠某的贿赂款的问题。经查，根据上诉人惠某当庭供述，其在收取胡某甲钱款后，向评委仅送出6000元左右，而根据证人孙某、苏某、李某甲等评委的证言，仅能够证实上诉人惠某支出了1500元。对于该部分支出,原判未认定为对惠某的贿赂。其余部分钱财,行贿人胡某甲当庭证实虽然系给上诉人惠某“协调关系的活动费用”,但惠某如何使用其不会过问,对剩余钱款亦不会索还。其向上诉人惠某行贿意图明显,而上诉人惠某亦没有将钱款使用情况告诉胡某甲,而是将剩余款项用于自己开支和借给他人使用,受贿意图明确。因此,对剩余12.85万元双方形成了行受贿合意,应认定为胡某甲对上诉人惠某的贿赂。

上诉人惠某明知钱某送钱目的是请求自己利用职务便利为其代表的物业公司谋利,送钱的性质是贿赂,而承诺关照,并收下了该5000元贿赂,其行为已经构成受贿犯罪,辩护人称上诉人所说“以后帮忙”仅是推脱之词,没有承诺谋利。经查,上诉人受贿后没有退还或上缴赃款,而是用于自己开支,因此,只要其明知是贿赂而予以收受,即应视为对请托事项的承诺,其是否具有为行贿人谋利的真实意愿以及是否实际谋取利益均不影响犯罪构成。另外,上诉人惠某系被审查归案,且侦查机关在案发前已经掌握上诉人惠某受贿犯罪线索,依法不构成自首,故对此上诉理由和辩护意见不予采纳。

上诉人惠某身为国家机关工作人员,利用职务上的便利,收受他人财物,为他人谋取利益,其行为已构成受贿罪。上诉人惠某在案发后退出违法所得,可以酌情从轻处罚,其退出的违法所得,应予没收,上缴国库。原审人民法院认定事实清楚,对上诉人惠某的定罪、量刑均是正确的。上诉人惠某还提出“原判量刑太重”的上诉理由。经查,原判已经在法定量刑幅度内对其从轻处罚,其所提上诉理由无法律依据,不予采纳。裁定驳回上诉,维持原判。

例案三 | 周某、章某滥用职权、介绍贿赂、王某甲介绍贿赂、李某兵、陈某隆受贿案

【法院】

浙江省温州市中级人民法院

【案号】

(2015)浙温刑终字第19号

【诉讼主体】

原公诉机关:浙江省乐清市人民检察院

上诉人(原审被告人):李某兵

上诉人(原审被告人):陈某隆

上诉人(原审被告人):王某甲

上诉人(原审被告人):章某

【基本案情】

1. 2013年12月19日，蔡某(已判决)因涉嫌危险驾驶罪被乐清市公安局刑事拘留，同年12月27日被取保候审。在取保候审期间蔡某想通过立功争取判缓刑，于是想方设法寻找和购买立功线索。

2014年2月，蔡某通过其亲戚洪某找到时任乐清市公安局禁毒大队民警的被告人章某帮忙，章某找时任乐成派出所协警的被告人李某兵帮忙寻找立功线索。被告人李某兵掌握毒贩线索后告知被告人章某，并告知需要线索费3万元。章某将李某兵的联系方式给洪某，由洪某、蔡某直接与李某兵联系。被告人李某兵在明知他人涉嫌犯罪，谋取立功是为减轻刑罚的情况下仍接受请托，与蔡某一方约定3万元立功费用。2014年2月17日上午，被告人李某兵将蔡某约至乐成派出所，将贩毒线索提供给蔡某，并传授蔡某引出毒贩的方法。随后被告人李某兵让蔡某到乐成派出所值班室举报贩毒线索，值班民警王某乙和虞某按举报程序给蔡某做了一份笔录。后蔡某与毒贩约定交易时间、地点，跟随值班民警王某乙、虞某以及李某兵等协警一起前往柳市镇三里转盘附近，由蔡某出面假装购买毒品与毒贩进行交易，公安人员当场抓获毒贩张某，民警王某乙和虞某为蔡某做了一份抓捕毒贩张某经过的笔录。

毒贩张某被刑事拘留后，被告人李某兵要求章某告知蔡某支付原先约定的3万元立功费用，洪某受蔡某委托为蔡某垫付3万元给章某，被告人章某将该3万元现金转交给被告人李某兵。蔡某将抓获毒贩张某的立功材料移交到一审法院。2014年3月4日，一审法院认定蔡某有立功表现，作出从轻处罚。

2. 一审判决作出后，蔡某不服提起上诉。为达到判处缓刑的目的，蔡某继续向他人打听、寻找立功线索，在认识时任乐清市公安局禁毒大队二中队指导员的被告人周某之后，多次要求周某帮忙提供立功线索。周某明知蔡某谋取立功是为减轻处罚，仍接受请托，并吩咐妻弟被告人王某甲寻找逃犯线索，同时告知王某甲可以从中赚取费用。被告人王某甲找到当时在象阳派出所工作的被告人陈某隆帮忙寻找逃犯线索，被告人陈某隆明知他人谋取立功是为减轻刑罚，仍提供逃犯线索给王某甲，双方商定2万元费用，而王某甲告知周某需要3万元费用，意图从中赚取差价1万元。后被告人周某将立功线索需要3万元的情况告知蔡某，蔡某表示同意。2014年3月5日，被告人周某通过王某甲从陈某隆处获知逃犯徐某光的行踪后，便通知禁毒大队民警被告人章某一起前往抓捕逃犯。其间，王某甲让周某与陈某隆直接联系，后被告人周某、章某、陈某隆等人在柳市镇三里的金香茶馆抓获逃犯徐某光。被告人周某明知蔡某没有向公安机关举报徐某光，且没有参与抓捕徐某光，为了伪造蔡某检举立功的假象，通知蔡某到乐清市公安局谈话，伙同并授意章某虚构事实，编造蔡某举报逃犯线索和协助公安机关抓获逃犯徐某光的两份虚假笔录，周某和章某均在该两份笔录上签字。当日18时许，蔡某为感谢周某在立功上的帮忙，让其朋友黄某通过银行转账方式将事先约定的立功费用3万元汇给周某，被告人周某予以收受。后被告人周某将该3万元转交给王某甲，被告人王某甲将其中2万元交给陈某隆，被告人陈某隆予以收受，被告人王某甲留取1万元。

事后蔡某将包括两份虚假笔录在内的抓获逃犯等立功材料提交到二审法院（温州市中级人民法院）。在二审期间，温州市人民检察院经审查发现蔡某的立功线索来源可疑，有关国家工作人员涉嫌渎职犯罪。

2014年7月28日，被告人陈某隆在乐清市公安局象阳派出所领导的陪同下到乐清市人民检察院反渎职侵权局接受询问，如实供述自己的罪行。被告人王某甲主动到乐清市人民检察院反渎职侵权局接受询问，如实供述自己的罪行。在诉讼期间，被告人陈某隆退赃款2万元、被告人王某甲退赃款1万元。

【案件争点】

行贿罪和受贿罪虽然具有对合关系，但不是对合犯，行贿罪有其犯罪构成的独立性，行贿罪和受贿罪是不是互为必要的条件。

【裁判要旨】

一审法院认为，被告人周某、李某兵、陈某隆、章某身为司法工作人员徇私枉法，采取伪造证据、隐瞒事实、违反法律等手段，故意使罪重的人受较轻的追诉，被告人王某甲伙同司法工作人员参与徇私枉法，各被告人行为均已构成徇私枉法罪。同时，被告人李某兵通过被告人章某收受好处费3万元；被告人陈某隆、王某甲通过被告人周某收受好处费3万元，其中被告人王某甲留取1万元，各被告人的行为又构成受贿罪。由于受贿罪的法定刑高于徇私枉法罪，按照法律规定，应依照处罚较重的罪定罪处罚，故应以受贿罪对被告人周某、李某兵、陈某隆、王某甲、章某定罪处罚。据此，以受贿罪分别判处被告人周某有期徒刑二年；被告人李某兵有期徒刑二年二个月；被告人陈某隆有期徒刑一年六个月；被告人王某甲有期徒刑六个月，缓刑一年；被告人章某有期徒刑一年；追缴被告人李某兵违法所得3万元、被告人陈某隆违法所得2万元、被告人王某甲违法所得1万元，予以没收，上缴国库。

一审判决后，原审被告人周某上诉称，原判认定其电话告知王某甲可以通过

“卖功”赚取费用以及授意章某制作虚假笔录与事实不符；其将蔡某买功的3万元如数转交给王某甲，并无从中受贿或帮助他人受贿的主观故意，仅构成徇私枉法罪，原判认定其同时构成受贿罪，并择一重罪论处系定性及适用法律错误；其与章某犯罪情节相当，但原判对其量刑明显偏重，请求二审改变定性并从轻处罚。

原审被告人李某兵上诉称，其犯罪情节与周某、章某相当，且已在一审宣判后积极退出全部违法所得，原判量刑过重，请求二审从轻改判。

原审被告人陈某隆上诉称，其有自首情节，且系初犯，在开庭前已全部退出违法所得，请求二审对其适用缓刑。

原审被告人王某甲上诉称，并非周某帮自己赚点费用，而是周某一直强调要帮朋友找立功线索，自己通过渠道帮周某的忙，同时出于私心才瞒着他从中赚取一部分差价；自己并非国家工作人员，且有自首情节，已全部退出违法所得，即使构成受贿罪，也可免刑事处罚。

原审被告人章某上诉称，其只是为帮朋友洪某的忙而提供李某兵的手机号码，并无收受好处的故意，之后洪某的小舅子蔡某从李某兵处得到立功线索，李某兵获取3万元，均与自己无关，其行为不符合受贿罪的犯罪构成，原判定性不当；其在二次买卖立功及制作虚假笔录的过程中，均起次要或辅助作用，应认定为从犯；买功人蔡某最终未达到减轻处罚的目的，司法公正性未受损害，社会危害性较小，原判量刑过重，请求二审从轻改判并适用缓刑。

二审法院经审理后，评析如下：

1. 本案“买功卖功”贿赂环节中各行为人的性质认定

原判将除行贿方蔡某以外的其他人，全部视为受贿方。虽然贿赂案件在通常情况下是简单对合关系，即一方行贿，另一方受贿，但如果介入第三方，比如行贿方向他人提出请托事项，受托人并没有利用本人的职务之便而是再通过其他国家工作人员为请托人谋取利益，便会产生出斡旋受贿（利用本人职权或地位形成的便利条件）、介绍贿赂（向国家工作人员介绍贿赂）、共同行贿（与行贿人达成共同行贿犯意）、共同受贿（与受贿人达成共同受贿犯意）以及非罪行为（向非国家工作人员介绍并由后者延续介绍直至最终由国家工作人员为请托人谋取利益），由于存在这些复杂的变化，就不能用简单对合关系来分析把握行为性质。

（1）蔡某、李某兵、陈某隆三人的行为性质

对于蔡某而言，其是为了向公安机关举报及协助抓获犯罪嫌疑人，从而使其所犯危险驾驶罪具备立功情节而能够被从轻处罚，因此，犯罪线索是其追求的目标和

价值所在，在获取线索后，即使是通过正常途径向公安机关举报，也完全可以实现其立功意图。故与本案中的“线索费”所对应的请托事项，应当是指提供犯罪线索，而不包括制作虚假笔录。在案证据亦表明，蔡某在联系章某、周某时仅是要求帮忙寻找立功线索，其答应支付两笔各3万元的事由也是所谓的“线索费”，蔡某并无向该两条线索的提供者以外的其他人行贿的犯意。犯罪线索的来源多种多样，并非只能通过钱权交易的方式从国家工作人员处获取，但蔡某对来源并未加以限制，事实上也是通过国家工作人员的渠道寻找线索，因此，其具有概括的行贿犯意。与此对应，李某兵、陈某隆二人系协警身份，且利用排查犯罪线索的职务便利，将掌握的信息提供给他人，从中收受好处，其行为符合受贿罪构成要件。

(2)章某、周某的行为性质

首先，根据在案证据能够查明，章某、周某并无利用本人职务便利为请托人在获取立功线索方面谋利的客观行为，与蔡某之间亦缺乏通过出具虚假立功材料而收受好处的犯意联络，故二人并非受贿罪的正犯。其次，章某、周某亦非受贿罪的帮助犯。帮助他人受贿的前提要求行为人具有共同犯罪故意，这种共同性体现在帮助犯与受贿正犯之间利益共存，即通过正犯的职务便利为请托人谋利，并共同收取贿款，帮助犯依附于正犯，行贿方和受贿方能够较容易辨识；而介绍贿赂行为人则旨在促成贿赂关系建立，其行为平均作用于行贿方和受贿方，由于介绍贿赂行为具有相对独立的主客观要素，故很难将其归入行贿罪的帮助犯、教唆犯或者受贿罪的帮助犯、教唆犯。本案中，蔡某意图获取立功线索这一信息通过章某、周某再向下游传递，而在章、周二人上游还有洪某、连某，其中章某将信息传递给李某兵并促成蔡某、李某兵之间的贿赂关系；周某将信息传递给王某甲，王某甲又传递给陈某隆，周某、王某甲二人共同促成了蔡某、陈某隆之间的贿赂关系。在信息传递过程中，本案体现出两点特征：一是，介入者的多少及身份均具有很大的偶然性，如果立功线索提供者不涉及职务便利，则全案都不属于贿赂犯罪；二是，最终的受贿人与各层级上游之间缺乏共犯的意思联络，有的甚至不认识，无法得出谁在帮助行贿或帮助受贿的结论。因此，一审笼统地将除蔡某外的其余人均认定为受贿罪的正犯或帮助犯有失妥当，章某直接向协警李某兵介绍贿赂；周某虽未直接向国家工作人员介绍，但在王某甲已告知陈某隆在象阳派出所工作的情况下仍继续从中撮合，二人行为均符合介绍贿赂的特征。

(3)王某甲的行为性质

王某甲并非国家工作人员，其从周某处获悉有人寻找立功线索这一请托事项后，再向国家工作人员陈某隆寻求职务帮助，陈某隆的犯意是为请托人提供在公务行为中掌握的贩毒线索并从中收取线索费2万元，陈某隆与王某甲之间没有达成共同向请托人收受贿赂的犯意，故王某甲向陈某隆介绍他人买功，并由后者非法获利2万元的行为构成介绍贿赂罪。同时，王某甲与上手介绍方或是请托方之间不存在居间介绍费的合意，其之所以能够获利1万元，源于抬高线索费这一虚构事实的行为，请托人是在产生错误认识的情况下自愿给付3万元，与实际上的线索费2万元之间的差价，属于被骗取的金额。但是，考虑到本案案情的特殊性，即立功线索被当作物品进行售卖，中转过程中的介入方均有可能加价向上流转售，行为人的主观故意与一般诈骗存在较大区别，且行贿人没有明确限定将3万元仅交给受贿人的意思表示，故不宜认定为诈骗罪，只能评价为王某甲利用介绍他人买功而从中谋取的不法利益。

2. 本案中渎职行为的性质分析

原判将有偿提供立功线索环节中的所有被告人同时认定为受贿罪的共犯和徇私枉法罪的共犯，并将章某、周某制作虚假立功材料的行为视为上述犯罪事实的一个组成部分而没有单独予以评价，混淆了公安人员制作抓获经过笔录与向他人提供立功线索这两种行为的不同属性。

(1)司法工作人员贿卖立功线索的行为仅构成受贿而不构成徇私枉法

徇私枉法罪侵害的客体，是国家司法活动秩序，在本案中具体表现为蔡某危险驾驶案的正确审理。在刑事案件中，犯罪分子到案后可以通过检举、揭发他人犯罪行为，提供侦破其他案件的重要线索或协助司法机关抓捕其他犯罪嫌疑人等方式来达到立功减罚的目的。这一方面是"宽严相济"刑事政策的体现，另一方面也是节约司法资源的功利主义追求。知悉其他犯罪事实或逃犯藏匿地点的渠道多种多样，既可能是无意间听说，也可能有意识地打听，甚至包括付费购买。从《刑法》第68条的规定来看，立功制度本身并未限定线索的来源和获取线索的方式，只是由于近年来"买功"现象越发严重，为遏制犯罪分子的投机心理，最高人民法院于2010年出台《关于处理自首和立功若干具体问题的意见》，对通过贿买、暴力等非法手段获取他人犯罪线索并"检举揭发"的，不认定为有立功表现。但该规定的意义在于国家宣示此行为的不法性，不能将实施不法行为认定为破坏正常的司法活动。立功人隐瞒其线索系购买所得而获得轻判，其行为性质相当于隐瞒本人犯罪事实，故不能得出贿买立功线索侵害司法活动秩序的结论，进而不能以侵犯徇私枉法罪的客体来评价贿卖线索者，但作为国家工作人员，其利用职务便利，将工作中获取的信息提供给他人谋取利益，并从中收受财物，侵犯了职务廉洁性，故应以受贿犯罪进行评价。

(2)司法工作人员为犯罪嫌疑人出具虚假立功材料的行为不构成徇私枉法但属于滥用职权

从行为要件看，《刑法》第399条第1款中规定的"对明知是有罪的人而故意包庇不使他受追诉"，其中"不使他受追诉"是目的要件，"包庇"是行为要件。2006年最高人民检察院出台《关于渎职侵权犯罪案件立案标准的规定》虽将上述规定扩大解释为"采取伪造、隐匿、毁灭证据或者其他隐瞒事实、违反法律的手段，故意使罪重的人受较轻的追诉"作为徇私枉法的行为要件之一，但对"伪造、隐匿、毁灭证据或者其他隐瞒事实、违反法律的手段"的理解，仍应基于刑法条文中的行为要件，即"包庇"。而包庇一词，根据包庇罪的理解，是指向司法机关提供虚假证明掩盖犯罪事实和人，包括将重罪事实掩盖为轻罪事实或有罪事实掩盖为无罪事实。因此，只有针对犯罪事实进行掩盖才属于上述"隐瞒事实、违反法律的手段"，而不包括向司法机关提供减轻罪责的法定、酌定量刑情节的虚假证明，前者重在掩盖事实，后者则完全可以由伪证罪所包含。

从主体要件看，徇私枉法罪属于主客体特定的渎职型身份犯，其前提条件是身份，但并不等于凡是具备身份者皆构成身份犯。公安民警虽然身份上可归入司法工作人员，但并非所从事的一切职务行为均具有司法性质，这种司法性质就公安机关而言主要是指围绕发现并查明犯罪事实进而移送检察机关起诉所进行的一系列活动，因而能够枉法的主体只可能是介入某一具体刑事案件的侦办过程当中，并对案件处理结果具有影响力的特定人员，如果所从事的工作与侦查职能无关，则属于一般职务行为。具体到周某、章某，其作为禁毒民警，查办涉毒刑事案件、抓捕上网追逃对象等系司法性质的工作，而为其他案件的犯罪嫌疑人出具立功证明材料，是由于其自身参与到了接受他人举报这一事实当中，处于特定事实构成要素当中的当事人地位，为证明该事实而制作了相应的谈话笔录，它只是基于职责和亲历性的作证行为，与对某一事项如被举报的犯罪线索进行的超脱于事件构成要素的查证行为具有本质上的差异。民警虚构接受他人举报经过的事实，并通过假笔录的形式作伪证，虽然在结果上可能会损害司法秩序，但其本身却不具备滥用司法权的表征，故仍属于一般意义上的滥用职权行为。

因此，本案中除周某、章某二人符合滥用职权罪构成要件外，其余被告人缺乏相互配合进行徇私枉法犯罪的共同犯意和客观行为，一审将全案被告人均认定为徇私枉法罪共犯，定性失当。

二审法院认为，上诉人李某兵、陈某隆二人身为公安机关协警，利用排查犯罪线索的公务之便，将掌握的信息提供给他人，从中收受好处，其行为均已构成受贿罪；上诉人周某、章某、王某甲三人，向国家工作人员介绍"买功、卖功"，促成双方达成贿赂，情节严重，其行为均已构成介绍贿赂罪。周某、章某二人还出于朋友私情，在制作关于举报、抓获经过过程的笔录中滥用职权、弄虚作假，致使虚假证据材料递交至法庭，干扰刑事审判活动，社会影响恶劣，其行为又构成滥用职权罪。对周某、章某应数罪并罚。判决如下：一、维持浙江省乐清市人民法院(2014)温乐刑初字第 1133 号刑事判决的第二项、第三项、第六项，即对被告人李某兵、陈某隆的定罪量刑和对违法所得的处理；二、撤销浙江省乐清市人民法院(2014)温乐刑初字第 1133 号刑事判决的第一项、第四项、第五项，即对被告人周某、王某甲、章某的定罪量刑；三、上诉人周某犯滥用职权罪，判处有期徒刑十个月，犯介绍贿赂罪，判处有期徒刑六个月，决定执行有期徒刑一年二个月；四、上诉人章某犯滥用职权罪，判处有期徒刑八个月，犯介绍贿赂罪，判处有期徒刑六个月，决定执行有期徒刑一年；五、上诉人王某甲犯介绍贿赂罪，判处有期徒刑六个月，缓刑一年。

三、裁判规则提要

(一)对于行贿犯罪主观方面的认知

行贿罪在主观方面表现为故意犯罪，而在我国刑法中又将故意犯罪分为直接故意和间接故意。我国刑法界通说认为，行贿罪的罪过形式只能是直接故意，间接故意则不能成立受贿罪。行贿人的行贿目的是谋取自己或他人不正当的利益，才给予国家工作人员以财物，显然是明知该行为的危害后果并希望其发生，因此认为只能是直接故意，不能是间接故意。行贿犯罪的行为人在主观心理方面应该具有两个重要因素：一是，认识因素，要求行贿人在实施行贿犯罪时，必须对行贿对象是国家工作人员的身份有明确认识，必须对自己行贿行为可能使国家工作人员违背职务上的义务有明确认识；二是，行为主观意志因素，表现为行贿人积极追求国家工作人员接受其财物，并违背职务为其谋取不正当利益，对这一危害结果的发生持希望的态度。

如例案二中，行贿人行贿意图明显，受贿人收钱后用于自己开支和借给他人使用，受贿意图明确，双方形成了行受贿合意，应认定该贿赂行为。上诉人惠某收取胡某甲钱款后，向评委仅送出 6000 元左右，对于其余部分钱财，行贿人胡某甲对惠某如何使用不会过问,对剩余钱款亦不会索还,其向上诉人惠某行贿意图明显。上诉人惠某亦没有将钱款使用情况告诉胡某甲,而是将剩余款项用于自己开支和借给他人使用,受贿意图明确。因此,对剩余 12.85 万元双方形成了行受贿合意,应认定为胡某甲对上诉人惠某的贿赂。

(二)对于受贿犯罪主观方面的认知

受贿犯罪和行贿一样也是故意犯罪。在我国刑法界大部分学者认为受贿也是直接故意犯罪,不存在不追求结果但放任结果发生的间接故意的情形。笔者也认为,受贿犯罪的主观罪过形式只能是直接故意比较适宜。在我们现实生活中确实存在被动受贿后,让行贿人拿回财物,行贿人不肯拿回,便听之任之接受请托人财物的情况,表面上看这种“放任”和间接故意中对危害结果的放任形式差不多,但是我们不能因为受贿人没有对贿赂积极追求而认定其为间接故意。因为受贿罪侵犯的是国家法益,是对国家工作人员职务行为廉洁性的侵犯,只要国家工作人员对行贿人对给予自己或家人财物这一事实有认知,就表明了其对“权钱交易”行为的认可,这就说明其对违背职责、侵害国家工作人员职务行为廉洁性之可能性的明知。在发生请托事项的时候或在请托事项完成过程中,产生了利用职务之便的故意就必然是直接故意。

假如行贿人没有行贿故意,而受贿人没有收受钱财的故意,则行受贿双方没有形成合意,一般不应该认定为行贿罪、受贿罪。如例案一中,刘某甲没有行贿意图,王某文、彭某甲、胡某甲没有受贿意图,行受贿双方没有形成行受贿的合意,不宜再以行贿罪、受贿罪分别追究原审被告人刘某甲、王某文的刑事责任。

因此,在认定行受贿犯罪时,我们需要注意以下几点,第一,行受贿双方形成贿赂合意。受贿或索贿主体与行贿主体间,应当具有主观认知上的对应性和客观行为上的互动性。当行贿人真实意图和受贿人行为指向不相对应时,不应认定为受贿,否则会导致结论与事实和法律不符。第二,受贿人有对利用职务之便的认识。既可以是利用其本人职务、职权便利条件,又可以是利用本人职权、地位形成的便利条件去影响其他国家工作人员,利用其他国家工作人员职务上的行为。第三,需要对为他人谋利行为有认识。只要证实受贿人基于职务之便对行贿人的请托事项有明示或默示的许诺,则表明双方对权钱交易行为的认可,受贿人主观上就具备了为他人谋利的认识。

（三）行贿行为和受贿行为具有对合关系，但不是对合犯

一般情况下，行贿和受贿是对合关系，一方的存在以另一方的存在为前提，即受贿罪对应行贿罪，利用影响力受贿罪对应对有影响力的人行贿罪。在司法实践中，大多数案件行贿行为与受贿行为也表现为给受型的对合行为，行贿方以物质性利益收买，受贿方以权交易，双方互动，缺一不可。但是，在一些案件中，二者之间并不具有完全一致的对合关系，如果介入第三方，行贿方向他人提出请托事项，受托人并没有利用本人的职务之便而是再通过其他国家工作人员为请托人谋取利益，便会产生出斡旋受贿（利用本人职权或地位形成的便利条件）、介绍贿赂（向国家工作人员介绍贿赂）、共同行贿（与行贿人达成共同行贿犯意）、共同受贿（与受贿人达成共同受贿犯意）以及非罪行为（向非国家工作人员介绍并由后者延续介绍直至最终由国家工作人员为请托人谋取利益），由于存在这些复杂的变化，就不能用简单对合关系来分析把握行为性质。从法学理论和审判实践经验来看，行贿罪和受贿罪虽然具有对合关系，但不是对合犯，行贿罪有其犯罪构成的独立性，因此，行贿罪和受贿罪不是互为必要条件的。

（四）行贿罪是独立之罪，不以对向犯存在而存在

行贿犯罪属于行为犯，而不是结果犯，只要行贿人为了获取不正当利益而向国家工作人员给予财物的，即构成行贿罪，而不论行贿人是否实际谋取到利益，也不论受贿人是否愿意或实际收到财物。从司法实践来看，在下列情况中，往往只成立行贿罪而不存在受贿罪。一种是在直接行贿中，国家工作人员没有接受贿赂的主观故意，即国家工作人员主观上不具有收受贿赂的意图。另一种是在介绍贿赂罪中，国家工作人员实际上并没有收受贿赂。由于介绍贿赂人根据行贿和受贿双方意图，通过引见、撮合促使其行贿受贿得以顺利实现，行贿与受贿不是直接进行，所以行贿罪与受贿罪的对向关系的隔断提供了可能。在司法实践中，一些个别从事中介服务的机构，打着需要向国家工作人员“打点”的幌子，向行贿方索取或收受财物，当国家工作人员拒绝收受这些财物后，介绍贿赂人将其据为己有。这种情况下，国家工作人员拒绝受贿肯定不构成受贿罪，而行贿一方行为则可能成立行贿罪。因此，我们在认定行贿受贿行为时，不能受行贿罪与受贿罪是对向犯罪的束缚，必须从个案的实际情况来认定行贿受贿罪与非罪。

四、辅助信息

高频词条：

《刑法》

第385条 国家工作人员利用职务上的便利，索取他人财物的，或者非法收受他人财物，为他人谋取利益的，是受贿罪。

国家工作人员在经济往来中，违反国家规定，收受各种名义的回扣、手续费，归个人所有的，以受贿论处。

第388条 国家工作人员利用本人职权或者地位形成的便利条件，通过其他国家工作人员职务上的行为，为请托人谋取不正当利益，索取请托人财物或者收受请托人财物的，以受贿论处。

第388条之一 国家工作人员的近亲属或者其他与该国家工作人员关系密切的人，通过该国家工作人员职务上的行为，或者利用该国家工作人员职权或者地位形成的便利条件，通过其他国家工作人员职务上的行为，为请托人谋取不正当利益，索取请托人财物或者收受请托人财物，数额较大或者有其他较重情节的，处三年以下有期徒刑或者拘役，并处罚金；数额巨大或者有其他严重情节的，处三年以上七年以下有期徒刑，并处罚金；数额特别巨大或者有其他特别严重情节的，处七年以上有期徒刑，并处罚金或者没收财产。

离职的国家工作人员或者其近亲属以及其他与其关系密切的人，利用该离职的国家工作人员原职权或者地位形成的便利条件实施前款行为的，依照前款的规定定罪处罚。

第389条 为谋取不正当利益，给予国家工作人员以财物的，是行贿罪。

在经济往来中，违反国家规定，给予国家工作人员以财物，数额较大的，或者违反国家规定，给予国家工作人员以各种名义的回扣、手续费的，以行贿论处。

因被勒索给予国家工作人员以财物，没有获得不正当利益的，不是行贿。

第390条之一 为谋取不正当利益，向国家工作人员的近亲属或者其他与该国家工作人员关系密切的人，或者向离职的国家工作人员或者其近亲属以及其他与其关系密切的人行贿的，处三年以下有期徒刑或者拘役，并处罚金；情节严重的，或者使国家利益遭受重大损失的，处三年以上七年以下有期徒刑，并处罚金；情节特别严重的，或者使国家利益遭受特别重大损失的，处七年以上十年以下有期徒刑，并处罚金。

单位犯前款罪的，对单位判处罚金，并对其直接负责的主管人员和其他直接责任人员，处三年以下有期徒刑或者拘役，并处罚金。

第 392 条 向国家工作人员介绍贿赂，情节严重的，处三年以下有期徒刑或者拘役，并处罚金。

介绍贿赂人在被追诉前主动交待介绍贿赂行为的，可以减轻处罚或者免除处罚。

《贪污贿赂案件解释》

第 13 条 具有下列情形之一的，应当认定为“为他人谋取利益”，构成犯罪的，应当依照刑法关于受贿犯罪的规定定罪处罚：

（一）实际或者承诺为他人谋取利益的；

（二）明知他人有具体请托事项的；

（三）履职时未被请托，但事后基于该履职事由收受他人财物的。

国家工作人员索取、收受具有上下级关系的下属或者具有行政管理关系的被管理人员的财物价值三万元以上，可能影响职权行使的，视为承诺为他人谋取利益。

第 15 条 对多次受贿未经处理的，累计计算受贿数额。

国家工作人员利用职务上的便利为请托人谋取利益前后多次收受请托人财物，受请托之前收受的财物数额在一万元以上的，应当一并计入受贿数额。

第 16 条 国家工作人员出于贪污、受贿的故意，非法占有公共财物、收受他人财物之后，将赃款赃物用于单位公务支出或者社会捐赠的，不影响贪污罪、受贿罪的认定，但量刑时可以酌情考虑。

特定关系人索取、收受他人财物，国家工作人员知道后未退还或者上交的，应当认定国家工作人员具有受贿故意。

第 17 条 国家工作人员利用职务上的便利，收受他人财物，为他人谋取利益，同时构成受贿罪和刑法分则第三章第三节、第九章规定的渎职犯罪的，除刑法另有规定外，以受贿罪和渎职犯罪数罪并罚。

贪污贿赂案件裁判规则第 18 条：

行为人受贿后又滥用职权，给国家造成巨额经济损失，其行为构成受贿罪、滥用职权罪，应当数罪并罚

〔**规则描述**〕：国家工作人员，利用职务上的便利，非法收受他人财物，为他人谋取利益，其行为依法构成受贿罪，同时因滥用职权，致使公共财产、国家和人民遭受重大损失的，构成滥用职权罪，应数罪并罚。

一、类案检索大数据报告

时间：2020 年 11 月 27 日之前，案例来源：Alpha 案例库，案件数量：12, 873 件，数据采集时间：2020 年 11 月 27 日，本次检索共获取 2020 年 11 月 27 日前认定受贿罪与滥用职权罪并罚的裁判文书有 12, 873 篇，整体情况如图 18 – 1 所示，从案件年份分布可以看到当前条件下案例数量的变化趋势。

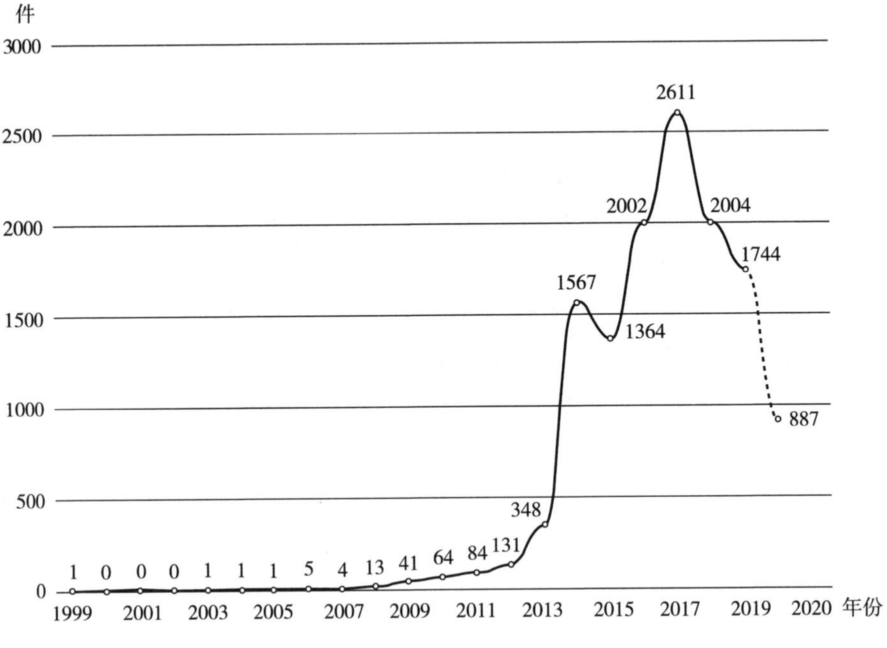

图 18 – 1 案件年份分布情况

如图 18－2 所示，从案件地域分布来看，当前案例主要集中在安徽省、广东省、浙江省，分别占比 9.18%、7.48%、7.07%。其中，安徽省的案件量最多，达到 1182 件。（注：此处显示该条件下案例数量排名前五的省份。）

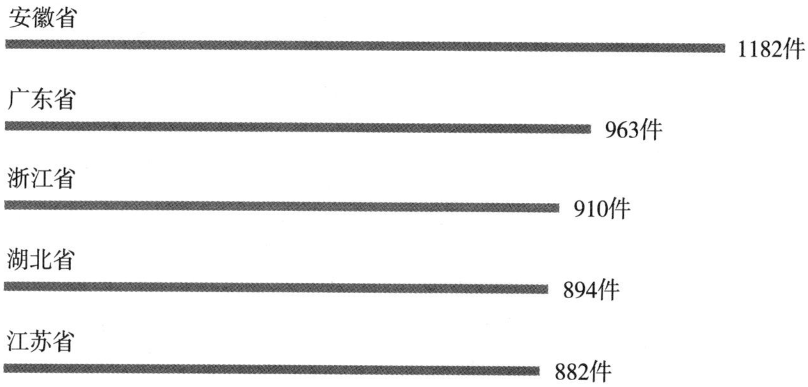

图 18－2　案件地域分布情况

如图 18－3 所示，从案件案由分类情况可以看到，当前最主要的案由是刑事，有 12,401 件，占一半以上；其次是行政，民事，执行，国家赔偿。

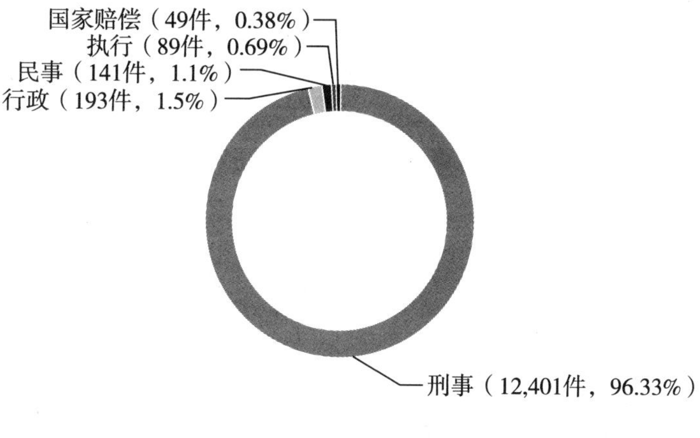

图 18－3　案件案由分类情况

如图 18－4 所示，从案件程序分类统计可以看到当前的审理程序分布状况。其中，一审案件有 6342 件，二审案件有 3572 件，再审案件有 293 件，执行案件有 2620 件。

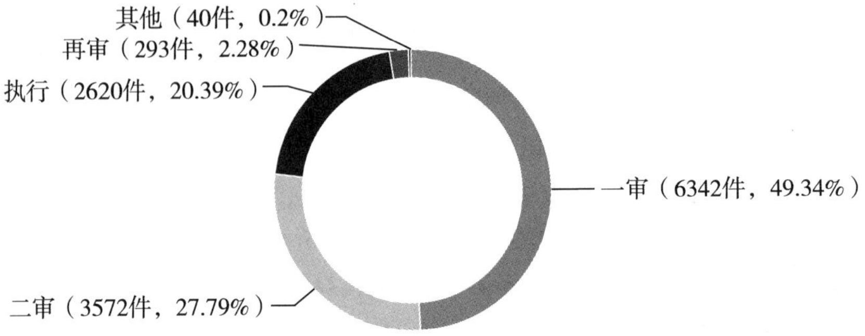

图 18－4　案件程序分类情况

如图 18－5 所示，通过对主刑的可视化可以看到，当前条件下包含有期徒刑的案件有 6293 件，包含拘役的案件有 428 件，包含无期徒刑的案件有 39 件。其中，包含缓刑的案件有 1573 件，免予刑事处罚的案件有 1235 件。

图 18－5　案件判决主刑情况

二、可供参考的例案

例案一 | 佘某荣受贿、滥用职权案

【法院】

云南省玉溪市中级人民法院

【案号】

(2010)玉中刑终字第 204 号

【诉讼主体】

原公诉机关:云南省澂江县人民检察院

上诉人(原审被告人):佘某荣

【基本案情】

1.2008年4月至10月,李某保、李某全父子、施某才为盗窃已被政府封停并进行监管的帽天山自然保护区周边矿点的磷矿石牟利,遂行贿被告人佘某荣,让其提供澂江县国土资源局巡查矿山的信息以便盗窃。被告人佘某荣在明知上述人员欲盗窃已被政府封停并进行监管的帽天山自然保护区周边矿点的磷矿石牟利的情况下,不履行其身负矿山巡查执法监察等监管职责,伙同澂江县国土资源局执法监察大队大队长尹某培(另案处理),利用其二人在澂江县国土资源局执法监察大队工作的职务便利,非法收受李某保、李某全父子送给的人民币10万元和施某才送给的人民币7万元,合计17万元,个人实得人民币9.5万元,并为其提供澂江县国土资源局巡查矿山的信息。2008年4月底至5月初,李某保、李某全利用佘某荣、尹某培提供的信息,盗窃已被政府封停并进行监管的帽天山自然保护区内郭家山矿点堆放的磷矿石7896.9吨,销赃得币94.7万余元,另有8车200余吨磷矿石被澂江县诚合矿业开发有限责任公司查获收缴;施某才利用佘某荣、尹某培提供的信息,盗窃已被政府封停并进行监管的帽天山自然保护区崆峒山及其周边的黑蟆地等地矿点的磷矿石1500余吨,销赃得币19万余元,导致澂江帽天山动物化石群自然保护区及其周边的生态环境、公共财产、矿产资源遭受破坏。

2.2008年1月至2009年7月,吴某亮、奚某、吕某亮、董某平、孙某林等人为盗窃已被政府封停并进行监管的帽天山自然保护区周围矿点的磷矿石牟利,遂行贿被告人佘某荣,让其提供澂江县国土资源局巡查矿山的信息以便盗窃。被告人佘某荣在明知上述人员欲盗窃已被政府封停并进行监管的帽天山自然保护区及其周边矿点的磷矿石牟利的情况下,不履行其身负矿山巡查执法监察等监管职责,利用其在澂江县国土资源局执法监察大队、澂江县矿山联合执法巡查组工作的职务便利,非法收受吴某亮、奚某、吕某亮、董某平、孙某林送给的人民币0.2万元、2万元、0.8万元、0.3万元、0.2万元,合计人民币3.5万元,并为其提供澂江县国土资源局、澂江县矿山联合执法巡查组巡查矿山的信息。吴某亮、奚某、吕某亮、董某平、孙某林等人利用佘某荣提供的信息,分别多点、多次盗窃已被政府封停并进行监管的帽天山自然保护区大坡头及其周边出大水、风口哨等地矿点的磷矿石100余吨、800余吨、100余吨、60余吨、100余吨,合计1100余吨,销赃得人民币8万余元，导致澂江帽天山动物化石群自然保护区及其周边的生态环境、公共财产、矿产资源遭受破坏。

另查明，2008年6月，被告人佘某荣与澂江县国土资源局执法监察大队大队长尹某培巡查矿山时，在九村镇出大水矿区查获赵某荣盗采磷矿石，后在其同事蒋某戎向尹某培说情的情况下，尹某培、佘某荣未依法处置，私放了赵某荣。之后不久，蒋某戎从赵某荣送给其的钱中拿了0.5万元送给尹某培，尹某培与佘某荣二人均分。

被告人佘某荣于2010年2月25日自书交代了其收受李某全、施某才、吴某亮、奚某、吕某亮、董某平的贿赂并为上述人员提供澂江县国土资源局、澂江县矿山联合执法巡查组巡查矿山的信息的犯罪事实；澂江县人民检察院于2010年2月26日对佘某荣受理初查，并于同日以佘某荣涉嫌滥用职权罪立案侦查；被告人佘某荣向检察机关退缴了受贿赃款2万元。

【案件争点】

被告人受贿、滥用职权行为是否应数罪并罚。

【裁判要旨】

被告人佘某荣身为国家工作人员，利用职务上的便利，非法收受他人财物，为他人谋取利益，其行为依法构成受贿罪；被告人佘某荣身为国家机关工作人员，故意放弃职守，不履行其身负矿产资源监管职责，为行贿人提供监管部门的监管信息，对行贿人多次盗窃已被政府封停并进行监管的矿区的磷矿石的行为不制止、不查处，导致澂江帽天山动物化石群自然保护区及其周边的生态环境、公共财产、矿产资源遭受破坏，致使公共财产损失达120余万元、国家和人民利益遭受重大损失，其行为已依法构成滥用职权罪。被告人佘某荣在判决宣告前一人犯数罪，应予数罪并罚。

被告人佘某荣受贿金额达20.5万元，个人实得13万元，滥用职权致使公共财产、国家和人民利益遭受重大损失，依法分别应处十年以上有期徒刑或者无期徒刑和三年以下有期徒刑或者拘役。被告人佘某荣在检察机关对其受理初查之前主动交代了其犯罪事实，其行为依法构成自首，可以从轻或者减轻处罚；被告人退缴了部分赃款，可酌情从轻处罚。法院依法对其所犯受贿罪减轻处罚，对其所犯滥用职权罪从轻处罚。判决：佘某荣犯受贿罪，判处有期徒刑九年；犯滥用职权罪，判处有期徒刑一年零六个月。数罪并罚，总和刑期有期徒刑十年零六个月，决定执行有期徒刑九年。佘某荣尚未退缴的受贿赃款11万元，继续追缴。

上诉人佘某荣上诉称,尽管上诉人的行为已触犯了《刑法》第 385 条、第 397 条规定,同时构成受贿罪和滥用职权罪,但是两个罪名之间存在牵连关系,只能按一重罪进行处罚,一审法院对上诉人以受贿罪和滥用职权罪实行数罪并罚,违背了我国《刑法》对牵连罪的处罚原则,属于适用法律错误,不应追究上诉人滥用职权的刑事责任。一审法院对上诉人犯受贿罪处九年有期徒刑,属于量刑过重。

二审法院审理认为,根据《刑法》及全国人民代表大会常务委员会《关于〈中华人民共和国刑法〉第九章渎职罪主体适用问题的解释》的规定,上诉人佘某荣依法具备受贿罪、滥用职权罪的主体资格。被告人佘某荣身为国家工作人员,利用职务上的便利,非法收受他人财物,为他人谋取利益,其行为依法构成受贿罪;被告人佘某荣身为国家工作人员,故意放弃职守,不履行其身负的矿产资源监管职责,为行贿者提供监管部门的监管信息,对行贿者多次盗窃已被政府封停并进行监管的矿区的磷矿石的行为不制止、不查处,致使公共财产、国家和人民利益遭受重大损失,其行为依法构成滥用职权罪。被告人的行为符合受贿罪和滥用职权罪的构成要件,应予数罪并罚。故上诉人佘某荣认为其所犯受贿罪和滥用职权罪属牵连犯,只应择一重罪即以受贿罪处罚的上诉意见与事实和法律规定不符,不予采纳。上诉人佘某荣在检察机关对其受理初查之前主动交代了其犯罪事实,其行为依法构成自首,可以从轻、减轻处罚;上诉人退缴了部分赃款,可酌情从轻处罚。原审法院依法对其所犯受贿罪已减轻处罚;对其所犯滥用职权罪也从轻处罚。因此,对上诉人佘某荣提出不应追究其滥用职权罪的刑事责任,对其犯受贿罪应处三年以下有期徒刑的上诉请求,法院不予采纳。综上,原审审判程序合法,判决认定事实清楚,证据确实、充分,定罪准确,量刑适当,适用法律正确。

例案二 | 张某受贿、滥用职权案

【法院】

云南省红河县人民法院

【案号】

(2016)云 2529 刑初 72 号

【诉讼主体】

公诉机关:云南省红河县人民检察院

被告人:张某

【基本案情】

被告人张某于2015年10月至2016年1月接受河口县公安局安排,到河口县南屏反走私卡点参与联合查缉走私活动,其间利用职务上的便利,伙同李某1等人(另案处理)收受他人给予的财物,私自放行运输走私货物的车辆,不履行查缉职责。被告人张某个人非法收受他人贿赂款6万元,并将该贿赂款与他人放行走私车辆所得的贿赂款再进行共同分配,其中被告人张某共分得79,500元。案发后,被告人张某已退缴涉案赃款共计人民币8万元。具体事实如下:

(一)受贿的事实

1.被告人张某于2015年10月7日,在河口县南屏服务区执勤期间接受谭某1的请托,以放走一辆运输走私冻品的货车给1万元好处费的价格,放走了谭某1联系的2辆运输走私冻品货车。车辆通过卡点后,谭某1在南屏服务区给了张某2万元现金。同日,与张某一起执勤的张某1放走运输走私货物的车辆后,在南屏服务区拿给张某人民币1万元。次日,张某将从谭某1处收受的2万元现金拿到河口县南亚宾馆与同班人员一起分钱,其中张某分得2万元。张某共计收受3万元。

2.被告人张某于2015年10月10日,在河口县南屏服务区执勤期间接受余某某的请托,以放走一辆运输走私冻品的货车给1万元的价格,放走了余某某联系的4辆运输走私冻品的货车。车辆通过卡点后,余某某于10月11日10时许在河口县明珠广场与金帝酒店中间的路上给了张某4万元现金。同日中午,张某将从余某某处收受的4万元拿到河口县凤凰宫KTV旁边的一家宾馆里与同班人员分钱,张某分得2万元。

3. 2016年1月19日,邓某某(另案处理)在河口县南屏服务区执勤期间放行了其联系的4辆运输走私货物的货车,收得4.8万元好处费。同日,被告人张某分得8000元。

4. 2016年1月20日,唐某某(另案处理)在河口县南屏服务区执勤期间放行了其联系的2辆运输走私货物的货车,后收得25,900元好处费。次日18时许,唐某某在河口县建设街处分给张某5500元。

5. 2016年1月24日,李某1(另案处理)在河口县南屏服务区执勤期间放行了其联系的8辆运输走私货物的货车,后收得8万元好处费。同日19时许,李某1在河口县金河市场门口分给被告人张某1.6万元。

(二)滥用职权的事实

被告人张某于2015年10月至2016年1月,接受河口县公安局安排在蒙河高速公路南屏服务区反走私联合查缉点执勤期间，违反其职权要求，未履行打击走私活动的职责，致使大量未经检验检疫的走私冻品进入国内市场，造成重大安全隐患，直接威胁人民群众生命健康，严重影响河口边境地区对打击走私活动的执法公信力，造成恶劣社会影响。

【案件争点】

被告人张某同时触犯受贿罪、滥用职权罪，是否应数罪并罚。

【裁判要旨】

法院认为，被告人张某系依法从事公务的受聘协警，属国家工作人员，在从事公务期间，利用职务上的便利，伙同他人收受财物，共计人民币 79，500 元，数额较大并为他人谋取非法利益；同时被告人张某违反职权要求，未严格依法履行打击走私活动的职责，致使大量未经检验检疫的走私冻品进行国内市场，造成重大安全隐患，对人民群众生命健康造成严重威胁，严重影响河口边境地区打击走私活动的执法公信力，造成恶劣社会影响。其行为已分别构成受贿罪和滥用职权罪，应依法实行数罪并罚。公诉机关指控被告人张某犯受贿罪和滥用职权罪的事实清楚，证据确实、充分，罪名成立，法院予以支持。

辩护人关于"张某的行为构成受贿罪与滥用职权罪但应择一重罪处罚、张某系共同犯罪中的从犯"的辩解和辩护意见。经查，根据现有在卷证据证明，被告人张某在国家机关中系依法从事公务的受聘协警属国家工作人员，在履行职务期间，未严格依法履行职责，伙同他人放行未经检验检疫的冻品车辆进入国内市场，造成重大食品安全隐患和直接威胁人民群众生命健康，已造成恶劣的社会影响，其行为构成滥用职权罪。同时，被告人张某在履行职务期间，利用职务上的便利，伙同他人收受贿赂，为他人谋取非法利益，其行为构成受贿罪，且与另案处理的其他同伙属共同犯罪，但在共同犯罪中，被告人张某的地位及作用与其他同伙相当，不宜区分主从犯。因此，根据最高人民法院、最高人民检察院《关于办理渎职刑事案件适用法律若干问题的解释（一）》第 1 条及第 3 条的规定，被告人张某的行为同时构成滥用职权罪和受贿罪并应依法实行数罪并罚。故被告人张某及辩护人的辩护意见不予采纳。综上，根据本案被告人张某的犯罪事实、性质、情节及对社会的危害程度，判决被告人张某犯受贿罪，判处有期徒刑十个月，并处罚金人民币 100，000 元；犯滥用职权罪，判处有期徒刑六个月。被告人张某退缴的涉案受贿款人民币 79，500 元，依法予以没收上缴国库。随案移送的苹果手机一部，依法没收拍照存档后予以销毁。

例案三 | 施某涛受贿、滥用职权案

【法院】

湖北省咸宁市中级人民法院

【案号】

(2015)鄂咸宁中刑终字第32号

【诉讼主体】

原公诉机关:嘉鱼县人民检察院

上诉人(原审被告人):施某涛

【基本案情】

(一)滥用职权的事实

2012年3月,上诉人施某涛被任命为咸宁市公安局副局长;同年5月,具体分管咸宁市公安局交通警察支队、警卫处,并联系道路交通安全协会、驾校工作。2012年8月,何某甲通过他人介绍认识施某涛,要求挂靠双鹤驾校对外招生。施某涛在明知何某甲没有驾驶员培训资质的情况下,同意其挂靠该校对外招生,并许诺何某甲每月可招收200名外地学员。2012年8月至2013年6月,何某甲以该校的名义对外共计招收1800余名外地学员。为了使何某甲所招收的学员在考试中顺利通过,施某涛多次指示交警支队相关人员在监考中给予照顾,使上述外地学员顺利通过相关科目的考试并取得了机动车驾驶证,在社会上造成了恶劣的影响。

(二)受贿事实

1. 2012年8月,何某甲通过双鹤驾校校长徐某认识施某涛,要求挂靠双鹤驾校对外招生。施某涛明知何某甲没有驾驶员培训资质,同意其挂靠双鹤驾校对外招生。何某甲为感谢施某涛的帮助,许诺每招收一名外地学员给施某涛500元的好处费。自2012年8月至2013年6月,何某甲共计招收1800余名外地学员,多次送给施某涛现金共计66.5万元。2013年8月,湖北省公安厅对咸宁市公安局交警支队有关人员涉嫌违规操作驾驶证考试问题展开调查,施某涛一次性退给何某甲现金70万元。

2. 2013年2月,咸宁市东方外国语学校负责人阮某某为汽车能上个好号牌请求施某涛帮忙,施某涛答应后,阮某某在施某涛的办公室送给其现金1万元。同年11月,施某涛的儿子结婚时,阮某某再次送给施某涛现金1万元。

3. 咸宁市交警支队三大队横沟中队临时工张某甲请求施某涛帮其安排工作,

施某涛答应后，张某甲于2013年11月在施某涛儿子结婚时，送其现金1万元。

4. 2012年1月，公安部出台新的汽车驾驶“科目三路考”培训考试办法，从2013年7月1日起全部采用电子智能评判系统，并要求各地建场地成立考试中心。运通公司法定代表人王某甲为承接该业务，通过他人认识施某涛，施某涛同意王某甲与咸宁市公安局交警支队共建驾驶员科目三考试场地，由王某甲负责建场全部投资以及购买电子设备和考试用车。2013年2月，王某甲用一辆奥迪A6车和一辆比亚迪轿车与何某乙的一辆号牌为鄂L0B×××、价值56万元的二手奔驰R×××商务车置换后，将奔驰车送给施某涛使用。2013年3月5日，王某甲代表咸宁市顺通汽车服务有限公司与咸宁市公安局交通警察支队签订《建设汽车驾驶人科目三智能评判系统事项合作协议》。同年8月，湖北省公安厅对咸宁市公安局交警支队有关人员违规操作驾驶证考试问题展开调查，施某涛将该车退还给王某甲。

另查明，2013年11月26日，嘉鱼县人民检察院传唤上诉人施某涛，施某涛如实供述了自己受贿的犯罪事实，并退赃款3万元。有相关书证在卷佐证。

【案件争点】

被告人的受贿、滥用职权的行为应择一罪重罚还是应数罪并罚。

【裁判要旨】

一审法院认为，被告人施某涛身为国家工作人员，利用职务之便，收受他人钱财，为他人谋取利益，在负有监管职责的公务活动中没有认真履行监管职责，滥用职权，在社会上造成恶劣影响，公诉机关指控其犯受贿和滥用职权的事实成立，其行为已分别构成受贿罪、滥用职权罪。被告人施某涛的辩解理由和辩护人辩称，被告人施某涛行为不构成滥用职权罪和收受证人20的车辆及收受证人18、证人19现金3万元不构成受贿罪的意见不能成立，不予采纳。归案后，被告人施某涛认罪态度较好，能如实供述自己的犯罪事实，积极退清赃款，可酌情从轻处罚。判决被告人施某涛犯受贿罪，判处有期徒刑十一年；犯滥用职权罪，判处有期徒刑六个月。决定执行有期徒刑十一年。

宣判后，施某涛不服，提出上诉。

上诉人施某涛上诉提出，原审认定其构成滥用职权罪的事实不清，证据不足，适用法律错误。其辩护人提出，（1）上诉人施某涛没有管理驾校的职权，没有允许驾驶员可以在科目二、科目三考试中作弊，也没有安排代考人员帮助学员考试及逃避监控转移考试地点，虽其要求交警支队相关人员对学员进行理论考试时给予关照，但犯罪情节轻微，危害不大，不构成滥用职权罪。（2）上诉人施某涛收受贿赂，滥用职权为他人谋取利益的行为，属于受贿犯罪与渎职犯罪的竞合，且两罪存在吸收关系，应按照想象竞合犯或者吸收犯的处罚原则，从一重罪判处。

二审法院审理认为，关于上诉人施某涛及其辩护人提出，原审认定施某涛构成滥用职权罪证据不足，适用法律错误的上诉理由和辩护意见。经查，证人徐某、孙某某、何某甲等人的证言证明，上诉人施某涛在联系双鹤驾校工作期间，让不具有驾驶员培训资质的何某甲挂靠驾校，对外招收1800余名外地学员，并指使交警支队监考人员违规操作，使上述学员顺利通过考试，取得机动车驾驶证。上诉人施某涛对该事实亦有供认。其违反有关规定，滥用职权，造成恶劣社会影响，其行为构成滥用职权罪。该上诉理由和辩护意见不能成立，法院不予采纳。

关于辩护人提出上诉人施某涛滥用职权的行为与收受何某甲66.5万元的行为是否属于吸收犯和想象竞合犯的辩护意见。经查，施某涛分别实施滥用职权和受贿的行为，侵犯了不同的客体，分别构成滥用职权罪和受贿罪，依法应数罪并罚。辩护人的辩护意见与法律规定不符，法院亦不予支持。

上诉人施某涛身为国家工作人员，利用职务之便，收受他人钱财，为他人谋取利益，其行为构成受贿罪。施某涛在负有监管职责的公务活动中没有认真履行职责，滥用职权，同意没有培训资质人员挂靠双鹤驾校对外招生1800余人，在社会上造成恶劣影响，其行为构成滥用职权罪。上诉人施某涛认罪态度较好，能如实供述自己的犯罪事实，积极退清赃款，可酌情从轻处罚。上诉人施某涛的上诉理由及辩护人的辩护意见均与审理查明的事实和法律规定不符，法院均不予采纳。原审判决事实清楚，证据确实、充分，定罪准确，量刑适当，审判程序合法。裁定驳回上诉，维持原判。

三、裁判规则提要

受贿行为，是指国家工作人员利用职务上的便利，索取他人财物，或者非法收受他人财物，为他人谋取利益的行为。滥用职权行为，是指国家机关工作人员在公务活动中滥用职权、玩忽职守、徇私舞弊，妨害国家管理活动，致使公共财产或者国家与人民利益遭受重大损失的行为。二者有一定联系，也有一定的区别。

（一）受贿行为与滥用职权行为的联系

1. 主观上是为了受贿而滥用职权

从形式上看，受贿行为规定在第八章贪污贿赂罪中，滥用职权行为则规定在第九章渎职罪中，两行为似乎并无关系，分属于不同的章节，但两个罪名都属于身份犯，受贿罪、渎职罪的主体都是国家机关工作人员，两罪主体极大的重合性使在司法实践中一主体触犯两罪名的情况经常发生。从目的性上看，在行为人实施受贿后滥用职权这一行为中，受贿行为与滥用职权行为在某种程度上具有相同的目的性，一方面，行为人索取或收受贿赂而实施滥用职权行为时，受贿行为属于目的行为，渎职行为属于手段行为，也可以说行为人主观上就是为了受贿而实施滥用职权的行为，滥用职权行为只是行为人索取或收受贿赂的手段。另一方面，行为人在受贿后，通常为了使其受贿行为不暴露，而为行贿人谋取一定利益，这样行贿人得到了好处自然不会将某官员受贿之事公之于众，同时这种相互之间的利益关系使两方关系可以长久地存在下去。

2. 客观上两种行为先后或交叉进行

受贿行为和滥用职权的行为都会涉及违法犯罪的问题。在现实生活中，受贿行为与滥用职权行为出现的情况有三种，包括只触犯受贿罪、只触犯渎职罪、同时触犯受贿罪和渎职罪。在司法实践中第三种情况出现比较多，行为人同时触犯这两个罪名。一方面，行贿者之所以给予某国家工作人员财物一般都是为了从国家工作人员那里得到某种好处，而这种好处的取得依赖于国家工作人员的职务行为。另一方面，受贿者接受行贿者的财物，一般都会允诺其将利用职务上的便利为行贿者谋取利益，包括正当利益和不正当利益。在实践中，行为人受贿和滥用职权的行为并不一定会同时发生，有时是一个在前一个在后，更为复杂一点的是受贿行为和滥用职权行为交叉发生。行贿人可以多次行贿，而受贿人尽管利用职务便利在大多数情况下并不能将行贿人委托之事一次完成，所以两种行为是处于一种持续的、不间断的过程之中。

（二）受贿行为与滥用职权行为的区别

1. 侵犯的客体不同

受贿罪的客体是国家工作人员的不可收买性，职务行为不可收买性的内容包括公民对职务行为不可收买性的信赖和职务行为的不可收买性本身。滥用职权犯罪的客体是国家机关的正常活动。如果国家机关工作人员背离国家机关的活动准则，滥用职权、玩忽职守或者徇私舞弊、违法乱纪，则必然会使国家机关的正常职能遭到破坏，致使公共财产、国家和人民的利益受到损害。从两个罪的犯罪客体可以看出，两罪虽然都是针对国家公职人员而设定的犯罪，但两罪客体的保护有很大不同,受贿罪针对职务而言,滥用职权针对全部国家机关的正常活动为保护对象。受贿的社会危害性以犯罪数额决定,而滥用职权一经实施即给国家、人民的利益带来重大损害。

2. 行为的表现不同

受贿罪的表现方式是:利用职务上的便利,一方面,可以利用本人职务的权力,也可以利用本人在职务上直接处理某项事务的权力。另一方面,可以利用与职务有关的便利条件,即不是直接的利用职权,而是利用职权或地位形成的便利条件,从中向请托人索取或非法收受财物。因此,受贿罪的主要表现形式是索取和收受。滥用职权的行为一般表现为国家机关工作人员超越职权、擅权妄为,不履行自己职责的行为。一方面,国家工作人员要有一定的职权,可以通过作为也可以通过不作为的方式实施犯罪。另一方面,行为人如超越职权处理无权决定、处理的事项,也是滥用职权的表现形式。

(三)数罪并罚与从一重罪的定罪原则

关于受贿的同时滥用职权定一罪还是数罪,有的观点认为是牵连犯,应一罪处罚。因为受贿后滥用职权的行为存在手段与目的关系,行为人主观上是存在牵连意图,即主观上为了受贿而滥用职权,滥用职权行为是手段行为,受贿行为是目的行为,两者存在牵连关系,故应按照牵连犯从一重罪处罚原则,应当以重罪名定性。有的观点认为,应数罪并罚。因为行为人受贿后滥用职权的行为不构成法条竞合犯和想象竞合犯,行为人受贿后又滥用职权的行为不成立牵连犯和吸收犯,受贿行为和滥用职权的行为是两个彼此独立的行为,分别触犯两个罪名,应当数罪并罚。事实上,构成牵连犯必须具备的条件为,行为人必须基于一个犯罪目的,这是构成牵连犯的主观要件,而且是认定各行为之间具有牵连关系的主要标准;行为人必须实施了两个以上相对独立的犯罪行为,必须是数行为之间有牵连关系,具体表现为手段行为与目的行为的牵连关系或原因行为与结果行为的牵连关系。数个行为必须触犯不同罪名,如果数个行为只触犯一个罪名则不能成立牵连犯。而解决受贿与滥用职权之间是否存在牵连关系,关键在于对作为受贿构成要件的"为他人谋取利益"有不同的理解与认识。司法实践中,"为他人谋取利益"仅作为主观要件,并不能涵盖所有受贿犯罪,受贿与滥用职权之间并不必然存在牵连关系。因为受贿罪可分为索取型受贿和收受型受贿,索取型犯罪并不要求"为他人谋取利益",只要行为人利用职权索贿,即构成受贿既遂,其为他人谋取利益的行为又构成渎职犯罪的，是完全独立的犯罪行为，根本不存在所谓的牵连关系。就收受型受贿来说，受贿与滥用职权之间虽可能存在一定交叉和关联，但受贿罪中的“为他人谋取利益”只要承诺为他人谋取利益即可构成受贿既遂，并不要求为他人谋取利益的实际实施。因此要根据案件的实际情况，对于受贿罪与滥用职权罪通常的方法和结果之间不是存在必然联系，故应该认定为数罪。

例案一中，佘某荣身为国家工作人员，利用职务上的便利，非法收受他人财物，为他人谋取利益，其行为依法构成受贿罪；佘某荣身为国家机关工作人员，故意放弃职守，不履行其身负矿产资源监管职责，为行贿人提供监管部门的监管信息，对行贿人多次盗窃已被政府封停并进行监管的矿区的磷矿石的行为不制止、不查处，导致澂江帽天山动物化石群自然保护区及其周边的生态环境、公共财产、矿产资源遭受破坏，致使公共财产损失达120余万元、国家和人民利益遭受重大损失，其行为已依法构成选用职权罪。所以，佘某荣的行为符合受贿罪和滥用职权罪的构成要件，系两个独立构罪的行为，应予数罪并罚。

（四）从罪刑相适应原则以及法律规定看，对受贿与滥用职权行为应数罪并罚

1. 定罪量刑时要充分考虑被告人所犯罪行，从而确定其承担的刑事责任

如果对受贿后滥用职权的行为，仅以受贿或者滥用职权罪论处，都无法全面评价被告人的行为。若认定为受贿罪，仅评价了被告人非法索取或收受被害人财产权的刑事责任。若认定滥用职权罪，仅评价了滥用职权给国家造成的损失，无法评价被告人收取钱款的行为。因此，行为人的行为侵犯的是数个犯罪构成所保护的法益，成立数罪，只有数罪并罚才能实现量刑合理化。我国刑法总则没有明文规定数罪的区分标准和并罚标准，分则条文只对具体各罪进行特殊规定。对于受贿后滥用职权的行为，刑法从未明文规定以一罪论处，所以对此应数罪并罚。

2. 实行数罪并罚并不违背刑法中禁止重复评价同一行为的原则

禁止重复评价是指在定罪量刑中，禁止对同一犯罪事实给予二次或二次以上的法律评价。在受贿罪中“为他人谋取利益”的要件可以分为承诺、实施，完成三个环节，在任何一个环节均可认定为受贿犯罪的既遂。受贿罪的成立并不要求行为人必须为他人实际谋取了利益，只要有为他人谋取利益的主观要件即可。因此，受贿人后来利用职务之便实施渎职犯罪时受贿罪已经成立，其渎职行为属于独立于受贿罪构成要件之外的行为，数罪并罚不违反禁止重复评价原则。

3. 数罪并罚与《刑法》第 399 条第 5 款的规定并不矛盾

对于一方面构成受贿罪，另一方面构成刑法规定的其他罪名的行为定一罪还是数罪，在 1997 年《刑法》修订前，争议还是比较少的，类似情况被明确规定为两罪，并均按数罪并罚原则处理。如 1988 年全国人民代表大会常务委员会《关于惩治贪污罪贿赂罪的补充规定》第 5 条第 2 款明确规定："因受贿而进行违法活动构成其他罪的，依照数罪并罚的规定处罚。"问题的产生主要在修订《刑法》后，第 399 条第 4 款规定，司法工作人员贪赃枉法，有前 3 款行为的（徇私枉法罪，民事、行政枉法裁判罪，执行判决、裁定失职罪，执行判决、裁定滥用职权罪），同时又构成受贿罪的，从一重罪处罚。事实上，本条规定属于法律拟制、特殊规定，仅涉及以上的罪名，不是刑法总文，不具有普遍适用意义。在被告人同时构成受贿罪与其他类型的渎职犯罪的情形下，不能类推适用，故对国家工作人员收受他人财物为他人谋取利益的行为构成犯罪的，应当以数罪论处，实行并罚。

例案二中，张某在国家机关中系依法从事公务的受聘协警属国家工作人员，在履行职务期间，未严格依法履行职责，伙同他人放行未经检验检疫的冻品车辆进入国内市场，造成重大食品安全隐患和直接威胁人民群众生命健康，已造成恶劣的社会影响，其行为构成滥用职权罪。同时，被告人张某在履行职务期间，利用职务上的便利，伙同他人收受贿赂，为他人谋取非法利益，其行为构成受贿罪。按照法律规定实行数罪，并不违背禁止重复评价同一行为的原则，因为被告人受贿后为他人谋取利益的行为已经结束，滥用职权的行为独立于受贿的行为，所以应当数罪并罚。

例案三中，被告人施某涛身为国家工作人员，利用职务之便，收受他人钱财，为他人谋取利益，其行为构成受贿罪。施某涛在负有监管职责的公务活动中没有认真履行职责，滥用职权，同意没有培训资质人员挂靠双鹤驾校对外招生 1800 余人，在社会上造成恶劣影响，其行为构成滥用职权罪，被告人实施了两个行为，侵犯了两个法益，应数罪并罚。

四、辅助信息

高频词条：

《刑法》

第 69 条 判决宣告以前一人犯数罪的，除判处死刑和无期徒刑的以外，应当在总和刑期以下、数刑中最高刑期以上，酌情决定执行的刑期，但是管制最高不能超过三年，拘役最高不能超过一年，有期徒刑总和刑期不满三十五年的，最高不能超过二十年，总和刑期在三十五年以上的，最高不能超过二十五年。

第 385 条 国家工作人员利用职务上的便利，索取他人财物的，或者非法收受他人财物，为他人谋取利益的，是受贿罪。

国家工作人员在经济往来中，违反国家规定，收受各种名义的回扣、手续费，归个人所有的，以受贿论处。

第 386 条 对犯受贿罪的，根据受贿所得数额及情节，依照本法第三百八十三条的规定处罚。索贿的从重处罚。

第 397 条 国家机关工作人员滥用职权或者玩忽职守，致使公共财产、国家和人民利益遭受重大损失的，处三年以下有期徒刑或者拘役；情节特别严重的，处三年以上七年以下有期徒刑。本法另有规定的，依照规定。

国家机关工作人员徇私舞弊，犯前款罪的，处五年以下有期徒刑或者拘役；情节特别严重的，处五年以上十年以下有期徒刑。本法另有规定的，依照规定。

第 399 条 司法工作人员徇私枉法、徇情枉法，对明知是无罪的人而使他受追诉、对明知是有罪的人而故意包庇不使他受追诉，或者在刑事审判活动中故意违背事实和法律作枉法裁判的，处五年以下有期徒刑或者拘役；情节严重的，处五年以上十年以下有期徒刑；情节特别严重的，处十年以上有期徒刑。

在民事、行政审判活动中故意违背事实和法律作枉法裁判，情节严重的，处五年以下有期徒刑或者拘役；情节特别严重的，处五年以上十年以下有期徒刑。

在执行判决、裁定活动中，严重不负责任或者滥用职权，不依法采取诉讼保全措施、不履行法定执行职责，或者违法采取诉讼保全措施、强制执行措施，致使当事人或者其他人的利益遭受重大损失的，处五年以下有期徒刑或者拘役；致使当事人或者其他人的利益遭受特别重大损失的，处五年以上十年以下有期徒刑。

司法工作人员收受贿赂，有前三款行为的，同时又构成本法第三百八十五条规定之罪的，依照处罚较重的规定定罪处罚。

《贪污贿赂案件解释》

第 2 条 贪污或者受贿数额在二十万元以上不满三百万元的，应当认定为刑法第三百八十三条第一款规定的“数额巨大”，依法判处三年以上十年以下有期徒刑，并处罚金或者没收财产。

贪污数额在十万元以上不满二十万元，具有本解释第一条第二款规定的情形之一的，应当认定为刑法第三百八十三条第一款规定的“其他严重情节”，依法判处三年以上十年以下有期徒刑,并处罚金或者没收财产。

受贿数额在十万元以上不满二十万元,具有本解释第一条第三款规定的情形之一的,应当认定为刑法第三百八十三条第一款规定的“其他严重情节”,依法判处三年以上十年以下有期徒刑,并处罚金或者没收财产。

第 13 条 具有下列情形之一的,应当认定为“为他人谋取利益”,构成犯罪的,应当依照刑法关于受贿犯罪的规定定罪处罚:

(一)实际或者承诺为他人谋取利益的;

(二)明知他人有具体请托事项的;

(三)履职时未被请托,但事后基于该履职事由收受他人财物的。

国家工作人员索取、收受具有上下级关系的下属或者具有行政管理关系的被管理人员的财物价值三万元以上,可能影响职权行使的,视为承诺为他人谋取利益。

第 15 条 对多次受贿未经处理的,累计计算受贿数额。

国家工作人员利用职务上的便利为请托人谋取利益前后多次收受请托人财物,受请托之前收受的财物数额在一万元以上的,应当一并计入受贿数额。

贪污贿赂案件裁判规则第 19 条：
经电话传唤，犯罪嫌疑人主动前往办案单位接受调查，在立案前能够主动、如实供述主要犯罪事实，构成自首

〔**规则描述**〕：被告人经电话传唤，主动到办案机关接受讯问，首次讯问时就能够如实供述主要犯罪事实，或者在立案前办案机关未掌握其他犯罪证据的情况下，如实供述主要犯罪事实，应认定为自首。

一、类案检索大数据报告

时间：2020 年 11 月 27 日之前，案例来源：Alpha 案例库，案件数量：1134 件，数据采集时间：2020 年 11 月 27 日，本次检索共获取 2020 年 11 月 27 日前经电话传唤到案并如实供述的行为的裁判文书有 1134 篇，整体情况如图 19－1 所示，从案件年份分布可以看到，案例数量伴随文书公开，基本呈逐年增长的趋势。

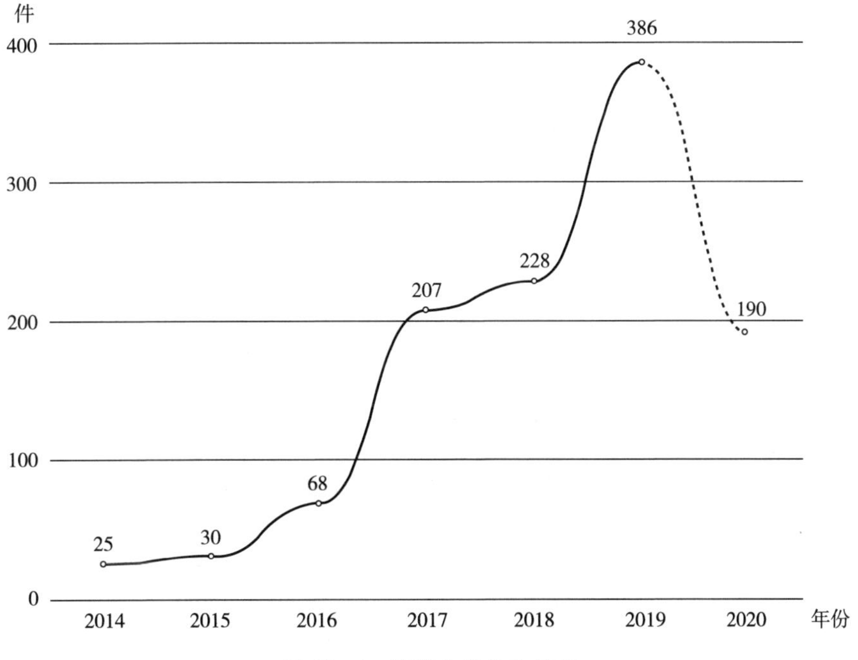

图 19－1　案件年份分布情况

如图 19－2 所示，从案件地域分布来看，当前案例主要集中在辽宁省、山东省、湖南省，分别占比 33.51%、26.01%、8.73%。其中，辽宁省的案件量最多，达到 380 件。（注：此处显示该条件下案例数量排名前五的省份。）

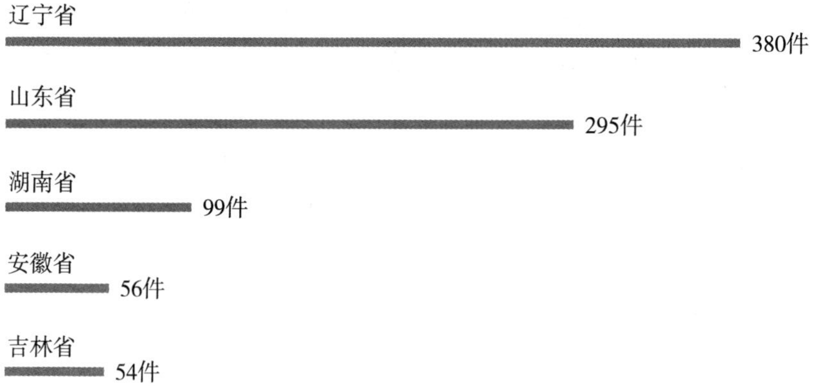

图 19－2 案件地域分布情况

如图 19－3 所示，从案由分类情况可以看到，当前最主要的案由是刑事，有 1130 件，占一半以上；其次是民事，行政。

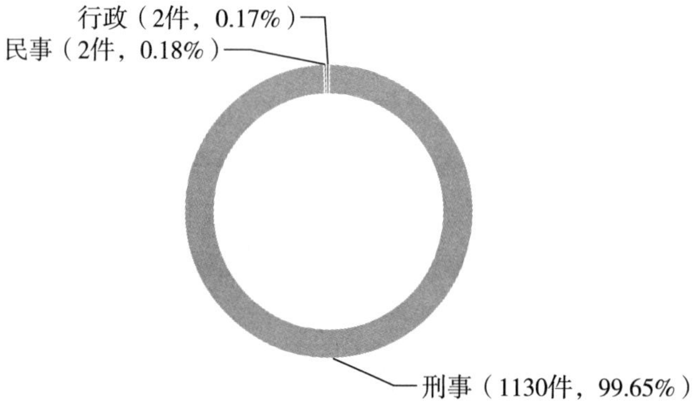

图 19－3 案件案由分类情况

如图 19－4 所示，从案件程序分类统计可以得出当前的审理程序分布状况。其中，一审案件有 1053 件，二审案件有 79 件，并能够推算出一审上诉率约为 7.50%。

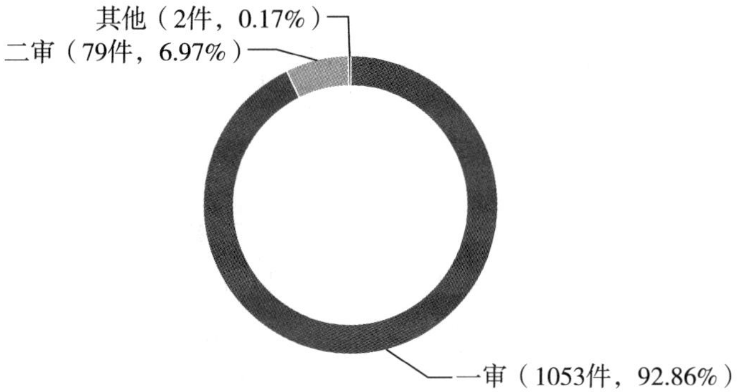

图 19－4　案件程序分类情况

如图 19－5 所示，通过对主刑的可视化可以看到，当前条件下包含拘役的案件有 485 件，包含有期徒刑的案件有 434 件，包含管制的案件有 5 件。其中，包含缓刑的案件有 520 件，免予刑事处罚的案件有 33 件。

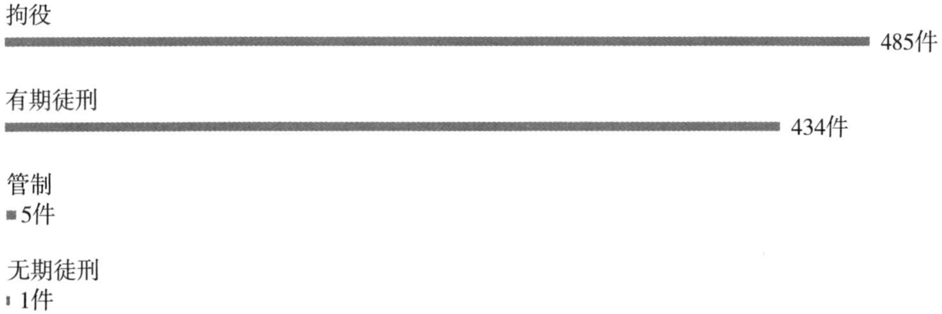

图 19－5　案件判决主刑情况

二、可供参考的例案

例案一｜卢某波受贿案

【法院】

山东省日照市中级人民法院

【案号】

(2020)鲁 11 刑终 83 号

【诉讼主体】

抗诉机关(原公诉机关):山东省莒县人民检察院

原审被告人:卢某波

【基本案情】

被告人卢某波自2008年1月至2012年9月任莒县碁山镇党委书记,2012年9月至2016年8月任莒县农业局党组书记、局长,2016年8月至2018年1月任莒县农业(林业)局党组书记、局长,2018年1月至2019年1月任莒县农业(林业)局党组书记、莒县人大常委会委员、莒县人大农业农村委员会副主任委员,2019年1月至案发前任莒县人大常委会委员、莒县人大农业农村委员会副主任委员。

自2008年至2019年,被告人卢某波利用职务之便,为他人在承揽工程项目、支取工程款、争取项目资金、申请省级龙头企业和乡村之星荣誉称号、职务晋升等方面提供帮助,收受卢某2、张某4等人所送现金、购物卡等财物折款99.5万元,用于个人及家庭支出。

2019年6月,莒县接到省委第十一巡视组转交的卢某波存在违法违纪问题线索后,于同年10月8日进行初核,10月24日决定对其立案调查,同日,被告人卢某波被办案人员电话传唤至莒县办案点接受谈话,到案后如实交代了纪检监察机关已经掌握的收受原莒县种子公司经理孙某所送财物的事实及未掌握的其他受贿事实,并向监察机关退缴全部赃款。

【案件争点】

被告人卢某波经电话传唤到案的行为是不是自动投案。

【裁判要旨】

一审法院认为,被告人卢某波身为国家工作人员,利用职务之便,非法收受他人财物,为他人谋取利益,且受贿数额巨大,其行为侵犯了国家机关的正常管理活动和国家工作人员职务行为的廉洁性,构成受贿罪,应予依法惩处。被告人卢某波到案后主动交代了纪检监察机关已掌握的少部分受贿事实及未掌握的大部受贿事实,且自愿认罪认罚,积极缴纳罚金,对其可以从轻处罚;其已退缴全部违法所得,可酌情从轻处罚。被告人卢某波被监察机关留置的期限应予折抵刑期。被告人卢某波违法所得,应当予以追缴。根据被告人卢某波犯罪的事实、犯罪的性质、情节和对于社会的危害程度,经审判委员会讨论决定,以被告人卢某波犯受贿罪,判处有期徒刑三年六个月,并处罚金人民币20万元。被告人卢某波违法所得人民币99.5万元,予以追缴,上缴国库。

一审宣判后，莒县人民检察院提起抗诉，理由是原审被告人卢某波主动投案并如实供述自己的罪行，构成自首，原审法院未认定自首系事实认定错误，适用法律不当，应予纠正。日照市人民检察院出庭检察员当庭发表并提交《支持刑事抗诉意见书》，内容与莒县人民检察院刑事抗诉书一致。原审被告人卢某波同意检察院的抗诉意见，希望能从轻处罚。辩护人同意检察院的抗诉意见，建议对卢某波从轻处罚并适用缓刑。

经二审审理查明的主要事实和证据与一审一致。另查明，2019年10月24日，卢某波被办案人员电话传唤至莒县办案点接受谈话，上午9时，卢某波签收谈话通知书；10时25分至15时20分，在谈话笔录中，卢某波主动交代其担任农业局局长期间，收受莒县种子公司经理孙某款物事实；19时，卢某波签收讯问通知书和留置决定书；19时35分至20时19分，卢某波在讯问笔录中，供述了收受孙某款物的事实。后在审查过程中，卢某波陆续供述了全部犯罪事实。上述事实，有经一审庭审出示和质证的发破案经过、谈话笔录、讯问笔录、谈话通知书、留置决定书等证据予以证实，足以认定。

二审法院认为，原审被告人卢某波身为国家工作人员，利用职务之便，非法收受他人财物，为他人谋取利益，数额巨大，其行为侵犯了国家机关的正常管理活动和国家工作人员职务行为的廉洁性，构成受贿罪。原判定性准确。关于抗诉机关提出“卢某波构成自首”的抗诉意见。经查，原审被告人卢某波被办案机关电话传唤后主动到案，在第一次调查谈话中即如实供述了办案机关已经掌握的犯罪事实，系自动投案，其以后陆续主动供述了办案机关不掌握的其他全部犯罪事实，系如实供述自己的罪行，构成自首，原审判决未认定其构成自首错误，应予纠正，抗诉机关的该抗诉意见成立，法院予以支持。综合考虑原审被告人卢某波的认罪态度和有关犯罪情节，法院对其量刑进行适当调整。改判卢某波犯受贿罪，判处有期徒刑三年，并处罚金人民币20万元。

例案二 | 王某伶受贿案

【法院】

河北省唐山市中级人民法院

【案号】

(2019)冀02刑终94号

【诉讼主体】

原公诉机关:河北省唐山市丰南区人民检察院

上诉人(原审被告人):王某伶

【基本案情】

被告人王某伶于2003年8月至2011年2月任唐山市丰南区教育局纪委书记,于2011年2月至2012年7月任唐山市丰南区教育局副主任科员,于2012年7月至2013年6月任唐山市丰南区教育局主任科员,于2013年6月至2015年3月任唐山市丰南区教育局党委书记,于2015年3月至今任唐山市丰南区教育局主任科员,并于2003年8月至今为丰南区教育局领导班子成员。被告人王某伶利用其担任上述职务便利,于2005年至2018年,为其他企业或个人在承揽本区学校工程、结算工程款及部分学校负责人工作调动等方面提供帮助,索取或非法收受财物共计人民币86.1万元。

另查明,2018年5月16日,被告人王某伶经电话传唤后主动到唐山市丰南区监察机关接受调查,并主动供述了其全部犯罪事实。

案发后,被告人王某伶向唐山市丰南区监察机关主动退缴全部索贿及受贿赃款人民币86.1万元(未随案移送)。

【案件争点】

王某伶经电话传唤后主动到案,如实供述全部犯罪事实,是否构成自首。

【裁判要旨】

一审法院认为,被告人王某伶身为国家工作人员,利用职务上的便利,索取他人财物,非法收受他人财物,为他人谋取利益,其行为已构成受贿罪。被告人王某伶的部分受贿行为系索贿,应依法予以从重处罚,但其在犯罪事实虽被监察机关发觉,尚未被采取强制措施前,经电话传唤后,自行到监察机关接受调查,具有投案的主动性,应视为自动投案,到案后如实供述犯罪事实,应认定有自首情节,且能主动退缴全部违法所得,可依法予以从轻处罚。对王某伶退缴的违法所得人民币86.1万元,应依法予以没收。判决被告人王某伶犯受贿罪,判处有期徒刑三年,罚金人民币20万元;没收被告人王某伶退缴的违法所得人民币86.1万元,上缴国库。

宣判后,原审被告人王某伶以其具有自首、完全退赃、当庭认罪等依法应当从轻、减轻处罚情节,完全符合适用缓刑条件,应当对其依法适用缓刑为主要理由提出上诉。其辩护人另提出原审被告人王某伶在二审审理期间,检举揭发他人犯罪,请二审法院对其从轻判处并适用缓刑的辩护意见。

二审审理期间，上诉人王某伶检举揭发他人入室盗窃犯罪，经查证属实。

二审法院认为，原审法院认定上诉人王某伶犯受贿罪的事实清楚，证据确实充分，适用法律正确，审判程序合法。关于上诉人王某伶及其辩护人所提其具有自首、完全退赃、当庭认罪等依法应当从轻、减轻处罚情节，完全符合适用缓刑条件，应当对其依法适用缓刑的上诉理由及辩护意见。经查，原审法院判决已就其自首、完全退赃情节对其予以从轻处罚，上诉人王某伶请求二审法院再次对其从轻、减轻处罚，于法无据。故上诉人王某伶及其辩护人所提此上诉理由及辩护意见，理据不足，法院不予支持。关于上诉人王某伶及其辩护人所提在二审审理期间，检举揭发他人犯罪，有立功表现，请求二审法院从轻判处并适用缓刑的上诉理由及辩护意见。经查，上诉人王某伶在二审审理期间，检举揭发他人犯罪，经查证属实，系立功，依法可减轻处罚。但根据上诉人王某伶的犯罪事实、情节、性质、对社会的危害程度，尚不足以对其适用缓刑。改判上诉人(原审被告人)王某伶犯受贿罪，判处有期徒刑二年八个月，罚金人民币20万元。

例案三 | 江某、于某海、孟某奎、袁某岭滥用职权、受贿、行贿案

【法院】

安徽省淮北市中级人民法院

【案号】

(2016)皖06刑终163号

【诉讼主体】

抗诉机关：淮北市相山区人民检察院

上诉人(原审被告人)：江某

上诉人(原审被告人)：于某海

上诉人(原审被告人)：孟某奎

上诉人(原审被告人)：袁某岭

【基本案情】

一、滥用职权犯罪事实

被告人江某系淮北市相山区城建局工作人员，1989年7月至2012年3月负责城乡规划建设管理及规划许可证的发放管理工作；被告人于某海系淮北市房管局工作人员，2005年至2007年为该局收件科负责人，负责受理房地产权属登记业务

及录入工作。

2004年下半年,被告人江某意欲将被告人袁某岭位于淮北市相山区西城村三队的土地(坐落于淮北市相山区金星巷)开发建房,遂让被告人孟某奎与袁某岭协商合作开发事宜。孟某奎、江某、于某海三人商定由孟某奎代表江某、于某海与袁某岭商谈联合开发事宜。后袁某岭和孟某奎达成协议,约定由袁某岭提供集体所有土地,孟某奎负责投资、建设、办理证件等;建成后袁某岭应得房屋的30%,孟某奎等应得70%。2005年3月,金星巷1#、3#楼开工,2005年年底建成,建筑面积5200余平方米。其间,江某通过在淮北市相山区渠沟镇国土所工作人员林某办了两栋房屋的集体土地使用权证。根据相关规定,自2002年起淮北市相山区城建局对辖区内的规划、安全、建管审批权限被取消。为获得建设工程规划许可证等证件,江某指使孟某奎找时任淮北市相山区城建局局长罗某说情,后江某利用职务之便违规办理了建设工程规划许可证等证件。房屋建成后,袁某岭、孟某奎分别于2005年12月22日、2006年4月12日以房屋所有权人身份申领两栋房屋的房地产权证,淮北市房地产管理局收件科负责人于某海明知所交资料不符合规定,仍予以收取、审核,并办理了房地产权证。袁某岭实际分得房屋总面积的28%,共16套房屋。

另查明,袁某岭自行开发了位于淮北市相山区金星巷2#、4#、5#楼房屋。经淮北市国土资源局核算,金星巷1#-5#楼房屋应缴纳土地出让金9,704,641元,其中1#、3#楼应缴1,509,854元。2013年10月31日、2014年5月19日,袁某岭分别缴纳土地出让金10万元、240万元。2014年7月31日,袁某岭与孟某奎商定1#、3#楼的土地出让金由袁某岭、孟某奎分别承担28%、72%。按上述比例计算,1#、3#楼土地出让金已缴纳122,644.87元,未缴纳1,387,209.13元。

二、江某、于某海行贿、受贿犯罪事实

1999年,孟某在位于淮北市相山区相山南路东侧建设开发房屋两栋,后因建房手续欠缺一直未能办理房地产权证。2005年下半年,孟某找被告人江某帮忙办理房地产权证。江某以办证需要花费为由先后索要孟某现金67,800元,其中以需要找关系为由索要5000元,以办理土地证为由索要12,000元。江某通过在淮北市相山区渠沟镇国土所的林某办理了上述土地的集体土地使用权证,并送给林某6000元现金。后江某以办理规划许可证、施工许可证为由索要孟某索要10,800元,并利用职务之便为孟某办理了规划许可证、施工许可证,又以找于某海办理房地产权证为由向孟某索要4万元,并将其中的1万元送给于某海。于某海收取江某提交的材料后利用职务便利为孟某办理房屋总产权证。

被告人江某在与于某海等人合作开发金星巷1#、3#楼期间，通过林某办理了两栋楼的集体土地使用权证，并送给林某6000元现金。

三、袁某岭行贿犯罪事实

2009年，被告人袁某岭开发建设淮北市相山区金星巷20号的2#、4#、5#三栋住宅楼。因相关手续欠缺一直未能办理房地产权证。2011年4月，袁某岭找到孙某（已判刑），请孙某通过托关系找人帮忙办总产权证，并商定费用为30万元。后孙某找到淮北市房管局工作人员张某4（已判刑）帮忙办总产权证，孙某分三次送给张某419万元现金。张某4将上述住宅楼总产权证办理完毕。袁某岭将其中两栋楼当作商品房对外分户出售获利。

另查明，2015年7月26日，经电话传唤被告人孟某奎到淮北市相山区人民检察院接受调查，并如实供述了犯罪事实。案发后被告人江某、于某海分别退缴46万元、47万元。

【案件争点】

孟某奎经电话传唤到案，如实供犯罪事实，是否构成自首。

【裁判要旨】

一审法院认为，关于公诉机关指控的第一起合作建房的犯罪事实，公诉机关指控，被告人江某、于某海利用职务便利，伙同被告人袁某岭、孟某奎骗取国家土地出让金，其行为已构成贪污罪；辩护人从上述被告人的主体身份、是否存在职务便利及对于土地出让金的侵占等方面认为几被告人不构成贪污罪。经查，被告人袁某岭将自有集体性质的土地入股投资建房，后按约定将自有土地交由被告人孟某奎等开发，之后被告人江某在明知淮北市相山区城建局对辖区内的规划、安全等审批权限被取消的情况下指使孟某奎前往淮北市相山区城建局局长罗某处说情，后江某利用职务之便违规为上述房屋办理了建设工程规划许可证等证件，被告人于某海收取上述房地产权证办理材料后滥用职权，将不符合办理房地产权证的材料收取后进入下一环节，上述房地产权证得以办理。根据贪污罪的犯罪构成，贪污罪的客观特征为国家工作人员利用职务之便侵吞、窃取、骗取或以其他手段非法占有公共财物的行为，而利用职务之便则表现为利用自己职权范围内的权力和地位所形成的主管、管理、经手公共财物的便利。而本案涉案人员对于本案房屋所涉土地的土地出让金均无主管、管理、经手之便利，故而亦无法对上述款项予以占有。本案中被告人江某、于某海一系列的违法行为最终导致土地出让金未缴纳而办理了房地产权证的后果，但江某、于某海所利用的职务之便并非系对于土地出让金的主管、管理、经手的职务之便,而是滥用职权对于不符合颁证的对象违规办理、颁发证件的行为。

被告人江某、于某海身为国家机关工作人员,为规避缴纳土地出让金,滥用职权为其开发的房屋颁发相关证件的行为,造成国家遭受重大损失,其行为均已构成滥用职权罪。且被告人江某、于某海系徇私舞弊滥用职权;被告人孟某奎明知江某、于某海违反规定对涉案房屋颁发相关证件,仍前往罗某处予以说情、配合,系共犯,应依法惩处。公诉机关指控三被告人犯贪污罪,指控罪名不当,依法应予以变更。被告人江某在合作建房过程中,为谋取不正当利益,给予国家工作人员6000元财物的行为系行贿行为。在滥用职权犯罪中,被告人江某、于某海、孟某奎在共同犯罪中均起主要作用,均系主犯,但被告人孟某奎罪责相对较轻。被告人袁某昤虽然在孟某奎与其商谈合作建房事宜之际知悉江某、于某海参与合作之事,但其对江某、于某海在房屋建设过程中滥用职权、违规办理相关证件的行为从犯意上未相互联络,客观上亦未形成帮助、教唆之行为,其行为不符合共同犯罪的构成,故被告人袁某昤对江某、于某海、孟某奎的上述违法行为不应承担刑事责任。

辩护人关于被告人江某、于某海、袁某昤、孟某奎系自首的辩护意见。经查,被告人江某系侦查机关从监察部门带走,已丧失归案的主动性,不符合自首的构成要件;被告人于某海在侦查机关已掌握其犯罪事实的情况下,被侦查机关抓获,不属自首;被告人袁某昤羁押期间,在侦查机关已掌握其行贿的犯罪事实的情况下如实供述行贿的犯罪事实,不属自首。辩护人关于被告人江某、于某海、袁某昤系自首的意见与事实及法律规定不符,不予采纳。被告人孟某奎经侦查机关电话传唤后自行归案,如实供述了犯罪事实,属自首,依法予以从轻处罚,辩护人认为其行为构成自首的意见,符合法律规定,予以采纳。

综上,被告人江某的行为已构成滥用职权罪、受贿罪(数额51,800元);被告人于某海的行为已构成滥用职权罪;被告人孟某奎的行为已构成滥用职权罪;被告人袁某昤的行为已构成行贿罪(数额19万元)。被告人江某具有索贿情节,依法予以从重处罚。被告人江某、于某海能退缴滥用职权的违法所得,对其所犯滥用职权罪酌情从轻处罚。判决:一、被告人江某犯滥用职权罪,判处有期徒刑四年;犯受贿罪,判处有期徒刑一年六个月,并处罚金人民币11万元。决定执行有期徒刑四年九个月,并处罚金人民币11万元。二、被告人于某海犯滥用职权罪,判处有期徒刑四年。三、被告人孟某奎犯滥用职权罪,判处有期徒刑三年六个月。四、被告人袁某昤犯行贿罪,判处有期徒刑一年六个月。五、被告人江某、于某海、孟某奎的违法所得予以追缴。

淮北市相山区人民检察院抗诉认为，原判认定事实错误，适用法律不当，判决结果有误，应予纠正。具体理由为：(1)原审被告人江某、于某海利用职务便利，逃缴土地出让金的行为构成贪污罪，孟某奎、袁某昤与江某、于某海相勾结，二人构成贪污罪共犯。(2)孟某奎经相山区人民检察院传唤到案，缺乏投案的主动性和自愿性，不能视为自动投案，且传唤时该院已掌握其与江某等人共同贪污的犯罪事实，不构成自首。

被告人江某上诉提出，(1)公诉机关指控的罪名为贪污罪，但一审法院直接认定犯滥用职权罪，违反了不诉不究的刑事诉讼基本原则；(2)江某被通知到监察局时，办案人员仅对其盘问和教育，其在尚未被讯问时即如实供述了全部案件事实，应当认定为自首。据此，请求二审法院依法改判。

被告人于某海上诉提出，其系自首。2015年7月中旬侦查机关找其之前，其已将自己所参与的全部事实向淮北市纪委如实陈述，并于同月20日向淮北市纪委上交9.4万元违纪款。同月25日侦查机关对其进行的询问，不是对犯罪嫌疑人的讯问。因此，其不构成滥用职权罪，即使其构成犯罪，也具有自首情节，请求二审法院依法改判。

被告人孟某奎上诉提出，即使其构成滥用职权罪的共犯，其系从犯，原判对其量刑欠妥。请求二审法院依法改判。

被告人袁某昤上诉提出，其接电话通知后到检察院，如实交代了自己的客观行为，应当成立自首。请求二审法院依法改判。

二审法院认为，抗诉机关认为，江某、于某海利用职务便利，逃缴土地出让金的行为构成贪污罪，孟某奎、袁某昤与江某、于某海相勾结，构成贪污罪共犯。贪污罪是指国家工作人员利用职务上的便利，侵吞、窃取、骗取或者以其他手段非法占有公共财物的行为。所谓利用职务上的便利，是指行为人利用其职责范围内主管、经手、管理公共财物的职权所形成的便利条件，假借执行职务的形式非法占有公共财物。利用职务便利是认定贪污罪的前提条件。经查，本案中，江某、于某海所利用的职务之便并不是其对于土地出让金的主管、管理、经手的职务之便，而是其滥用职权，利用工作上形成的便利条件对于不符合颁证条件的对象违规办理相关证件，最终导致土地出让金未缴纳而取得房地产权证的后果，其行为不符合贪污罪的构成要件。在江某、于某海、孟某奎共同犯滥用职权罪中，袁某昤与该三人无犯意联络，亦无帮助、教唆的行为，依法不构成共同犯罪。抗诉机关另认为，孟某奎不构成自首。经查,孟某奎接侦查机关的电话传唤后自行归案,并如实供述犯罪事实,系自首。抗诉机的上述抗诉意见均不能成立,法院不予支持。

袁某岭上诉提出其系自首。经查,袁某岭在侦查机关已掌握其行贿犯罪事实并被羁押的情况下,如实供述行贿的犯罪事实,依法不构成自首。袁某岭的此上诉理由、辩护意见于法无据,法院亦不予采纳。

综上所述,抗诉机关的抗诉意见、四上诉人及其辩护人的上诉理由、辩护意见均不成立,法院均不予采纳。原判认定事实清楚,证据确实、充分,定罪正确,量刑适当,审判程序合法。经法院审判委员会讨论决定,裁定驳回抗诉、上诉,维持原判。

三、裁判规则提要

自首是影响量刑的一个重要法定情节,认定一般自首需要具备自动投案和如实供述两个法定要件。实践中自首情节较为复杂,导致职务犯罪自首认定不严格,所以正确理解自首的法律规定,准确认定自首情节,对排除执行差异,确保量刑公平具有重要意义。

(一)职务犯罪案件中自动投案的含义

根据《自首和立功的解释》第1条规定,自动投案,是指犯罪事实或者犯罪嫌疑人未被司法,或者虽然被发觉,但犯罪嫌疑人尚未受到讯问,未被采取强制措施时,主动、直接向公安机关、人民检察院或人民法院投案。《职务犯罪自首立功的意见》第1条规定,犯罪事实或者犯罪分子未被办案机关掌握,或者虽被掌握,但犯罪分子尚未受到调查谈话、讯问,或者未被宣布采取调查措施或者强制措施时,向办案机关投案的,是自动投案。在此期间如实交代自己的主要犯罪事实的,应当认定为自首。没有自动投案,在办案机关调查谈话、讯问、采取调查措施或者强制措施期间,犯罪分子如实交代办案机关掌握的线索所针对的事实的,不能认定为自首。两个司法解释对自动投案规定的基本内容一样。认定自动投案的关键在于判断投案是否基于行为人的意志。尽管行为人投案的动机差异,有的是慑于法律的威严,有的是为了争取宽大处理,有的是出于真诚悔过,但不同的动机并不影响投案的自动性。只要在其具有人身自由之时,不是出于违背本意的原因,而主动将自己置于办案机关的控制之下,就应认定具有自动性。在司法实践中,运用该条规定,应注意以下几方面:

1. 犯罪事实、犯罪分子是否被掌握,犯罪分子是否被采取调查措施,是相对于办案机关而言的，这里的办案机关限定为纪检、监察、公安、检察等法定职能部门。《职务犯罪自首立功的意见》相应扩大了“自动投案”对象的外延，进一步规定，犯罪分子向所在单位等办案机关以外的单位、组织或者有关负责人员投案的，应当视为自动投案。

2. 纪检监察机关办案程序一般是先初步核实，后立案，再调查。依据有关规定，在初步核实阶段可以采取相应调查措施。因此，应当确定在纪检监察调查谈话或宣布采取调查措施或调查措施之前，才能被认定为自首。如果行为人已处于办案机关的调查谈话中，或者办案机关已当面对其宣布采取调查措施，这显然是一种在案的状态。

3. 虽已采取调查措施，但犯罪分子对调查活动不知情的情况下，自动投案并如实交代犯罪事实的，应认定为自首。被宣布采取调查措施后，犯罪分子已经知道对其采取调查活动，就丧失了自动投案的可能。

4. 行为人归案之前，办案机关可能未掌握其犯罪事实，也有可能掌握部分或主要犯罪事实，但不论对犯罪事实的掌握程度如何，不能成为行为人构成自动投案的障碍。

例案二中，被告人王某伶尚未被采取强制措施前，经电话传唤后，自行到监察机关接受调查，具有投案的主动性，应视为自动投案。

（二）职务犯罪案件中电话通知后主动到案的应视为主动投案

首先，从电话通知的性质来看。电话通知不等同于传唤，更非强制措施。司法实践中常常误把电话通知认定为口头传唤，但根据我国刑事诉讼法及相关规定，传唤是指使用传票通知犯罪嫌疑人在指定的时间自行到指定的地点接受讯问的诉讼行为，书面传唤应有书面的传唤证、嫌疑人签字、告知被传唤的法律行为。而在电话通知犯罪嫌疑人到案时，是不可能履行出示传唤通知书等法定程序的，因此电话通知不属于传唤。况且，传唤本身也并非法定拘传、拘留、取保候审、监视居住、逮捕五种刑事强制措施。

其次，从电话通知的强制力来看。接到电话通知后到案体现了投案的主动性和自愿性，犯罪嫌疑人在接到办案机关电话后，人身自由尚未受到任何限制，具有很大的自主选择余地，其可以选择到案，也可以拒不到案甚至逃匿。在这种情形下，其“能逃而不逃”体现了犯罪嫌疑人对于主动将自身置于司法机关控制之下主观上并不持反对意见，其选择主动到案，完全体现了其主动、自愿将自己交付法律制裁的意图,完全符合自动投案的本质特征。"犯罪后逃跑,在被通缉、追捕过程中,主动投案的"以及"司法机关通知犯罪嫌疑人的亲友,或者亲友将犯罪嫌疑人送去投案的",根据有关司法解释均视为自动投案。相对于上述投案情形,犯罪嫌疑人在经电话通知后主动归案的,无论是在主观恶性还是在社会危害性等方面显然都要轻得多。那么,嫌疑人得到司法机关的通知后直接到案,其主动性应该比前者更明显。根据"举重以明轻"的原理,电话通知到案应当视为自动投案。

例案一中,被告人卢某波被办案人员电话传唤后,其此时人身自由尚未受到任何限制,其可以选择到案,也可以逃匿,但其主动到莒县办案点接受谈话,应视为自动投案。例案三中,孟某奎接侦查机关的电话传唤后自行归案,应视为自动投案。

(三)电话通知到案后主动到案,如实供述主要犯罪事实的,应构成自首

根据相关司法解释,在犯罪分子自动投案,并如实供述自己的犯罪事实后,如果出现翻供行为,这种不能认定为自首。但是,如果在翻供后,能在一审判决前如实供述自己的犯罪事实,则可将这种情形认定为自首。所以被告人在第一次供述的时间节点和程度对于认定自首起着至关重要的作用。

首先,在时间界定上,职务犯罪一般涉及监察部门的初查、立案、调查;而由于犯罪嫌疑人在交代犯罪事实时,常常会存在避重就轻的情况,也会存在一定侥幸心理,如果到案后就首次供述了主要犯罪事实,必然构成自首。但是有时被告人完全如实供述自己的罪行,是需要一段时间,一个过程的。因此,如实交代的时间界定在正式立案前,只有在立案前,犯罪嫌疑人能够自动投案,并如实交代自己的罪行,才可将其认定为自首。但是如果在立案前,犯罪嫌疑人虽主动到案,但没有如实供述,当办案机关向其出示掌握的证据后供述的,不能被认定自首,因为其主动投案的目的不是交代犯罪事实,缺乏自动投案的自愿性,同时在办案机关出示掌握证据时才供述,并没有节省司法资源,所以不应认定自首。另外,在立案后的询问过程中始终虚构隐瞒犯罪事实或者在重要犯罪事实中避重就轻甚至拒不供认犯罪事实的,不认定其如实供述。

其次,在程度的界定上,犯罪嫌疑人所供述的事实应该是客观存在的,是能够查证属实的。并且,其交代的事实必须与客观事实保持大体上的一致,而犯罪嫌疑人有自动投案的动机,则应该是自愿认罪,并愿意主动将案情的实际情况供述出来。由于受到某些因素的影响,犯罪嫌疑人供述的情况与客观事实不可能完完全全一样,但只要其在主观上愿意主动"如实供述"的,就算供述内容与案情实际情况

有细微出入，也可将这种情形认定为自首。职务犯罪中很多犯罪分子为争取自首常常编造无法查证属实的案情，极大的浪费司法资源，同时也暴露其不认罪悔罪的态度，此时不应认定为如实供述。此外，犯罪嫌疑人交代的事实应该是主要事实，且必须是基本事实，比如某人供述自己贪污 20 万元，调查发现其贪污 22 万元，这样的情形可以认定为自首；如果供述自己贪污 20 万元，但经调查发现贪法 100 万元，则不宜认定其供述了主要犯罪事实。

综上，我们在审查职务犯罪到案经过时，应着重审查以下几个方面：第一，能够证实抓获经过的书面材料，审查是否存在电话通知、口头传唤方式，是否存在体现犯罪嫌疑人主动投案的到案方式；第二，审查犯罪嫌疑人的自书及首次笔录，特别审查此时是否采取调查谈话、调查措施等；第三，审查供述内容与其他证据的关联性和吻合性。

职务犯罪被告人经电话通知到案，是与未接到任何通知即主动向办案机关投案有区别，但无论从司法解释、刑事政策的角度，还是从司法经济的角度来看，接到电话后到案应视为自动投案，如果又如实供述应认定自首。但在刑罚裁量阶段认定自首的基础上，综合判断行为人犯罪的事实、性质、情节和对于社会的危害程度，结合自动投案的动机、阶段、客观环境，交代犯罪事实的完整性、稳定性以及悔罪表现等具体情节，决定是否从轻、减轻或免除处罚及从轻、减轻的相应幅度，确保刑罚适用的统一性和严肃性。

上述三个例案中，被告人经电话传唤后均自动到案，如实供述犯罪事实，构成自首。

四、辅助信息

高频词条：

《刑法》

第 67 条　犯罪以后自动投案，如实供述自己的罪行的，是自首。对于自首的犯罪分子，可以从轻或者减轻处罚。其中，犯罪较轻的，可以免除处罚。

被采取强制措施的犯罪嫌疑人、被告人和正在服刑的罪犯，如实供述司法机关还未掌握的本人其他罪行的，以自首论。

犯罪嫌疑人虽不具有前两款规定的自首情节，但是如实供述自己罪行的，可以从轻处罚；因其如实供述自己罪行，避免特别严重后果发生的，可以减轻处罚。

第 382 条　国家工作人员利用职务上的便利，侵吞、窃取、骗取或者以其他手段非法占有公共财物的,是贪污罪。

受国家机关、国有公司、企业、事业单位、人民团体委托管理、经营国有财产的人员,利用职务上的便利,侵吞、窃取、骗取或者以其他手段非法占有国有财物的,以贪污论。

与前两款所列人员勾结,伙同贪污的,以共犯论处。

第383条 对犯贪污罪的,根据情节轻重,分别依照下列规定处罚:

(一)贪污数额较大或者有其他较重情节的,处三年以下有期徒刑或者拘役,并处罚金。

(二)贪污数额巨大或者有其他严重情节的,处三年以上十年以下有期徒刑,并处罚金或者没收财产。

(三)贪污数额特别巨大或者有其他特别严重情节的,处十年以上有期徒刑或者无期徒刑,并处罚金或者没收财产;数额特别巨大,并使国家和人民利益遭受特别重大损失的,处无期徒刑或者死刑,并处没收财产。

对多次贪污未经处理的,按照累计贪污数额处罚。

犯第一款罪,在提起公诉前如实供述自己罪行、真诚悔罪、积极退赃,避免、减少损害结果的发生,有第一项规定情形的,可以从轻、减轻或者免除处罚;有第二项、第三项规定情形的,可以从轻处罚。

犯第一款罪,有第三项规定情形被判处死刑缓期执行的,人民法院根据犯罪情节等情况可以同时决定在其死刑缓期执行二年期满依法减为无期徒刑后,终身监禁,不得减刑、假释。

第385条 国家工作人员利用职务上的便利,索取他人财物的,或者非法收受他人财物,为他人谋取利益的,是受贿罪。

国家工作人员在经济往来中,违反国家规定,收受各种名义的回扣、手续费,归个人所有的,以受贿论处。

第386条 对犯受贿罪的,根据受贿所得数额及情节,依照本法第三百八十三条的规定处罚。索贿的从重处罚。

《自首和立功的解释》

第1条 根据刑法第六十七条第一款的规定,犯罪以后自动投案,如实供述自己的罪行的,是自首。

(一)自动投案,是指犯罪事实或者犯罪嫌疑人未被司法机关发觉,或者虽被发觉,但犯罪嫌疑人尚未受到讯问、未被采取强制措施时,主动、直接向公安机关、人民检察院或者人民法院投案。

犯罪嫌疑人向其所在单位、城乡基层组织或者其他有关负责人员投案的；犯罪嫌疑人因病、伤或者为了减轻犯罪后果，委托他人先代为投案，或者先以信电投案的；罪行未被司法机关发觉，仅因形迹可疑被有关组织或者司法机关盘问、教育后，主动交代自己的罪行的；犯罪后逃跑，在被通缉、追捕过程中，主动投案的；经查实确已准备去投案，或者正在投案途中，被公安机关捕获的，应当视为自动投案。

并非出于犯罪嫌疑人主动，而是经亲友规劝、陪同投案的；公安机关通知犯罪嫌疑人的亲友，或者亲友主动报案后，将犯罪嫌疑人送去投案的，也应当视为自动投案。

犯罪嫌疑人自动投案后又逃跑的，不能认定为自首。

（二）如实供述自己的罪行，是指犯罪嫌疑人自动投案后，如实交代自己的主要犯罪事实。

犯有数罪的犯罪嫌疑人仅如实供述所犯数罪中部分犯罪的，只对如实供述部分犯罪的行为，认定为自首。

共同犯罪案件中的犯罪嫌疑人，除如实供述自己的罪行，还应当供述所知的同案犯，主犯则应当供述所知其他同案犯的共同犯罪事实，才能认定为自首。

犯罪嫌疑人自动投案并如实供述自己的罪行后又翻供的，不能认定为自首，但在一审判决前又能如实供述的，应当认定为自首。

第2条 根据刑法第六十七条第二款的规定，被采取强制措施的犯罪嫌疑人、被告人和已宣判的罪犯，如实供述司法机关尚未掌握的罪行，与司法机关已掌握的或者判决确定的罪行属不同种罪行的，以自首论。

第3条 根据刑法第六十七条第一款的规定，对于自首的犯罪分子，可以从轻或者减轻处罚；对于犯罪较轻的，可以免除处罚。具体确定从轻、减轻还是免除处罚，应当根据犯罪轻重，并考虑自首的具体情节。

第4条 被采取强制措施的犯罪嫌疑人、被告人和已宣判的罪犯，如实供述司法机关尚未掌握的罪行，与司法机关已掌握的或者判决确定的罪行属同种罪行的，可以酌情从轻处罚；如实供述的同种罪行较重的，一般应当从轻处罚。

《职务犯罪自首立功的意见》

一、关于自首的认定和处理

根据刑法第六十七条第一款的规定，成立自首需同时具备自动投案和如实供述自己的罪行两个要件。犯罪事实或者犯罪分子未被办案机关掌握，或者虽被掌握，但犯罪分子尚未受到调查谈话、讯问，或者未被宣布采取调查措施或者强制措施时,向办案机关投案的,是自动投案。在此期间如实交代自己的主要犯罪事实的,应当认定为自首。

犯罪分子向所在单位等办案机关以外的单位、组织或者有关负责人员投案的,应当视为自动投案。

没有自动投案,在办案机关调查谈话、讯问、采取调查措施或者强制措施期间,犯罪分子如实交代办案机关掌握的线索所针对的事实的,不能认定为自首。

没有自动投案,但具有以下情形之一的,以自首论:(1)犯罪分子如实交代办案机关未掌握的罪行,与办案机关已掌握的罪行属不同种罪行的;(2)办案机关所掌握线索针对的犯罪事实不成立,在此范围外犯罪分子交代同种罪行的。

单位犯罪案件中,单位集体决定或者单位负责人决定而自动投案,如实交代单位犯罪事实的,或者单位直接负责的主管人员自动投案,如实交代单位犯罪事实的,应当认定为单位自首。单位自首的,直接负责的主管人员和直接责任人员未自动投案,但如实交代自己知道的犯罪事实的,可以视为自首;拒不交代自己知道的犯罪事实或者逃避法律追究的,不应当认定为自首。单位没有自首,直接责任人员自动投案并如实交代自己知道的犯罪事实的,对该直接责任人员应当认定为自首。

对于具有自首情节的犯罪分子,办案机关移送案件时应当予以说明并移交相关证据材料。

对于具有自首情节的犯罪分子,应当根据犯罪的事实、性质、情节和对于社会的危害程度,结合自动投案的动机、阶段、客观环境,交代犯罪事实的完整性、稳定性以及悔罪表现等具体情节,依法决定是否从轻、减轻或者免除处罚以及从轻、减轻处罚的幅度。

三、关于如实交代犯罪事实的认定和处理

犯罪分子依法不成立自首,但如实交代犯罪事实,有下列情形之一的,可以酌情从轻处罚:(1)办案机关掌握部分犯罪事实,犯罪分子交代了同种其他犯罪事实的;(2)办案机关掌握的证据不充分,犯罪分子如实交代有助于收集定案证据的。

犯罪分子如实交代犯罪事实,有下列情形之一的,一般应当从轻处罚:(1)办案机关仅掌握小部分犯罪事实,犯罪分子交代了大部分未被掌握的同种犯罪事实的;(2)如实交代对于定案证据的收集有重要作用的。

《自首和立功问题的意见》

一、关于“自动投案”的具体认定

《解释》第一条第(一)项规定七种应当视为自动投案的情形,体现了犯罪嫌疑人投案的主动性和自愿性。根据《解释》第一条第（一）项的规定，犯罪嫌疑人具有以下情形之一的，也应当视为自动投案：（1）犯罪后主动报案，虽未表明自己是作案人，但没有逃离现场，在司法机关询问时交代自己罪行的；（2）明知他人报案而在现场等待，抓捕时无拒捕行为，供认犯罪事实的；（3）在司法机关未确定犯罪嫌疑人，尚在一般性排查询问时主动交代自己罪行的；（4）因特定违法行为被采取劳动教养、行政拘留、司法拘留、强制隔离戒毒等行政、司法强制措施期间，主动向执行机关交代尚未被掌握的犯罪行为的；（5）其他符合立法本意，应当视为自动投案的情形。

罪行未被有关部门、司法机关发觉，仅因形迹可疑被盘问、教育后，主动交代了犯罪事实的，应当视为自动投案，但有关部门、司法机关在其身上、随身携带的物品、驾乘的交通工具等处发现与犯罪有关的物品的，不能认定为自动投案。

交通肇事后保护现场、抢救伤者，并向公安机关报告的，应认定为自动投案，构成自首的，因上述行为同时系犯罪嫌疑人的法定义务，对其是否从宽、从宽幅度要适当从严掌握。交通肇事逃逸后自动投案，如实供述自己罪行的，应认定为自首，但应依法以较重法定刑为基准，视情决定对其是否从宽处罚以及从宽处罚的幅度。

犯罪嫌疑人被亲友采用捆绑等手段送到司法机关，或者在亲友带领侦查人员前来抓捕时无拒捕行为，并如实供认犯罪事实的，虽然不能认定为自动投案，但可以参照法律对自首的有关规定酌情从轻处罚。

二、关于"如实供述自己的罪行"的具体认定

《解释》第一条第（二）项规定如实供述自己的罪行，除供述自己的主要犯罪事实外，还应包括姓名、年龄、职业、住址、前科等情况。犯罪嫌疑人供述的身份等情况与真实情况虽有差别，但不影响定罪量刑的，应认定为如实供述自己的罪行。犯罪嫌疑人自动投案后隐瞒自己的真实身份等情况，影响对其定罪量刑的，不能认定为如实供述自己的罪行。

犯罪嫌疑人多次实施同种罪行的，应当综合考虑已交代的犯罪事实与未交代的犯罪事实的危害程度，决定是否认定为如实供述主要犯罪事实。虽然投案后没有交代全部犯罪事实，但如实交代的犯罪情节重于未交代的犯罪情节，或者如实交代的犯罪数额多于未交代的犯罪数额，一般应认定为如实供述自己的主要犯罪事实。无法区分已交代的与未交代的犯罪情节的严重程度，或者已交代的犯罪数额与未交代的犯罪数额相当，一般不认定为如实供述自己的主要犯罪事实。

犯罪嫌疑人自动投案时虽然没有交代自己的主要犯罪事实，但在司法机关掌

握其主要犯罪事实之前主动交代的，应认定为如实供述自己的罪行。

三、关于“司法机关还未掌握的本人其他罪行”和“不同种罪行”的具体认定

犯罪嫌疑人、被告人在被采取强制措施期间，向司法机关主动如实供述本人的其他罪行，该罪行能否认定为司法机关已掌握，应根据不同情形区别对待。如果该罪行已被通缉，一般应以该司法机关是否在通缉令发布范围内作出判断，不在通缉令发布范围内的，应认定为还未掌握，在通缉令发布范围内的，应视为已掌握；如果该罪行已录入全国公安信息网络在逃人员信息数据库，应视为已掌握。如果该罪行未被通缉、也未录入全国公安信息网络在逃人员信息数据库，应以该司法机关是否已实际掌握该罪行为标准。

犯罪嫌疑人、被告人在被采取强制措施期间如实供述本人其他罪行，该罪行与司法机关已掌握的罪行属同种罪行还是不同种罪行，一般应以罪名区分。虽然如实供述的其他罪行的罪名与司法机关已掌握犯罪的罪名不同，但如实供述的其他犯罪与司法机关已掌握的犯罪属选择性罪名或者在法律、事实上密切关联，如因受贿被采取强制措施后，又交代因受贿为他人谋取利益行为，构成滥用职权罪的，应认定为同种罪行。

贪污贿赂案件裁判规则第 20 条：

犯有数罪具有自首、立功法定从轻或者减轻处罚情节的，在量刑时应先考虑个罪的自首情节，对个罪依法从轻或者减轻处罚，如还有立功情节的，立功情节及于全部罪名，对每个罪名依法从轻或者减轻处罚，然后再按照数罪并罚的原则，决定执行的刑罚

〔**规则描述**〕：根据我国刑法规定，自首、立功均属于法定从轻或者减轻处罚情节。立功情节与自首情节不同，自首情节效力只限于自首犯罪本身，而立功情节效力则及于所犯的全部罪名。犯有数罪，既有自首又有立功的，量刑时应先对具有自首情节的个罪依法从轻或者减轻处罚，然后再将立功情节及于各罪，分别对各罪基准刑进行调节，依法确定各罪基准刑后，再按照数罪并罚原则，最后决定执行的刑罚。

一、类案检索大数据报告

时间：2020 年 11 月 27 日之前，案例来源：Alpha 案例库，案件数量：48,672 件，数据采集时间：2020 年 11 月 27 日，本次检索共获取了 2020 年 11 月 27 日前认定数罪后如何从轻减轻处罚的裁判文书有 48,672 篇，整体情况如图 20－1 所示，从案件年份分布可以看到当前条件下案例数量的变化趋势。

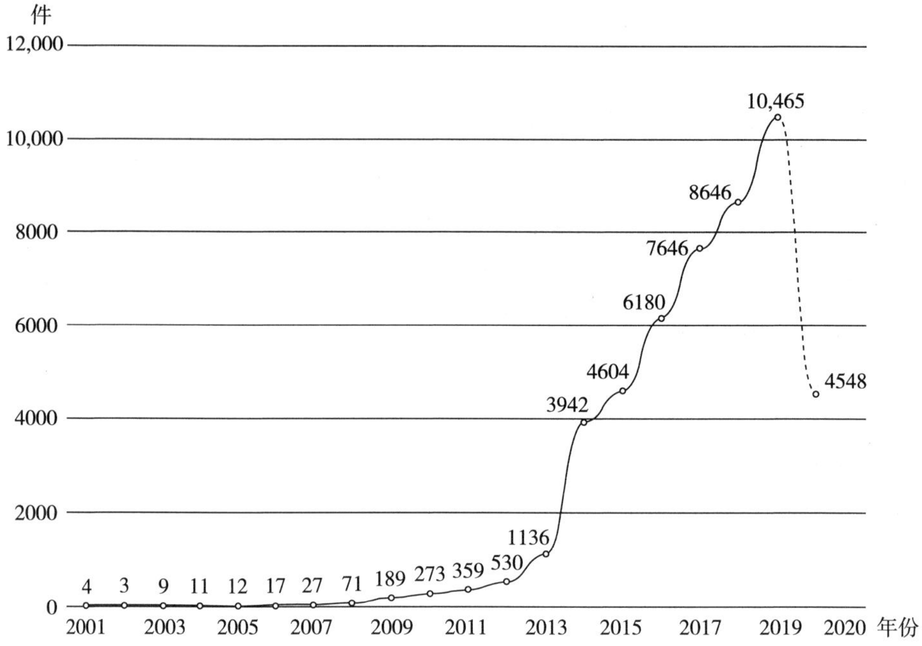

图 20-1　案件年份分布情况

如图 20-2 所示，从案件地域分布来看，当前案例主要集中在广东省、四川省、湖南省，分别占比 18.01%、7.21%、7.03%。其中，广东省的案件量最多，达到 8768 件。（注：此处显示该条件下案例数量排名前五的省份。）

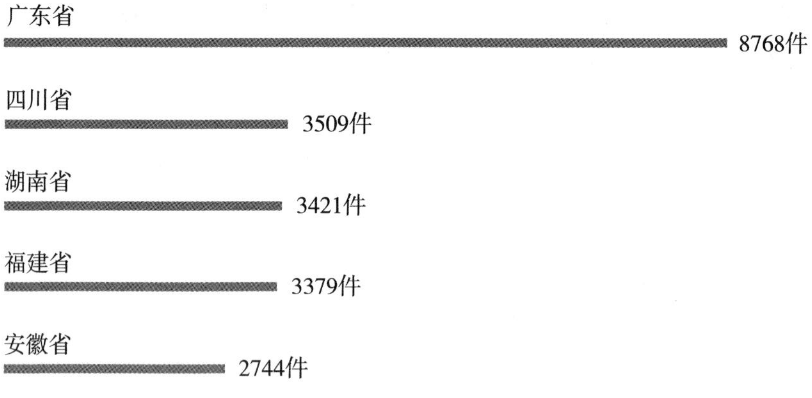

图 20-2　案件地域分布情况

如图 20-3 所示，从案件案由分类情况可以看到，当前最主要的案由是刑事，有 48,500 件，占一半以上；其次是民事，行政，执行。

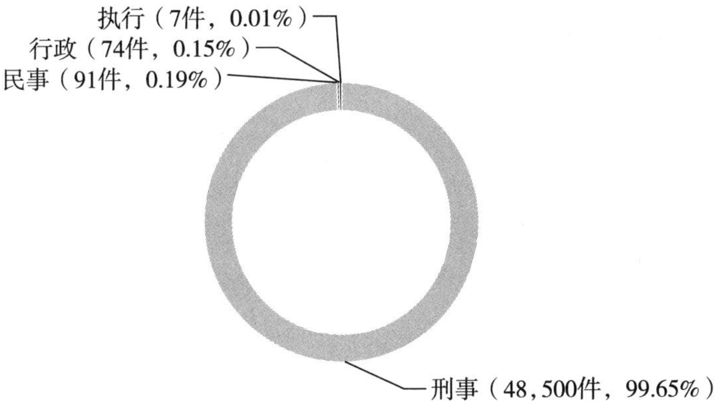

图 20－3　案件案由分布情况

如图 20－4 所示，从案件程序分类统计可以得出当前的审理程序分布状况。其中，一审案件有 38,590 件，二审案件有 9589 件，再审案件有 402 件，其他案件有 80 件，死刑复核案件有 11 件。并能够推算出一审上诉率约为 24.85%。

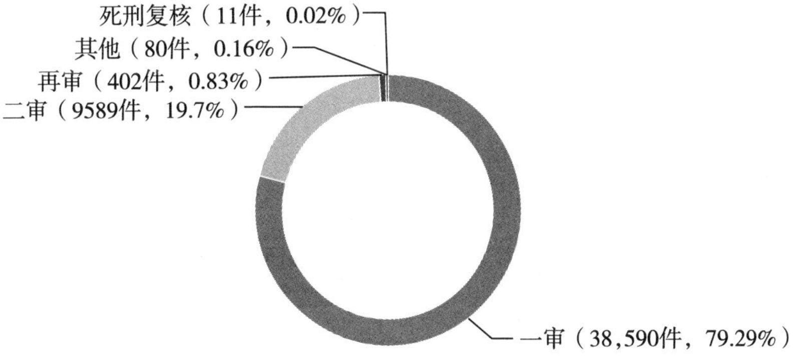

图 20－4　案件程序分类情况

如图 20－5 所示，通过对主刑的可视化可以看到，当前条件下包含有期徒刑的案件有 36,878 件，包含拘役的案件有 2381 件，包含无期徒刑的案件有 1541 件。其中包含缓刑的案件有 12,475 件；免予刑事处罚的案件有 1865 件。

图 20－5　案件判决主刑情况

二、可供参考的例案

例案一　邓某娜贪污、受贿、串通投标、利用影响力受贿案

【法院】

广东省高级人民法院

【案号】

(2020)粤刑终2号

【诉讼主体】

原公诉机关:广东省中山市人民检察院

被告人(原上诉人):邓某娜

【基本案情】

法院经审理查明:

(一)贪污事实

2013年至2015年,被告人邓某娜在担任中山市大涌镇党委委员期间,利用分管大涌财政工作的职务便利,侵吞公共财物共计人民币295,695.5元。

(二)受贿事实

2014年至2016年,被告人邓某娜在担任中山市大涌镇党委委员期间,利用分管财政、政府采购的职务便利,在项目招标、款项支付等方面为他人谋取利益,多次收受他人贿送的财物共计人民币134万元,港币10万元。具体如下:

1. 2014年至2015年,邓某娜为黄某宁在大涌镇卓山中学教学与办公配套设备采购项目上提供帮助，收受黄某宁贿送的港币 10 万元。

2. 2015 年至 2018 年，邓某娜为罗某（另案处理）中标大涌镇生活污水处理厂委托运营项目提供帮助，先后收受罗某贿送的人民币共计 104 万元。

3. 2016 年，被告人邓某娜为罗某中标大涌镇宣传文体服务中心电视广告经营权发包采购项目提供帮助，收受罗某贿送的人民币 30 万元。

（三）串通投标事实

2015 年，被告人邓某娜作为中山市大涌镇分管财政、政府采购的党委委员，在大涌镇生活污水处理厂项目招标过程中，与邓某（另案处理）、罗某串通投标，由邓某按照罗某提供的投标公司广州市自来水工程公司相关资料制作评分标准，罗某还找到其他公司陪标，最终广州市自来水工程公司顺利中标，并于 2015 年 7 月 29 日与中山市环境保护局大涌分局、中山市大涌镇污水处理有限公司签订了上述项目的合同书。

（四）利用影响力受贿事实

2016 年至 2017 年，被告人邓某娜基于其与时任大涌镇党委书记黄某（另案处理）的密切关系，利用黄某职权形成的便利条件，通过其他国家工作人员职务上的便利，帮助罗某处理大涌镇生活污水处理厂环保行政处罚和湖南正道建筑工程有限公司涉嫌串通投标等事宜，先后收受罗某给予的好处费共计人民币 29 万元。

【案件争点】

一人犯数罪，应当数罪并罚。归案后如实供述司法机关尚未掌握的受贿、利用影响力受贿异种数罪，是否构成自首。再有立功行为，量刑时又该如何评价。

【裁判要旨】

一审法院认为，被告人邓某娜身为国家工作人员，利用职务上的便利，侵吞公共财物，数额巨大，其行为已构成贪污罪。邓某娜身为国家工作人员，利用职务上的便利，非法收受他人财物，为他人谋取利益，数额巨大，其行为已构成受贿罪。邓某娜与投标人串通投标，损害国家、集体、公民的利益，其行为已构成串通投标罪。邓某娜作为与国家工作人员关系密切的人，利用该国家工作人员职权或地位形成的便利条件，通过其他国家工作人员职务上的便利，为他人谋取不正当利益，收受他人财物，数额巨大，其行为已构成利用影响力受贿罪。邓某娜犯数罪，应予并罚。邓某娜如实供述司法机关尚未掌握的受贿及利用影响力受贿罪行，是自首，二罪名依法可减轻处罚。邓某娜检举他人犯罪行为，经查证属实，有立功表现，依法可从轻处罚。邓某娜归案后如实供述自己的罪行、积极退赃、悔罪态度较好,依法可以从轻处罚。判决:一、被告人邓某娜犯贪污罪,判处有期徒刑三年,并处罚金人民币20万元;犯受贿罪,判处有期徒刑二年六个月,并处罚金人民币40万元;犯串通投标罪,判处有期徒刑一年,并处罚金人民币30万元;犯利用影响力受贿罪,判处有期徒刑一年二个月,并处罚金人民币10万元。总和刑期有期徒刑七年八个月,并处罚金人民币100万元,决定执行有期徒刑六年六个月,并处罚金人民币100万元。二、被告人邓某娜退出的贪污所得人民币295,969.55元、受贿所得人民币134万元、港币10万元、利用影响力受贿所得29万元予以没收,由中山市纪律检查委员会上缴国库。

邓某娜不服一审判决,提出上诉。上诉人邓某娜及其辩护人辩护提出,原判未对邓某娜举报贺某违法违纪问题查实,认定其不构成立功不当;原判认定邓某娜有立功表现、积极退赃、认罪认罚,但对邓某娜执行的总刑期和并处的罚金过重,未体现从宽处理;原判未对邓某娜多退缴部分的款项作出处理,请求对多退部分扣减罚金或予以退回。请求对邓某娜判处五年以下的有期徒刑并处80万元以下的罚金。上诉人邓某娜上诉还提出,关于贪污部分,其套取资金是沿袭了上届班子的做法,并非其处心积虑侵吞公款,且大部分款项用于集体开支,属于违纪行为;关于串通投标和受贿部分,其承认串标,但其干预串标事出有因,并非为了谋利;关于利用影响力受贿部分,一审对其量刑过重。

二审法院认为,上诉人邓某娜身为国家工作人员,利用职务上的便利,侵吞公共财物,数额巨大,其行为已构成贪污罪。邓某娜身为国家工作人员,利用职务上的便利,非法收受他人财物,为他人谋取利益,数额巨大,其行为已构成受贿罪。邓某娜与投标人串通投标,损害国家、集体、公民的利益,其行为已构成串通投标罪。邓某娜作为与国家工作人员关系密切的人,利用该国家工作人员职权形成的便利条件,通过其他国家工作人员职务上的便利,为他人谋取不正当利益,收受他人财物,数额巨大,其行为已构成利用影响力受贿罪。邓某娜犯数罪,应予并罚。邓某娜如实供述司法机关尚未掌握的受贿及利用影响力受贿罪行,是自首,二罪名依法可减轻处罚。邓某娜检举黄某犯罪行为,经查证属实,有立功表现,依法可从轻处罚。邓某娜归案后如实供述自己的罪行、积极退赃、悔罪态度较好,依法可以从轻处罚。原审判决认定的事实清楚,证据确实、充分,定罪准确,量刑适当,审判程序合法,但对邓某娜退缴的部分赃款处理不当,应予纠正。邓某娜及其辩护人要求对邓某娜从轻处罚理由不成立,不予采纳。

例案二 | 黄某贪污、受贿案

【法院】

湖北省咸宁市中级人民法院

【案号】

(2017)鄂12刑终33号

【诉讼主体】

原公诉机关：嘉鱼县人民检察院

被告人(原上诉人)：黄某

【基本案情】

(一)贪污事实

2012年3月及2013年5月，上诉人黄某利用其担任崇阳县民政局局长的职务便利，安排下属单位县移民局分别虚构“崇阳县天城镇白泉村一组公路硬化项目”和“崇阳县天城镇谢家坳村四组新修当家塘项目”申报大中型水库移民后期扶持资金15万元、10万元。后黄某安排个体户雷某作为该虚假项目的施工方，接受崇阳县财政局拨付扶持资金。雷某先后于2012年12月和2014年1月将上述25万元送到黄某家中交给黄某。2015年8月，省委巡视组进驻崇阳县，黄某担心被查出，先后分三次退给雷某8万元。

(二)受贿事实

2011年至2014年，上诉人黄某利用担任崇阳县民政局局长的职务便利，为雷某、陈某1、曾某1、曾某2、吴某、程某在工程施工与结算、职务晋升提拔等方面提供帮助，先后收受上述人员给予的现金共计23.1万元。具体事实分述如下：

1. 2011年至2014年，崇阳县个体户雷某为感谢黄某对其在崇阳县民政局承接工程中提供帮助，先后十次在黄某家中等地送给黄某6.2万元。

2. 2012年10月的一天，崇阳县民政局下属单位崇阳县社会福利院院长陈某1，得知黄某出国考察，欲借机与其搞好关系，以帮其解决出国经费为由，在福利院财务上领取1万元，到黄某办公室送给黄某。2013年春节，陈某1为在职务晋升提拔等方面得到帮助，在黄某办公室送给黄某2万元。2015年7月的一天，黄某在崇阳县发展和改革局办公室将该2万元退还给陈某1。

3. 2013年年初至2014年春节，退役转业人员曾某1为转业安置及其妻子曾某2承包崇阳县福彩超市电脑彩票销售经营权等事宜，先后分四次送给黄某共计

1.9 万元。

4. 2013 年 2 月，经崇阳县民政局优抚股股长冯某介绍，黄某同意由个体户吴某承包该县散葬烈士墓地建设工程的部分工程。2014 年 1 月 25 日，工程完工后，为表示感谢黄某，吴某通过冯某在黄某办公室送给黄某 10 万元。2015 年 7 月的一天，黄某开车到冯某家楼下，将 10 万元交给冯某，当晚，冯某到吴某家，将 10 万元退还。

5. 2013 年 8 月，湖北远升建筑工程有限公司（以下简称远升公司）与崇阳县民政局签订了崇阳县老年公寓（福利中心）办公楼、1#楼、3#楼、建筑工程施工合同。为得到黄某在工程协调、结算等方面的帮助，远升公司项目经理程某在黄某办公室送给黄某 1 万元，于 2014 年春节在黄某家中送给黄某 5000 元，于 2014 年年底在黄某家中送给黄某 5000 元。

另查明，上诉人黄某于 2011 年 9 月 26 日任崇阳县民政局局长，2014 年 4 月 11 日任崇阳县发展和改革局党组书记、局长。2015 年 3 月 16 日，中共咸宁市纪律检查委员会接举报，对黄某贪污、挪用公款、收受他人礼品礼金的问题进行初查。同年 8 月 24 日，该委对黄某违纪问题立案审查并电话通知黄某到办案地点接受纪律审查调查。黄某在接受纪律审查过程中，如实坦白贪污公款事实，主动交代组织上尚未掌握的受贿事实。

【案件争点】

没有自动投案的犯罪分子，如实交代办案机关所掌握线索针对的犯罪事实不成立，在此范围外犯罪分子交代同种数罪，能否以自首论。

【裁判要旨】

一审法院认为，对于黄某是否属自首的问题。经查认为，咸宁市纪委于 2015 年 3 月 16 日对黄某贪污出国经费、挪用公款和收受二级单位负责人红包的问题进行初查，黄某经传唤到案后，如实交代纪委尚未掌握的贪污国家移民款 25 万元的事实和收受雷某、陈某 1、曾某 1、曾某 2、赵某玉受贿的事实。根据《职务犯罪自首立功的意见》规定，没有自动投案，犯罪分子如实交代办案机关所掌握线索针对的犯罪事实不成立，在此范围外犯罪分子交代同种数罪，以自首论。被告人黄某主动交代贪污的犯罪事实，可按自首论认定；主动交代办案机关已掌握其他受贿事实属同种罪行，不属自首论，可认定为坦白。辩护人辩称黄某均有自首情节的辩护意见部分成立，予以采纳。被告人黄某系国家工作人员，利用职务之便，骗取国家移民专项资金，数额巨大；非法收受他人财物为他人谋取利益，数额巨大，其行为分别构成了贪污罪、受贿罪。黄某归案后，如实供述未被办案机关掌握的贪污事实，属自首，依法可减轻处罚；如实交代办案机关大部分未被掌握的同种数罪，可从轻处罚。其认罪态度较好，退缴部分赃款，可酌情从轻处罚。判决：一、被告人黄某犯贪污罪，判处有期徒刑二年六个月，并处罚金15万元；犯受贿罪，判处有期徒刑三年，并处罚金20万元。决定执行有期徒刑四年六个月，并处罚金35万元。二、对被告人黄某所退赃款予以没收，未退的赃款继续追缴，均上缴国库。

上诉人黄某上诉提出，黄某在被接受纪律审查调查期间，如实交代组织上尚未掌握的本人受贿事实，依法应当认定为自首。请求二审依法从宽处理。上诉人黄某还当庭提出其在接受纪律审查调查期间检举揭发他人犯罪，具有立功表现，请求二审查证。

出庭检察员认为，咸宁市纪委在2015年3月16日对黄某贪污出国经费、挪用公款和收受二级单位负责人红包的问题进行初查，当时已经掌握了黄某受贿的相关线索。黄某到案后，主动交代贪污犯罪事实可按自首认定；其主动交代办案机关掌握的其他受贿事实，不属于自首，可认定为坦白。

二审法院综合评判如下，关于上诉人黄某及其辩护人提出黄某如实供述受贿犯罪事实应当构成自首的辩解和辩护意见。经查，中共咸宁市纪律检查委员会出具的咸纪案函（2016）41号函证实“黄某在接受纪律审查过程中，如实坦白贪污公款的事实，主动交代组织上尚未掌握的受贿事实”。黄某在接受纪律监察机关询问时，主动交代了办案机关尚未掌握的其本人受贿事实，依法应当构成自首。对上诉人黄某及其辩护人提出的该辩解和辩护意见，予以采纳。

上诉人黄某身为国家工作人员，利用职务之便，虚构项目，套取国家移民专项资金，数额巨大，其行为已构成贪污罪；同时其还利用职务便利，非法收受他人财物，为他人谋取利益，数额巨大，其行为还构成受贿罪，依法应数罪并罚。黄某在纪律监察部门未对其采取明确的调查措施前，经电话通知到案后，如实坦白贪污公款的事实，主动交代组织上尚未掌握的受贿事实，依法均可认定为自首。黄某在案发前退缴部分赃款，可酌情从轻处罚。黄某及其辩护人关于受贿罪构成自首的上诉理由和辩护意见，经查证属实，依法予以支持；其他上诉理由和辩护意见与审理查明的事实及法律规定相悖，不予采纳。改判上诉人黄某犯贪污罪，判处有期徒刑二年六个月，并处罚金15万元；犯受贿罪，判处有期徒刑一年六个月，并处罚金15万元。决定执行有期徒刑三年，并处罚金30万元。

例案三 | 张某锋贪污、挪用公款、受贿案

【法院】

广东省高级人民法院

【案号】

(2019)粤刑终1674号

【诉讼主体】

原公诉机关:广东省广州市人民检察院

上诉人(原审被告人):张某锋

【基本案情】

(一)贪污事实

2000年至2013年,被告人张某锋在先后任广州某某交易所(以下简称广某所)托管部经理、总经理助理、副总经理,广州市某某拍卖有限公司(以下简称君某公司)法定代表人、总经理,广州某某所集团有限公司(以下简称广某所集团)副总裁期间,伙同他人利用职务便利,通过虚开发票报销、虚构项目协议获取分成,直接收取广某所的应收服务费,虚拟合作协议分取服务费等方式,套取公款共计人民币6,054,045.88元,其中被告人张某锋个人分得现金人民币450,000元及购买香港某某保险费用18,526.5美元(折合人民币144,667.88元)。具体分述如下:

1. 2000年至2007年,被告人张某锋伙同同案人李某希、余某元、黄某昌、李某彪、吕某雄(均另案处理),利用职务上的便利,私设小金库,通过虚开发票报销、虚构项目协议获取分成等方式套取公款共计人民币3,955,318.88元,其中被告人张某锋个人分得现金人民币350,000元及购买香港某某保险的费用18,526.5美元(折合人民币144,667.88元)。

2. 2002年至2013年,被告人张某锋伙同同案人李某希、余某元、黄某昌、李某彪、吕某雄,利用职务便利,以直接收取广某所的应收服务费,虚拟合作协议分取服务费等方式,将广某所的合法收入共计人民币2,098,727元套现至由其六人亲属或朋友代持股的广州某某通资产事务有限公司(以下简称某某通公司),用于向其六人发放过节费等,其中被告人张某锋累计分得现金人民币100,000元。

(二)挪用公款事实

1. 2007年至2008年,被告人张某锋在担任广某所副总经理、君某公司总经理期间,伙同同案人李某希,利用职务便利,挪用君某公司资金用以申购新股。经鉴

定，被告人张某锋等人挪用君某公司资金共计人民币1.54亿元，申购新股共获利人民币1,070,633.82元。其中，被告人张某锋分得人民币100,000元。上述挪用的1.54亿元已在案发前全部归还君某公司。

2. 2007年至2008年，被告人张某锋在担任君某公司总经理期间，伙同同案人钟某斌，先由钟某斌联系有资金需求的公司，后利用张某锋的职务便利，挪用君某公司的资金共计人民币1.258亿元，通过使用钟某斌名下公司账户进行转账等形式，短期拆借给需求资金的公司使用，并向上述借款公司收取"资金占用费"人民币218.13万元私分。

（三）受贿事实

2006年，被告人张某锋在担任广某所副总经理期间，利用职务便利，在广州市某某局某某区分局办公楼转让项目收购过程中为冯某敏（另案处理）提供帮助，并收受冯某敏贿送的感谢费共计人民币10万元。

被告人张某锋归案后能如实供述司法机关尚未掌握的挪用公款以及受贿的犯罪事实，对其犯挪用公款罪、受贿罪以自首论，依法可以从轻或者减轻处罚。张某锋归案后能揭发他人犯罪事实，经查证属实，有立功表现，依法可以从轻或者减轻处罚。张某锋被采取强制措施后，能如实供述其贪污的犯罪事实，对其贪污罪依法可以从轻处罚。张某锋归案后认罪态度较好，能主动退缴部分违法所得、有悔罪表现，可酌情从轻处罚。

【案件争点】

一人犯数罪，依法应当数罪并罚。被告人归案后既有自首情节，又有立功表现，量刑时该如何考量。

【裁判要旨】

一审法院认为，被告人张某锋身为国家工作人员，伙同他人利用职务上的便利，以骗取方式非法占有公共财物，数额特别巨大；并伙同他人利用职务上的便利，挪用公款进行营利活动，情节严重；利用职务上的便利，非法收受他人财物，为他人谋取利益，数额较大，其行为已分别构成贪污罪、挪用公款罪、受贿罪。张某锋一人犯数罪，依法应当数罪并罚。张某锋归案后能如实供述司法机关尚未掌握的挪用公款以及受贿的犯罪事实，对其犯挪用公款罪、受贿罪以自首论，依法可以从轻或者减轻处罚。张某锋归案后能揭发他人犯罪事实，经查证属实，有立功表现，依法可以从轻或者减轻处罚。张某锋被采取强制措施后，能如实供述其贪污的犯罪事实，对其贪污罪依法可以从轻处罚。张某锋归案后认罪态度较好，能主动退缴部分违法所得、有悔罪表现,可酌情从轻处罚。判决:一、被告人张某锋犯贪污罪,判处有期徒刑五年,并处罚金人民币 30 万元;犯挪用公款罪,判处有期徒刑五年;犯受贿罪,判处有期徒刑一年,并处罚金人民币 10 万元。决定执行有期徒刑八年六个月,并处罚金人民币 40 万元。二、扣押被告人张某锋退缴的违法所得 722,000 元,其中贪污的违法所得 594,667.88 元、挪用公款的违法所得 100,000 元发还广某所,其余 27,332.12 元受贿的违法所得予以没收,上缴国库。三、继续追缴被告人张某锋受贿的违法所得 72,667.88 元予以没收,上缴国库。

一审判决后,被告人提出上诉。上诉人张某锋上诉提出,其有自首情节,在贪污犯罪中是从犯,一审均未认定,对其犯贪污罪量刑过重。其辩护人提出如下辩护意见:关于贪污罪,张某锋具有自首情节,且无权决定小金库的设立与运作,某某通公司收费与张某锋无关,张某锋套取君某公司资金的行为独立于他人的套取行为,张某锋实际获利数额相对最小,属于从犯。

二审法院经审理后认为,关于张某锋的贪污犯罪是否构成自首、是否系从犯及量刑问题。经查,首先,在案证据显示,侦查机关在办理同案人余某元涉嫌贪污案的过程中,发现张某锋的共同贪污犯罪嫌疑并向其调查取证,且同案人余某元、李某彪等人均在张某锋交代之前已经如实交代了伙同张某锋共同贪污的犯罪事实。据此,张某锋到案后交代贪污犯罪事实的行为依法不构成自首,属于坦白。其次,张某锋参与共同商议共谋,实施了套取公款的贪污实行行为并共同分赃,其在共同贪污犯罪中所起作用并非次要、辅助,不是从犯。最后,张某锋贪污犯罪数额特别巨大,依法应当判处十年以上有期徒刑,原判充分考虑其有坦白及立功等情节,已对其作出减轻处罚,量刑并无过重。综上,上诉人张某锋及其辩护人所提张某锋贪污犯罪构成自首、是从犯及量刑过重的意见,缺乏事实和法律依据,不予采纳。

上诉人张某锋身为国家工作人员,伙同他人利用职务上的便利,以骗取手段非法占有公共财物,数额特别巨大;伙同他人利用职务上的便利,挪用公款进行营利活动,情节严重;利用职务上的便利,非法收受他人财物,为他人谋取利益,数额较大,其行为已分别构成贪污罪、挪用公款罪及受贿罪,依法应当数罪并罚。张某锋犯挪用公款罪、受贿罪有自首情节,依法可以从轻或减轻处罚;犯贪污罪有坦白情节,依法可以从轻处罚。张某锋有立功表现,依法可以从轻或减轻处罚,且归案后有悔罪表现,主动退缴大部分违法所得,依法可以酌情从轻处罚。判决如下:撤销对上诉人张某锋的定罪量刑部分;上诉人张某锋犯贪污罪,判处有期徒刑五年,并处罚金人民币 30 万元;犯挪用公款罪,判处有期徒刑四年;犯受贿罪,判处有期徒刑一年，并处罚金人民币 10 万元。数罪并罚，决定执行有期徒刑七年六个月，并处罚金人民币 40 万元。

三、裁判规则提要

我国刑法规定，自首、立功均具有法定从轻或者减轻处罚情节。犯罪有一罪与数罪之分，数罪又有同种数罪与异种数罪之分，在司法实践中，自首和立功可能交叉出现，使量刑问题异常复杂。尤其在数罪中，有的犯罪分子只如实供述其中一罪或者一部分犯罪，还有的犯罪分子既有自首又有立功表现，应该如何去量刑是一个值得研究的问题。下面分情况予以说明：

（一）对于同种数罪自首的认定和量刑

同种数罪是指犯罪分子多次实施同一性质的犯罪。我国刑法对于同种数罪一般不实行数罪并罚，如果犯罪分子自动投案后如实供述所犯全部数罪的，就应当认定全案成立自首。但在实践中，经常会出现犯罪分子没有自动投案，但办案机关所掌握线索针对的犯罪事实最后不成立，在此范围外犯罪分子交代同种罪行的，能否认定自首。《自首和立功的解释》第 4 条规定："被采取强制措施的犯罪嫌疑人、被告人和已宣判的罪犯，如实供述司法机关尚未掌握的罪行，与司法机关已掌握的或者判决确定的罪行属同种罪行的，可以酌情从轻处罚；如实供述的同种罪行较重的，一般应当从轻处罚。"根据以上司法解释，犯罪人如实供述司法机关尚未掌握的同种余罪的，不能认定为自首，但是"可以酌情从轻处罚"或者"一般应从轻处罚"。但是，在办案中我们应该注意，根据《职务犯罪自首立功的意见》相关规定，没有自动投案，在办案机关所掌握线索针对的犯罪事实不成立，在此范围外犯罪分子交代同种罪行的，以自首论。对于此种情况应对犯罪分子供述的犯罪事实认定自首，予以从轻或减轻处罚。

如例案二中，咸宁市纪委于 2015 年 3 月 16 日对黄某贪污出国经费、挪用公款和收受二级单位负责人红包的问题进行初查，黄某经传唤到案后，如实交代纪委尚未掌握的贪污国家移民款 25 万元的事实和收受雷某、陈某 1、曾某 1、曾某 2、赵某玉受贿的事实。其没有自动投案，但办案机关所掌握贪污出国经费线索犯罪事实不成立，被告人黄某主动交代贪污的其他犯罪事实，可按自首论认定，予以从轻或减轻处罚。

(二)对于异种数罪自首的认定和量刑

异种数罪是指行为人实施了数个犯罪行为性质不同、罪名不同。一般情况下会实行数罪并罚。在犯有异种数罪的情况下,如果犯罪分子对数个异种数罪都作了如实供述,可视为对所犯数罪的自首;如果犯罪分子只对所犯异种数罪中的一罪作了供述,其自首效力是否及于未自首之罪呢?《自首和立功的解释》第 1 条第 2 款规定:"犯有数罪的犯罪嫌疑人仅如实供述所犯数罪中部分犯罪的,只对如实供述部分犯罪的行为,认定为自首。"无论是从自首的本质来看,还是从自首的构成要件来看,犯有数罪投案后只交代了其中一罪的,自首的效力只能及于所犯自首的罪。只对其供述的罪名予以从轻或减轻处罚,并不是对全案进行从轻或减轻处罚。另外,还需要注意的是,对某一罪行认定自首时,则还要注意判断交代的是否属于主要犯罪事实或者办案机关没有掌握的不同罪行。

如例案一中,被告人邓某娜犯贪污、受贿、串通投标、利用影响力受贿数罪,被告人邓某娜如实供述司法机关尚未掌握的受贿及利用影响力受贿二罪,依法认定为自首,其自首效力只能给予受贿、利用影响力受贿二罪。因此,在数罪量刑时,可将受贿罪、利用影响力受贿罪分别依法可减轻处罚,然后再和其他数罪并罚,合并执行。

(三)犯有数罪并罚的案件中,既有自首情节又有立功情节时,量刑做法

当犯罪分子犯有数罪并有立功情节时,立功从宽处罚情节是及于数罪,还是只及于其中的一部分呢?由于犯罪分子的立功行为不像自首那样具有针对性,立功是一种能在整体上反映犯罪分子具有对国家和社会有利的正义行为,无法具体分辨对哪一部分犯罪有立功效果,国家也正是基于立功者自身的表现而不是某一部分犯罪行为的表现来给予犯罪分子从宽处罚的奖励。根据《自首和立功问题的意见》第 8 条第 1 款规定:"对具有自首、立功情节的被告人是否从宽处罚、从宽处罚的幅度,应当考虑其犯罪事实、犯罪性质、犯罪情节、危害后果、社会影响、被告人的主观恶性和人身危险性等。立功的应考虑检举揭发罪行的轻重、被检举揭发的人可能或者已经被判处的刑罚、提供的线索对侦破案件或者协助抓捕其他犯罪嫌疑人所起作用的大小等。"因此,对于犯有数罪并有立功情节的犯罪分子,立功效力应及于数个罪行,而不仅仅是数罪中的某一部分。

那么,在数罪具体量刑中,应该把立功情节的从宽效应分散到各罪上再进行数

罪处罚，如果采用先予数罪合并处罚，在考虑立功减轻处罚的方法，则容易产生以下弊端：(1)有些情况，无法体现数罪并罚的效果。如一人犯贪污罪应判十二年有期徒刑，另犯受贿罪应判十年有期徒刑，先合并处罚则应在十二年以上二十年以下判处刑罚。若再考虑立功情节减轻处罚，则必然在十年以下有期徒刑的幅度内确定刑罚。这与只犯贪污或受贿一罪减轻处罚的效果差不多，无法体现数罪并罚的效果。如果采用各罪先减轻处罚后并罚的方法，贪污罪减轻后为九年，受贿罪为八年，再并罚则在九年以上十七年以下判处刑罚，若宣告刑为十四年有期徒刑，则减轻处罚与数罪并罚的双重效果都得到了明确的表现。(2)还存在一种情况先行并罚以后的减轻处罚幅度难以确定。如一人犯贪污罪应判十二年有期徒刑，另犯受贿罪应判十年有期徒刑，先合并处罚则应在十二年以上二十年以下判处刑罚。如果再减轻处罚，依贪污罪的法定刑的下限减轻处罚，则应减轻到三年至六年的幅度内处刑；依受贿罪的法定刑的下限减轻处罚，则应减轻到二年至五年的幅度内处刑，只是应该依哪种犯罪的法定刑减轻处刑，无法操作。如果采用先减轻处罚后予并罚的方法，将两罪分别减轻后为六年和五年有期徒刑，再行并罚则可在六年以上十一年以下判处刑罚，若最终的宣告刑为十年有期徒刑，这就可以具体操作了。(3)由于先合并处罚后减轻处罚的方法不能体现并罚的效果，这样就势必容易造成罚不当罪，明显背离罪刑相当原则的处刑结果。如上述第一例中，依先并罚后减轻的方法，则通常只能判处九年有期徒刑；而依先减轻后并罚的方法，则可以判处十四年左右的刑罚。这两种适用方法的差异性是显而易见的。因此，在犯数罪时具有立功情节时，应采用先分别对所犯数罪予以减轻处罚，然后再行合并处罚的方法，更能体现刑法罪刑相适应原则。

对于数罪并罚的案件中犯罪人存在自首、立功等法定或者酌定的减轻、从轻情节的，如何对其减轻、从轻情节予以评价呢？笔者认为，量刑时应先对具有自首情节的一罪依法从轻或者减轻处罚，然后再将立功情节分别对各罪基准刑进行调节，依法确定各罪基准刑后，再依法实行数罪并罚，决定执行的刑罚。如例案三中，被告人张某锋归案后能如实供述司法机关尚未掌握的挪用公款以及受贿的犯罪事实，对其犯挪用公款罪、受贿罪以自首论；其归案后揭发他人犯罪事实，经查证属实，有立功表现；在具体量刑时，应先对挪用公款罪、受贿罪分别从轻或者减轻处罚，然后把立功情节分散到各罪上从轻或者减轻处罚，最后再进行数罪处罚，合并执行。

四、辅助信息

高频词条：

《刑法》

第 67 条 犯罪以后自动投案，如实供述自己的罪行的，是自首。对于自首的犯罪分子，可以从轻或者减轻处罚。其中，犯罪较轻的，可以免除处罚。

被采取强制措施的犯罪嫌疑人、被告人和正在服刑的罪犯，如实供述司法机关还未掌握的本人其他罪行的，以自首论。

犯罪嫌疑人虽不具有前两款规定的自首情节，但是如实供述自己罪行的，可以从轻处罚；因其如实供述自己罪行，避免特别严重后果发生的，可以减轻处罚。

第 68 条 犯罪分子有揭发他人犯罪行为，查证属实的，或者提供重要线索，从而得以侦破其他案件等立功表现的，可以从轻或者减轻处罚；有重大立功表现的，可以减轻或者免除处罚。

第 69 条 判决宣告以前一人犯数罪的，除判处死刑和无期徒刑的以外，应当在总和刑期以下、数刑中最高刑期以上，酌情决定执行的刑期，但是管制最高不能超过三年，拘役最高不能超过一年，有期徒刑总和刑期不满三十五年的，最高不能超过二十年，总和刑期在三十五年以上的，最高不能超过二十五年。

数罪中有判处有期徒刑和拘役的，执行有期徒刑。数罪中有判处有期徒刑和管制，或者拘役和管制的，有期徒刑、拘役执行完毕后，管制仍须执行。

数罪中有判处附加刑的，附加刑仍须执行，其中附加刑种类相同的，合并执行，种类不同的，分别执行。

第 382 条 国家工作人员利用职务上的便利，侵吞、窃取、骗取或者以其他手段非法占有公共财物的，是贪污罪。

受国家机关、国有公司、企业、事业单位、人民团体委托管理、经营国有财产的人员，利用职务上的便利，侵吞、窃取、骗取或者以其他手段非法占有国有财物的，以贪污论。

与前两款所列人员勾结，伙同贪污的，以共犯论处。

第 383 条 对犯贪污罪的，根据情节轻重，分别依照下列规定处罚：

（一）贪污数额较大或者有其他较重情节的，处三年以下有期徒刑或者拘役，并处罚金。

（二）贪污数额巨大或者有其他严重情节的，处三年以上十年以下有期徒刑，并处罚金或者没收财产。

（三）贪污数额特别巨大或者有其他特别严重情节的，处十年以上有期徒刑或者无期徒刑，并处罚金或者没收财产；数额特别巨大，并使国家和人民利益遭受特别重大损失的，处无期徒刑或者死刑，并处没收财产。

对多次贪污未经处理的，按照累计贪污数额处罚。

犯第一款罪，在提起公诉前如实供述自己罪行、真诚悔罪、积极退赃，避免、减少损害结果的发生，有第一项规定情形的，可以从轻、减轻或者免除处罚；有第二项、第三项规定情形的，可以从轻处罚。

犯第一款罪，有第三项规定情形被判处死刑缓期执行的，人民法院根据犯罪情节等情况可以同时决定在其死刑缓期执行二年期满依法减为无期徒刑后，终身监禁，不得减刑、假释。

第 385 条 国家工作人员利用职务上的便利，索取他人财物的，或者非法收受他人财物，为他人谋取利益的，是受贿罪。

国家工作人员在经济往来中，违反国家规定，收受各种名义的回扣、手续费，归个人所有的，以受贿论处。

第 386 条 对犯受贿罪的，根据受贿所得数额及情节，依照本法第三百八十三条的规定处罚。索贿的从重处罚。

《自首和立功问题的意见》

一、关于“自动投案”的具体认定

《解释》第一条第（一）项规定七种应当视为自动投案的情形，体现了犯罪嫌疑人投案的主动性和自愿性。根据《解释》第一条第（一）项的规定，犯罪嫌疑人具有以下情形之一的，也应当视为自动投案：（1）犯罪后主动报案，虽未表明自己是作案人，但没有逃离现场，在司法机关询问时交代自己罪行的；（2）明知他人报案而在现场等待，抓捕时无拒捕行为，供认犯罪事实的；（3）在司法机关未确定犯罪嫌疑人，尚在一般性排查询问时主动交代自己罪行的；（4）因特定违法行为被采取劳动教养、行政拘留、司法拘留、强制隔离戒毒等行政、司法强制措施期间，主动向执行机关交代尚未被掌握的犯罪行为的；（5）其他符合立法本意，应当视为自动投案的情形。

罪行未被有关部门、司法机关发觉，仅因形迹可疑被盘问、教育后，主动交代了犯罪事实的，应当视为自动投案，但有关部门、司法机关在其身上、随身携带的物品、驾乘的交通工具等处发现与犯罪有关的物品的，不能认定为自动投案。

交通肇事后保护现场、抢救伤者,并向公安机关报告的,应认定为自动投案,构成自首的,因上述行为同时系犯罪嫌疑人的法定义务,对其是否从宽、从宽幅度要适当从严掌握。交通肇事逃逸后自动投案,如实供述自己罪行的,应认定为自首,但应依法以较重法定刑为基准,视情决定对其是否从宽处罚以及从宽处罚的幅度。

犯罪嫌疑人被亲友采用捆绑等手段送到司法机关,或者在亲友带领侦查人员前来抓捕时无拒捕行为,并如实供认犯罪事实的,虽然不能认定为自动投案,但可以参照法律对自首的有关规定酌情从轻处罚。

二、关于"如实供述自己的罪行"的具体认定

《解释》第一条第(二)项规定如实供述自己的罪行,除供述自己的主要犯罪事实外,还应包括姓名、年龄、职业、住址、前科等情况。犯罪嫌疑人供述的身份等情况与真实情况虽有差别,但不影响定罪量刑的,应认定为如实供述自己的罪行。犯罪嫌疑人自动投案后隐瞒自己的真实身份等情况,影响对其定罪量刑的,不能认定为如实供述自己的罪行。

犯罪嫌疑人多次实施同种罪行的,应当综合考虑已交代的犯罪事实与未交代的犯罪事实的危害程度,决定是否认定为如实供述主要犯罪事实。虽然投案后没有交代全部犯罪事实,但如实交代的犯罪情节重于未交代的犯罪情节,或者如实交代的犯罪数额多于未交代的犯罪数额,一般应认定为如实供述自己的主要犯罪事实。无法区分已交代的与未交代的犯罪情节的严重程度,或者已交代的犯罪数额与未交代的犯罪数额相当,一般不认定为如实供述自己的主要犯罪事实。

犯罪嫌疑人自动投案时虽然没有交代自己的主要犯罪事实,但在司法机关掌握其主要犯罪事实之前主动交代的,应认定为如实供述自己的罪行。

三、关于"司法机关还未掌握的本人其他罪行"和"不同种罪行"的具体认定

犯罪嫌疑人、被告人在被采取强制措施期间,向司法机关主动如实供述本人的其他罪行,该罪行能否认定为司法机关已掌握,应根据不同情形区别对待。如果该罪行已被通缉,一般应以该司法机关是否在通缉令发布范围内作出判断,不在通缉令发布范围内的,应认定为还未掌握,在通缉令发布范围内的,应视为已掌握;如果该罪行已录入全国公安信息网络在逃人员信息数据库,应视为已掌握。如果该罪行未被通缉、也未录入全国公安信息网络在逃人员信息数据库,应以该司法机关是否已实际掌握该罪行为标准。

犯罪嫌疑人、被告人在被采取强制措施期间如实供述本人其他罪行,该罪行与司法机关已掌握的罪行属同种罪行还是不同种罪行,一般应以罪名区分。虽然如

实供述的其他罪行的罪名与司法机关已掌握犯罪的罪名不同，但如实供述的其他犯罪与司法机关已掌握的犯罪属选择性罪名或者在法律、事实上密切关联，如因受贿被采取强制措施后，又交代因受贿为他人谋取利益行为，构成滥用职权罪的，应认定为同种罪行。

四、关于立功线索来源的具体认定

犯罪分子通过贿买、暴力、胁迫等非法手段，或者被羁押后与律师、亲友会见过程中违反监管规定，获取他人犯罪线索并"检举揭发"的，不能认定为有立功表现。

犯罪分子将本人以往查办犯罪职务活动中掌握的，或者从负有查办犯罪、监管职责的国家工作人员处获取的他人犯罪线索予以检举揭发的，不能认定为有立功表现。

犯罪分子亲友为使犯罪分子"立功"，向司法机关提供他人犯罪线索、协助抓捕犯罪嫌疑人的，不能认定为犯罪分子有立功表现。

八、关于对自首、立功的被告人的处罚

对具有自首、立功情节的被告人是否从宽处罚、从宽处罚的幅度，应当考虑其犯罪事实、犯罪性质、犯罪情节、危害后果、社会影响、被告人的主观恶性和人身危险性等。自首的还应考虑投案的主动性、供述的及时性和稳定性等。立功的还应考虑检举揭发罪行的轻重、被检举揭发的人可能或者已经被判处的刑罚、提供的线索对侦破案件或者协助抓捕其他犯罪嫌疑人所起作用的大小等。

具有自首或者立功情节的，一般应依法从轻、减轻处罚；犯罪情节较轻的，可以免除处罚。类似情况下，对具有自首情节的被告人的从宽幅度要适当宽于具有立功情节的被告人。

虽然具有自首或者立功情节，但犯罪情节特别恶劣、犯罪后果特别严重、被告人主观恶性深、人身危险性大，或者在犯罪前即为规避法律、逃避处罚而准备自首、立功的，可以不从宽处罚。

对于被告人具有自首、立功情节，同时又有累犯、毒品再犯等法定从重处罚情节的，既要考虑自首、立功的具体情节，又要考虑被告人的主观恶性、人身危险性等因素，综合分析判断，确定从宽或者从严处罚。累犯的前罪为非暴力犯罪的，一般可以从宽处罚，前罪为暴力犯罪或者前、后罪为同类犯罪的，可以不从宽处罚。

在共同犯罪案件中，对具有自首、立功情节的被告人的处罚，应注意共同犯罪人以及首要分子、主犯、从犯之间的量刑平衡。犯罪集团的首要分子、共同犯罪的主犯检举揭发或者协助司法机关抓捕同案地位、作用较次的犯罪分子的，从宽处罚与否应当从严掌握,如果从轻处罚可能导致全案量刑失衡的,一般不从轻处罚;如果检举揭发或者协助司法机关抓捕的是其他案件中罪行同样严重的犯罪分子,一般应依法从宽处罚。对于犯罪集团的一般成员、共同犯罪的从犯立功的,特别是协助抓捕首要分子、主犯的,应当充分体现政策,依法从宽处罚。

《自首和立功的解释》

第1条 根据刑法第六十七条第一款的规定,犯罪以后自动投案,如实供述自己的罪行的,是自首。

(一)自动投案,是指犯罪事实或者犯罪嫌疑人未被司法机关发觉,或者虽被发觉,但犯罪嫌疑人尚未受到讯问、未被采取强制措施时,主动、直接向公安机关、人民检察院或者人民法院投案。

犯罪嫌疑人向其所在单位、城乡基层组织或者其他有关负责人员投案的;犯罪嫌疑人因病、伤或者为了减轻犯罪后果,委托他人先代为投案,或者先以信电投案的;罪行尚未被司法机关发觉,仅因形迹可疑,被有关组织或者司法机关盘问、教育后,主动交代自己的罪行的;犯罪后逃跑,在被通缉、追捕过程中,主动投案的;经查实确已准备去投案,或者正在投案途中,被公安机关捕获的,应当视为自动投案。

并非出于犯罪嫌疑人主动,而是经亲友规劝、陪同投案的;公安机关通知犯罪嫌疑人的亲友,或者亲友主动报案后,将犯罪嫌疑人送去投案的,也应当视为自动投案。

犯罪嫌疑人自动投案后又逃跑的,不能认定为自首。

(二)如实供述自己的罪行,是指犯罪嫌疑人自动投案后,如实交代自己的主要犯罪事实。

犯有数罪的犯罪嫌疑人仅如实供述所犯数罪中部分犯罪的,只对如实供述部分犯罪的行为,认定为自首。

共同犯罪案件中的犯罪嫌疑人,除如实供述自己的罪行,还应当供述所知的同案犯,主犯则应当供述所知其他同案犯的共同犯罪事实,才能认定为自首。

犯罪嫌疑人自动投案并如实供述自己的罪行后又翻供的,不能认定为自首;但在一审判决前又能如实供述的,应当认定为自首。

第4条 被采取强制措施的犯罪嫌疑人、被告人和已宣判的罪犯,如实供述司法机关尚未掌握的罪行,与司法机关已掌握的或者判决确定的罪行属同种罪行的,可以酌情从轻处罚;如实供述的同种罪行较重的,一般应当从轻处罚。

《职务犯罪自首立功的意见》

一、关于自首的认定和处理

根据刑法第六十七条第一款的规定，成立自首需同时具备自动投案和如实供述自己的罪行两个要件。犯罪事实或者犯罪分子未被办案机关掌握，或者虽被掌握，但犯罪分子尚未受到调查谈话、讯问，或者未被宣布采取调查措施或者强制措施时，向办案机关投案的，是自动投案。在此期间如实交代自己的主要犯罪事实的，应当认定为自首。

犯罪分子向所在单位等办案机关以外的单位、组织或者有关负责人员投案的，应当视为自动投案。

没有自动投案，在办案机关调查谈话、讯问、采取调查措施或者强制措施期间，犯罪分子如实交代办案机关掌握的线索所针对的事实的，不能认定为自首。

没有自动投案，但具有以下情形之一的，以自首论：(1)犯罪分子如实交代办案机关未掌握的罪行，与办案机关已掌握的罪行属不同种罪行的；(2)办案机关所掌握线索针对的犯罪事实不成立，在此范围外犯罪分子交代同种罪行的。

单位犯罪案件中，单位集体决定或者单位负责人决定而自动投案，如实交代单位犯罪事实的，或者单位直接负责的主管人员自动投案，如实交代单位犯罪事实的，应当认定为单位自首。单位自首的，直接负责的主管人员和直接责任人员未自动投案，但如实交代自己知道的犯罪事实的，可以视为自首；拒不交代自己知道的犯罪事实或者逃避法律追究的，不应当认定为自首。单位没有自首，直接责任人员自动投案并如实交代自己知道的犯罪事实的，对该直接责任人员应当认定为自首。

对于具有自首情节的犯罪分子，办案机关移送案件时应当予以说明并移交相关证据材料。

对于具有自首情节的犯罪分子，应当根据犯罪的事实、性质、情节和对于社会的危害程度，结合自动投案的动机、阶段、客观环境，交代犯罪事实的完整性、稳定性以及悔罪表现等具体情节，依法决定是否从轻、减轻或者免除处罚以及从轻、减轻处罚的幅度。

三、关于如实交代犯罪事实的认定和处理

犯罪分子依法不成立自首，但如实交代犯罪事实，有下列情形之一的，可以酌情从轻处罚：(1)办案机关掌握部分犯罪事实，犯罪分子交代了同种其他犯罪事实的；(2)办案机关掌握的证据不充分，犯罪分子如实交代有助于收集定案证据的。

犯罪分子如实交代犯罪事实,有下列情形之一的,一般应当从轻处罚:(1)办案机关仅掌握小部分犯罪事实,犯罪分子交代了大部分未被掌握的同种犯罪事实的;(2)如实交代对于定案证据的收集有重要作用的。

图书在版编目(CIP)数据

贪污贿赂案件裁判规则 / 唐亚南主编. -- 北京 : 法律出版社, 2021
ISBN 978-7-5197-5403-7

Ⅰ. ①贪… Ⅱ. ①唐… Ⅲ. ①贪污贿赂罪-审判-案例-中国 Ⅳ. ①D924.392.5

中国版本图书馆 CIP 数据核字(2021)第 038210 号

贪污贿赂案件裁判规则
TANWU HUILU ANJIAN CAIPAN GUIZE

唐亚南 主编

责任编辑 许 睿
装帧设计 李 瞻

出版 法律出版社
总发行 中国法律图书有限公司
经销 新华书店
印刷 固安华明印业有限公司
责任校对 朱轶佳
责任印制 胡晓雅

编辑统筹 司法实务出版分社
开本 710 毫米×1000 毫米 1/16
印张 25.25
字数 413 千
版本 2021 年 3 月第 1 版
印次 2021 年 3 月第 1 次印刷

法律出版社/北京市丰台区莲花池西里 7 号(100073)
网址/www.lawpress.com.cn
投稿邮箱/info@lawpress.com.cn
举报维权邮箱/jbwq@lawpress.com.cn
销售热线/400-660-8393
咨询电话/010-63939796

中国法律图书有限公司/北京市丰台区莲花池西里 7 号(100073)
全国各地中法图分、子公司销售电话:
统一销售客服/400-660-8393/6393
第一法律书店/010-83938432/8433 西安分公司/029-85330678 重庆分公司/023-67453036
上海分公司/021-62071639/1636 深圳分公司/0755-83072995

书号:ISBN 978-7-5197-5403-7 **定价:**55.00 元
(如有缺页或倒装,中国法律图书有限公司负责退换)